宇佐八幡神話言説の研究

――『八幡宇佐宮御託宣集』を読む

村田真一 著

佛教大学研究叢書

法藏館

宇佐八幡神話言説の研究――『八幡宇佐宮御託宣集』を読む＊目次

第二部　『託宣集』の八幡神

宇佐八幡神話言説の研究
——『八幡宇佐宮御託宣集』を読む

緒　言

本論は、『八幡宇佐宮御託宣集《はちまんうさぐうごたくせんしゅう》』（以下『託宣集』）の意味や価値について、中世における神仏信仰を問う立場から論じ明らかにすることを大要の目的とする。

『託宣集』は、中世、鎌倉時代末期頃の正和二年（一三一三）、筑紫豊前国宇佐宮において成立した。そして、おそらくは成立の当初から、八幡神の聖なる言葉である託宣、顕現の神話である歴史、存在の様態や意義を説く神学を書き記したものとして、神聖視されるべき書物として扱われた。他に類を見ない中世宇佐宮における神典の出現である。本論では、八幡信仰および神仏習合の研究以外の領域では詳しく知られていないであろう、この『託宣集』について、それがどのような八幡信仰を作り出すものなのかという視点から、内実を具体的に読み解いていくことが中心的な課題である。

『託宣集』は、宇佐宮の神宮寺である弥勒寺の僧で、宇佐宮の諸神宮寺を統括する学頭の職を務めたという神吽《じんうん》によって編述された。また、神吽は、代々宇佐宮の祭祀に仕える大神《おおが》氏の出身で、いわば神仏兼修の僧であった。こうした出自や肩書きから見ても、「大菩薩」の号を持つ八幡神、その神秘や霊験を記した『託宣集』の編述者として、神吽は実にふさわしい人物である。その『託宣集』の収載記事は、おおむね八幡神や宇佐宮に関する託宣・記録・説話・縁起等や、神吽による注釈から構成されており、成立時には十四巻、後に別人の手によって一・二巻が追補され、現存諸本の多くは十六巻となっている。そして、序文と跋文の年紀によれば二十数年の歳月が『託宣集』の編述に費やされたことがわかり、加えて、跋文には『託宣集』を成し終えた神吽が八十三歳の老齢であったと記されている。つまり、『託宣集』の編述は神吽がすでに老境に入ってからはじめられたということであり、その人生をかけた八幡神への信仰の結実であった。ゆえに、『託宣集』を読む、ということは神吽が意思し到達した八幡神への信仰を読み解くことと同義である。当然、それは神吽が八幡神に仕え生きた当時の宇佐宮の歴史状況と不可分のものとしてあった。そこで差し当たり、おおまかに『託宣集』成立に至るまでの宇佐宮八幡神の概略について、適宜に『託宣集』の内容と本論の議論を紹介しつつ、通覧することにしたい。

＊　＊

宇佐宮は、平安時代初期頃の貞観年間（八五九～八七七）の初頭、八幡神が大安寺の僧行教《ぎょうきょう》によって畿内山城国男山の石清水宮に勧請されるまで、ただ「八幡宮」（八幡《や はた》神宮《のかみのみや》・八幡大菩薩《はちまんだいぼ さつ》宮《のみや》）と称されていた八幡信仰の初発の場である。その祭祀は、平安時代以後に記された縁起類によれば、八幡神が欽明天皇の時代に顕現し宇佐宮に鎮座したことにはじまるという。

なお、それらの縁起類の多くで八幡神の最初の顕現を導き祭祀を行なったのは、大神氏の始祖とされている大神比義《ひぎ》という人物であった。そして、神吽は『託宣集』の序文に自身が比義二十一代の家に生まれたと記しており、比義の当代の子孫として八幡神に仕えているのだという意識を持っていたことがうかがえる。

一方、宇佐宮八幡神の史料上の初出は、奈良時代末期から平安時代初期にかけて編纂された国選史書『続日本紀』であり、『古事記』や『日本書紀』には登場しない。そして、『続日本紀』にあらわれる八幡神は、国家を守護する仏教の神としてあった。新羅との外交関係や藤原広嗣《ひろつぐ》の反乱に応じた祈願を受け、東大寺盧舎那《るしゃな》仏造立の際には、日本の神々すべてを率いて協力するとの託宣をあらわして豊前国の宇佐宮から遠く大和国の奈良の都にまで上り、ついには八幡神の神意を偽って皇位に就こうとした僧道鏡《どうきょう》を、皇位は皇統（血統）によって定まる、との託宣を示して阻止するという特徴的な姿がそこには描かれている。

すなわち、宇佐宮の八幡神は天地開闢《かいびゃく》の創世神話から隔てられた歴史の中に、国家や仏教とのかかわりが強調されながら登場する後発の神であった。ここに『古事記』『日本書紀』に登場する神々との決定的な違いが認められる。しかし、そうであるにもかかわらず、いや、むしろそうした後発の神であったがゆえにというべきだろう、日本の神々と伝来した仏教とが相互関係において展開していく歴史の中、八幡神は古代の『続日本紀』から中世の『託宣集』に至るまで、一貫して神仏信仰の先端的・突出的な位置にあり続けた。そもそも、八幡神は、その神名によれば寺院や仏教儀礼において荘厳具として用いられる「幡《ばん》の神」――「仏教の神」として成立したと考えられるのであり、さらには、平安時代初期の段階で大菩薩号を奉られて「八幡大菩薩」と称されるようになる。この大菩薩号の奉献は、神々に対して用いられる菩薩号の歴史上の最初期段階にあたる。神名や尊号を見るだけでも、八幡神が仏教と深いかかわりを持つ神であることが理解できるだろう。

そして、八幡神は託宣によって意思を示す神としてあった。特筆されるべきことに、史料上、「託宣」という文言によってその意思が名指されるのは『続日本紀』の八幡神が初例である。「託宣」の文言は、『古事記』『日本書紀』には認められず、『続日本紀』に「八幡大神、託宣して京に向かう」という形ではじめてあらわれた。これは、さきにも述べた、八幡神が東大寺盧舎那仏造立に協力し奈良の都へと向かう、という際の記事である。つまり、「託宣」とは、仏教を国家の中核に位置づけようとする聖武天皇の理想の実現、奈良東大寺に実体として出現する盧舎那仏を助ける八幡神の、その神意の表現のために作り出された言葉だったのである。『古事記』『日本書紀』とは一線を画する新たな国家神話の出現というべきこれらの問題については、第一部第二章で論じている。

はたして、八幡神こそが託宣を用いた最初の神であったことを神吽が認識していたかはわからない。しかし、八幡神が託宣の神である、ということは、実際に数多くの託宣をあらわしてきたことに基づく評価であり、『託宣集』がまさしく「託宣」を集め記した書として題されていることが、このような歴史の一つの結果をあらわしている。

また、『託宣集』には宇佐宮における託宣そのものを主題とする記事が載せられており興味深い。そこには、八幡神の託宣の価値、託宣として認められる条件、また、神と人との意思がせめぎ合う様相が記述されている。八幡神の託宣はどのような条件によってその真正性が判断されるのか、また人によるその真偽判断自体を神の側がどのように受け取るのか。第二部第五章では、こうした問題について『託宣集』が作り出す「託宣」という観点から論じている。

* *

『続日本紀』では宇佐宮の祭神は八幡神と比咩神《ひめがみ》が記述されるのみだったが、平安時代中頃には神功皇后が加わり、いわゆる八幡三所となったことが確認できる。宇佐宮に神功皇后の祭祀が行なわれるようになり八幡三所が成立する事情を物語るのは、八幡神は応神天皇の御霊《みたま》である、との文言を冒頭に掲げる『宇佐《うさ》八幡宮《はちまんぐう》弥勒《みろく》寺《じ》建立《こんりゅう》縁《えん》起《ぎ》』（以下『建立縁起』）である。『建立縁起』は宇佐宮の縁起として、八幡神の顕現から大菩薩への成長を描き、また神功皇后鎮座の起源を含めて宇佐宮の祭祀空間としての整備展開についても記述しているが、同時に重視されているのは、大神氏と並ぶ宇佐宮祭祀氏族である辛嶋《からしま》氏の女性祭祀者と、その禰宜としての職掌であった。自身を依《より》代《しろ》とし八幡神の託宣を発する禰宜の職は、八幡神の言葉を受けることができなければ資格不十分として解任される、ということが『建立縁起』には記されている。『建立縁起』において、辛嶋氏女性祭祀者の職掌が強調されつつ神功皇后の祭祀の整備が示されることには、祭祀者と神の関係、すなわち女性禰宜を守護するべく要請された新たな神の起源を語る意味があったのではないか、というのが第一部第三章での議論である。

ところで、神仏信仰の歴史的展開として中世に近づく段になれば、やはり本地垂迹説を取り上げなければならない。一般的にいって「本地垂迹」とは、「仏—真の本体—救済を行なう存在」を「本地」、「神—仮の顕現—救済に導く存在」を「垂迹」として両者を結び、仏の側を優位としつつも神仏が一体であるとの関係を指示するものとされている。神仏習合思想の一つの到達点とされてきたこの本地垂迹説においても、八幡神は先駆的存在としてあらわれているが、これはどうやら石清水宮への勧請にかかわるものであったらしい。八幡神の本地説と解せるもののうち、もっとも先行するのは、宇佐宮から石清水宮へと八幡神の移座を導いた行教の衣に釈迦三尊の姿が浮かび上がったとする説であった。また、後にはこの衣に映ったのは阿弥陀三尊であったとも説かれるようになる。これらの説が発生する初期段階には「本地」という言辞は用いられていなかったが、このような八幡神と釈迦・阿弥陀の同体説が院政期に入る頃には存在し、以後、八幡神の本地を釈迦・阿弥陀とする両説は広く流布していく。

ただし、これらは宇佐宮における本地説ではなく、石清水宮に勧請されたことが契機となるものであった。宇佐宮に特徴的な本地説としては、やはり『託宣集』の「本地幽玄」説といわなければならない。もちろん、『託宣集』にも八幡神と釈迦・阿弥陀との関係は重要なものとして記されている。『託宣集』において釈迦と阿弥陀が八幡神と結びつけられる場合、当然ながら基本的に八幡神による衆生救済という文脈を構成している。とくに、釈迦との関係では末法の救済が、阿弥陀との関係では現世における浄土の現出が、それぞれ八幡神の救済者としての性質を示すべく強調されるものとなっている。ところが、『託宣集』を詳しく読み解いてみると、そこでは八幡神が釈迦や阿弥陀を超える救済者であることが示されており、とくに八幡神と釈迦が対比される記述においては、八幡神が末法現世において衆生を救済する点で釈迦よりも優れた存在であることが称揚されているのである。『託宣集』におけるこうした釈迦・阿弥陀と八幡神の関係については第二部第六章に論じている。

では、八幡神は「本地幽玄」である、というのはどういうことだろうか。『託宣集』では、釈迦・阿弥陀と八幡神は「本地垂迹」ではなく、「化身」「変身」等の語によって指示される同位的関係としてあって、八幡神の「本地」は「幽玄」とだけ示されているのであり、そこには重大な意味がある。このことは、本地垂迹説が歴史的にあらわされた初期、平安時代院政期の頃に「本地」の語がまだ用いられていなかった、というようなこととは一線を画した意味を持つ。なぜなら、「本地幽玄」と明記する『託宣集』にあっては、釈迦・阿弥陀を本地としないこと、すなわち特定存在を本地とはしないこと、極論すれば本地仏の排除が意図的・積極的に主張されていると考えられるからである。『託宣集』と同時代の石清水宮の言説を示すとされる『八幡愚《はちまんぐ》童訓《どうくん》』（乙本）には八幡神の本地は釈迦・阿弥陀である等、ほか諸書にも同様に本迹の仏神関係が明確に示されていることを考えれば、かなり特異なことといえるだろう。『託宣集』における八幡神の本地は、顕現の神に対する本体の仏、といった固定的・構造的な認識を超えたものとしてあり、神吽はそれを「本地幽玄」という本質の不可知性を示す文言によってあらわしたのである。この議論は本論最大の課題であり、第二部の第八章から第九章に論じている。

＊　　＊

平安時代中期までには八幡神が応神天皇と同体とされたことを受け、平安時代後期の院政期頃には宇佐宮は天皇家の祖神を祭祀する宗廟として仰がれるようになる。伊勢神宮と並ぶ国家第二の宗廟としての宇佐宮である。鎌倉時代末期頃からは、宗廟としての八幡宮は石清水宮とされるようになっていくが、少なくとも『託宣集』の頃までは宇佐宮を宗廟とする認識は受け継がれており、神吽は「宇佐八幡宮」が「伊勢大神宮」と並ぶ宗廟であることを強調している。ただし、宇佐宮は宗廟として漫然と存在したのではない。とくに治承・寿永の乱において宇佐宮が直面した危難は、その宗廟であるという認識に大きな刺激を与えている。

治承・寿永の乱では、宇佐宮は平家方についており、源氏方であった緒方惟栄《これよし》等の襲撃を受け、社殿が倒壊し御《ぎょ》体《たい》（御神体）・神宝が失われてしまう。この紛失した神宝の中には、御正体《みしょうたい》（御体）とも崇められていた黄金三梃が含まれていた。それは、東大寺盧舎那仏建立の際に八幡神が日本に黄金が出土することを託宣し実際に実現したことから、その一部が宇佐宮に奉献されたとの由緒を持つ代替のきかない特別の神宝であった。そして、どういった経緯を辿ったものか、失われた三梃の黄金のうち一梃が朝廷に持ち込まれ、九条兼実《かねざね》の主導によって朝廷の対応が定められて、宇佐宮に奉還されることになる。この宇佐宮と黄金にまつわる一連の出来事は兼実の日記『玉葉』に詳しく記されているが、宇佐宮が宗廟であるという認識は、こうした危機的状況においてこそ活性化した。事実、兼実は『玉葉』の中で、宇佐宮の黄金を「宗廟の霊宝」と位置づけその重要性を強調しているのである。この問題については、神宝黄金の紛失に対処する兼実によって、新たに宗廟としての宇佐宮が位置づけ直されるという観点から、第一部第四章に論じている。

惟栄等の宇佐宮襲撃を経て、とくにその危機的状況を象徴するかのように兼実の『玉葉』にあらわされたのは、実際に朝廷に持ち込まれた黄金であったが、八幡神の御体、「御験《みしるし》」とも称される薦枕《こもまくら》も失われており、現地宇佐宮では社殿倒壊等とともに憂慮の対象であった。薦枕は六年（弘仁の頃以前は四年）に一度の式年として行なわれる行幸会《ぎょうこうえ》において作りあらためられ更新されるという、宇佐宮八幡神祭祀における最重要の器物である。この喪失は、朝廷から遣わされた実検の勅使が霊夢を得て独断によって作り整え安置する、という形で回復されたことが『玉葉』には記されている。このことは、宇佐宮が宗廟として朝廷と密接に結びついており、その危機についての意識が勅使―官人にも強く共有されていたことを示している。しかしまた同時に、御体不在の状態にあって神官ではなく派遣された勅使が対応を取ったという面から見れば、宇佐宮側の混乱や恐慌の深刻さがうかがわれるように思われる。

こうした社殿が倒壊し神宝や御体が失われるという宇佐宮未曾有の大事件は、「源平の乱」の際の惟栄等による「破滅」「逆乱」「濫入」として『託宣集』にも度々記されている。なにより、そもそも『託宣集』が編述されることになる直接の要因は、序文や跋文によれば惟栄等の襲撃によって「新旧の文」「往古の文書」「旧記」が紛失したためとされている。治承・寿永の乱の影響は、宇佐宮にとってまさに非常なるものだったというべきだろう。

なお、『玉葉』では、ことによると御体と同等以上に格別の扱いを受けていた黄金であるが、『託宣集』においては、それほど注意は払われていない。対して八幡神の御体とされる薦枕は、『託宣集』中に大きな意味を持つという点で目をみはるものがある。

薦枕について、『託宣集』には、八幡神がかつて薦を枕として「百王守護」を誓ったこと、隼人征討の際には御験として神輿に乗せられ戦場へ赴いたこと、また、後に宇佐宮の恒常的な祭祀対象、すなわち御体とされるようになったことが記されている。こうした薦枕の顕現は、八幡神の言葉を受けた大神氏の祭祀者である諸男《もろお》と田麻呂《たまろ》によってそれぞれなされたという。その由来や、八幡神による隼人征討、その周辺にあらわれる宗教者たち、殺生の罪業と滅罪の修行を象徴すること、煩悩と罪業を消除する衆生救済の力の胚胎と発現、大神氏による祭祀の独占化、さらには八幡神の御体の神学（さきに取り上げた本地幽玄説は、この神学の枢要にあたる）を構築する注釈が付される等、薦枕をめぐる記述には八幡神の顕現や祭祀における見逃せない要素が複雑に絡まり合って示されている。第二部の第七章から第九章までは、この薦枕にポイントの一つを置いた議論となっている。

＊　＊

ここまで、『託宣集』成立に至る宇佐宮の歴史状況をまがりなりに辿ってきたが、その締め括りとして元寇に触れておこう。文永・弘安の蒙古襲来は当時の日本に様々な影響をもたらしたが、神仏信仰においても同様であった。状況が緊迫する中、蒙古撃退の祈願が諸寺社になされ、宇佐宮にも頼むところは大であっただろう。大陸から蒙古が襲来するという状況の中で加護を請う神としては、九州北部に立地する地域性、国家・天皇家を守護する宗廟の神であること、さらに応神天皇の御霊であるという由来や隼人征討の実績等からすれば、欠くことはあり得ないとも考えられるのが宇佐宮八幡神であり、実際、常にない祈願が行なわれたようである。

ところが『託宣集』には、元寇のことは一切記されていない。「異国降伏事」との内題を持つ巻十五・十六にさえ、元寇についての記述が見られないのは、『八幡愚童訓』（甲本）が詳しくその様相を描いていることと比べても、また常識的感覚から考えてみても、『託宣集』に独特の異様な状況といえるだろう。とくに、文永の役が起こる文永十一年（一二七四）のこととして、神吽は、自身が八幡神の姿を見て声を聞く神秘を体験したという記事を『託宣集』に載せている。にもかかわらず、文永の役、蒙古襲来について、あるいは八幡神による国家守護については、そこには一言も触れられていないのである。なぜだろうか。神吽の神秘体験の記事に示された内容から、この問いに端的に答えれば、神吽にとっては、八幡神はすでにして国家を守護するとの意思を託宣に示し古来より現に行なってきたのであり、その託宣を信じるのならば、個別の国家的危難について祈願し守護を求めることは間違いであり、八幡神が鎮座する宇佐宮という場を「静」に保つことが大事である、という八幡神の利益に関する原理論的な認識があったのではないか、ということになる。

おそらく、このような認識のあったことが、『託宣集』に元寇のことが記されない理由として推測されるのだが、しかもそこには、国家の守護や衆生の救済そのものではなく、そうした加護や利益を支えるための宇佐宮における奉仕の論理が、祭祀と修行が融合し、宗教者と八幡神が重なり合う神人合一の境地として作り出されているのである。この問題は、『託宣集』の神吽を宗教実践者として論じる際の最大のポイントとなるものであり、第二部第九章に論じている。

ともあれ、『託宣集』に見られる八幡神顕現の歴史、「託宣の歴史」は、元寇の時期と重なる神吽自身の記事によって締め括られている。『託宣集』の歴史叙述は、そのような現在性―当時性の時点において『託宣集』を編述する神吽の「現実の歴史」と結び合うことになるのである。

＊　　　＊

さて、今、本論が主要な対象として『託宣集』を読み解くことには、大きくいってどのような意義があるだろうか。現在までで、もっともすぐれた『託宣集』論を提示した桜井好朗の述べるところを受け取りつつ、確認していくことにしよう。以下、桜井の引用は『中世日本文化の形成――神話と歴史叙述――』（東京大学出版会、一九八一年）所収の「八幡縁起の展開――『八幡宇佐宮御託宣集』を読む――」による。

（『託宣集』に）収められた内容は、『古事記』や官撰史書の記述のみを正統的と見る者の目には、奇怪とうつる部分がすくなくない。そうはいっても、神吽が好んで無稽の説をとりあげたわけではなく、（中略）彼の編述の態度は慎重で謙虚である。

桜井は、「『古事記』や官撰史書の記述」を「正統的」とする基準から『託宣集』が逸脱するものとし、しかし、そうした「無稽」の説を収載することが、『託宣集』―神吽にとって必要なことだったとしている。こうした注意は、『託宣集』が、いわゆる「正史」とは異なる説を多く載せること自体に価値がある、との理解のためになされている。それはまた、古代神話の代表たる『古事記』との対比においても同様に示されるのであるから、神話論としても「古代」から逸脱する別の神話がそこに求められることになるだろう。まさに「中世」における「神話と歴史叙述」という視点から、『託宣集』は見据えられている。こうした問題は、さらに次のように展開される。

……ひろくいって、中世において自分らの生活を意味づけなおしてくれる観念上の基点としての神を、そうとは明確に意識せずに、つくり出してゆかねばならぬ在地民へむけて、あらたな八幡神の神話的世界を構築して見せるという作業をともなう。『託宣集』を読めば、文書・旧記をたずねながら、中世の神話の森を彷徨する神吽の姿が、うかびあがってくる。その営為は『古事記』や官撰史書の記すところからへだたっている。しかしそのことを理由にして、彼の営為を荒唐無稽と評しさることはできない。

「文書・旧記をたずねながら、中世の神話の森を彷徨する神吽」。それが『託宣集』を読むものに与えられる神吽の姿のイメージであるという。「あらたな八幡神の神話的世界を構築」するという作業の結実となる『託宣集』は、すでにして『古事記』や「官撰史書」の記す内容からは隔てられたものだったが、その荒唐無稽とも評される営為、すなわち「中世の神話」に取り組むことこそが、『託宣集』の神吽に課せられた使命だったのである。

つまり、『託宣集』を読み解くということは、一義的な歴史観、政治や制度、経済のみを取り沙汰して歴史と見る視点、あるいは神話を古代に特有のものとする視点、大きくいって近代主義的な人文学の視点に対して、それだけで批判的・挑戦的なものとなる、というのが桜井による『託宣集』論の見立てであったといえるだろうか。

このような桜井による論点や批判は、むろん現在の研究水準においてもすべてが有効だというわけではなく、いくつかの点で反省が求められるものだろう（その一々は取り上げないが、『託宣集』読解の方法という点については後述する）。

しかし、これまでの研究が総体としての『託宣集』をもてあましてきたことの理由は、おおむねこの見解に示されているように思われる。また、その大枠の視座はいまだ効力を失っていない。すなわち、それは「あらたな八幡神の神話的世界を構築」する「中世の神話」としての『託宣集』という視座である。

＊　＊

では、もう少し具体的なところではどうだろうか。桜井による『託宣集』論は、どのような方法によって『託宣集』を読み解いているのだろうか。

『託宣集』を読むとき、我々は苦闘する神吽の姿を思いうかべ、これに感動する。しかも、神吽の集めた数多くの記録や伝承を前にして、それらが相互に矛盾しており、全体として混沌とした世界を形成していることに、困惑せざるをえない。そうした混沌のなかから、いくつかの類型とか系列とかをさぐり出すことなくして、『託宣集』を読みぬくことは困難であろう。しかし、私は思うのだが、たとえ類型や系列をさぐり出したところで、『託宣集』が依然として矛盾をふくみ、全体として混沌とした世界を形成していることに、かわりはない。むしろ、かかる混沌こそ、『託宣集』が本来備えている特徴であろう。それをぬきにしたとき、もはや『託宣集』は『託宣集』ではなくなる。したがって、類型や系列をさぐり出すことは、混沌の解消のためというよりは、混沌をそのものとして読み解くために、役立てられるべきであろう。

神忤の苦闘、すなわち、相互に矛盾する記録や伝承を収集する営為、という感じられ方は、『託宣集』の記事群が、結果として論理的な整合性を持たないという判断からなされた評価であろう。桜井が『託宣集』について「全体として混沌とした世界を形成している」とするのは、やはり根本的なところで、桜井自身もまた『託宣集』を読みあぐねていた、その固有の論理において読み解くことができなかったということを示していようか。ゆえに、桜井は「むしろ、かかる混沌こそ、『託宣集』が本来備えている特徴であろう」とし、『託宣集』に収載された記事群の中に類型や系列を探り出すことで、『託宣集』の「混沌をそのものとして読み解く」という方法を立てている。これは実のところ、『託宣集』を読み解くのではなく、『託宣集』が作り出している「混沌」を読み解く、ということである。こうした方法には二重の問題点がある。

＊　　＊

第一に、「そのものを読み解く」といっても、『託宣集』そのものではなく、収載記事群が形成する「混沌」が対象になるのだとすれば、それは『託宣集』の読解という課題において、視線が透かされ転換されていることになる。こうした方法は、結局のところ、『託宣集』という表現において作られる神話的構造の看取という、いわば記述の向こう側を焦点とするものであり、『託宣集』自体の固有性は問われない。それは、『託宣集』の世界を「混沌」とすることによって要請されてくる『託宣集』とは別の何かへの読解のまなざしなのである。

その全十六巻の混沌において語りかける何ものかの声に耳を傾けること――それこそ『託宣集』を読むということではないだろうか。その何ものかは、神吽の主観的な意図をこえてあらわれ、むしろ神吽の営為をおのれの内に包みこんでしまっており、しかも『託宣集』の記述の混乱と矛盾のなかでのみ、あらわれうるものなのである。といったからとて、それはけっして謎めいた神秘的存在ではなく、『託宣集』を読む者の得手勝手な幻想の所産というわけでもない。そのような何ものかを読みとることで、あわよくば『託宣集』の内なる〝中世〟を望見しようとするのが、本稿のねらいである。

桜井は、「混沌において語りかける何ものかの声」を聞き取ることこそが「『託宣集』を読むということ」だと位置づけている。そこにおいてこそ、表面的な読解では届かないであろう「『託宣集』の内なる〝中世〟」が望まれ得るのである。その「内なる〝中世〟」とは、『託宣集』の記事群から類型や系列を探り出し、それらを手掛かりに八幡縁起の展開を古代から中世へと辿ること、すなわち八幡神への信仰―八幡縁起に作られた表現構造の変化によって明かされることになる。

こうした方法による議論の末、『託宣集』を頂点とした八幡縁起の展開の中にあらわれる八幡神について、桜井は「本来、それは〝中世〟の開始を告げるべくあらわれた、名づけようのないものだったのである」と結論する。桜井の『託宣集』論における八幡神の変化、神の変貌は、その表現と構造の展開に認められる相違、記述のずれこみ、「精神史的な地すべり」を辿ることによって描き出されている。神の働きを語り出す神話における歴史的展開が示す一つの相が、見事に論証されているといえるだろう。それは、ただ一人桜井のみが論じ得た、時代の変化を徴する隠された仕組みとしてあらわれる、八幡神のもう一つの姿であった。

しかし、そこでは何かが忘れられている。

「神吽の主観的な意図をこえてあらわれ」るという「〝中世〟の開始を告げる」「名づけようのないもの」。はたして、それは『託宣集』そのものを読み解いた結論といえるものかどうか。いや、違うだろう。『託宣集』を読む、ということは、編述者である「神吽の主観的な意図」を、まさにその「主観的な意図」において、まずは読み解くことが必須ではないだろうか。桜井は、この「神吽の主観的な意図」、すなわち『託宣集』を構成する神吽の論理、近代主義的な学問の知見からは矛盾や混沌と目される記事群の関係を、そうした関係としてそのままに『託宣集』という形に成さしめる動因を攫み得なかったのである。それがために、編述者神吽という『託宣集』にとっての決定的要因を飛び越え通り過ごして、構造的な神―名づけようのない神の出現を論じることになったのである。

そしてここに、桜井の方法における第二の問題点であり、本論が取り組むべき課題が明確になる。すなわち、『託宣集』における矛盾や混沌という評価は、読み手の側、現代の研究者の側の判断によるものなのではないか、ということである。記事群の相互の関係を一見一読したままに矛盾する混沌だと判断することは、『託宣集』そのものを読み解くという課題の放棄ともいえる。つまり、矛盾や混沌という桜井の評価、あるいは、これまでの『託宣集』論における議論を受けるならば、本論の方針は次のように定められるだろう。

『託宣集』は、一見して矛盾する混沌とした世界を作り出しているが、それらが矛盾や混沌ではないとすれば、そこにどのような論理が働いているのか、という問いを立てるべきである。今、求められているのは、「あらたな八幡神の神話的世界を構築する」「中世の神話」としての『託宣集』を、矛盾や混沌ではなく、神吽が作り出した一貫する論理性において読み解く方法なのだ、と。

ここにいう一貫した論理性は、単なる論理的整合性―合理性ではなく、神吽における八幡神への信仰、すなわち宗教性の論理を指している。決して、神吽と『託宣集』を、作家と作品という古めかしい近代的認識に閉じ込めるものではない。それがどういった論理であるのか、詳しくは本論を読み進めてほしいが、端的にいうと、神吽による『託宣集』の編述は、『託宣集』の主体者を、八幡神への信仰の可能態として、神吽以外の無限の他者に開くという宗教性の論理によって支えられているのである。その論理は、現代の感覚から、もしかしたら中世当時の多数の人々の感覚からすらも、大きく飛躍・逸脱しているかもしれない。しかし、『託宣集』には不可解や不合理、矛盾や混乱といって済ませると見落とされてしまう中世の宗教性が、独特の形で確かに示されているのである。

＊　＊

本論の方法論については、詳しくは第一章に述べているが、とくに桜井の『託宣集』論を受けるものとして、簡略にまとめておこう。

本論の中心は、繰り返すようだが『託宣集』の読解である。そのために、本論では神話言説という方法を基盤においている。神話言説には、神の出現や祭祀にまつわる言説を取り扱う、というほどの意味を持たせているが、研究史的にいえば、神仏習合、中世神話、中世神学等といった方法によって対象化されてきた諸問題を一つの軸線から見渡し総合する意図がある。もう少し具体的にいえば、宗教的・神話的に読み得るテキストの記述を、新たな現実・歴史を作り出していく実践者の宗教性―宗教的実存が賭された言説として読み解くことが、神話言説の議論である。これは、基本的には『託宣集』を『託宣集』そのものとして読み解き位置づけること、そうした目的の達成を第一義とした方法である。つまり、『託宣集』の新たな読みの提示こそが、本論の神話言説論の根本的な課題となる。

また、本論では、宇佐八幡信仰について、『託宣集』を中心に置いた「神話言説」の展開の歴史として読み直すことを試みている。本論のタイトルである「宇佐八幡神話言説の研究」は、このことを指している。そして、『託宣集』を中心に置くということは、『託宣集』を始点とし、また同時に終点とする、ということでもある。こうした構えは、桜井が『託宣集』を分析する際に「八幡縁起の展開」として八幡信仰の歴史を捉えたことを引き継いだものとしてある。『託宣集』を適切に位置づけるためには、少なくとも『託宣集』以前における宇佐八幡信仰の営為を『託宣集』との関係から考えていくことは欠かせない。ただし、そうした「神話言説」の歴史は、単に時代順に辿られる出来事の羅列ではなく、『託宣集』に通じる宗教的・神話的事象から特徴的な問題として捉えられるべきものである。ゆえに、本論には、『託宣集』そのものを読み解くという問題に着目することで、これまで見逃されてきた宇佐八幡信仰の歴史を、神話言説という方法を通して新たに見出していくことが含まれている。

＊　　＊

宇佐八幡信仰のみならず、広く神仏信仰の中世においても重要な位置にあるはずの『託宣集』は、その価値に反して研究が遅れているといわざるを得ない。『託宣集』は、よくて歴史を補充し得る逸文―二次史料の集成、もしくは古代八幡信仰復元のための材料とされるのが通例となっており、そうでなければ、単に宇佐宮の縁起とされるのが現状である。個別の論点からの成果はあげられているものの、テキスト全体を含めた位置づけ、『託宣集』の八幡信仰がいかなるものか、という分析は、そもそうした問題に取り組む研究がほとんど行なわれていない。それはたとえば、中世伊勢神道研究の活況に比べれば、ほとんど等閑視されてきたといっても過言ではない状況である。

こうした状況の中、桜井が提示していた「あらたな八幡神の神話的世界を構築」する「中世の神話」としての『託宣集』という論点は、中世の神仏信仰における宇佐八幡信仰、その一つの結実である『託宣集』を位置づけ論じる時、問われるべき諸問題を対象化するために、今こそ切実に要請される基本的な視座だといえるだろう。『託宣集』の研究の端緒はすでに先学によって開かれてあるとはいえ、その読解は困難な部分も多い。しかし、その難しさの分だけ、記述に寄り添い、読み進めた時に見えてくる景色は、『託宣集』に独自な大きな魅力を示すものとなるはずである。

そして、『託宣集』を読み解くことは、中世の宗教世界について明らかにすることそのものでもあって、そこには、近代主義的で固定的な宗教観、託宣の古層的理解、神道と仏教の二分的認識、神仏習合・本地垂迹の構造等といった先入観には収まり切らない八幡信仰の中世の広がりと深まりとが、望まれるようになるはずである。『託宣集』を読み解く、ということは、結局は現代の歴史・宗教・神話の学がこれまで置き去りにしてきたような宗教的・神話的な命題についての、『託宣集』に独自な表現における発見にほかならない。

『託宣集』とはどのような書物なのか、『託宣集』における八幡神はどのような神なのか、『託宣集』の神吽は八幡神へのどのような信仰をあらわしているのか。ともかくも、本論は、こうした問いを発することで、これまで見られることのなかった宇佐八幡信仰の姿を浮かび上がらせるべく、『託宣集』の読解に取り組むものである。

引用等凡例

・原文資料の引用の際、基本的に常用漢字を用いる。
・原文資料の引用の際、読みやすくするため、句読点や改行などを補ったりあらためたりした箇所がある。
・原文資料の引用の際、割注は［　］で括ることで示している。
・『八幡宇佐宮御託宣集』は、原則『託宣集』と略称する。
・『託宣集』の引用は、すべて重松明久校注訓訳『八幡宇佐宮御託宣集』（現代思潮社、一九八六年）による。
・『託宣集』の引用の際には、重松明久校注本の原漢文と校異の参照等によって用字・句点等をあらためた場合がある。
・『託宣集』以外の参照原文資料は以下の通り。

『日本書紀』（〈新編日本古典文学全集〉小学館）。

『続日本紀』（〈新日本古典文学大系〉岩波書店）。

『宇佐八幡宮弥勒寺建立縁起』（『神道大系　神社編四十七　宇佐』神道大系編纂会）。

『三宝絵詞』（〈新日本古典文学大系〉岩波書店）。

『扶桑略記』（〈国史大系〉吉川弘文館）。

『広幡八幡大神大詫宣幷公家定記』（『宇佐神宮史』宇佐神宮庁）。

『宮寺縁事抄』（『神道大系　神社編七　石清水』神道大系編纂会）。

『放生会縁起』（『宇佐神宮史』宇佐神宮庁）。

『玉葉』（〈図書寮叢刊〉宮内庁書陵部）。

『平家物語』（〈新日本古典文学大系〉岩波書店）。

『古事記』（〈新編日本古典文学全集〉小学館）。

『南都大安寺塔中院縁起』（『宮寺縁事抄』〔『神道大系　神社編七　石清水』神道大系編纂会〕）。

『東大寺要録』（国書刊行会）。

『八幡愚童訓』（〈日本思想大系〉岩波書店）。

『日本霊異記』（〈新潮日本古典集成〉新潮社）。

『長阿含経』（『大正新脩大蔵経』）。

『文選』（〈新釈漢文大系〉明治書院）。

『倶舎論』（『大正新脩大蔵経』）。

『宇佐宮斎会式』（『神道大系　神社編四十七　宇佐』神道大系編纂会）。

『毛詩正義』（北京大学出版社）。

『古文孝経』（東洋文庫「岩崎文庫　善本　全文画像データベース」）。

『澄憲作文集』（『中世文学の研究』東京大学出版会）。

『拾珠抄』（『天台宗全書』第一書房）。

『古事談』（〈新日本古典文学大系〉岩波書店）。

『古今和歌集』（〈新日本古典文学大系〉岩波書店）。

『大菩薩顕現始称誉田天皇給事』（『宮寺縁事抄』〔『神道大系　神社編七　石清水』神道大系編纂会〕）。

『天台法華宗牛頭法門要纂』（〈日本思想大系〉岩波書店）。

『修禅寺決』（〈日本思想大系〉岩波書店）。

『雑談集』（『雑談集　中世の文学』三弥井書店）。

『渓嵐拾葉集』（『大正新脩大蔵経』）。

『伊勢二所皇太神宮御鎮座伝記』（『神道大系　論説編五　伊勢神道上』神道大系編纂会）。

『神道簡要』（『真福寺善本叢刊』臨川書店）。

『類聚神祇本源』（『神道大系　論説編五　伊勢神道上』神道大系編纂会）。

『公卿補任』（〈国史大系〉吉川弘文館）。

『漢書芸文志』（〈中国古典新書〉明徳出版社）。

第一部　八幡神の変貌

第一章　研究史と課題

――八幡信仰と『託宣集』の中世へ――

はじめに

本論は、『託宣集』の中世を起点として、宇佐八幡信仰の神話言説の歴史的展開を論じるものである。あらかじめ示しておくと、主要な分析対象としては、各章次のようになる。第二章では『続日本紀』を、第三章では『宇佐八幡宮弥勒寺《みろくじ》建立縁起《こんりゅうえんぎ》』を、第四章では『玉葉』を、本論の第一部として論じている。そして第二部は、第五章から第九章まで、各章はすべて『託宣集』への分析となっている。

こうした論の構成からもわかるように、本論の第一目的は、『託宣集』を読み解くことにある。ゆえに、第一部の分析は、基本的に『託宣集』を位置づけるために要請されたもの、ということになる。ただし、それは単純に宇佐八幡信仰の歴史を辿るというものではない。『託宣集』の中世、という問題を捉えることではじめて見えてくる、宇佐八幡神話言説の歴史なのであって、順を追って各テキストを辿るという単純なものではなく、また既存の八幡信仰史という理解をなぞるものでもない。本論に捉えるそれらは、あくまで、『託宣集』の中世に足場を置き、神話言説という視座に立った時にのみ浮かび上がる繋がりを持つものなのである。史書・縁起・日記というジャンルの違いを超えて、『託宣集』の神話言説の前史として見る時、そこに、これまで明らかにされてこなかった宗教実践者たちの営為を目の当たりにすることになるだろう。

本章は、以上のような本論の議論に向かうための、研究史と課題を提示することが目的である。

第一節　『託宣集』について――基本情報と概略――

本節では、『託宣集』について、その基礎的な情報を確認しておく。第二部の議論までいささか遠くあるが、そもそも本論の議論の始発点が『託宣集』である、ということも踏まえ、まずはここで『託宣集』の概略から、ある程度の全体像を示しておきたい。

『託宣集』は、宇佐宮の神宮寺である弥勒寺の僧で、晩年には宇佐宮関係の神宮寺を統括する学頭職を務めた神《じん》吽《うん》の手になるという書物である。

跋文によれば最終的な成立は正和二年（一三一三）とある。序文には起筆の年として正応三年（一二九〇）が記されているので、二十数年の歳月をかけて編述されたということになる。

八幡神の託宣、すなわち聖なる言葉を集め記した書であり、それのみならず、宇佐宮における祭祀儀礼の秘儀的認識や八幡神の神体についての神秘的な記述もあって、秘書的に扱われ神聖視されたようである。

伝存諸本は多く全十六巻の形であるが、神吽が編述した当初の形は巻三以下の全十四巻であり、後に巻一・二が追補されたとの見解が有力である。なお、各巻には八幡神の宝号「（我名）護国霊験威力神通大自在王菩薩」の文字列が巻題として配されている（「我名」は十六巻本の巻一・二）。

ここでは『託宣集』各巻の概略を簡単に述べておこう。『託宣集』全体は、大きく四つに分けることができる。

第一のまとまりは後の追補とされる巻一と巻二。それぞれ「御因位《いんい》」「三国御修行」と題されている。内容は、八幡神が八幡神という名において日本に顕現する以前の記事となっている。巻一が応神天皇としてあった時、巻二がその遷化《せんげ》後の修行時代を語るもので、それぞれ八幡神を中心とした系譜的記事を含んでいる。

第二のまとまりは巻三と巻四。それぞれ「日本国御遊化《ゆけ》」「三所宝殿以下事」と題されている。内容としては、巻三は八幡神の各地への顕現―遊化（遊行・行幸）を述べ、巻四は祭祀の場である宇佐宮の諸社殿および周辺の聖地について述べている。

第三のまとまりは巻五から巻十二までの八巻。順に「菱形池辺」、「小倉山社」上下、「大尾《おお》社」上中下、「又小椋《おぐら》山社」上下、というように場所もしくは社の名によって題されている。基本的には、八幡神の欽明天皇代の最初の顕現以降の記述を編年風に綴る内容となっており、各巻内題は、それぞれの時代における八幡神の鎮座する場の名称である。

第四のまとまりは巻十三から巻十六まで四巻。それぞれの巻の主題に沿って、あらためて記事が編集されている。これらの巻には、ここにのみ見られる記事と、すでに記載され重複している記事とが混在する。「若宮」、「馬城峰《まきのみね》」、「異国降伏事」上下、と題されている。

巻十三「若宮」は、宇佐宮に祭られる若宮について記述している。巻十四「馬城峰」は、八幡神の鎮座地ではないものの、はじめて顕現した地とされており、その地にまつわる記事を中心に記述している。巻十五・十六「異国降伏事」上下は、おおよそ「異国降伏」というテーマを中心に構成している巻である。

『託宣集』十六巻について大まかに説明すればこのようになるだろう。

『託宣集』は、その書名を素直に受け取るならば、八幡神の託宣を集め記した書ということになる。確かに、書名にもあらわれているように託宣を重視することは間違いない。しかし、実際には託宣だけではなく、各種記録類や縁起等からの引用、また古老の伝える伝承等も収載している。ただし、引用記事と神吽による記事の違いが明瞭でない場合もある。

また神吽の手によるいわゆる地の文の記述のほかに、「私云」などとしてとくに神吽の注釈と思われる記述が各所に見られる。この注釈は、取り立てて神吽が自身の見解として示すものであり、『託宣集』において神吽がどのような思考を展開しているのかを見るための重要な手掛かりとなるだろう。

神吽については、『託宣集』の序文に「神吽生比義二十一代之家」と記されており、八幡神の顕現に際してその対応祭祀を行なった大神比義《おおがのひぎ》の二十一代の子孫であることが示されている。大神氏は、辛嶋《からしま》氏、宇佐氏と並んで古代から宇佐宮の祭祀氏族としてあり、神吽もまた八幡神への信仰と祭祀を担う立場にあった。また、序文などを見ると、華麗な駢儷《べんれい》文でつづられており、その学識教養が高度なものであったことがわかる。

以上が『託宣集』の基礎的な情報である。

あらためて述べれば、『託宣集』は、中世という時代、宇佐宮において作られたテキストであり、その位置づけは何よりも中世という時代の中で行なわれなければならない。

第二節　『託宣集』と八幡信仰研究――『託宣集』の中世へ――

八幡神とは、古くは九州筑紫豊前国宇佐の地にあらわれた神である。史料上の初出である『続日本紀』においては、由来などが示されないままに護国神として記述されることから、研究上では突如として出現し地方から中央へと進出した神という評価を受けることが多い。八幡神は、『日本書紀』および『古事記』には登場せず、天地開闢《かいびゃく》に連なる神話からは隔てられた、歴史叙述の中にあらわれる後発の神ともいえるだろう。

また、平安初期には「八幡大菩薩」という名称が見られ、積極的に仏教を担い、神仏習合を体現する神だとされてきた。

経典・度者の寄進や三重塔の造営を奉賽《ほうさい》として受け、東大寺盧舎那《るしゃな》仏建立に際して加護を示して入京するなど、仏教的傾向は『続日本紀』の段階からすでに認められるものであり、その歴史的展開は、仏教との関係を抜きにしては語ることができない。

ほか、応神天皇と同体とされ、天皇家を守護する神であったこと、託宣によってその意を示す神であったことが知られている。中世にもなると、神仏習合思想の一つの到達点ともされる本地垂迹説において、釈迦や阿弥陀を本地とする説が広まる。また、浄土信仰や山岳修験、あるいは密教とのかかわりの中でも存在感を示している。

八幡神については、今、このような概略が可能であろう。ほか、多様な論点もあるが、基本となるこうした見方を成り立たせてきた研究の蓄積は膨大なものである。そしてその根幹に位置し、現在の八幡信仰研究の基礎を築いたといえるのが、中野幡能《はたよし》『八幡信仰史の研究』(1)である。

では、そうした既存の八幡信仰研究の流れには、どのような問題があるだろうか。

（一）「八幡信仰研究」の問題点

八幡信仰研究の問題点、課題として、まず指摘しなければならないのは、「八幡信仰研究」といった場合、その興味関心と議論分析の対象が、古代史や成立論に著しく偏っていることである。中野の研究は、「八幡信仰史」という視点を提示したことでも重要な意味を持っているが、にもかかわらず、その議論の焦点は基本的に、ほとんど古代にのみ向けられている。

また、その八幡信仰へのまなざしが古代へ向かうものであることはひとまず置き、分析上の評価という点で考えてみた場合はどうだろうか。

中野は、「八幡信仰史」という視点を立てるため、史料実証的な分析を基本としており、様々な史料の間を繋ぐことで、古代の八幡信仰を再現する、という方法を取っている。これによって明らかになった歴史上の問題は多くあり、その成果は高く評価されるべきである。ただし、古代の八幡信仰関連のテキストは、それほど多くは残されておらず、その歴史の再現という作業は、後世に記された、たとえば『託宣集』などのテキストを用いることで欠落を埋めている場合も多い。

そして何より問題であるのが、八幡信仰を神仏習合の代表とする見方である。

中野は、八幡信仰の総体的な性質について、託宣現象という点から「シャマニズムの傾向の強い巨大なシンクレティズムである」としている。これは、中野が発表した当時の研究状況から考えれば、相応の意味を持つ指摘であっただろう。つまり、八幡信仰はシンクレティズム―習合主義―神仏習合という日本宗教思想史上の大きな流れの中にあって、これの先頭を走り牽引したものだったのだと。

こうした八幡信仰への評価から、次へと受け継がれるべく取り出された問題は、すなわち、八幡信仰の主要な問題は託宣と神仏習合にある、ということである。

ところが、現在まで、こうした評価はほとんど批判の対象にもならず、八幡信仰理解の基本として残されてきた。八幡神は託宣の神であり、神仏習合の体現的存在である。そうした理解が、具体的な問題が問われないまま、表面的な評価として流通しているのが現在の状況だといえるだろう。本来であれば、八幡信仰において、託宣とは何か、神仏習合とはどういう意味を持つのか、ということが正面から問われなければならない。

さて、近年のもっとも大きな八幡信仰研究の成果といえる逵日出典《つじひでのり》『八幡宮寺成立史の研究』(2)は、個別の分析はともかくとしても、この中野が示した八幡信仰への評価をほぼそのままに引き継いでいる。逵の研究は、いわば中野の研究をより精緻に行なったものであり、古代史的状況を可能な限り正確に再現するものである。その手法は優れたもので、古代八幡信仰の神仏習合論的研究としては、ほぼ完成に近いものではないかと考えられる。そこでは、八幡神を通して見える古代は、僧たちが八幡神を仏教的に作り変え、新たな信仰を生み出していくものとして捉えられるのである。宇佐宮における神宮寺の成立への追究は、まさに神仏習合の発生を志向するものであった。

しかし、神仏習合の発生を問うという視点は、古代志向における神仏習合論、という八幡信仰の古代偏重状況に拍車をかけたものであり、あわせて、ほとんどステレオタイプとなっている、八幡神といえば神仏習合だ、というような理解をより強固にするものでもある。

そして、これらの研究は古代に対して多くの考究を行なってきたが、一方の中世の八幡信仰の研究は手薄なまま残されてきた。そして、そこでは『託宣集』は古記録類を収集したテキストとして位置づけられ、古代の復元のために利用し得るものとして扱われてきたのである。

あるいは次のようにも付け加えておくべきだろう。『託宣集』は、いわゆる神道思想的なものと仏教思想的なものが混然一体となり、また八幡神の託宣を多く集め記したという性質等もあって論理的な読解が難しく、神仏習合という、二元論的な読み方だけではその内実が摑めないのである。

八幡信仰研究における古代偏重傾向と神仏習合論という停滞が、『託宣集』の中世における価値を問い、その歴史的な位置づけを行なう研究を阻んでいるのである。

では、『託宣集』そのものの研究史はどのようにあるだろうか。先行研究として主要であると思われるものを年代毎に取り上げ、通覧しておこう。

（二）『託宣集』の研究史

一九六〇年代、まず、挙げなければならないのは薗田《そのだ》香融《こうゆう》の「託宣集の成立――思想史的試論――」[3]（一九六四年）であろう。『託宣集』の本格的な研究はここから始まったといえる。

薗田は『託宣集』の諸本、社会的な成立事情、弥勒寺と神叶《じんうん》が天台密教を受容していたことについて言及し、神叶の託宣観がまさに中世的であったことを指摘している。この指摘の意味は大きい。託宣とは八幡信仰において、とくに『託宣集』においては中心的な位置を占めるものである。それが神叶においては中世的変容を遂げている。薗田の研究は、『託宣集』をまずは中世的なものとして扱うべきであることを示しているのである。

また、六〇年代には、古代学協会編『史料拾遺』[4]（一九六七年）に収められた「宇佐託宣集」という形で、『託宣集』最初の刊行が実現している。これにより『託宣集』は広く研究に用いられるものとなったといえるだろう。

七〇年代には、二宮正彦が「宇佐八幡託宣集の一考察」[5]で、『託宣集』の諸本に関して書誌学的な分析を行ない、十六巻本の編成順位を考察している。『託宣集』の記述内容に立ち入った分析ではないものの、『託宣集』の基礎研究として重要な論考である。

そして、七〇年代末には、本論にとってもっとも重要というべき一連の論考が桜井好朗によって発表されている。桜井は「八幡縁起の展開――『八幡宇佐宮御託宣集』を読む――」[6]で、『託宣集』に引かれた文献記録を五つの系列に分け、そこから八幡縁起における八幡神の神格の変容を指摘し、『託宣集』には「精神史的な地すべり」があらわれている、とする。そして薗田の論を受けて、神吽の出会った神は本来「地すべり」の中にあらわれた、中世の開始を告げる名づけようのないものであった、と位置づけている。

また、桜井は「宇佐放生会について――『八幡宇佐宮御託宣集』再読――」(7)（一九七九年）で、前稿で詳しく述べられなかった宇佐放生会《ほうじょうえ》についての分析を行なっている。そこでは八幡信仰と山岳修験との結びつきが八幡神自身の修行者への変貌という形であらわれており、そのような形で『託宣集』の記述は〝中世〟的な発展を見せているとする。

薗田から桜井への『託宣集』論の展開は、後に詳述し、またそれぞれの分析について個別には各章議論の中で取り上げることになる。ただし、ここではっきりと述べておきたいのは、『託宣集』を中心として八幡信仰を見渡すこと、あるいは巨視的な八幡信仰の歴史―八幡信仰における中世に『託宣集』を位置づけるという試みは、この二者のみが取り組んだ課題だったということである。本論は、この薗田―桜井の流れを強く受けるものとしてある。

次の八〇年代は、『託宣集』についての書誌的研究、および神吽の信仰的背景についての分析が進展し、『託宣集』の刊行が相次ぐという重要な年代である。

伊藤勇人の「『託宣集』の史料性」(8)（一九八四年）は『託宣集』の伝存諸本について触れ、さらに宗教者としての神吽について言及し、その宗教的根源が『法華経』にあることを明らかにしている。伊藤は、神吽がまさに宗教者として、八幡神の託宣の書である『託宣集』を編述するに相応しい行者であったことを指摘している。後の吉原浩人や吉田修作の研究に繋がる重要な指摘である。

重松明久の校注訓訳『八幡宇佐宮御託宣集』(9)（一九八六年）は、本論が参照する『託宣集』のテキストである。奈《な》多宮本《だぐう》『託宣集』を底本とし、多数の諸本と校合して翻刻したもので、書き下しと注釈が付されている。現在の『託宣集』の研究にとって欠くことのできないテキストであり、その重要性はいうまでもない。

また、その解題においては、『託宣集』の書誌学的考察とともに、さらに重要な指摘がなされている。重松は、十六巻全てが神吽の編述になるという以前の研究に対して、その内容や諸本の伝存状況から巻一・巻二は後の追補であり、巻三以下の十四巻が神吽編述の当初の姿ではないか、と推定したのである。

新間水緒《しんまみお》の「八幡宇佐宮御託宣集について——原託宣集と現託宣集——」(10)（一九八九年）は、重松の指摘する追補問題を『託宣集』の内容からさらに論じ、追補部分である巻一・二の内容と傾向から追補を行なった人物が石清水《いわしみず》八幡宮に縁のある人物ではないか、と推定している。

さらに新間は、「八幡宇佐宮御託宣集の裏書について——大谷大学図書館所蔵本の紹介をかねて——」(11)（一九八九年）で、大谷大学図書館所蔵本の裏書の紹介とともに先の論考の補足的な指摘を行なっている。裏書の一文を神吽の弟子である神叟《じんそう》の手になることを示し、『託宣集』は書写閲覧がはばかられるほど神聖視されていたことを指摘する。そして追補については神吽の弟子たちが生存していた時代より後のことであろうと推測している。

また、中野幡能校注『神道大系　神社編四十七　宇佐』(12)（一九八九年）は、宇佐宮にまつわるテキストを翻刻、刊行したものだが、その中に宇佐宮本を原本として校合した『託宣集』が含まれている。これにより、先述の重松による翻刻本と合わせ、現存諸本の祖本と推定される奈多宮と宇佐宮の両本が出揃ったのである。

九〇年代の研究は、神吽が八幡神の姿を見て声を聞いたという神秘体験を核心とする分析となっている。

吉原浩人「『八幡宇佐宮御託宣集』と『法華経』」(13)（一九九七年）は、『託宣集』における『法華経』の影響についての研究である。神吽の宗教的背景における『法華経』の影響に絞って論じたもので、神吽が『託宣集』の構成原理のひとつとして『法華経』を捉えていたことを論証している。伊藤の提示した問題をより明確に論証したものといえる。

吉田修作「宗教実践の書『八幡宇佐宮御託宣集』(14)」（一九九九年）は、『託宣集』が宗教実践者の書として編述され、享受されていたのではないか、と論じている。とくに神吽における宗教体験やその託宣に対する意識などを中心に考察したもので、薗田、伊藤と続く神吽の宗教者としての側面を見る研究ともいえる。ただし、その論考は『託宣集』というテキストの中世的な意味を意識するものとはなっておらず、古層的な託宣へと論が向かっている。

以上を研究史としてまとめるなら、やはりその基礎にあるのは薗田の研究である。『託宣集』の書誌学的考察から、神吽の託宣観や『託宣集』の編述意識、そしてそれが中世における八幡信仰の在り方を示しているという指摘には、後の研究における問題の方向性がほぼ示されている。

後の研究は、薗田の論を受けてのものとなるが、まず書誌学的には二宮がより精緻な考察を行なっている。この流れはさらに伊藤、そして『託宣集』が本来十四巻本であったと指摘する重松、重松を支持してさらに裏書について言及した新間へと繋がっている。

重松によって指摘され、新間によってさらに詳述された『託宣集』巻一・二追補説は、すでに一般的見解となっているといってよい。本論では、これに従って、神吽が編述した『託宣集』について、巻一・二を除いて分析の対象としている。もちろん、巻一・二にも論じられるべき問題は多くあるが、これについては後考を期することとしたい。

さて、桜井は『託宣集』における中世という問題において、神吽が出会った八幡神が実は名づけようのない中世の到来を告げるものであったという、八幡神の言説の中世的変容を論じている。また、その変容は修行者への変容としても捉えられている。いずれにせよ、これは、薗田が『託宣集』に「中世的」問題を見出したことを正面から受けるものとしてある。桜井の二つの論考は『託宣集』を読み解く上において重要な指摘をなしている。とくに第二部第七章では、これら桜井の議論を受けて、『託宣集』における八幡神の変貌と宗教者の修行の関係の問題を論じている。

また、『託宣集』の編述意識については、そこに『法華経』の影響が大きいとする指摘があり、薗田も天台系ということで触れているが、さらに伊藤が詳しく論述し、吉原に至って明確に『法華経』が記述内容へと影響していることが示されている。本論では、第二部第八章において、薗田の指摘する『託宣集』の天台密教との関係、という問題を論じている。また、薗田、伊藤、吉原、吉田が注目する神吽の神秘体験については、第二部第九章で詳しく論じている。

ここまで『託宣集』を主題とした主な先行研究を見てきた。次に、『託宣集』の記述の内実に踏み込み、その意味自体を議論の対象とする論考として、また、本論が批判的に受け取るべき問題を提示するものとして、薗田、桜井、吉田の三者の議論をさらに確認することにしたい。

（二）『託宣集』の中世と宗教実践者

すでに述べたように、八幡信仰研究においては、古代を対象とする研究は盛んに行なわれてきたが、中世における八幡信仰の分析は手薄である。そして『託宣集』そのものの意義を記述内容の分析を通じて問う研究は、さらに少ない。こうした状況の中、薗田香融と桜井好朗の研究は、『託宣集』自体を対象とし、その意義と価値を中世という時代において論じる貴重な先駆的研究である。

『託宣集』を多角的に取り上げ論じた薗田の論考が後の議論の基盤を提示する位置にあることは、すでに述べた通りである。そうした中でも、薗田が『託宣集』を思想史として見ることを通して、神吽の託宣観が「中世的」なものとしてあったことを論じていることは注目に値する。

この着眼点は重要である。その問題において、神吽の託宣観が思想史的に時代を画するものであったとし、積極的意義を持つ問題である。「託宣」とは八幡信仰において、とくに『託宣集』においては中心的な位置を占めるものであったとし、つまり託宣観が「中世的」変容を遂げているとしたことは、まずは優れた見解であったといえる。

それは『託宣集』というテキストが成立したこと自体を「中世的」な出来事として位置づける視点ともいえるもので、繰り返しになるが、薗田の議論は、『託宣集』を何よりも「中世的」なものとして捉えるべきであることを論じているのである。

ただし、そこには大きな問題点もあった。薗田による神吽の託宣観への評価は、古代的段階から近代へと進む直線的な思想史観に基づき、積極的・意志的なる「中世的精神」を見出すものであり、「中世的精神」なるものを近代的段階の萌芽として位置づけるものであった。

それは近代主義的認識による価値基準、近代的合理性や人間精神観を中世の『託宣集』へと投げ掛けるものであり、託宣観の古代からの変容には留意しつつも、中世という時代における固有の価値を問うものにはなっていないのである。

また同時に、「託宣」への理解についても、神の言葉を直截にあらわす素朴なるものとして意義があった、という表層的な理解に留まってしまっている。そうした位置づけでは、歴史的な「託宣」の変容、古代から中世への展開の意義が見えなくなってしまう。

『託宣集』の固有な「中世的」意義とは何か、という問いに向き合う時、薗田の問題意識を引き継いだ桜井の議論を参照しなければならない。

桜井は、『託宣集』に引かれる縁起テキスト群を、まずは方法操作の上で五つの系列に分類して分析を進め、より古層に属すると思われるテキストの記述が、歴史的展開に伴って、より新しい段階の記述によって塗り替えられ上書きされていることを指摘し、そこから八幡神の神格の変容を論じる。そしてその変容の中に「精神史的な地すべり」、つまり記述における概念的な表層と深層、神の出現と仏の利生、古代的な層と中世的な層のずれを見出すのである。

「縁起」の展開、つまり神話的記述の歴史的な展開と変化の相から神の変貌を捉えることは、『託宣集』の分析において重要な意味を持つ不可欠な視点であり、これを提示する議論は高く評価されるべきであろう。

そして、桜井の『託宣集』への評価は、そこに収められた記事が相互に矛盾する場合の少なくないことから、混沌とした世界こそが『託宣集』の特徴である、とするものであり、矛盾や混沌をそのものとして読み解く視点が必要であるとする。

近代的な価値を『託宣集』に押し当ててしまっていた薗田に比べ、桜井の「中世」そのものを見ようとする態度は『託宣集』を読むためのより適切な方法の模索として位置づけられるだろう。

しかし、『託宣集』への「矛盾」「混沌」という評価は、薗田の抱えていた近代的価値観を反転したものでもあり、中世における固有の問題を持つ『託宣集』を非論理的なものとするに留まってしまっている。

近代的価値観への批判という点で、桜井は薗田の問題を継承しつつ論を進めており、この点は評価されるべきである。しかし、一見しただけでは矛盾や混沌と判断される記述を、そのままに動員し統合するという、中世のテキストである『託宣集』の固有の論理を、桜井は読み解き得ていないのである。

また、その問題は、結局は『託宣集』の八幡神を「本来、それは〝中世〟の開始を告げるべく現れた、名づけようのないものだったのである」と読んでいることにもあらわれている。

『託宣集』の八幡神は、神吽にとってまさに「八幡大菩薩」でなければならなかったのであり、この点を見失ってしまっては『託宣集』への正当な分析と評価は行なうことができない。さらに、桜井の分析では「託宣」の問題が取り上げられておらず、これについては薗田の問題意識から後退してしまっているともいえるだろう。

さて、『託宣集』における託宣の問題を中心に論じたのは吉田修作である。

吉田は、託宣という神秘体験を中心に『託宣集』を分析し、神吽がいかに託宣を求めたのかを、その記述の中から探っている。そして神吽の志したものが、宇佐宮において永らく途絶えてしまった託宣を復興することであったとし、『託宣集』は神秘体験として八幡神の言葉を得るということ、つまり託宣を得るという宗教実践へと導くためのテキストであったと位置づける。

『託宣集』が、八幡神の託宣を集め記した書と題されることの意義を汲み取ろうとした議論といえようか。また、神吽が託宣の復興を願ったとする分析は薗田がすでに示したところであり、この点に関しては薗田の問題意識を引き継ぐ議論でもある。そして、とくに宗教実践として神吽の瞑想の手法に着目するというのは重要な論点となる。

しかし、吉田の分析は、託宣の場だけを注視し過ぎるために、『託宣集』の歴史的位置、あるいは歴史叙述としての『託宣集』の意義を無視してしまっている。薗田や桜井による『託宣集』の中世的意義という問いは、吉田の方法ではまったく論じられない。

そこでは古代の託宣も中世の神吽の宗教的行為も、歴史的な差異を抜きにした「託宣を聞くワザ」として直結するものとなってしまい、『託宣集』が中世において成立したという事実、つまり歴史的展開としての中世における「託宣」の意義が問われていないのである。

薗田や桜井を受けるはずの吉田の視点は、しかし両者の議論の中心的課題を見ることなく、古層論的に「託宣」を捉えることに終始してしまっている。ここで、吉田の論考に関連して、本論にとって重要な方法論について参照しよう。

吉田の論考は、古代文学会編の『祭儀と言説――生成の〈現場〉へ』[15]と題された論集の一篇であった。同書は、「古代文学の〈現場〉へ！」をテーマとした研究、「現場論」の成果であり、所収論考はいずれも意欲的な議論となっている。そして、その「序」には、同書の方法論において共通了解となるテーマ・タームについて、「現場」をめぐる議論の展開として示されている。吉田の論考の基盤的な位置にある議論ということを踏まえ、少々変則的ではあるが『託宣集』の先行研究としてこの「序」を確認し、本論がキーワードの一つとして「現場論」から受け取り用いる「宗教実践」―「宗教実践者」についての意義を明確にしておきたい。

本論が参照するべき問題を提示するものとして、同書「序」には、次のように述べられている。

「実践者」は、〈現場〉を生み出しつつ〈現場〉を生きる者を指す。私たちの考える〈現場〉は「実践者」とともにあるのである。たとえば、神を祭る〈現場〉に生きる「宗教実践者」を考えてみる。神は、それを祭る者にとっては、次に何を要求してくるか予想のつかない底無しの闇である。したがって、祭儀の誤りにより祟りが生じる危険性から完全に逃れることは不可能である。しかし、「宗教実践者」は、その怖れに耐えつつ、祭儀の時空を作り出してゆかねばならない。よって、「宗教実践者」の祭儀はギャンブルとして決断を重ねてゆく行為である。そして、このように生きられる時空こそが〈現場〉である。そこを鳥瞰する者などいないのだ。さらに言えば、そもそも神そのものがこの祭儀の〈現場〉から次々と生まれ、「宗教実践者」の一回的で固有な体験を形成し続けるものなのである。その意味で、〈現場〉とは行き止まりのない運動の時空である。

このような想定をした上で、私たちは、古代の神をめぐる言語表現はこうした「宗教実践者」の〈現場〉を母胎とするはずであり、その〈現場〉の側から記述することが新たな歴史叙述の文体をもたらすことになるはずだ、と考えた。たとえば、共同体から王権国家へといった大文字の歴史ではない歴史を、である。この時、神をめぐる言語表現を「宗教実践者」の言説としてとらえかえす、という方向性がはっきりした。

「神をめぐる言語表現」について「宗教実践者」の言説としてとらえかえすということ。「実践者」は「現場」を生み出し、かつ「現場」に生きる者であり、さらに、神そのものが「現場」から次々と生まれ「宗教実践者」の「一回的で固有な体験を形成し続ける」ということ。「宗教実践者」の祭儀が「ギャンブル」だというのはいささか過激にも見えるが、神への祭儀が「宗教実践者」の信仰を賭したものと考えれば、不思議なことではない。神への祭儀の成否は、宗教的技術─職掌の、神への信仰そのものの成否でもある。祭儀とは神と向き合う実践者の実存が決される場なのである。そして、神に対峙する宗教者は、自己の持つ技術を駆使するものではあっても、最終的な祭儀の成否は、常に「次に何を要求してくるか予想のつかない底無しの闇」である神の側にゆだねられている。

そして、その「現場」の側から「神をめぐる言語表現」について記述することが、「新たな歴史叙述の文体をもたらす」という。「歴史叙述の文体」が取り沙汰されるところからは、「現場論」が単なる文学理論ではないことがうかがえる。それは直接には古代文学研究における発生論への批判であったが、ただ新たな可能性として示されているのではなく、より広範な現代の学問・研究が思想的に直面する課題への応答としてあった。「大文字の歴史ではない歴史」を描き出す歴史叙述は、どのように、なぜ、求められるのか。

ところで、祭儀〈中略〉は言語表現によってのみ生み出されるものではないだろう。〈現場〉における実践行為は多種多様にあるはずである。それらを総体としてとらえるためのタームが実践者の「技」であった。同時に、実践者自体も「技」の実践を通じて生まれるものだと考えた。〈中略〉「宗教実践者のテキスト」は、言語表現を「技」総体の中に位置付けた上で、考え直した。そもそも、私たちが古代に関して受け取る情報はほぼすべて文献を介してのものである。それら文献すべてを「実践者のテキスト」として読むことが可能なのか、ということが問題であった。むしろ、実践者を固定した前提とせず、テキストの解読の中から実践者を見出してゆくような身構えをとることを確認した。

「実践者」自体も「技」の実践を通じて生まれる、という。これは、実体的・先験的な「実践者」などいない、ということである。当然、「現場」も、そして当の「技」も同様である。それらへの分析は、対象を常にテキストの解読の中から見出すという身構えを要する。すなわち、テキストの読みの問題としてある。言語表現であるテキストをいかに読み解くのか、ということこそが取り組まれるべき問題であり、テキストの読み以前の前提としての「実践者」という予断は排除されていなければならない。宗教実践者の論では、「実践者」としてあらわれる人物は、その「実践」においてのみ「実践者」となるのであり、同時に、その「実践」はテキストの解読によってだけ発見されるものなのである。

確認しておきたいが、これらの議論は普遍的理論のマニュアルを求めたものではない。あくまで歴史叙述の新たな可能性を開くための議論であった。その意味では「現場論」という名の排他的な公理系があるわけではない。そういうものはない、というのが私たちの出発点だった。

「現場論」という「排他的な公理系」はない。すなわち、すでに領域を画し持つ固定的理論体系ではない、ということである。別の箇所には、「〈現場〉は先験的に存在する実体ではない。あくまで方法的に現出されるべき世界である」とし、またほかに、「私たちの知の世界は無限相対化の波によって隅々まで洗われつくしていた」とも述べる本書「序」にあっては、「普遍的理論のマニュアル」などは求められようもない。思想的認識において、そのようなことが不可能な、ある意味ではあらゆる限定が外された自由な、ある意味では無限に後退する―せざるを得ない不毛な世界の中で、なお道筋を探る標として、研究が立ち留まり集う「場」を共有するための「共同了解」の言葉として、「現場」に代表されるターム群は用いられているのである。

そもそも、こうした方法論的前提が要請されるのは、すでに「何かを相対化する理論の批評的意味は急速に失われつつあった」とされる状況、いわゆるポストモダンの思想状況が進展する中で、学問・研究がどのような課題と言葉を共有することができるのかが問われるべきだ、という意識があったがゆえだろう。これはまったく、方法論の探究として、正しく現代の研究における思想的課題の一つであった。その課題に沿うべく導かれたのが、歴史叙述の新たな可能性を開くことを命題とし、その議論においてだけ、実現され評価されるべき視座―「現場論」であった。ゆえに、極論すれば、目指される歴史叙述の数だけ、原理的には無限に、具体的な方法論はあらわされるともいえよう。「現場」は、その度毎に現出するからである。ただしそれは、無限相対化の中に投げかけられた共有されるべき「現場」という緊張を伴うものである。それは全肯定でも全否定でもない、常に新しい「現場」であるということによって担保される視座なのである。

「現場論」の見解は、歴史上に現在までを辿る、神をめぐる言語表現としての信仰的・宗教的営為を分析対象とする議論にとって大いに参考とするべきものだろう。なんとなれば、この『祭儀と言説』の「序」の言明は、『託宣集』論であると同時に、その「現場」から宇佐八幡神話言説の歴史的展開を捉える――もう一つの新たな歴史叙述を目論む――ともいえる本論にとって、そのままに「序」として招来を請うべきものとすらいえる。また、実際にそのようにするべき繋がりが、同書と本論の間には想定し得る。なぜなら、同書の「現場論」は、『託宣集』を分析しようとする視座を用意する方法論でもあったからである。すなわち、吉田の論考を挟んで本論は同書の「現場論」と向き合うことになる。

以上、『託宣集』の先行研究として、「現場論」を参照してきた。これによって、本論の位置および「宗教実践」―「宗教実践者」の方法的可能性はある程度明確になったはずである。これを受け、「宗教実践」ということについて、「現場論」の議論に加えて、本論が強調するポイントを示しておこう。本論では、とくに新たな信仰・神話・神学・儀礼・宗教的世界を作り出す営為について、「宗教実践」として見出すことになる。その際、もっとも注目される営為は、神吽が八幡神をめぐる言語表現としての『託宣集』を作り出したこと、託宣に代表される諸記事群を収集記載し、『託宣集』を編述することそのものである。それこそが『託宣集』という言語表現における最大の「実践」であり「現場」である。

（四）「中世」とは何か

本論は「現場論」を受け、『託宣集』の宗教実践を捉えるべきとの論点を定めたが、しかし、薗田香融や桜井好朗が論じようとした「中世」という問題については、いまだ素描を取り得ていない。この「中世」についてはどのように考えるべきだろうか。

ごく常識的にいって、中世とは時代区分を指し、だいたい、平安時代後期の院政期あたり、あるいは鎌倉時代がはじまる頃から戦国時代までの期間とされている。歴史的対象を研究する立場からは、一般的な時代区分をどのように画定するべきかを問う視点と、「中世」という時代に特徴的な性質とは何かを問う視点が認められるだろう。前者の視点は、いつからが「中世」なのか、という具体的な年紀を問うことになり、後者の視点では、「中世的」特徴とは何かを問うことになる。そして、この両視点は実際には相補的であり、互いが互いを参照する中で、「中世」は定められることになる。

しかし、中世という問題は、そもそも「中世」の語の意味するところが研究史の文脈や論者によって様々であって確定しがたい。むしろ問題とするべきなのは、「中世」それ自体が何なのか、という固定的認識を確定することではなく、どういった対象や文脈においてその「中世」を見出していくのか、ということのように思われる。すなわち、「中世」という歴史を、現代の研究はどのような方法によってどのように見出し、あるいは作り出すのか、という論理の転換が要請されるだろう。年紀にせよ特徴にせよ、そのように「中世」を名指すことによって何がどのように位置づけられ、また明らかになるのか、そしてどのように共有され得るか、ということが問題である。

では、『託宣集』の宗教実践について、八幡神をめぐる言語表現―歴史叙述の「中世」として位置づける時、その「中世」とはどのように捉えられるだろうか。

この問題については、桜井の議論を参考にしたい。桜井は、多くの論考で「中世」とは何か、という思索を展開しており[16]、桜井による「八幡縁起の展開」の議論、『託宣集』の「中世」についての分析は、そうした大テーマを形成する研究の一つとしてあったといえる。その中から、本論の導きとして、桜井の「神話テキストとしての〝中世日本紀[17]〟」を参照しよう。そこには、次のように述べられている。

一番悪いのは、「中世」がどこかに客観的に存在したり、神のように普遍的な意味を帯びて実在したりするものだと思いこむことである。「中世」なんて、どこにもありはしなかった。それは特定の意味の物差し（基準）にしたがって、仮に設定された概念というにとどまる。

「中世」という時代もしくは社会があったと考える以上、それに先行して「古代」があったことになる。「古代」や「中世」をあったことにするのは、「現代」（現在）に生きる私どもの立場によっている。そういう立場が成立するために、いわばその前提として、「近代」の歴史叙述が生まれ、「近代」の歴史学が成立している。その意味では、「近代」をぬきにした「中世」なんぞ、あるはずがない。「中世」と「近代」の間に、「近世」を設けることも、「古代」から「現代」までの歴史を超えるような原初という神話的な観念に惹きつけられるようにして、「原始」という時代概念にとらわれることも、その裏返しとして、やはり歴史を超えるような「未来」を想定することも、考えてみれば、「近代」というどこにもありはしないものを、たしかにあるのだと思いこみ、おまけにそれによりかかった歴史叙述のうちに客観的な真実が示されていると信じることが前提になっている。

その場合、「中世」を「古代」とは異質の「変化」ととらえるか、必然性をかくした「発展」ととらえるか、単純な二者択一で片がつく問題ではないが、すんなり折り合いがつく話でもなく、どちらにより強い関心を持つか、それによって「中世」像にかなりの差異が生ずる。現状では単一化された貧困な結論など目ざさないほうがよいと思う。私見によれば、「中世」自体が多義的であることを望んでいる……といってしまうと、すでに私は「変化」の相において「中世」をとらえようとしていることになるが、だからといって、「発展」をことさらに無視するのは愚かであろう。折り合いのつきかねる場所を隠蔽せず、むしろそこを照射し、そこへ身をのりだしてゆくような論述が期待される。

「中世」は実在しない、あくまで基準としての仮定の概念である。先行する「古代」もまた同様であって、「古代」と「中世」は連続する一つの、しかし相違を持つものとしての概念なのである。しかも、それは「近代」の学問を前提とした「現代」が、自らに繋がる歴史を叙述しようとする時にあらわれる。そして、「中世」が、前代である「古代」とは異質の「変化」だとするか、歴史的な必然としての「発展」だとするか、差し当たり「中世」については基本的にこの二者の間にあって見方は多様にあり得る、とする。つまり、単一の結論は現状では導くべきではない、ということである。こうした論述からは、桜井が歴史を位置づける言葉――「中世」について、一義性を退けて、多様な歴史叙述という見方の必要性を示そうとしていることがうかがわれるように思われる。そこには、近代主義的な普遍性を押し付けることへの抵抗という意図が認められるだろう。このようにして、桜井は「中世」に関する捉え方の基本を示した上で、自身の見解としては、「中世」がそれ自体として「多義的であることを望んでいる」と述べ、「中世」を「変化」の相において捉える立場を取る。さきの『託宣集』に対する「矛盾」や「混沌」という評価とも通じ合う見解である。そして、「発展」と「変化」の折り合わない場所こそが、歴史を問う論述が乗り出していくべき場所だとされている。(18)

今、とくに参考とするべきことは、「中世」は実体ではなく、あくまで歴史叙述によって構成される、ある歴史の見方を指示する概念だということである。つまり、歴史を問う際の「中世」とは、「中世」として見出されるべき何ものかを名指すことにおいてこそ意味を持つ。桜井の立場によれば、それは「古代」とは異なる「変化」のあらわれを示す何ものか、ということになるだろう。

そして、桜井はその何ものかの一つである「中世日本紀」の問題へと論述を進めていく。

「中世日本紀」というとき、問題はやや複雑になる。「日本紀」を「古代」に属すると考える以上、「中世」と「古代」を等号で結ぶようないい方には、かかる用語を呼びおこした論述それ自体の単純ならざるものがかくされている。（中略）「中世日本紀」という場合の「日本紀」は、『日本書紀』と呼ばれる史書を念頭におくが、それが「中世」と限定されることにより、『日本書紀』そのままではありえなくなっている。「中世日本紀」と名づけられた書物があるはずはない。それは実体概念でなく、操作概念もしくは関係概念というに近い。つまり、「中世」を「古代」とは異質の「変化」としてとらえうるのだという物語の仕方、いわば歴史叙述の在り方が成立することと呼応するようにして、そのような概念が提示され、すぐにというわけにはゆかなかったが、やがてひろく共有されるようになっていった。

「古代」と「中世」が、「中世」という時代において交差する一つの状況、まさに「中世」でなければ起こり得ない状況といえるが、それが『日本書紀』そのままではない「中世」の「日本紀」としての「中世日本紀」という概念によって示されるのである。

「中世日本紀」とは、伊藤正義が一九七二年に発表した「中世日本紀の輪郭――太平記におけるト部兼員説をめぐって――」[19]によって提唱された、注釈を中心とする問題系であった。

桜井は、伊藤が「日本紀」（日本記）にいう、とする形で「『古今集』や『伊勢物語』に注釈を施したテキストの群れが存在することに注目し、次のように説きおこした」として、その論述を引いている。

つまり、これらにいう「日本紀」とは、日本書紀原典の謂ではなく、日本紀にも見える神代上代の物語という位の曖昧な用法だともいえるのであるが、しかし、それを「日本紀」と記し、それが誤りであるにもせよ、「日本紀」だと考えた当時の理解があったのである。

ここから、桜井はその「理解の仕方」を捉え、「日本紀」というテキスト群が「多義的であり、意味に意味が重なりあったまま浮遊してゆく」「それによって、一元的に描かれることを志向する王権や国家の像が見えにくくなってしまう」と述べ、それこそが「中世」的な出来事だと、「中世日本紀」における一元性の相対化、多元性の展開を読み取っている。「古代」に対して「中世」を多元化の時代とする見方である。

はたして、「古代」を一元的、「中世」を多元的、とする歴史叙述の在り方が妥当であるのか、王権や国家は本当に「一元的に描かれることを志向する」のか、疑問はある。ただ、そうした仮定によらなくとも、「中世日本紀」が、「日本紀」という一元的・一義的・普遍的な中心記号を起源あるいは根拠として、もはや「日本紀」には関係ないようなものまでも含んだ、多様な注釈を作り出す実践であったことは、間違いない。

つまり、その多元性は、ここでは注釈という方法―実践によって創出される言説として捉えられる。この「注釈」こそは、伊藤の「中世日本紀の輪郭」によれば、「あらゆるジャンルで試みられた秘伝、注釈の類」であり、「日本書紀原典とは大きく隔たった、いわば中世日本紀が形成されている」として指摘される「中世の本質を探る鍵」、その可能性となるものだった。

こうした「中世日本紀」の論を受けた桜井は、さらに議論を展開し、神話テキストの分析、神話論的分析として「この世界が安定した秩序を持ち、繁栄してゆくためには、秩序とか繁栄とは異質であり、それらと対立するようなものの力がはたらかねばならず、たといその力がどんなに厄介でまがまがしいものであろうとも、それと格闘するようにして、それを好ましい方位へと向けてやらねばならない」との見解の上で、「「古代」を転倒し、「中世」を実現しようとする始原の力のありかとして、多義的に出現する「中世」の神話的世界」が見出されるとする。

その際、桜井は「中世」の「神話的世界」の一例として、『託宣集』を挙げている。そこには「日本記に云はく」とする「中世日本紀」的な記述が含まれることを示しつつ、「『託宣集』の語る放生会では神が隼人を多く殺戮したことが、戦功というよりは罪障としてとらえられており、いわば戦没した隼人の「凶霊」に囲まれるようにして八幡神は出現する」として、『託宣集』―放生会にあらわれる八幡神が「秩序とか繁栄とは異質」の荒ぶる神でもあったことが述べられている。

『託宣集』の八幡神から「〝中世〟の開始を告げるべくあらわれた、名づけようのないもの」としての、「中世」の始原となる神の働きを読みとる桜井にとっては、「中世日本紀」もまた「中世」という時代をその神話的特徴において示す一つの構造として位置づけられるものだったといえるだろうか。ゆえに、『託宣集』の「日本記に云はく」という「中世日本紀」的な記述には目を届かせながら、『託宣集』における神吽の注釈という営為、およびその内実には注意が向けられないままでもあった。(20)

しかし、やはり大切なのは「中世日本紀」が注釈の問題系だということである。そこで、あらためて桜井による「中世」の思索と「中世日本紀」の議論を踏まえ、その上で見出され得る『託宣集』の「中世的」特徴を「注釈」から考えてみることにしよう。

まず、「中世日本紀」の「中世的」特徴は、その在り方から二つの要点として取り出すことができる。すなわち、「日本紀」という多重多元化する中心―起源と、注釈という方法による多様多彩な秘伝の形成である。桜井が示したように、前者についても『託宣集』に認められるが（これはこれで重要であって、『託宣集』における「日本紀」の問題については第二部第七章に論じている）、『託宣集』にとってより特徴的であるのは後者、注釈による秘説・秘伝の形成、すなわち、注釈による新たな神話・神学の創造である。どういうことか、その核心を見ておこう。

『託宣集』には、宇佐宮における祭祀の対象である八幡神の御体《ぎょたい》についての記事が載せられており、これに「私に云はく」とする神吽の注釈が付されている。当然それは、現代的な意味での、本文に対する補助的な説明というものでは決してなく、「中世日本紀」の問題として発見された、秘伝を形成するものとしての注釈である。とくに、この八幡神の御体・神体についての注釈は、八幡神の託宣への注釈を文脈の中に含むものとしてあって、託宣を基盤とした解釈となっている。それは、御体を「本地幽玄の神体」だとする記述である。また、同じ注釈記事には「真空冥寂《みょうじゃく》の霊神」「虚空同体の妙身」といった文言が付随しており、注釈記事の全体として、八幡神の本地と垂迹に関する神学を構築するものとなっている。

詳しくは第二部第八章・第九章に論じることになるこうした『託宣集』の特徴的な記述は、大きくいって古代から中世へと展開する宇佐八幡信仰の歴史の中で、「中世」の極致、最奥に位置するといってよい。少なくとも、それはまず「古代」とは異なる、また「中世」的な「古代」をも突き抜けた八幡神の本源・本質に関する言語表現、すなわち「本地幽玄」「真空冥寂」「虚空同体」という神話言説であって、「古代」そのままではあり得ない「中世的」な起源の提示である。しかも、「中世日本紀」に代表される注釈という営為、「私に云はく」という記述形式において「古代」には見られなかった新たな言説を作り出す実践としてあらわされたものなのである。

このように、『託宣集』の『託宣集』たる性質――注釈における「本地幽玄」説――を「中世」と名指すことで、その固有性に立脚しつつ、「中世」という時代・世界へと、より広い問題へと接続し開いていくことが可能となる。本論における『託宣集』の「中世」とは、「中世」と名指すことで、新たな八幡神を作り出し、またその八幡神によって意義づけられ支えられる、信仰的・宗教的な実践の中に現出する『託宣集』の「現場」を見出すために用いられるべき語彙であると定義づけられるだろう。

それにしても「本地幽玄の神体」とは、実に印象的な特異な言辞である。これは、八幡神の「本地」についての記述であるという点で、起源的なものであり、また「幽玄」という表現である点で、不可知的である。まとめれば、起源は不明である、ということになり、そこにどのような意義があるのか、注釈として言明されるべき価値がそこにはあるはずだが、この一語だけでは判断しがたい。しかも「真空冥寂の霊神」「虚空同体の妙身」、すなわち言語化不可能で人の認知に収まらない神の無限なる身体ともいうのであるから、八幡神の御体には、相当に複雑な、一見するだけでは理解しがたい論理が作り上げられているものと思われる。

『託宣集』の八幡神の最奥に位置する印象的な「本地幽玄」という言明は、いかなる意義を担っているのか。八幡神の「本地」、というからには、中世に広く行なわれた本地垂迹説がまずは想定されるが、はたしてそれだけで解決するものなのだろうか。

この「本地幽玄」の問題に接近するための方法視座の確保を、次節では試みることにしたい。

第三節　『託宣集』／本地幽玄説を論じるための視座——神話言説として——

さて、現在、神の本地を論じる、ということについては、研究史の上からいくつかの注意するべき点がある。これまで本地垂迹説は、基本的に神仏習合論において分析の対象とされてきた。神仏習合論における本地垂迹説の理解は、中世において半ば常態としてあった神と仏の相互規定的関係を捉える議論だが、近代主義的な宗教史観に基づくものであった。

それは、先験的に神と仏とを二分する発想であり、神祇への崇拝を基層に置きつつ、これに仏教の教理が影響を与える中で神仏習合が進展し本地垂迹説に至るとする理解で、中世における信仰の問題を近代主義的な発展段階論と神仏の二元論によって一方的に位置づける視点である。これを批判し乗り越えるためにはどのような視座が必要となるだろうか。本論の課題として、具体的に『託宣集』の本地幽玄説を適確に論じるために必要な方法論はどのように考えることができるだろうか。

（一）　神仏習合論と本地垂迹説Ⅰ——実社の神と苦しむ神

中世の本地垂迹説については、かつて、神仏習合思想の到達点として、仏と神を同体視し、しかし本地の仏に対する垂迹の神、という形で上下関係があったと想定し、神仏習合思想の歴史的展開を神の地位上昇の過程として見る議論があった(21)。

このような神仏習合論が展開する基本的な研究史上の価値は、日本という地域における宗教史・信仰史において、「神道」なるものが全時代的に全面的な位置を占めていた、という近代に成立した国家神道を受ける神社神道史観ともいうべきものへの批判にあるといえる。「神道」を日本の独立的固有信仰だとする固定的な理解は、一般的には現在でも根強い。こうした認識の相対化は、研究史としても神仏習合論が担った課題であり、今なお現代社会に対して批判的価値を有する議論といえる。

一方、神仏習合論には、大きな問題もあった。それは神仏習合論自体が、「神道」に通じる神信仰・神祇信仰の存在を前提的に捉え、神・仏の対応関係において、それぞれの領域を構造的に保存するという点にある。

また、こうしたことに加えて、研究史の動向という点では、伊藤聡「神仏習合の研究史(22)」において「単なる古代の延長では捉えられない複雑な実態が中世にはある」とした上で述べられる次のような課題が、本論に強く共有されるものとして挙げられるだろう。

たとえ「停滞」気味であるにせよ、或る発展図式が描かれている古代と、混沌とした現象のみが指摘され、未だ理論化されていない中世とのコントラストが余りにも激しいのである。神仏習合研究の今後の課題としては、この中世をも視野に入れた総合的アプローチが必要であろう。

これは、古代の神仏習合研究に対して提示された意見だが、八幡信仰研究の問題点、さらには『託宣集』研究の課題としても頷かれるところである。すでに本章第二節（一）で述べたように、八幡信仰は神仏習合の代表として扱われる対象であり、古代偏重の研究状況にあった。神仏習合・八幡信仰の研究は、その特徴的現象が古代にあるとする見方がこれまで基本となっているが、近代主義的な古代偏重を相対化し批判するために、「中世」を踏まえた「総合的アプローチ」によって、「古代」はあらためて位置づけ直される必要がある。本論は、古代を射程に入れた『託宣集』の中世論としてあるが、それは古代・中世を通した新しい歴史叙述の可能性として、『託宣集』の中世から古代を捉え直す議論でもある。この課題に応えるためにも、信仰上の問題として、「矛盾」や「混沌」ではなく「論理」を中世に見出す視座、あるいは「中世における論理」がどのようなものであるのかという問いが要請されるのである。

それでは、神仏習合研究において視野に入れるべきとされる「中世」の議論はどのようにあるだろうか。まずは「中世をも視野に入れた総合的アプローチ」として伊藤が挙げる、中村生雄の研究、権社《ごんしゃ》の神に対する実社の神・実類の神の中世的な在り方を論じるものがある。また、佐藤弘夫による、救済者である彼岸の存在としての本地とその救済者へと導く此土《しど》の存在としての垂迹、という中世的コスモロジーを論じる視点からなされた議論も挙げるべきだろう。それぞれの議論の要点を押さえておきたい。

中村は『日本の神と王権』(23)において、「仏教パラダイム」としての〈本／迹〉と〈権《ごん》／実〉という二項対応的構造における「日本の神」の様相を問い、そのパラダイムにおいて正統からこぼれ落ちる神々に論の焦点を合わせる。本来、仏教教理としては、〈本／迹〉の場合に「迹」が現実に対応する「仮設的・方便的」なものであって「本」が本質の真理を指すのと同様、〈権／実〉は、「権」が仮に現象としてあらわれたものであるのに対し、「実」が真実の実体を示すものだった。

しかし、日本の中世の本地垂迹説においては、「垂迹」――「権」にあたる「権社の神」が仏菩薩を本地とする仮のあらわれであり、カテゴリ的に「本地」―「実」にあたるはずの「実社の神」は、仏教世界の聖なる存在とは無縁の「鬼神」(『興福寺奏状』)や「悪霊死霊等ノ神」「悪鬼」(『諸神本懐集』)と位置づけられるものだった。

中村は、この「実社の神」の在り方に着目し、「日本の神」の歴史的な地位上昇過程という「発展段階説」的な神仏習合史観を批判する。そこでは「垂迹神の地位上昇とは裏腹の関係にある実類・実社神の地位下落という現象は、視野から逸れてしまう」のである。

中村によれば「実社の神」は基本的に「祟《たた》り神」なのであり、また「そもそも日本の神はその発生の段階においてはおしなべて〈祟り神〉だったのであって、そのような原初の神の〈祟り神〉性が人間の手になる祭祀によって徐々に和められ、やがて神々の性格は〈祟り神〉から〈守り神〉へと推移していった」。このような見解から、中村は、仏教との関係によってあらわれた、古代における罪業に「苦しむ神」と、中世における「実社の神」を接続し、中世の「苦しむ神」として「実類・実社神」を位置づける。

そういった「苦しむ神」の姿は、『神道集』等のテキストにあらわれており、その際に重要なのは、主人公である神たちが「〈苦しむ神〉ではなく〈苦しむ人〉として描かれていることであり、またその〈苦しみ〉が頸を刎ねられたり蛇身とされたりというような、具体的でなまなましい身体的苦難として表現されていること」だと中村はいう。

それは、「古代の〈苦しむ神〉が「神の身」ゆえの〈苦しみ〉を通じて神から菩薩あるいは仏へと身分上昇をとげたとすれば、中世の〈苦しむ人〉はより直接的な身体的苦難と引き換えに、人から神に生まれ変わる」ことをあらわしているのである。

さらに、中村は、『神道集』等の「本地物語」に描かれる神の「〈苦しみ〉は、神のものである以上に、はるかにわれわれ人間の側の〈苦しみ〉なのであり、そのような〈苦しみ〉の人間化を通じて、〈苦しむ神〉は古代的存在から中世的存在へと変貌していったのではなかったか」と述べ、「中世の実類・実社神の身内にわだかまる〈苦しみ〉は、本地物語の主人公らの自己処罰と自己犠牲による身体的苦難へとスライドして、新しい神の発生をうながすことになったとは言えないだろうか」とする。

中村の議論は、中世においては本地垂迹説が主要な神仏理解の理論だと前提してしまい疑問を持ってこなかった神仏習合論では捉えられない神の姿として「実類・実社神」という「苦しむ神」があった、とするものであり、その上で、そのような「苦しむ神」の〈苦しみ〉の物語に、神と人の関係における古代とは異なる中世の特質を見出している。

実際には、本論（第二部第六章・第七章）に論じる『託宣集』の八幡神のように、中世における「苦しむ神」は「実類・実社神」に限定されるものではなかったが、ともあれ、構造的な本地垂迹の関係から逸脱する神の姿を捉え、人間的で身体的な「苦しみ」に「新しい神の発生」の物語を見る視点は、高く評価されるべきであろう。

（二）　神仏習合論と本地垂迹説Ⅱ――本地垂迹のコスモロジー

佐藤は『アマテラスの変貌――中世神仏交渉史の視座――』(24)において、「日本の神を代表すると考えられている天照大神が、根源的な性格においていくたびもの変転を繰り返してきた」ことから、「伝統の神と外来の仏」「基層信仰としての神道と普遍宗教たる仏教」という枠組みを前提とする「神仏交渉史」と「神仏習合論」を再考するべきとの課題を示し、中世の本地垂迹説に関して神仏を区分する見方に根本的な疑問を立てる。

佐藤は、その疑問の根拠となる例として、『続本朝往生伝』『今昔物語集』などに見られる「本朝の神明・仏法」

という神仏への位置づけを取り上げる。とくに「本朝の仏法」という言葉には、普遍宗教における「すべての人々に開かれた信仰の対象としての仏とは似ても似つかない」、「「日本」という特定の地とそこに住む人々との間に、切っても切り離せない関係を結んでいる」仏の姿があらわれているという。

このような「本朝の仏法」とされる「仏たちは、神と完全に等質化して」おり、また「日本の神」も「原質レベルで根本的な変容をみせている」のであり、この観点から神仏の関係について「「神―仏」という二分法を前提とし、両者の習合と離反の距離を測定しようとする従来の研究」を批判、「「神」「仏」という歴史を超えた不変の実体があたかも存在するかのような先入観を、きっぱり捨てさること」が必要だと提言する。

そして「日本の中世には二種類の範疇の神仏がいた」とし、それは「彼岸にあって衆生の究極的な救済を司る〈救う神〉と、その垂迹として娑婆世界＝此土に出現し、賞罰の力を行使することによって人々を〈救う神〉へと結縁させる〈怒る神〉である」という。

佐藤によれば、日本の中世においては、「神仏の区分以上に、彼岸の〈救う神〉と此岸の〈怒る神〉の間に引かれる線の方が、はるかに根源的で重要な分類の指標と考えられていた」。

佐藤が概念化する「怒る神」は、「賞罰の力を行使する存在」であり、この位置に「日本の仏法」「日本の仏」も含まれる。またそのような神仏は、「賞罰」を担うのであり、単に「怒る」だけの存在ではなく現世利益を担当する。つまり、佐藤のいう「中世人の神仏をめぐるコスモロジー」とは、中世の人々と神仏たちの距離感として、此土の身近に垂迹し顕現する賞罰・衆生利益の神仏と、遠く彼岸にあって根源的な救済、死後の救済を司る仏という形で捉えられる「本地垂迹」の世界観に、当時の神仏を配置し直したものといえるだろう。

現代的な神仏の二分法ではない、中世当時の人々の神仏と救済に関する観念を明らかにするということにこそ、

「中世人に共有されていた冥界のコスモロジーの構造的把握」を目指した佐藤の議論の価値がある。ただし、それは、佐藤が「コスモロジー」や「構造的把握」ということを強調するように、中世における全体性を仮構することによって成立する見方である。

個別具体的には、たとえば本論で指摘するように、『託宣集』の八幡神は、現世此岸の存在でありつつ究極の救済者だと価値づけられており（第二部第六章に論じる）、またその存在態は、現世の御体や祭祀に基盤が示されつつ不可知の「本地幽玄」という八幡神の真実相が構築されている（第二部第八章に論じる）。すなわち、このような神話言説が作り出され語り出される宗教者の信仰の現場の様相については、佐藤のコスモロジーの議論からは手が届かないものといえる。

とはいうものの、神仏習合論・本地垂迹説における神仏の固定的な理解への佐藤の批判は、「本地―垂迹」が「仏―神」の関係として固定的にあるのではなく、救済者としての根源存在と、それへと導く顕現存在の関係なのだということを明確に示したものとして、評価されるべきであろう。

（三）　神仏習合論と本地垂迹説Ⅲ――本地の探求者

中村と佐藤の研究によって、中世の神仏信仰に関する研究は大きく前進したといってよい。さらに佐藤は、神仏の習合という認識自体が、近代日本における近代主義的な発想の産物であり、神と仏、神祇信仰と仏教をアプリオリに二分して捉える見方を批判している[25]。

ただし、今見てきたように、この両者は、権と実や此岸と彼岸というカテゴリ的な認識、言い換えれば、ある時代の歴史的状況における信仰の様相を構造的に捉える議論でもあり、そこには神仏習合論における本地垂迹説の理解を批判し乗り越える価値があるとともに、中世という時代の「世界観」を志向するような、個別の具体相が捨象されるという一つの限界を抱えている。

本論は、「本地幽玄」という言葉として示された、神吽《じんうん》という宗教実践者における八幡神の本地を問うものであり、中世の世界観ということにも意識は払いつつも、より具体的な宗教と信仰の現場、テキストの記述にあらわれる本地の認識の深化の状況を論じることを目的とする。

そのように考えた時、神の本地を確定する営みが、単に記号的に神格尊格の相互の関係を結びつけるというようなものではなく、神の本源を探究し明らかにするものであったとする吉原浩人の議論は重要である。

吉原は、「神仏習合思想史上の大江匡房《まさふさ》――『江都督納言願文集』『本朝神仙伝』などにみる本地の探求と顕彰――」(26)で、「大江匡房が神仏習合思想史上に果たした役割は、古代中世を通じて最大級のもの」とし、その活動を「院政期のあらゆるものの本源を尋ねようとする風潮」「院政期の始原探求のエネルギー」とかかわって神の本地を明かすものと位置づける。吉原が取り上げた「匡房の著述の殆どは、それぞれの神社の本地を明かす最古の例」であり、「匡房の言辞の、神仏習合思想史上における意味の大きさ」は十分に注意されなければならないだろう。

また、吉原は、八幡神の本地説について、大江匡房の活動から論じており、八幡神が阿弥陀を本地とすることのはじまりが匡房の浄土信仰と八幡信仰によって生み出されたものだと指摘している(27)。

そして、吉原によれば、匡房が描き出す本地の探求者は、いずれも「神仙であり往生人」なのであって、彼らは「異能者として他界とのコミュニケーションが可能な人物」であった。さらに、匡房について、「自分自身をも特別な存在として、本地を語る有資格者であると思っていたふし」があり、匡房が「自ら積極的に本地を同定していった可能性は、かなり高いのではないか」という。

「尋常な人間では本地を知ることはできず」「選ばれた特別な者のみが、本地を語ることが可能」なのであり、本地を明かす異能者を記述した匡房自身もまた、そのような異能者と同じく「神々の本地を自ら探り得る存在として自認」していた、という吉原の分析は、本地説、すなわち、本地を探求し、明示して書き記し、テキストとしてあらわすということの意味を考える上で、その議論の方向性を定めるための、まことに有効な見解である。

吉原の議論から、本論が受け取るべき問題は、本地というものが記号的に設定されるのではなく、「他界とコミュニケーションが可能な人物」による神の本源の探求によって見出されるということである。逆にいえば、神の本地が明かされ記述されるということは、そこに神の始原本源を探し求め確定しようとする、それが可能な尋常ならざる異能者の存在があったと考えなければならないのである。

このような本源の探求という営為は院政期に限られた問題ではなく、鎌倉時代以降により先鋭化した形で、根源的なものを求めてボルテージを上げげつつ展開する中世神話・中世神学へと続いている。神吽が用いる「本地幽玄」という言葉は、まさにその探求の深奥へ至ろうとする営為が作り出す歴史的な流れの中にあるといえるだろう。

さて、これまでの八幡信仰論や神仏習合論の多くにおいて、八幡神は常に神仏習合現象に関する先駆的で体現的な存在とされてきた。しかし、本論に明らかにしていくように、そのようなステレオタイプの理解によるだけでは、『託宣集』に示される八幡神の姿は捉えることができない。

本節ではすでに、中村や佐藤による神仏習合論・本地垂迹説理解への批判と新たに示された視点を概観し、その可能性と限界を当面のものとして指摘した。さらに吉原によって提示された本地説における根源の探求と、その有資格者である神仏・他界とコミュニケーションが可能な異能者、という引き継ぐべき問題も確認した。これらのことを受けて、『託宣集』の八幡神と本地幽玄説を論じるための視座として、以下、中世神話と中世神学へと議論を進めることにしたい。

（四）　神仏習合論から中世神話論へ

神仏習合論は、近代主義的な発想を根幹に持つ宗教史観によって神と仏の関係を見るものであり、「中世」そのものにおける宗教や信仰の様相とは乖離的であった。

このような状況に対して、山本ひろ子は、文学研究の分野で中世に新たな価値を見出した前述の中世日本紀論を踏まえ、中世神話および中世神学という視座によって、具体的な中世の信仰世界を捉える議論を展開している。その論考の一つ「至高者たち――中世神学へ向けて――」(28)において、山本は、次のように中世の宗教的営為を分析する可能性を立ち上げる。

平安末期から鎌倉初期にかけて、神学のニューウェイヴが擡頭してくる。その一大潮流を、日本書紀をめぐる注釈活動――いわゆる〝中世日本紀〟に求めることができよう。それは神話学としてみれば、紀に代表される古代神話の転釈を通した〝中世神話〟の成立でもあった。

古代神話から中世神話へ――かかるパースペクティヴのなかで、もっとも魅力的なのは、中世における神の変容というテーマであろう。

中世にあって神々は、その古代的衣裳を脱ぎ捨ててさまざまに姿態を変え、高位の仏菩薩や下位の荒神と同一化し、多重人格性を誇る。

多くの論者は、それを神仏習合、つまり仏菩薩が濁世の衆生を救済するために仮にこの世に神として示現したとの本地垂迹説の成立と展開によるものと指摘するだろう。つまり本来異質な「神」と「仏」を「習合」させることで宗教思想のアマルガム化を果たしたのだと。

事実、神仏習合思想は、その成立以降、日本人の信仰生活と教説の中核を担ってきたといってよい。だが今あらためて複雑で謎に満ちた中世宗教世界の現場に目を凝らすならば、〝神仏習合〟という宗教思想史の〝伝家の宝刀〟がすっかり錆ついて切れ味を失っていることに気づかされる。この命題に一切を委ねてしまうならば、「神」と「仏」——いな中世の神霊たちは正体を明かさぬまま平穏な眠りを貪り続けていくにちがいない。

本論ではその壁を突破するひとつの可能性を神典作成というロゴスの覚醒運動に求めてみようと思う。

中世の神学者・宗教者たちは、記紀などの神典を注釈し、新たな意味系を発生させただけではなく、さまざまな形式の聖なる神典を創出していく。書承の世界に革命が起こったのである。

神仏習合論から中世神話論へ——。古代の神話から中世の神話へと展開する神の変貌を論じるためには、今や神仏習合論では不十分であり、必要なのは、中世宗教世界の現場を読み解く視座である。ゆえに、事後的に神格の割り付けを辿るような視点によるのではなく、現実世界を意味づけるべく神の本源への飛躍接近を志向する、神典創出という宗教者の営為に着目しなければならない。

このように述べる山本の論考は、中世伊勢神道を分析対象とするものだが、本論が対象とする、中世宇佐八幡信仰の書『託宣集』を読み解くにあたって、まったく共有されるべき視座を示してくれている。

『託宣集』こそは、中世宇佐宮の神典として神吽の手により創出されたテキストであり、そこには、神の言葉である託宣とその解釈、転釈としての注釈において、八幡神の存在の深奥を論理化し言語化した結実が見られるのである。

神吽が『託宣集』に作り出した、言語における神話からの逸脱性、託宣からの飛躍的な論理性の確立は、八幡信仰における「神典作成というロゴスの覚醒運動」と呼ぶにふさわしい。

すなわち、本節に後述し、また具体的には第二部第八章以下に論じるように、問題は、『託宣集』をいかに「神典作成というロゴスの覚醒運動」として読み解くことができるか、ということにかかっているといえるだろう。

次に、八幡神と『託宣集』における神話的・歴史的な状況を、中世神話の視角から整理しつつ、この方法論の問題に接近することにしたい。

（五）　託宣・神話・古代／注釈・神学・中世

八幡神は、古代の神話を代表する『古事記』『日本書紀』には登場しない。その初出は『続日本紀』であり、神話ではなく歴史の中に登場する神ともいえるが、第一部第二章に論じるように、その出現は新たな国家神話の形成としての意味を持っていた。

古代の神話は、決して『古事記』『日本書紀』に独占されるものではなく、また統一的な日本神話なるものが存在するわけでもない。歴史の中で神話は常に変容し、時に同時代の中でさえ新たな別のヴァリアントを形成する。中世神話の視角によってそのように見るならば、古代における八幡神は、神仏習合を体現する神だというよりも、歴史的な神話の変容をもっとも鮮烈にあらわす神だと見るべきであろう。

また、神話の変容という視角からは、中世神話としての託宣、ということについても意義づけられる。第二部に論じるように、託宣は神の言葉として様々な事物の起源を示す神話であると同時に、その言葉は歴史的状況に応じて改変され作り出されるものであった。託宣は神話の変容的な性質が鋭くあらわれた表現態の一つなのである。しかし、『託宣集』のある段階、つまり中世神学の段階で、そのような託宣としての神話の作り変えに収まり切らない八幡神の本源の論理が、注釈としてあらわされることになる。すなわち、八幡神の託宣の文言を足場とし、神吽はかつてなかった八幡神の存在についての神学を構築するに至る。

『託宣集』における八幡神は、その全体としては決して神話を排除するわけではなく、むしろ積極的といえるほどに、託宣に代表される無数の神話群に囲まれつつ、多様多彩な姿を示している。

ただし、その究極的な本源の記述において、そしてそのような本源との関係がもっとも先鋭化させられている御体の祭祀において、神吽があらわし記した八幡神は、その限りにおいてもはや神話という形式が無意味であるような、論理そのものを体現する神学の神となっているのである。

なお、『託宣集』が中世、鎌倉後期に作られたテキストであるということを神話と神学の問題において受け取るならば、やはり次のようにいっておく必要があるだろう。

『託宣集』において、託宣―神話は、それ自体が作る前代性―「古代」という起源性に大枠として収められるのであり、一方、先鋭化する最大の突出である注釈―神学は、その当代性―「中世」という現在性においてあらわれる。それらは、『託宣集』を神吽が作り出したということ、すなわち『託宣集』それ自体において作られる現在という意味での「中世」において結晶化する。

もちろん、収められた託宣や記された注釈は、そのものとして神話や神学という違いを本質的に持っているわけではない。この場合の神話や神学は方法的な視座である。

ゆえに託宣や注釈に対して、本項題に示したようなカテゴリ的な対応関係として、「古代・中世」――「神話・神学」――「託宣・注釈」という関係構造のレッテルを貼り付けることはできない。それらは、一つの記述に同時に二つの性質が観取されることもあり、むしろ不可分である場合も多い。まずもって第一に、何よりも記述の内実の読解によってこそ、中世神話・中世神学の問題は考えられなければならない。

神話―中世神話から神学―中世神学へ、という展開。そこには、理論構成的にも歴史叙述的にも、接続と懸隔の二つの面が認められるだろう。難題ではあるが、本論にとって必須の方法的な問題設定であるので、さらに詳しく論じておきたい。

（六）　中世神話と中世神学

中世神話と中世神学、その違いはどこに見出されるべきか。これについても山本は重要な見解を示している。

なお本稿が、あえて〝中世神学〟なる術語を用いているのは、古代神話から中世神話へという枠組みには、どうしてもリニアーな変容のイメージがつきまとうからである。

この言明は、先に引用した論述の後にカッコ付きで、あたかも付加的で第二義的な注意であるかのように記されているが、山本が捉えようとした問題について、明確な位置づけを与えるものとしてある。

つまり、中世神学とは、古代神話から地続きの中世神話という神話の変容の問題を超えた、古代とは異なる中世に特有の問題を論じるための視座ということになるだろう。それが「神話」ではなく「神学」として指示されていることの意味を、ここでは受け取らなくてはならない。

ごく基本的な理解として、神話については次のようにいうことができるだろう。神話は、神にかかわる起源の物語である。そこにはなにがしかの物語的な登場人物と出来事が想定される。あるいは神話は神の語りである。それは神の発話という行為を通して示された、神自身やなにがしかの事物の起源を語るものである。そのように考えれば、神学として名指されるべきものがどのような輪郭を持つか、ある程度は鮮明になるだろう。

すなわち、神話ではなく神学であるということは、神自身の直接の語りではなく、宗教者が宗教者としての知によって構築した論理であり、登場人物や出来事といった物語的な要素が認められないか、神話と呼べないほどに希薄化した言説を指している。それが古代的な神話の状況に対して、中世が固有に持つ意味の一つなのではないか。山本の議論は、中世神学をそのように価値づけるものだと理解できるだろう。

神学とは、神存在の本質を導き出し作り出す宗教者の論理の言葉なのである。それは古代に対しての、中世の特質であるとともに優越であるともいえる。なぜなら、神学は既知の神話の向こう側へと突き抜けていくことを志す思考の運動としてなされた実践だからである。

その言説の具体相として、伊勢神道の大成者ともいわれる度会《わたらい》家行の『類聚神祇本源』に見られる「機前」という言葉は象徴的である。山本によれば、[29]「機前」とは、「開闢《かいびゃく》以前の「混沌」たる始元を示すとともに、神に向き合う神人の心的境位を表わすもの」であり、「究極者、視えざる本質への激しい希求」によって「鎮座縁起の解体という事態」をもたらすような「始源へ始源へと遡」り「混沌たる未生以前の暗闇へと辿り着く」思考の結実なのである。それはまた「神か仏かというような区別はおそらく無意味と化すような位相」であるともいう。

神がその具体的な姿を失うほどの深淵的本源へと向かう探求がなされ、見えざる本質を論理化する言葉が記され、神に向き合う宗教者の心的境位があらわされる。それらが「機前」という中世神学の表出であるとするなら、神叶が用いた「本地幽玄」についても同じことが指摘できる。

『託宣集』巻六の御体に関する記述には、祭祀者の心的態度、敬信の在り様が述べられ、これと連動するように「本地幽玄」の言葉があらわれているのである。しかも「本地幽玄」は、八幡神の本地、本源を語るものとして「真空冥寂《みょうじゃく》」「虚空同体」という言葉を付随させている。「本地幽玄」は、その本地が奥深く計り知れないこと、「真空冥寂」は、言語化不可能な真理であること、「虚空同体」は、世界の原初の状態であると同時に時空間を超えて普遍的でもある虚空と同体であることを、それぞれに示すものであるとまずは理解できるだろう。これらは、八幡神という存在の根源が、物語や神話、託宣はいうに及ばず、そもそも言語としてさえ指示することができないということを、しかしその言語論理によってあらわしたものである。そしてさらに、神忰自身の神秘体験として八幡神の姿を実見するということが『託宣集』巻十二には示されており、その八幡神の根源を記述しようとする営為が中世神学として捉えられるべきことは疑いない。

八幡神の存在論理が、神忰の神秘体験を経て、注釈の言語において覚醒する。そのことが神典『託宣集』には明瞭に描かれているのである。

つまり、ほかでもない宗教実践者となる神忰が作り出した『託宣集』というテキストの評価は、その中心部分を読み解き得る「神典作成というロゴスの覚醒運動」を捉える中世神学の視座が無ければ、適切に行ない得ないということである。これまでの『託宣集』そのものを論じようとする研究に欠けていた視座こそ中世神学であり、また逆に見れば、中世神学という視座を得つつも、『託宣集』がその分析の対象とされてこなかったのは、中世の宗教思想史に関わる研究の停滞的状況を示しているともいえるだろう。

本論は、八幡信仰と『託宣集』の研究として、託宣や注釈などの問題を中世神話と中世神学として扱い論じるために、祭祀・儀礼と神話・神学を総合的に捉える神話言説論として立つものだが、そのような宗教思想史研究における間隙を埋めるものとしてもある。

（七）　神話言説という方法

さて、本章の締め括りとして、本論が『託宣集』を読み解くために基本に置く「神話言説」という方法について述べておこう。

そもそも本論の「神話言説」というタームは、直接には斎藤英喜「『古語拾遺』の神話言説[30]」から採っている。斎藤は同論考において、「「日本紀」の中世バージョン——「中世日本紀」に関するあたらしい研究動向」を発想の根底に持つ神野志隆光の一連の『古語拾遺』論[31]について、「『日本書紀』を解釈することが、同時にあたらしい神話テキストの創造になると積極的に位置づけている」として評価し、こうした「「神話解釈学」とでもいうべき方法によって、『古語拾遺』のあらたな解読・評価が可能になった」と述べた上で、しかし、次のようにその問題点を提示する。

> だが注意されるべきは、こうした方法が、神話テキストの生成を、テキスト内部の自己運動や、机上の解釈といったレベルに押し込めてしまう危険性があることだ。『古語拾遺』というテキストが、律令祭祀と結びつくというとき、この書物を産み出した「神話解釈学」は、祭祀の実修の現場と、その管掌者の技能や知識と不可分〔に〕(引用者補)あったと考えるべきだろう。もちろん、従来的な氏族伝承や、たんなる成立の動機論に解消することではない。『古語拾遺』という神話テキストの生成を〝内在的〟に読み解いていく方法である。

「神話解釈学」をこえて――。問われるべきは、神話テキストを生成させていく現場の地点から、いかにテキスト解読をなしうるか、にある。それはきわめて方法的な問題であった。

「神話解釈学」は、それだけで否定されるものではない。ただ「机上の解釈といったレベル」ではなく、「神話テキストを生成させていく現場の地点」からの「テキスト解読」こそが求められる。なぜなら、「神話解釈学」は、「祭祀の実修の現場と、その管掌者の技能や知識と不可分」のものだったと考えられるからである。

こうした言明は、前節（三）に「宗教実践者」にかかわって参照した「現場論」を思い起こさせるが、実際、この斎藤の論考は、古代文学会・現場論研究会での口頭発表を骨子とし、同研究会での「古代文学の〈現場〉へ――覚醒するテキストたち」の議論から多くの示唆を得たものとその末尾に記されている。ゆえに、「『古語拾遺』の神話言説」と題された同論考の方法は、「現場論」の一つの展開の道筋を示すものといえるだろう。まずはこうした点が、斎藤の神話言説の方法を参照するべき繋がりとなる。

では、具体的には、「神話言説」として、本論は斎藤の議論からどのような方法的照準を受け取り得るだろうか。机上の「神話解釈学」という視座を超えて目指されるべきは、祭祀という「宗教実践」の「現場」において創造される言説である。それは実践者が実践者としてあり得るべく要請される技能の保証をもたらす言説といえるだろう。そしてこの言説は祭祀の問題だけに限られない。ここのところは拡大的に摑んでおきたいのだが、本論では、宗教実践としての中世神話・中世神学、つまり神話や神学の創造を含み込む営為を「神話言説」と名指す。神祭祀の儀礼の実修は直観的に理解される宗教実践の一つだが、同じくその言説を作り出すこと、そして言説をテキストとしてあらわすこともまた、重要な、あるいはもっとも決定的な宗教実践だからである。

　こうした見方からすれば、それらは往還運動のような様態として捉えられる。ある祭祀についての言説をテキストに書き記すことができるのは、その祭祀についての職掌としての知と技を持つからであり、かつ、そのような知と技を職掌として持つことの証明が、祭祀についての言説をテキストに書き記すことによってあらわされる。テキストにおける実践であると同時に実践におけるテキストという見方。これは斎藤の論考ではもはや前提的なこととされているのか、『古語拾遺』を「あらたな言説と実践の書」「あらたな神話テキスト」として位置づけているところにうかがうことはできるが、強調はされていない。

　このような祭祀儀礼における知識―技術―言説―記述の相補的往還が、本論の名指す「神話言説」として照準されるべき宗教的営為の運動であり、祭祀儀礼の「現場」が導く起源神話、あるいは歴史叙述としての「神話言説」である。もう少しまとめれば、祭祀職掌の創造と証明における神話・神学の生成が「神話言説」である、としてもよい。そうした「神話言説」をテキストの記述―成立という歴史叙述との結節点において読み取らなければならないのである。

　また、もう一点、斎藤の論考から延伸するべき重要な見解を引いておこう。斎藤は、『古事記』『日本書紀』『古語拾遺』に共通する「アマテラスを石窟から招き出すミテグラ」の中で、「鏡」に着目する。それは『記』『紀』には「八咫の鏡」と命名されるが、『古語拾遺』では「日の像《かた》の鏡」と呼ばれているからである。『古語拾遺』の岩戸神話には「八咫の鏡」の名称は無く、『記』『紀』には「日の像の鏡」の名称は無い。この相違に「八咫の鏡」から「日の像の鏡」へという展開、「『記』『紀』とは異なる『古語拾遺』固有な神話言説の生成が想定される」として議論が進められ、「神の姿を型取る器物の造作。そして「神」を「造り奉る」という神秘の現場」、すなわち祭祀具が神そのものとなるという発想を対象化した上で、次のような見解が導かれている。

もっとも祭りのミテグラが神のヨリシロで、次にそれが神自体として信仰されるといったことは、一般的に理解されるところでもある。しかし重要なのは、そうした認識が、あくまでも『古語拾遺』というテキストにおいてなされるところだ。『古語拾遺』におけ〔る〕(引用者補)鏡がたんに「八咫の鏡」ではなく、「日の像の鏡」と名付けられることには、その鏡がじつに日神の「像」を型取る器物＝神の創造でもあるといった、あらたな知の境位があったのである。不可視の神の姿を、物体としての「鏡」に召喚し、顕現させるという〝神学的な知〟ともいえよう。

「不可視の神の姿を、物体としての「鏡」に召喚し、顕現させるという〝神学的な知〟」としての『古語拾遺』の神話言説。こうした『古語拾遺』固有の神話言説は、「『記』『紀』神話の不分明な神話叙述のうえに宿った、あらたなロゴスの知」であると同時に、「きわめてマジカルな呪儀の実践と不可分にあった」とされ、「机上のロジックではない」ことが強調される祭祀実践の知であった。

神の祭祀に用いられる器物が、神そのものとして信仰される。こうした現象は一般的ではあるが、問題はそうした転換が起こる言説発生の「現場」を捉えることである。しかし当然ながら、その「現場」は、実際には確認し得ない歴史としてあり、見出されるのはテキストの記述を実践の「現場」に振り向ける読解においてだけである。

この議論の方向性は、本論が取り組む『託宣集』の読解において、重要な分析の軸線とすることができる。詳しくは第二部の第八章と第九章に論じるが、『託宣集』巻六に見られる御体《ぎょたい》に関する神吽の注釈は、「御体」とはされるものの明らかに祭祀の器物である薦枕《こもまくら》を、八幡神の「本地幽玄の神体」の顕現体とする御体の神学を構築しているのである。いうなれば、「神話言説」という方法の極致として、祭祀の現場における器物の神体化―神のマテリアライズという現象が宗教実践の言説として捉えられる、そのように位置づけられるだろうか。

ただし、斎藤の論考においては、『古語拾遺』の神話言説は、「神学」そのものとして位置づけられるものではなかったことにも注意したい。それはあくまで「神学的な知」とされる、神学に引き寄せられた、あるいは「神学的」に展開する「神話」なのである。すなわち、『古語拾遺』の神話言説は、神学的論理に突き抜けるのではなく、神話的物語として言説を紡ぎ出しているのであり、『古語拾遺』には、神話と神学の間にある祭祀職掌の言説という位置づけが認められるということになるだろう。

斎藤が、「あらたなロゴスの知」といい、また「きわめてマジカルな呪儀」という、その両極が同時に見られるという在り方が、『古語拾遺』の神話言説の位相なのである。そしてここに、本論が、『託宣集』の中世、また宇佐八幡神話言説として宇佐八幡信仰の歴史を論じる基本的方法として、「神話」「神学」のいずれかを選ぶのではなく、「神話言説」を用いる可能性がある。『託宣集』には、神吽が構築する「ロゴスの知」である神学と、託宣に代表される様々な神話が同居しており、また「マジカルな呪儀」とも名指すべき八幡神の顕現を導く呪能や歌、八幡神を儀礼の場に呼び出す儀礼の次第を示す記事等も含まれている。このような『託宣集』全体を見渡す時、「神話」と「神学」のいずれか一方を『託宣集』の特徴とするのでは、そのテキストとしての総合的性質を損なうことになるだろう。ゆえに、本論は「神話言説」論というべき方法を基本とすることによって『託宣集』を読み解くことを掲げるのである。

そして、本論のこうした『託宣集』の総合的把握を目指す神話言説という方法は、祭祀職掌の神話という照準によって、『託宣集』に至る宇佐八幡神話言説の分析においても一貫した視点を支えるものとなる。本論は第一部に

『続日本紀』『宇佐八幡宮弥勒寺建立縁起』『玉葉』という三つの性質の異なるテキストを論じている。それらに対して、本論は、宗教実践者が神の祭祀儀礼において創造する神話言説という視点を基本とし、その記述が神話としてどのような神―八幡神をあらわしているのか、という一つの問いから接近しているのである。

おわりに

さて、ようやく、一通りの準備が整ったといえるだろう。

以下、本論では、本章に確認し論じたことを前提として、中世神話と中世神学という視座を含み抱えた神話言説という方法によって、議論を進めることにしたい。

それは、これまでにあった宇佐八幡信仰の歴史とは異なる、新たな宇佐八幡神話言説の歴史を明らかにしていくものとなるはずである。

注

（1）中野幡能『八幡信仰史の研究（増補版）』上下（吉川弘文館、一九七五年）。
（2）逵日出典『八幡宮寺成立史の研究』（続群書類従完成会、二〇〇三年）。
（3）薗田香融「託宣集の成立――思想史的試論――」（『平安仏教の研究』法藏館、一九八一年。初出は『仏教史学』一一―三・四合刊号、一九六四年八月）。
（4）古代学協会編『史料拾遺』一・二（臨川書店、一九六六・一九六七年）。
（5）二宮正彦「宇佐八幡託宣集の一考察」（横田健一先生還暦記念会編『横田健一先生還暦記念　日本史論叢』横田

健一先生還暦記念会、一九七六年）。

（6）桜井好朗「八幡縁起の展開――『八幡宇佐宮御託宣集』を読む――」（『中世日本文化の形成――神話と歴史叙述――』東京大学出版会、一九八一年。初出は『思想』六五三、一九七八年一一月）。

（7）桜井好朗「宇佐放生会について――『八幡宇佐宮御託宣集』再読――」（前掲書、前注6参照。初出は『年報中世史研究』四、一九七九年五月）。

（8）伊藤勇人「『託宣集』の史料性」（大分県総務部総務課編『大分県史　古代篇Ⅱ』大分県、一九八四年）。

（9）重松明久校注訓訳『八幡宇佐宮御託宣集』（現代思潮社、一九八六年）。

（10）新間水緒「原託宣集と現託宣集」（『神仏説話と説話集の研究』清文堂、二〇〇八年。初出は『文芸論叢』三二、一九八九年三月、原題「八幡宇佐宮御託宣集の裏書について――大谷大学図書館所蔵本の紹介をかねて――」）。

（11）新間水緒「八幡宇佐宮御託宣集の裏書について」（前掲書、前注10参照。初出は『大谷学報』六八―四、一九八九年二月）。

（12）中野幡能校注『神道大系　神社編四十七　宇佐』（神道大系編纂会、一九八九年）。

（13）吉原浩人「『八幡宇佐宮御託宣集』と『法華経』」（『国文学　解釈と鑑賞』六二―三、一九九七年三月）。

（14）吉田修作「宗教実践の書『八幡宇佐宮御託宣集』」（古代文学会編『祭儀と言説――生成の〈現場〉へ――』森話社、一九九九年）。

（15）古代文学会編『祭儀と言説――生成の〈現場〉へ』（前掲書、前注14参照）。

（16）以下、初出順。桜井好朗『神々の変貌』〈ちくま学芸文庫〉筑摩書房、二〇〇〇年。原著は東京大学出版会より一九七六年に刊行）、「神話と歴史についての問題提起」（前掲書、前注6参照。初出は伝承文学研究会昭和五五年度大会シンポジウム報告、一九八〇年八月）、「表現における中世――方法に関する覚え書」（『空より参らむ――中世論のために』人文書院、一九八三年。初出は『椙山女学園大学短期大学部十周年記念論集』一九七九年一二月）、「歴史叙述における中世とは何か」（前掲書、同前）、「中世の歴史叙述――歴史叙述の転換のための序章」（『中世日本の王権・宗教・芸能』人文書院、一九八八年。初出は『日本学』二、一九八三年九月）、「〝中世〟という時代――一九八九年に」（『儀礼国家の解体　中世文化史論集』吉川弘文館、一九九六年。初出は有精堂編集部編『時代別日本文学史事典・中世編』有精堂出版、一九八九年)、『祭儀と注釈　中世における古代神話』(吉川弘文館、一九八九年)、「神話テキストとしての〝中世日本紀〟」(『儀礼国家の解体　中世文化史論集』前掲書、同前。初出は『国文学　解釈と教材の研究』三九-六、一九九四年五月)等ほか。

(17)　桜井好朗「神話テキストとしての〝中世日本紀〟」(前掲論文、前注16参照)。

(18)　ここに桜井が述べる「発展」とは、歴史の法則としてあらわされる「中世」を指していよう。具体的には、マルクス主義史観、史的唯物論に根差した黒田俊雄による顕密体制論、およびそれを含んだ全体史・発展段階論的な「中世」の構想であり、これに桜井は「変化」の相、すなわち多元的「中世」の立場から接していることになる。もう少し詳しくいえば、「中世」の全体を一元的に捉える顕密体制という視座に対し、桜井は相対的な「変化」を捉えるという立場から多元的に見るべき「中世」を構想しているのである。その際、「発展」に対して「ことさら無視するのは愚かであろう」とされるのは、顕密体制論への譲歩であるようにも見えるが、しかし桜井にとって顕密体制は、それがどれだけ「中世」に支配的であったとしても、あくまで相対的に大きいという程度に承認されるべき、そこからこぼれる何ものかがあり得るというような、多元的な「中世」の一様態として位置づけられるものと思われる。また、桜井が「発展」というあいまいな言葉を用いたのは、単に顕密体制という対象だけではなく、広く「中世」に一貫する体制や全体というような画一的な見方を相対化する意図によるものと考えられる。「発展」の一元的全体性においては、例外は例外として処理されるか、なにがしかの説明論理により内部に取り入れられるかのどちらかだが、「変化」の多元的個別性においてはその例外とされるものこそが特異な突出として評価される。大きくいえばこの相違が、おそらくは桜井にとっての「折り合いのつきかねる場所」であって、「中世」として論じるべき問題が様々なレベルで立ちあらわれるだろう焦点の一つだったと考えられる。なお顕密体制論については黒田俊雄『日本中世の国家と宗教』(岩波書店、一九七五年)等を参照。

(19)　伊藤正義「中世日本紀の輪郭――太平記におけるト部兼員説をめぐって――」(『文学』四〇、一九七二年一〇月)。

(20)　なお、桜井が「中世日本紀」論から「注釈」の問題を受け取り、議論を展開しているものに『祭儀と注釈』(前掲書、前注16参照)がある。そこでは、神話的構造が注釈によってどのような変動を蒙るのか、祭儀の意義づけが古代から中世への歴史の中でどのように変化するのかが問われている。
(21) 辻善之助『日本仏教史』(第一巻、岩波書店、一九四四年)。
(22) 伊藤聡「神仏習合の研究史」(『国文学　解釈と鑑賞』六三－三、一九九八年三月)。
(23) 中村生雄『日本の神と王権』(法藏館、一九九四年)。
(24) 佐藤弘夫『アマテラスの変貌――中世神仏交渉史の視座――』(法藏館、二〇〇〇年)。
(25) 佐藤弘夫「「神仏習合」論の形成の史的背景」(『宗教研究』八一－二－三五三、二〇〇七年九月)。
(26) 吉原浩人「神仏習合思想史上の大江匡房――『江都督納言願文集』『本朝神仙伝』などにみる本地の探求と顕彰――」(和漢比較文学会『説話文学と漢文学』〈和漢比較文学叢書〉一四、汲古書院、一九九四年)。
(27) 吉原浩人「大江匡房と八幡信仰」(『早稲田大学大学院文学研究科紀要』別冊九、一九八二年三月)。
(28) 山本ひろ子「至高者たち――中世神学へ向けて――」(『日本の神Ⅰ　神の始源』平凡社、一九九五年)。
(29) 山本ひろ子「神道五部書の世界」(斎藤英喜編『日本神話　その構造と生成』有精堂、一九九五年。初出は『国文学　解釈と鑑賞』一九八七年九月)。
(30) 斎藤英喜「『古語拾遺』の神話言説」(『椙山女学園大学研究論集　人文科学篇』三〇、一九九九年三月)。
(31) 神野志隆光「『古語拾遺』の評価」(『国文学　解釈と教材の研究』三九－六、一九九四年五月)、「古代天皇神話の完成」(『国語と国文学』一九九六年一〇月)、「神話の思想史・覚書」(『万葉集研究』二一、塙書房、一九九八年)。

第二章　『続日本紀』の八幡神

――仏法と託宣の国家神話――

はじめに

本論の具体的な分析のはじまりとなる本章では、『続日本紀』の八幡神について論じる。『続日本紀』は、『日本書紀』に続く第二の「日本紀」として編纂されたが、同時に、八幡神の初出史料であり、八幡信仰史としてはもとより『託宣集』の前史としても、その分析において欠くことのできない重要なテキストである。

本章の目的は、この『続日本紀』の八幡神がどのような神としてあらわれているのかを問うことである。その際のキーワードとなるのは、「仏法」と「託宣」である。『続日本紀』の八幡神が登場する文脈は、国家の守護を担いつつ「仏法」を守護するものとしてあって、仏教に強く関係するものであった。

そして、「託宣」は『続日本紀』においてはじめてあらわれ、かつ八幡神に対して用いられた言葉であり、初出という意味からだけでも、結びつきは強くある。

仏法と託宣という意味づけが、『続日本紀』の八幡神においてどのような神話として示されているのか。本章に探っていくことにしたい。

第一節　国家神話の変容という視点――西郷信綱「八幡神の発生」から――

『続日本紀』には、国家と仏法を守護する神、いわゆる護法善神としての八幡神があらわれており、その記述はこれまでの八幡信仰研究や神仏習合史研究において注目されてきた。

しかし、古代八幡信仰研究の視点は、基本的に、由来などが示されずに突如として『続日本紀』にあらわれた八幡神の、そのルーツを探ることに力点が置かれ、宇佐地域を中心とした発生や成立の状況こそが問題であると考えられてきた。

もちろん、八幡神の発生や成立を問う議論には、大きな意味があった。多大な研究の蓄積は、八幡神が『続日本紀』に登場する以前の状況を論じる中で成果を挙げている。ただし、それらの研究の多くは、『続日本紀』の八幡神に関する記述を、あくまで八幡信仰史の一齣として捉えるに留まり、『続日本紀』における八幡神登場の記述そのものの意義を見落としてしまっているのではないか、と考えられるのである。

また、神仏習合史という見方は、その議論の枠組み自体が、現在の研究水準として限界を突き付けられた状況にある(1)。その際に提示されているのは、神仏習合論における次のような理解への批判である。神と仏を習合する二者とし、両者を先験的に二項対立的に理解すること、渡来した仏教に対して、神祇信仰が基層・古層の信仰としてあったとすること、体系的な教理を持ち宗教性と思想性とを備える仏教に対し、素朴で未開な前宗教的自然崇拝、もしくはその延長上にある神祇信仰という構図を立てる宗教思想観、神仏習合の展開を神の宗教的・信仰的な地位や価値の上昇過程とする仏教の優位を前提にした発展段階論的な把握、などである。

これらについての問題点は、基本的に、近現代、すなわち研究者の現在的な時代を人類史の発展の先端に位置づけ、歴史上の最優の時代と見る近代主義的思考による、というところにある。

とくに神祇信仰、神への信仰を主題とする宗教的営為に関していえば、その宗教性を思想や教理の体系の有無によって判断しようとするのは明確に誤りであろう。様々な神的なるものへの信仰をあらわす言説の価値は、なによりもまず当時においてどのような意義を担ったかということによって考えられるべきであり、その重要性は近代主義的な思想の水準とは別の次元にある。安易に、近現代の認識を普遍化し、その基準に当てて判断してはならない。近代主義的宗教観によるのではなく、実際のテキストの言葉に寄り添い、当時の言説の担い手たちの営為、その現場での必要性、またそこで作り成された認識自体の到達点、ということにおいてこそ、その価値は問われなければならない。

そして、このような神仏習合論への批判的な研究動向は、八幡信仰を論じる際にも、強く意識されるべきであろう。八幡神は、鎮護国家の役割を担う護法善神という、神仏習合論における枠組みを体現する神であり、まさに古代的な神仏習合の神の代表格の一つとして研究が進められてきた。それゆえに、神仏習合論への批判は、八幡信仰研究への批判としても、重く受け止められなければならない。

つまり、本論が本章において『続日本紀』の八幡神というテーマを設定することの意味は、八幡神が『続日本紀』に登場することから遡って発生や成立を論じるのではなく、また単に神仏習合の神として位置づけるのでもなく、『続日本紀』の記述において八幡神があらわれたこととそれ自体が論じられるべきなのだ、ということにある。

さて、以上のような研究史の中で、ほぼ唯一の例外が西郷信綱「八幡神の発生」である。(2) 西郷は『続日本紀』の八幡神初出からの一連の記述を中心に、八幡神の発生と歴史への登場の意義を論じているが、立脚点は『続日本紀』の記述に置かれている。

その分析では、八幡神は根源的には宇佐の地の比売神《ひめがみ》の子、御子神として誕生したが、急速に生長し、仏教と切り結んだ護国神として『続日本紀』にあらわれたもの、という。

西郷によれば、八幡神が国家規模の仏教作善を受容し、また盧舎那《るしゃな》仏造立を助ける言葉を発して京に上ったとする『続日本紀』の記述は、天照大神を中心とした「記紀の構造」とは異なる、盧舎那仏を中心とした「新しい国家的神話」への神話世界の展開と変容を示しているのである。八幡神が護法・護国の神として国家の枢要に役割を担うことは、新たな神話が作り出されたということなのである。すなわち、西郷は八幡神が歴史に登場したことの意味を神話論として読み解いていた。それは同時に、八幡神の変貌を捉えるものであったともいえる。

このような西郷の議論と、『続日本紀』にあらわれた国家と仏法を守護するものとしての八幡神が、中世鎌倉後期に成立する『託宣集』を見据える本論の始発点となるのである。

西郷は、すでに神話論として『続日本紀』の八幡神を論じていた。八幡神の神話論――本章では、これに導かれながら、中世神話研究を踏まえた神話言説の論として、あらためて『続日本紀』の八幡神を論じることになる。

八幡神に関する記述がはじめてあらわれるテキストは『続日本紀』である。ゆえに『続日本紀』は八幡信仰の歴史としては、その開始にあたる重要なテキストである。このことについて、決まり切った神仏習合という枠組みから離れ、テキストの記述そのものに注視した時、『続日本紀』が作り出す八幡神の出現という特異な事象に、さらにもう一つ加えられるべき論点が浮かび上がってくる。それが「託宣」についての問題である。

「託宣」という文言の史料上の初出もまた、八幡神と同様に『続日本紀』であり、しかも、そこでの「託宣」は、八幡神の言葉を示すものとしてだけ用いられているのである。

これまで、託宣という言葉自体は、神の意志表示として、とくに神憑り《かみがか》的状況を指示するものとして研究上に通用してきた。その一般的な用法は、人類史に普遍的な宗教・信仰の現象をとらえるための方法として位置づけることができる。神仏習合論の枠組みであれば、古層・基層としての神祇信仰の側の現象ということになるだろう。

しかし、歴史的語彙としての「託宣」は、実際には限定的で特殊な意味、すなわち仏教との関係において出現する八幡神の言葉としての意味を担って『続日本紀』にあらわれたのである。その意味するところが何であるのかを論じることが、本章の課題の一つである。

西郷の議論を踏まえれば、このことには、律令国家の史書として一連のテキストである『日本書紀』と『続日本紀』の歴史叙述の性質の違い、神の出現に懸けられた意味の展開、神話世界の変容と、東大寺盧舎那仏造立において達成され、またその記事に示される仏と神とを配する世界観の構築の問題を指摘することができるだろう。

本章では、まずは神の意志表示としての託宣の問題について確認し、その上で、「日本紀」として連続しつつ、しかし律令国家の史書として異なる位相を示す『日本書紀』と『続日本紀』の違いから、八幡神と「託宣」の出現という問題を明らかにしたい。

第一節　託宣についての概略——歴史的語彙へ——

託宣とは何か。託宣とは宗教的・信仰的現象として「神的なるもの」から示されるメッセージだと一般的には理解されている。しかし、「託宣」という文言が歴史の中で用いられてきたものであるからには、その言葉があらわれる歴史状況の固有の文脈もまた問われるべきであろう。本章の問題意識からは、託宣は歴史的にとらえられるべきものである、ということになる。

ゆえに本章では、託宣に大きく二つの意義を想定し、その上で議論を進めることにしたい。

（一）　信仰的現象と歴史的語彙

ひとつには、私たちが現在、通常に用いる語彙としての託宣であり、研究上の用語として通用している。これはいわば理論的に考えられるものであるから、史料上「託宣」の文言が無い場合でも、「神的なるもの」と人との交渉において、それと認められるべき要素や条件があらわれていれば、託宣という現象として判断されることになる。歴史上の「託宣」の用例を類型的に把握すれば、託宣は確かに「神的なるもの」の意思の出現として理解することができる。またそのように捉えられることで、構造論や発生論として、人類史として普遍的な問題へと切り込むための一つの方法が可能となる。ただし、この段階で思考を止めてしまっては、歴史上「託宣」がどのようにあらわれるのか、という問題が閑却されることになる。

そこで、もうひとつの意義として歴史的語彙である「託宣」を考えたい。本章で問うのは、これまで置き去りにされてきた歴史的語彙としての「託宣」である。「託宣」という言葉は、いつ、どのような歴史の文脈を担ってあらわれたのだろうか。

繰り返すが、「託宣」の史料上の初出は『続日本紀』である。古代律令国家の展開の中、第二の「日本紀」として編纂された『続日本紀』において、「託宣」の文言が八幡神に関する記事にあらわれる。八幡神は古来より託宣を下す神として知られてきたが、それらの初出が互いにかかわるものであるならば、八幡神こそが「託宣」をはじめて示した神である、ということになる。

このことについては、『日本書紀』および『古事記』には認められない「託宣」という言葉が『続日本紀』にあらわれる、という視点から考えたい。『続日本紀』との関係から、『日本書紀』における神の出現を示す記述を取り上げ、これを『続日本紀』の「託宣」の記述と対比する形で、歴史的語彙としての「託宣」の意義を問う。

そのために、まずは基本的了解として「託宣」が「託」（つく・かかる）という「神的なるもの」の憑依現象に連なる言葉であることを踏まえたい。「託」（つく・かかる）は神の出現の現象を示すものであり、「託宣」もまた神の出現を示す表現としてとらえられる。ゆえに、そこでは『続日本紀』において八幡神がどのような神としてあらわれているのか、ということが論点となるだろう。「託宣」において出現する八幡神はどのような神として記述されているのか。またその記述を支える「神的なるもの」への認識はどのようにあるのか。

「託宣」を歴史的に問う、という方法は、「託宣」という文言がテキストの中でどのようにあらわれるのか、ということを中心に置く視点である。歴史の展開において、「託宣」は普遍的な現象を示すものではなく、ある特定の文脈と意義を担った特殊の認識としてあらわれたのであり、「神的なるもの」への認識そのものと密接にかかわるものなのである。

（一）　研究上の一般的理解について

あらためて、託宣に関する基本的理解を見るために、各研究領域の辞典類(3)を確認し、その上で本章の議論の方向性を述べておきたい。

参照したものの中で全体として共通するのは、普遍的な宗教・信仰の現象として託宣を理解している点で、託宣は、神が人に憑依する「神がかり」を通じて示される意思や予言とされている。とくに『神道事典』『日本民俗宗教辞典』には「神がかり・託宣」という項目が立てられており、憑依現象と託宣が強く結びつくものと理解されている。

また夢において神からのメッセージを受け取ることも託宣と位置づけられている場合がある。『神道事典』『日本民俗大辞典』『日本歴史大辞典』『日本国語大辞典』『祭・芸能・行事大辞典』では、託宣を神がかりおよび夢によるものとしている。

託宣を普遍的な宗教現象とする視点からシャーマニズムとの関連に触れるものもある。シャーマニズムおよびその分析用語としてのトランス（脱魂）やポゼッション（憑依）などに言及があるのは『国史大辞典』『日本民俗大辞典』『神道史大辞典』『祭・芸能・行事大辞典』となる。

分析としては、託宣が政治的に重要な意義を担ったこと、口承文芸や芸能の発生にかかわる可能性、宗教運動や信仰の契機となる場合があることなどが指摘されている。概観すると、神道史、民俗学の辞典では他の領域に比べて宗教現象としての託宣の様相と性質を詳しく述べるが、研究領域ごとの見解の相違は、際立った形では認められない。

託宣は、広義には神がかりや夢などを通じてあらわれる神からの啓示であり、狭義には神がかりによって神の言葉・意思が示されることを指す、としてよいだろう。総合的に見て、託宣に関するもっとも単純で基本的な理解は、憑依現象における神の言語による意思表示である、ということになる。本章では、論点を明確にするために、託宣について狭義の理解に基づいて議論を進める。

以上の辞書類に見られる託宣の理解は、「託宣」という言葉の歴史性を無視して無時間的な託宣を想定するものである。そのような見解から、『日本古典文学大辞典』『国史大辞典』『日本史大辞典』『神道事典』『上代文学研究事典』『日本民俗宗教辞典』『神道史大辞典』『祭・芸能・行事大辞典』は、具体的な「託宣」の語がない『古事記』『日本書紀』の記事に言及し、託宣の意義や性質について説明しているが、それは一つの解釈であることを意識するべきである。

歴史の古代における具体的な問題を考えるのであれば、古代の言語、記されたテキストに実際にあらわれる言葉に寄り添わなければならない。通用のいわゆる託宣が、研究上の解釈としてあることを考えないまま、不用意に古代の託宣を論じることは戒められるべきである。

そして、このような方法論上の問題は現在までの研究に広く認められるものであり、省みられることはなかったように思われる。託宣は、その歴史上の意義から乖離した普遍的な「神的なるもの」と人との交渉という意味を担わされてきたが、史料の実際としての「託宣」を問わない現状はただされるべきだと考えられる。

今必要なことは、歴史的語彙としての「託宣」を問うことであり、その問いにおいて歴史としての古代を見据えることである。確かに「託宣」は古代にあらわれているが、同時に、古代に一般的な「託宣」というものは存在しない。当時の言葉に寄り添うということは、テキストの記述をまずは辿るということ、それぞれの記述の中に古代を見る、ということである。

そうした視点からは、古代は一つの統一的な実体としてではなく、テキスト毎にいくつもの容貌を持ち(4)、しかもそれは歴史的に展開するはずである。『古事記』『日本書紀』には存在しない「託宣」という言葉が八幡神出現の歴史叙述として『続日本紀』に示される時、そこには創世の神話世界と地続きの時代の後、『日本書紀』の次の展開としての、新たな神話と歴史の世界があらわれるのである。

第三節　『日本書紀』における「託」言——神の言葉の出現——

それでは、具体的な記述の検討に入ろう。まずは「託宣」前史として『日本書紀』(5)を確認したい。「託宣」を考えるためであるので、「託宣」に通じる「託」の字によって神の憑依を示し、またその際に神の言葉が伴うと判断できる記述に絞って取り上げる。この条件にあてはまるものには以下の三例がある。

まずは、崇神天皇六十年秋七月記事の末尾の記述である。

> 時に丹波《たにわ》の氷上《ひかみ》の人、名は氷香戸辺《ひかとべ》、皇太子活目尊《いくめのみこと》に啓して曰さく、「己が子に小児有りて、自然に言さく、『玉萎鎮石《たまもしずくし》。出雲人の祭る、真種の甘美《うまし》鏡。押し羽振る、甘美御神《うましみかみ》、底宝《そこたからみ》 御宝主《たからぬし》。山河の水泳《みなくく》る御魂、静挂《しずか》かる甘美御神、底宝御宝主。萎、此には毛と云ふ』とまをす。是、小児の言に似らず。若し託言に有らむか」とまをす。是に皇太子、天皇に奏したまへば、勅して祭らしめたまふ。（傍線は引用者、以下同）

記事全体の大まかな内容としては、天皇が「出雲大神の宮」にある「神宝」を求め、「神宝」をつかさどる「出雲振根《ふるね》」が不在の間に、その弟の「飯入根《いいいりね》」がすぐさま差し出してしまい、そのことを恨んだ兄「出雲振根」は、年月を経て後、弟「飯入根」を殺してしまう、というものである。この記事全体も、出雲と朝廷との関係を記述するものとして興味深いものである。

引用した部分では、小児がいった言葉が通常のものとは思えず、「託言（つきごと）」であろうか、として、その後、勅によって祭らせた、と記述している。記事全体の流れや後の垂仁紀の記事から、「祭らしめたまふ」というのは、神宝を出雲に返却したことを示すと解されている。

注目したいのは「託言」であるが、参照の頭注には「神がのりうつって発する言葉」とされている。「託言（つきごと）」は「託いて言う言葉」、すなわち憑依による神の発話と考えられるが、「若し託言に有らむか」というのは推測であって確証はなく、また後に対応する記述もないから、「託言」を示したであろう存在は、結局は正体不明のままである。

次に、仲哀天皇八年秋九月の記事。

秋九月の乙亥の朔にして己卯に、群臣に詔して、熊襲を討たむことを議らしめたまふ。時に神有して、皇后に託りて誨へまつりて曰はく、「天皇、何ぞ熊襲の服はざることを憂へたまふ。是膂宍《そしし》の空国《むなくに》なり。豈兵を挙げて伐つに足らむや。茲の国に愈《まさ》りて宝有る国、譬へば処女の睩《まよびきな》如す向つ国有り。睩、此には麻用弭枳《まよびき》と云ふ。眼炎く金・銀・彩色、多に其の国に在り。是を栲衾《たくぶすま》新羅国と謂ふ。若し能く吾を祭りたまはば、曾て刃を血らずして、其の国必自ず服ひなむ。復熊襲も服ひなむ。其の祭には、天皇の御船と穴門直《あなとのあたい》践立《ほむたち》が献れる水田、名は大田といふ、是等の物を以ちて幣としたまへ」とのたまふ。天皇、神の言を聞しめして、疑の情有します。便ち高き岳に登り、遥に望みたまふに、大海曠く遠くして、国も見えず。是に天皇、神に対へまつりて曰はく、「朕、周望すに、海のみ有りて国無し。豈大虚に国有らむや。誰神ぞ徒に朕を誘る。復我が皇祖諸天皇等、尽に神祇を祭りたまふ。豈遺れる神有さむや」とのたまふ。時に神、亦皇后に託りて曰はく、「天つ水影如す押し伏せて我が見る国を、何ぞ国無しと謂ひて、我が言を誹謗りたまふ。其れ汝王の如此言ひて遂に信けたまはずは、汝、其の国を得たまはじ。唯今し、皇后始めて有胎みませり。其の子獲たまふこと有らむ」とのたまふ。
然るに天皇、猶し信けたまはずして、強に熊襲を撃ちたまひ、え勝ちたまはずして還りたまふ。

内容としては、「熊襲」を討伐しようとする天皇に対して、正体不明の神が皇后（神功皇后）に「託（かか）」って、海の向こうに「熊襲」よりも豊かな「新羅」という国があり、「吾」（神）を祭るなら「熊襲」とともその国は支配下に入るだろうというが、天皇はその言葉を信じず、結局「熊襲」の討伐にも失敗するというものである。

後の神功皇后摂政前紀、仲哀天皇九年三月の記事では、ここに登場する神が一神ではないことが判明する。それぞれの神は、「神風の伊勢国の度逢《わたらい》県の、百伝ふ度逢県の、拆《さく》鈴五十鈴宮に居す神、名は撞賢木《つきさかき》厳之《いつの》御《み》魂《たま》天疎《あまざかる》向津《むかつ》媛命《ひめのみこと》なり」「幡荻《はたすすき》穂《ほ》に出し吾や、尾田の吾田節の淡郡に居す神有り」「天事代《あめにことしろ》虚事代《そらにことしろ》玉籤入彦《たまくしいりびこ》厳之《いつの》事代神《ことしろのかみ》有り」「日向国の橘小門の水底に居して、水葉も稚けく出で居す神、名は表筒男《うわつつのお》・中筒男《なかつつのお》・底筒男《そこつつのお》の神有り」とされる。

一連の記述には、これまで知られていなかった新たな神の出現に対して、仲哀天皇は正しく神の名を問わず、祭祀を行ない得なかったこと、また後に神功皇后がこれらの神の名を問うて明らかにし、その教えに従った祭祀を行なって、最終的に「熊襲」と「新羅」を支配下におくという神が述べた通りの結果を得たことが示されている。

これは、古代における神と人、とくに祭祀者の交渉の問題を考える上で見逃せない記述であり、また同時に、重要な託宣の事例の一つとして注目されてきたものである。

続いて、履中天皇五年秋九月の記事。

秋九月の乙酉の朔にして壬寅に、天皇、淡路島に狩したまふ。是の日に、河内の飼部《うまかいべ》等、従駕につかへまつり轡《おおみまのくち》を執れり。是より先に、飼部の黥《めさきのきず》、皆未だ差えず。時に島に居します伊奘諾神《いざなきのかみ》、祝に託りて曰はく、「血の臭きに堪へず」とのたまふ。因りて卜《うらな》ふ。兆《うらかた》に云はく、「飼部等が黥の気を悪む」といふ。故、是より後、頓絶に飼部を黥せずして止む。

内容は以下のようになる。天皇が淡路島で狩りをしていた時、それに従い轡《くつわ》を執った飼部は、目の周りの入れ墨（黥）をしていた。飼部たちは、入れ墨の際の出血がまだ癒えていなかった。その時、「伊奘諾神」が「祝」の者に「託（かか）」って「血の臭きに堪へず」との言葉を示し、「卜」によって「伊奘諾神」が飼部の入れ墨の「気」を嫌うことがわかり、これ以後飼部は目の周りの入れ墨を行なわなくなった、という。「血の臭きに堪へず」というのは、入れ墨による出血が癒えておらず、その「気」（匂い）が「伊奘諾神」の嫌悪に触れたことを示す。

この記事の場合、「託（かか）」った存在は初めからイザナキであるとされているが、憑依の状況については記述がないため、その現象と言葉がどのようにあらわれたのか、詳細は不明である。また、興味深いのは、憑依による言葉に対して「卜」を行ない、それがどのような意味を持つのかを確定させている点である。神の憑依現象における発話は、単にそれだけで信じるべきものとなるのではなく、神意の内実を探る行為によって、その正当性が確かめられなければならない、ということが示されている。

以上『日本書紀』において、神の言葉を伴う「託」の表記が認められる記事を確認した。次に、「託宣」の問題を論じるために、神の出現とその在り方という視点から考えることにしたい。

第四節　神の出現と祭祀——神の求めに応じること——

前節で取り上げた『日本書紀』の記事には、とくに「託」の表記があり、かつ神の憑依による言葉が示されていた。しかし、そこでは、研究上の理解として託宣だと判断される内容の記事であっても「託宣」という語は認められなかった。

（一）「託」の字義

ここで「託」という言葉について考えておこう。「託」という文字の意味は、諸橋轍次『大漢和辞典』によれば「よる」「よせる」「かかりゐる」「つく・つける」「ゆだねる」「まかせる」「たのむ」「心をやる」「かこつける」「よりかかり」「たのみ」「ほこる」などの義を持つという。このうち「よる」「よせる」「かかりゐる」「つく・つける」は憑依に通じるものとも思われるが、「託」という漢字自体としては「神的なるもの」の憑依という意味は持たないようである。

このような「託」について、参照の『日本書紀』では「託言（つきごと）」（「託（つ）く」）と「託（かか）る」の二通りに訓んでいる。「託宣」の「託」に込められた訓みである「つく」と「かかる」という言葉については、岩田勝『神楽新考』(6)の詳細な類型的分析がある。これは、神楽の祭儀と芸能の調査研究の上、それを踏まえて歴史民俗学的になされた遡源的研究の一端である。

岩田は、憑依現象には「ツク・ヨル」型（A型）と「カカル」型（B型）の二種があるとしているが、その類型的把握を見ておきたい。

（二）　霊的存在への対応

岩田による「つく」「かかる」の分類は、神の正体の明不明の問題にかかわるもので、「霊的存在」の性質への対応によって「常祀の祭儀」「招迎――鎮送の祭儀」「祓禳《ふつじょう》の祭儀」の三つに類別される祭儀の在り方に基づく。「常祀の祭儀」は、すでに神名が明らかであり定例に祭祀が行なわれている神、「招迎――鎮送の祭儀」は、恩寵をもたらすか暴威をもたらすかが確定しておらず名が不明の両義的な神霊、「祓禳の祭儀」は、名乗らずに災いをもたらす悪霊にそれぞれ対応するものという。

悪霊に関しては祓い鎮めるしかなく、名の明らかな神については特定の祭儀を繰り返すことで共同体の神として常祀してゆくことになる。重要であるのは、両義的な神霊に対する祭儀の在り方で、正体の明らかではない霊的存在があらわれた場合には、名を問いかけその言葉を得て、「わざはひ」を鎮め「さきはひ」を得るべく鎮座へと差し向けなければならない。それができない場合には、鎮めて「はらいやる」ことになる。岩田は、神楽における祭儀の主体となるのは、この両義的な神霊に対するものとしている。

また、「託」の問題としては、次のようにも述べられている。

憑・託・著（着）という文字表記からだけでは、憑依の態様を明らかにすることは難しい。それらの文字が用いられている文脈に即して訓んでいった古訓を重視する必要がある。それらの古訓は、いわゆる〝神がかり〟という憑依現象には、ツク（A型）とカカル（B型）の大きく分類できる二つの態様がみられるものとの認識に立っておこなわれている。託にはA型、憑にはB型の意味が付与されている傾向が察知される。

正体不明の「神的なるもの」が憑依する場合に「かかる」、正体の明らかな「神」が憑依する場合には「つく」が用いられる傾向があり、「かかる」は、明確に「つく」とすることがためらわれる場合などにも広く用いられる、とされ、同時に「託」には「ツク」（A型）の意味が付与される傾向がある、という。また、「ツク・ヨル」について、「記紀」においては「ツク」という訓みだけであり、「ヨル」は平安期以降用いられるようになり、中世に入ってその使用が本格化すると指摘している。

先に見た『日本書紀』を確認してみよう。崇神紀六十年に「若し託言に有らむか」とあるのは、推量であるから正体不明の神を想定しての「つく」ということになる。仲哀紀八年には神の正体が不明の状態で「かかる」と確認できる。履中紀五年では「時に島に居します伊奘諾神、祝に託りて曰はく」とあるから、正体の明らかな神について「かかる」が用いられている。

これらの記述では、「託」は「つく」とも「かかる」とも訓まれており、しかも「ツク・ヨル」型と「カカル」型の類型も認めがたい。ぴたりと符合するのは仲哀紀八年の記事のみである。

ほか、神の言葉は伴わないが直接に神の憑依（神が身に依り憑くこと）を示すと思われる「託」について見てみると、崇神紀六年に天皇が同殿に祭っていた天照大神と倭大国魂神《やまとおおくにたまのかみ》の二神を、その「勢」を「畏」れて異所に移す、という記事がある。そこでは「天照大神を以ちて豊鍬入姫命《とよすきいりびめのみこと》に託け」「日本《やまと》大国魂神を以ちて渟名城入姫命《ぬなきいりびめのみこと》に託け祭らしむ」とあって、「託（つ）く」が、正体の明らかな神について用いられていることがわかる。また、垂仁紀二十五年の記事には崇神紀六年に続く記述がある。「天照大神」の伊勢国鎮座を示す記事だが、そこには

「天照大神を豊耜入姫《とよすきいりびめのみこと》命より離ちまつり、倭姫《やまとひめのみこと》命に託けたまふ」とある。ここにも正体の明らかな神に関して「託（つ）く」が用いられている。これらの記述は岩田も取り上げており、その分類による「ヨル・ツク」型として理解できる。

岩田の述べる「ツク・ヨル」型と「カカル」型の分類がおおよそ有効だと考えるなら、崇神紀六十年では「かかる」、履中紀五年では「つく」と訓むべきかとも思われるが、これに用字の傾向も併せるなら、確定はしがたい(7)。

（三）　祭祀と歴史叙述

ただし、ここで「託」にまつわって取り上げたいのは、「かかる」か「つく」かのどちらなのか、ということではなく、岩田が提示した神の出現の意味に着目する視点である。

「託」の訓みが「つく」であるにしろ「かかる」であるにしろ、その言葉によって指示されている要件は、憑依現象における「神的なるもの」の出現である。正体不明の神であればその名と意を問い、祭祀をなしてゆかねばならない。また憑依した神の名が明らかですでに祭祀を行なっているとしても、神が出現したのであれば、その意を探り神の求めるところを満たさなければならない。でなければ、出現した神の威力は秩序を逸脱し災厄をもたらすものとなる。そして、祭祀の可否は当の神の意思によって決定される。

仲哀紀八年にあらわれた神々は、後の神功皇后摂政前紀、仲哀天皇九年の記事において、最終的に「時に神語を得て、教の随に祭りたまふ」という記述を以て祭祀がなされたことが確定する。「神語」を得ることができなければ、神の威力をおさめて祭ることができないのである。そしてそれは歴史叙述の問題でもある。神の祭祀は、『日本書紀』の記述する国家の在り方、歴史叙述の根本的な部分にかかわっている。

このことに関しては、斎藤英喜の議論を参照できる。(8)斎藤は、崇神紀の倭大国魂神の託宣と祭祀について次のように述べている。

「神の語を得て教の随に祭祀る」。神の祭りは託宣（神の語）に従って行なわれた。それが祭祀の起源となる。神の教えのとおりにすれば、神は祭り鎮めることができる。けれども、託宣に従うことは、その祭りが神の意思に適っているかどうかの判定も、すべて神の側にゆだねることを意味した。

神の意に沿うためには、神の了解を得なければならない。そのとき、神と直接に向き合うものができることは、何度も神に問いかけることだけである。神功皇后摂政前紀の記述には、神へ向かって繰り返し問いかけ、神の名を明らかにする様子が描かれている。(9)さらに次のような視点も重要である。

ここからは、託宣によって神の祟りが認知されるのではなく、反対に、託宣そのものが「祟り」という現象をつくっていくともいえそうだ。いま、目の前に起きている疫病という災厄の現実を処理するために、神の託宣を得ることによって、祭られていない神の祟りがあったという、あらたな「歴史」が語られていくのである。いいかえれば、「託宣」をもとにするとき、歴史の記述そのものが、一つの正しい事実として確定したものではなく、不断に変わる可能性を孕んでしまうのだ。

この斎藤の議論は、託宣と祟りと祭祀の往還運動が歴史を生み出す、という状況を捉えようとしている。今参考としたいのは、『日本書紀』において、神の起源をその託宣によって明らかとし、「神語」という神の側の了解を得て、最終的に正しい祭祀によって神を鎮めること、その叙述が歴史であった、ということである。国家がそのように歴史を語るとき、それは自らの住む世界の成り立ちを説き明かすものであると同時に、神の祭祀を行ない得るという国家の資格を示すものでもあったはずだ。それが『日本書紀』の歴史叙述の在り方だったのである。

神への祭祀は、神の出現を前提とする。その出現を示すものとして「託」（つく・かかる）という言葉が用いられていた。そして「託」―「つく」には、神の名があきらかな場合に用いられたという傾向が認められる。また「つく」「かかる」という神の出現が祭祀や鎮座を述べることに強く通じていたこと、これら『日本書紀』の歴史叙述の在り方を踏まえつつ『続日本紀』の「託宣」の問題へと移りたい。

第五節　『続日本紀』における「託宣」――八幡神の出現――

『日本書紀』には認められなかった「託宣」の文言は、『続日本紀』[10]の八幡神の行動を指示するものとして、はじめて用いられることになる。『続日本紀』の最終的な成立は延暦十六年（七九七）とされるが、「託宣」の史料上の初出はその天平勝宝元年（七四九）十一月己酉の記事である。

己酉、八幡大神、託宣して京に向かふ。

短い一文だが、ここに歴史的語彙としての「託宣」があらわれる。これは、東大寺盧舎那《るしやな》仏造立に際して八幡神が入京するという一連の記述のはじめにあたる。また『続日本紀』には、これを含めて「託宣」の用語は三例あるが(11)、すべて八幡神に関してのものであり、他の神について「託宣」の語はない。ゆえに、『続日本紀』の記述では、八幡神と「託宣」は特権的に結びつくものと考えられる。

では、この「託宣」という文言にはどのような意義があるのだろうか。「託」に関しては、前節で「つく」の義に通じることを確認したが、「宣」についてはどうだろうか。古代における「宣」とは何か。これもまた相当に重要な大きな問題であるが、おそらくこの場合の分析の方向性は一つしかない。それは天皇が命令を発する際に用いられた宣命に通じる記述としてである。

一般的に託宣というとき、この「宣」は「のたまう」すなわち「いう」の尊敬語として理解されてきたものと思われる。しかし、『続日本紀』における八幡神の「託宣」に関しては、おそらくそれだけでは不十分である。そこでは、八幡神の言葉が天皇の詔勅と同じレベルのものとしてある。そのように考えるに足る記述が『続日本紀』には示されている。

先の引用と同年の十二月丁亥の記事を見てみよう。

丁亥、八幡大神の禰宜《ねぎ》尼《に》大神《おおみわの》朝臣《あそん》社女《もりめ》その輿は紫色なり。一ら乗輿に同じ。東大寺を拝む。天皇・太上天皇・太后も同じく亦行幸したまふ。是の日、百官と諸氏の人らと咸く寺に会ふ。僧五千を請して礼仏読経せしむ。大唐・渤海・呉の楽、五節田儛、久米舞を作さしむ。因て大神に一品を奉る。比咩神《ひめがみ》には二品。左大臣　橘宿《たちばなのすく》禰《ね》諸兄《もろえ》、詔を奉けたまはりて神に白して曰はく、「天皇が御命に坐せ、申し賜ふと申さく。去にし辰年河内国大県郡の知識寺に坐す盧舎那仏を礼み奉りて、則ち朕も造り奉らむと思へども、え為さざりし間に、豊前国宇佐郡に坐す広幡の八幡大神に申し賜へ、勅りたまはく、「神我天神・地祇を率ゐいざなひて必ず成し奉らむ。事立つに有らず、銅の湯を水と成し、我が身を草木土に交へて障る事無くなさむ」と勅り賜ひながら成りぬれば、歓しみ貴みなも念ひたまふる。然れば、猶止む事を得ずして、恐けれども、御冠献る事を恐みも恐みも申し賜はくと申す」とのたまふ。尼社女に従四位下を授く。主神《かむつかさ》大神朝臣田麻呂《たまろ》に外従五位下。東大寺に封四千戸、奴百人、婢百人を施す。また東大寺を造ることに預りし人に、労に随ひて位を叙すること差有り。

まず引用のはじめ、「八幡大神」の「禰宜尼」である「大神朝臣社女」が東大寺を拝する、とある。「大神朝臣社女」は、八幡神をその身に憑依させ「託宣」の言葉を発した巫女であると理解できる。それが「禰宜尼」という仏教的性質を帯びるものとして記述されている点も注目するべきだが、「宣」の問題を考える上では、天皇と同じ「紫の輿」に乗るということが重要である。それは八幡神の顕現としてその言葉を発する巫女が天皇と同等の扱いを受けていることを示している。

また、引用文中、橘諸兄が読み上げた「詔」には八幡神の言葉の引用がある。おそらくこれが「八幡大神、託宣して京に向かふ」とされた「託宣」であろうが、それが「勅り賜ひ」という言辞によって指示されている。八幡神の「託宣」の言葉は「勅」として位置づけられているのである。

「託宣」として「託」に結びついた「宣」が、単なる尊敬の言葉ではないこと、天皇の宣命に通じる国家的意義が込められていることがうかがえるだろう。

第六節　八幡神の神格――国家・天皇・仏法――

『続日本紀』に初出の「託宣」について大略を述べたが、ここからは『続日本紀』においてはじめてあらわれた「託宣」という語が、どのような意義を担ったのかを考えたい。そのためには「託宣」によってその意思を表明する神、八幡神がどのような存在としてあらわれているのかを問わなければならない。

（一）　仏法を受ける神

すでに見たように、天平勝宝元年の東大寺盧舎那《るしやな》仏造立に関する八幡神は、そもそも記事自体が仏教にかかわる。このことは『続日本紀』における八幡神の登場、史料上の「八幡」の初出でもあるその一連の流れにも同様に認めることができる。

夏四月乙巳、使を伊勢神宮、大神社、筑紫の住吉・八幡の二社と香椎宮とに遣して、幣を奉りて新羅の礼无き状を告さしむ。

天平九年（七三七）のこの記事で、八幡神は突然姿をあらわす。史料上最初に位置するこの記述は、八幡という神について理解する上で重要なものだが、「八幡」という神名の意義とあわせて西郷信綱が優れた分析を行なっているので、その論を概観しておこう。(12)

『続日本紀』には、引用した天平九年の記事に続いて、天平十二年（七四〇）十月には謀反を起こした藤原広嗣《ひろつぐ》の討伐を八幡神に祈る記事があり、さらにこれをうけて、天平十三年（七四一）閏三月の記事に「甲戌、八幡神宮に秘錦冠一頭、金字の最勝王経・法華経各々一部、度者十人、封戸、馬五疋を奉る。また、三重塔一区を造らしむ。宿禱に賽ゆればなり」と見える。

この記事は、広嗣討伐の報賽《ほうさい》とされるが、西郷は、仏寺ではない神宮に経典の奉納や仏塔の建立が行なわれることに注目するべきとの説を取り上げ、これら初見から一連の記述を含めて、八幡神の成立に仏教との関係が欠くべからざるものであることを指摘し、八幡（ヤハタ）の「ハタ」が仏教における「幡《ばん》」（灌頂幡）であるとする(13)。

そして八幡神初出記事において八幡社と並んで「大神社」が見える点を強調、八幡神を祀る大神氏と大和の大三輪（大神）の関連を示唆した上で、八幡神は神々を統率する存在として「大物主の新たなメタモルフォーゼであり」「盧舎那仏」は「天照大神のメタモルフォーゼとみていいのではなかろうか」と論じる。

また、さらに西郷は論を進め、「天照大神を起点」とする「記紀の構造」とは異なる「新しい国家的神話」として、「盧舎那仏を教主とする蓮華蔵世界」である「宇宙の中心に盧舎那仏が趺坐《ふざ》し、そのまわりに一千の大釈迦を教主とする一千の国があり、その一国中にはさらに百億の小釈迦があって、おのおの三千大千世界の衆生を化度せんとしているという」「想像的に仮構された無碍《むげ》の一多融合の世界」を、聖武天皇が東大寺盧舎那仏造立によって実現しようとしたとして、同時に、鎮護国家のための盧舎那仏造立を助けようとした八幡神の資格は、その史料上の初出の段階から「伊勢、大神、住吉」に並んで国家守護にかかわるものであった、とする。

西郷は、神話論としての構造的理解によって、八幡神の登場そのものが聖武天皇の構想した「新しい国家神話」を作り出すものと位置づけた。ここから、この議論を起点にして、八幡神のさらなる成長や宗教的意味について考えてみたい。

（二）　皇統守護の八幡神

西郷が論じたように、まず仏教の神・国家の神としてあらわれた八幡神は、さらに皇統守護の神へと成長する。次に挙げるのは、神護景雲三年九月己丑記事、八幡神の「託宣」を中心とした記述である。

> 初め大宰主神《だいさいのかむつかさ》習宜《すげの》阿曾麻呂《あそまろ》、旨を希ひて道鏡に媚び事ふ。因て八幡神の教と矯りて言はく、「道鏡をして皇位に即かしめば、天下太平ならむ」といふ。道鏡これを聞きて、深く喜びて自負す。天皇、清麿を牀下に召して、勅して曰はく、「昨夜の夢に、八幡神の使来りて云はく、「大神、事を奉けたまはらしめむとして、尼法均を請ふ」といふ。汝清麿相代りて往きて、彼の神の命を聴くべし」とのたまふ。発つに臨みて、道鏡、清麻呂に語りて曰はく、「大神、使を請ふ所以は、蓋し我が即位の事を告げむが為ならむ。因て重く募るに官爵を以てせむ」といふ。清麻呂行きて神宮に詣づるに、大神託宣して曰はく、「我が国家開《くに》闢《ひら》けてより以来、君臣定りぬ。臣を以て君とすることは、未だ有らず。天の日嗣は必ず皇緒を立てよ。無道の人は早に掃ひ除くべし」とのたまふ。清麻呂来帰りて、奏すること神の教の如し。是に道鏡大きに怒りて、清麿が本官を解きて、出して因幡員外介《いなばのいんげのすけ》とす。未だ任所に之かぬに、尋ぎて詔有りて、除名して大隅に配す。その姉法均は還俗せしめて備後に配す。

これは、道鏡が皇位を得ようとした、いわゆる道鏡事件、あるいは宇佐八幡宮神託事件と呼ばれる出来事の一幕だが、ここにあらわれる八幡神は、『続日本紀』における国家の守護神として最高のレベルに達している。まず、阿曾麻呂が、「道鏡をして皇位に即かしめば、天下太平ならむ」として八幡神の言葉を偽ったという。これは、八幡神に「皇位」を左右するだけの権威が認められていることを示している。

これを受け、八幡神は対抗するように、皇位には必ず「皇緒」を立てるべき、との意思を遣わされた清麻呂にあらわした。

すなわち、「我が国家開闢けてより以来、君臣定りぬ。臣を以て君とすることは、未だ有らず。天の日嗣は必ず皇緒を立てよ。無道の人は早に掃ひ除くべし」という託宣である。

こうした事件の展開は、八幡神の権威―神威あることに基づいて起こされた偽託に対し、八幡神が自らこれを否定して「皇緒」を守るという形で、いずれにせよ八幡神によって天皇位が定められることを示している。そればかりではなく、ここで八幡神は、「君」と「臣」という、国家の在り方にまで説き及んでいる。まさに天皇と国家の守護神としてあらわれているのである。

外敵から国家を守り、国家の理念となる仏法を擁護し、その上、国家の根幹である皇統を守護する神としての八幡神。このようにまとめてみれば、いかにも八幡神は国家の神としての面目を得ているように見える。そしてそれは決して間違いではない。しかし、八幡神の登場そのものが聖武天皇による新しい国家神話の創造を象徴していた、ということを考えてみると、『続日本紀』における八幡神の別の側面が見えてくる。

（三）　国家の神、天皇の神、仏法の神

まず、『続日本紀』の八幡神が常に国家という問題にかかわっていることは、その登場の様相から明確である。

また同時に、それが仏法にかかわるものであったということも、西郷の述べる通りであろう。

しかし、その国家と仏法にかかわるということのもっとも華々しいあらわれであった東大寺盧舎那仏造立の守護、ということに注視し、後の道鏡事件におけるあらわれ方も含めて考えてみる時、八幡神は、その神格に大きな揺らぎを持っていることがわかる。

強調しておきたいのは、皇統を守護した八幡神とは、もとを問えば聖武天皇が導き出したものだった、ということである。

『続日本紀』の八幡神は、その国家の神という性質から、周囲には多くの人物があらわれている。彼らは、八幡神の顕現、あるいは神意の提示に資したという意味で、神を支える宗教的な実践の場に立っていたといえる。しかし、より本源的な意味で、八幡神の登場を『続日本紀』の国家神話として作り出したのは、東大寺盧舎那仏造立を志した聖武天皇だったのである。では、こうした状況を受けて、聖武天皇を個人の宗教者だと見た場合、神と宗教者の関係は、どのような光景となるだろうか。

まず、聖武天皇は自身の仏法国家的構想―蓮華蔵世界の実現の中核として、盧舎那仏造立を志す。それは、国家の頂点に立って国家を形作る役割、宗教者的にいえばその職掌の遂行である。この時、八幡神はまさにその職掌を守護する存在として、国家と仏法を守護する神々の頂点に立つ神としてあらわれる。この点を中心に見れば、八幡神は東大寺盧舎那仏造立を助けるためにこそ、当初から仏法を受ける神としてあらわれていた、ということになる。

こうした聖武天皇と八幡神の関係は、国家神話という位相を媒介としながらも、個人と神の関係において共鳴するものとしてあった。その共鳴とは、宗教者と神の同一化、つまり聖武天皇と八幡神の同体相即的様相である。

八幡神の言葉が「勅」と表現されていたこと、その禰宜尼である大神社女が乗った「輿」が紫色であって「乗輿」に同じとされていたこと、つまり、八幡神が天皇と同等の扱いを受けていたことも、これを補強する。

聖武天皇の意思を受け汲む八幡神が、天皇と同等であるとして記述されるその様相は、八幡神が聖武天皇個人の神としての性質を持っていたことを示すものなのではないか。

そして、聖武天皇は自身の国家神話の実現を守護する神を必要とし、八幡神はそうした願いに応える神であったが、逆にいえば、八幡神が国家神話の中で神々の頂点に立つためには、聖武天皇の実現すべき国家神話としての盧舎那仏造立という、新たな神の守護を必要とする営為、および神話による要請が必要だったのである。

このような見方からすれば、次代の皇位を定める、という国家的問題に対して、個人的に道鏡を天皇として指定する、ということもあり得なくはない。道鏡事件における八幡神の在り様は、こうした天皇個人の神としての側面を強く感受した人物によって起こされたものであったのだろう。

しかも、八幡神は仏法を理念とした国家神話の世界、蓮華蔵世界という要請に応えるものでもあったから、僧位でありながら皇位に就こうとする道鏡に対しても、親和性は高かったはずである。つまり、八幡神による道鏡の皇位への推薦は、その神格において認められるべき可能性が存在していた、といえるだろう。

しかし、こうした八幡神の天皇の個人神化とでもいうべき事態は、聖武天皇が構想した国家神話の方向性から大きく逸れるものではなかったとしても、その新しい国家神話自体が聖武天皇において構想される、という現場から見れば、その条件は否定されるものでもあった。

なぜなら、聖武天皇が、新たな仏教的な神話世界である蓮華蔵世界を願った時、これに国家神話としての正当性を与えたのは、聖武天皇が神々の世界を再編することが可能な、「皇緒」を継ぐ存在だったからである。

すなわち、八幡神は、その神格によって、ことに国家的性質と仏法的性質によって、東大寺盧舎那仏造立―蓮華蔵世界の実現を守護したのではない。決定的に必要であったのは、八幡神と向き合った聖武天皇という宗教者の、神話創造者的な資格だったのである。そうした神話的立脚点ともいうべき基盤なくして、国家神話の創造更新は叶わない。

あるいは、八幡神と対峙して新たな世界が作られようとする時、聖武天皇には神話世界の創造を可能とする職掌があり、道鏡にはそれが無かった、と言い換えることができるだろうか。

ゆえに、道鏡事件における八幡神は、「皇緒」と「仏法」の狭間で揺れる「皇位」というその地点において、自身の神格権能の基盤と目指すべき神話世界の間で揺れ動くことになるのである。そして、道鏡という個人の僧をめぐった、皇位にまつわる八幡神の偽託と、これを打ち消す託宣は、まさにその揺らぎの現出だったと考えられる。結果として、聖武天皇の職掌の基盤でもあった皇緒が八幡神によって守られたことは、八幡神が天皇個人の神であることを離れ、天皇家の守護神となっていったことを示している。

八幡神の登場が新たな国家神話の創造であるとするなら、その創造の主体者は、神話のみならず新たな神である八幡神さえも作り出した宗教実践者というべき聖武天皇だったのである。

そしてそこには、八幡神という新たな神の顕現、神意の発現を示す「託宣」という言葉があらわれていた。その新しさは、『続日本紀』という歴史叙述にとってはどのような意味を持つものであったのだろうか。

第七節　託宣・歴史叙述・神話——神的なるものの制御——

八幡神の登場は、西郷の論を踏まえてこれまでに確認してきたように、『古事記』『日本書紀』の神話的世界から、仏教的世界認識を得て新たな段階へと進むものである。これにあわせて「神的なるもの」の出現として「託宣」を捉える場合、『日本書紀』と『続日本紀』ではどのような差異が見えてくるだろうか。

（一）　由来と鎮座

先に論じたように、『日本書紀』における「託」（つく・かかる）は神の正体への問いにかかわるものであり、神の祭祀とその起源を述べるものであった。しかし『続日本紀』の歴史は、そのようには神を記述していない。『続日本紀』には神の言葉を示す記述がほとんどなく、その数少ない例が八幡神の「託宣」である。しかし、八幡神の「託宣」は祟りをなして祭祀を要求するものではなく、国家の守護に繋がる意思を表明するものとしてある。

ここで前節に引用した『続日本紀』の八幡初出記事にあらわれる神について考えてみよう。

香椎宮は神功皇后の廟であり、これは除くとして、「伊勢神宮」「大神社」「筑紫の住吉」について確認したい。

「伊勢神宮」―「天照大神」は、崇神紀六年に「其の神の勢を畏り」として天皇同殿から移され、ふさわしい鎮座の地が求められた。

「大神社」―「大物主」は、崇神紀七年に「倭迹迹日百襲姫命《やまとととひももそひめのみこと》」に憑依して「天皇、何ぞ国の治らざることを憂へたまふや。若し能く我を敬ひ祭りたまはば、必当ず自平ぎなむ」と祭祀を求める言葉を示している。

「筑紫の住吉」―「表筒男・中筒男・底筒男の神」は、仲哀紀九年の記事に神名が明らかとなり、「時に神語を得て、教の随に祭りたまふ」とされる。

このように『日本書紀』における神の出現は、神の鎮座と祭祀を述べることへと繋がっている。「日本紀」としての連続を考えれば、『続日本紀』に先行する『日本書紀』の段階で、これらの神々の由来、祭祀の起源は明らかであった。

これに対するなら『続日本紀』における八幡社の在り方はある種異様にも見える。八幡神は『日本書紀』（および『古事記』）に由来を持たず、『続日本紀』にも祭祀や鎮座に関する記述がない。

これについて、八幡神を主体に考えれば、正体不明の神である、ということになる。しかし、そういった見方は、私たちの目線から八幡神を独立に見過ぎるものである。これはやはり『続日本紀』の歴史叙述の側から考えられるべきで、『日本書紀』においては主題となっていた神の出現と祭祀、あるいは「つく」「かかる」という「神的なるもの」と人との直接の交渉が問題とならない次元で『続日本紀』の歴史叙述が構成されている、ということが読み取られるべきなのである。

そして、天照大神、大物主、住吉三神は、神功皇后の三韓征討においてそれを助けたという伝承のある国家を守護する神であり、ここに神功皇后の香椎宮とともに八幡社が並べられるという状況は、八幡神がすでに三韓征討にかかわって誉田《ほむた》皇子（応神天皇）と同体と見られていた可能性を示唆する。(14) 八幡神と誉田＝応神の結びつきは『続日本紀』の記述に直接は認められないものの、その格別の扱いを見れば強く暗示されているといえるだろう。

しかし、この場合には逆に、ほとんど八幡神と誉田皇子の同体説を示しているとも思われる状況にあって、なおそれを記述していないことの意味を考えなければならない。それは『続日本紀』が神の由来や来歴を叙述しないことの一つの事例として捉えられるのである。

『続日本紀』に見られる八幡神の「託宣」は、「祟り」にも「祭祀」にも結びつかないものであり、ここに神のあらわれ、神の発話、神の憑依現象に対しての『日本書紀』からの歴史意識の変容を見ることができる。第四節に確認したように、『日本書紀』では神の「つく」「かかる」というあらわれにおいて、「祟り―神の言葉―祭祀」という要素が、国家の歴史を語る際の重要事であったが、『続日本紀』では、「託宣」として示される八幡神の言葉は、その求めるものを示すのではなく、常に国家の運営にかかわり、あるいはそれを守護するという形で示される。

（二）　祟り・神の言葉・卜占

また『続日本紀』における「祟り」の記述に「神的なるもの」の言葉が一切あらわれないことにも触れておこう。(15)

『続日本紀』における「祟り」を示す記事には以下のものがある。

宝亀元年（七七〇）二月丙辰の「西大寺の東塔の心礎」の石の砕かれたことによる「祟」、同三年（七七二）四月乙卯の「近江国滋賀郡小野社の木を採」って「西大寺の西塔」に用いたことによる「祟」、同年八月甲寅の「伊勢月読神」の「祟」、この「祟」は同十一年（七八〇）二月丙申の記事にも「その祟未だ止まず」とあらわれる。また、延暦元年（七八二）七月庚戌には、「伊勢大神と諸の神社と、悉く皆祟らむとす」という神の「祟り」への推測を示している。

とくに神の「祟り」をいう際に、その言葉なり意思なりの感知が直接に記述されない点は注意するべきものと思われる。あるいはもしかしたら、これら記事となった出来事の実際では、「神的なるもの」の言葉があったかもしれないが、『続日本紀』はそれを記述していない。

『日本書紀』において神の「祟り」が示される場合、多くは憑依現象や夢見によって神の言葉があらわれている。たとえば神功皇后摂政前紀、仲哀天皇九年二月の記事には、「時に皇后、天皇の、神の教に従はずして早く崩りましことを傷みたまひて、以為さく、祟れる神を知りて、財宝国を求めむと欲す」とある。仲哀天皇を死に至らしめたのは、神功皇后に「託（かか）」って言葉を発した神である。

ほか、仁徳天皇十一年十月には、「茨田堤《まむたのつつみ》」を築いた際に天皇の夢にあらわれ意思を伝えた「河神」の「祟り」があり、允恭天皇十四年九月には、天皇が淡路島に狩りを行なった際に「島の神、祟りて曰はく」とあるなど、これらを見れば神の「祟り」と神の言葉は、神威の発動、神の意思表明として一連する叙述となる傾向が確認できる。『日本書紀』における歴史叙述は、不確定の「神的なるもの」の正体を明かしてその起源を示す、もしくは「祟り」という神威発動の原因を神の言葉を得ることによって確定するもので、いわば「神的なるもの」とその祭祀の根元探求の場へと向かっているのである。

これに対比すれば、『続日本紀』の歴史叙述は、憑依現象という「神的なるもの」との直接的交流やそれによって示される神祭祀の起源叙述を記事として採らない、ということになる。

こういった差異があらわれるのは、『続日本紀』の歴史意識が律令制度という国家システムとその作動を記述することにあるからだろう。『続日本紀』の「祟り」の記事には、憑依現象と神の言葉は見られなかったが、卜占《ぼくせん》が必ず行なわれている。とくに延暦元年七月の記事では「災異」「妖徴」によって「亀筮《きぜい》」（亀卜と筮占）が行なわれ、「祟り」発生の可能性を察知しているが、これを報告しているのは「神祇官・陰陽寮」であった。「神的なるもの」への対応活動において、固有の名を持つ人や氏族ではなく、律令国家の組織が前面に立てられているのである。

（三）『続日本紀』の歴史叙述と神話

冒頭に創世の神話を持つ『日本書紀』とは異なり、『続日本紀』は世界の根源を語らない。『続日本紀』は、世界や祭祀の起源ではなく、現に国土支配を実行してきた律令国家の制度的作動を歴史として語ることで、その正統性を示しているともいえるだろう。両書はともに律令国家における国史の位置にあるとはいえ、叙述の在り方の相違は大きい。

そして、このような叙述の性質は、八幡神の「託宣」にも同様にあらわれている。八幡神の「託宣」は、神の憑依による意思表明であるが、その発現の場や憑依現象の様相が述べられず、また、八幡神を誉田＝応神と結びつける記述が見られないことも、『続日本紀』の歴史叙述の一つの特質を示しているのである。

しかし、このような『続日本紀』にあって、聖武―孝謙朝に達成された東大寺盧舎那仏造立は、天皇を中心とした律令国家の理念をあらわす象徴的な神話世界の構想の実現であった。そして、仏教的世界、蓮華蔵世界の中心である盧舎那仏を律令国家の中心に重ねようとする文脈の中で、八幡神の「託宣」が示される。

これまで見てきたように、『続日本紀』における八幡神の「託宣」は、神と人との交渉の場、憑依現象の場から切り離されており、神祇による「神の言葉」を理念的・象徴的に代表するものである。

西郷の論を延長する形で述べるなら、このとき「託宣」は、盧舎那《るしゃな》仏を中心に据えようとする歴史叙述の世界にあって、国家的な仏教を守護するために、八幡神が神祇を統率する存在として発する限定的で特殊な「神の言葉」としてあらわれる。それは、「記紀の構造」とは異なる「新しい国家的神話」の構築を告げる『続日本紀』の神話なのであり、その変容は、語られる内実だけではなく、神やその言葉の出現自体の意味をも更新するものだったのである。

以上の分析からは、「託宣」は仏教と神祇の関係の中で「神的なるもの」の言葉を象徴化したものだったのだ、ということになる。神の憑依を示す「託」（つく・かかる）と、それによって示される統制不可能で多様なはずの「神の言葉」は、盧舎那仏を中心とする蓮華蔵世界という仏教的神話世界における国家の歴史意識によって、八幡神の「託宣」に統合される。これが『続日本紀』において歴史的語彙「託宣」が担った、新たな神話としての意義であったのだ。

後世に八幡神の特徴と考えられるようになる仏教との関係や託宣を行なうという性質は、史料上の初出である『続日本紀』にすでに決定づけられている。そのような意味で、もしこういう言い方が許されるなら、八幡神は「『続日本紀』的な神」としてあらわれた、と位置づけられるべきであろう。

おわりに

神仏習合論から中世神話論へ、という方法の移行を意識した本章は、『続日本紀』における八幡神と「託宣」という問題に着目し、そこに見られる神話世界の更新について論じた。

東大寺盧舎那仏造立を頂点とする『続日本紀』の八幡神は、『日本書紀』とは異なる神話世界の現出を象徴しており、そうした世界を構想した聖武天皇と分かちがたく結びついた神格を担うものだったのである。

また、これまで、託宣は神憑りによって示される神の言葉として、時代を超えてあらわれる、「古層」に属する信仰的宗教的現象として理解されてきた。

しかし、本章で明らかにしたように、実際に用いられた歴史的語彙としての「託宣」は、古層的なものではなく、八幡神が『続日本紀』に登場するという歴史の展開の中であらわれたものであった。翻って、これまでに古層的だとされてきた様々な託宣についても、その歴史的な意味を問うことが求められるべきだろう。

そして、神仏習合論に留まっていては見えてこない問題、八幡神と「託宣」の関係は、『続日本紀』においてはじまり、後の歴史へと繫がっていく。

次章で論じる『宇佐八幡宮弥勒寺建立縁起』も、本論の中心的対象である『託宣集』も、これまでの研究では神仏習合論の枠組みの中で、古説や古層を見せるテキストとして位置づけられてきたが、テキストが新たに作り出す神話という視点、中世神話の議論を踏まえる本論では、当然、そのような見方を取ることはない。

それらのテキストでは、『続日本紀』とはまた異なる、それぞれに固有の意味を持った「託宣」が姿をあらわすだろう。それはすなわち、本論に辿ることになる八幡神の変貌の歴史なのである。

注

（1）佐藤弘夫「「神仏習合」論の形成の史的背景」（『宗教研究』八一―二―三五三、二〇〇七年九月）。

（2）西郷信綱「八幡神の発生」（『神話と国家――古代論集――』平凡社、一九七七年。中野幡能編『八幡信仰』〈民衆宗教史叢書〉雄山閣出版、一九八三年〉に再録）。

（3）『日本古典文学大辞典』（第四巻、岩波書店、一九八四年）。『国史大辞典』（第九巻、吉川弘文館、一九八八年）。『日本史大事典』（第四巻、平凡社、一九九三年）。『神道事典』（弘文堂、一九九四年）。『上代文学研究事典』（おうふう、一九九六年）。『日本民俗宗教辞典』（東京堂出版、一九九八年）。『日本民俗大辞典』（下巻、吉川弘文館、二〇〇〇年）。『日本歴史大事典』（第二巻、小学館、二〇〇〇年）。『日本国語大辞典』（第二版、第八巻、小学館、二〇〇一年）。『神道史大辞典』（吉川弘文館、二〇〇四年）。『祭・芸能・行事大辞典』（下巻、朝倉書店、二〇〇九年）。

（4）テキスト毎に示される「古代」という視点は、神野志隆光『複数の「古代」』〈講談社現代新書〉講談社、二〇〇七年）を受けている。ただし、神野志は「古代における古代」として『古事記』『日本書紀』の時代を論じるが、小稿は『日本書紀』とは異なる「古代」として、「古代における現代」である『続日本紀』を想定している。

（5）『日本書紀』の引用は〈新編日本古典文学全集〉（小学館）による。以下同。

（6）岩田勝『神楽新考』（名著出版、一九九二年）。

（7）岩田が重視する「古訓」については、『古事記』『日本書紀』編纂時の「古代」まで遡れるか疑問がある。また岩田は「崇神紀・垂仁紀におけるカカルとツク」として「憑」（かかる）と「託」（つく）は「それぞれの態様にしたがって明らかに区別して訓まれている」とするが、崇神紀六十年の記事は取り上げておらず、その分析には厳密とはいいがたい部分がある。

（8）斎藤英喜『アマテラスの深みへ――古代神話を読み直す――』（新曜社、一九九六年）。

（9）参考のため該当部分を挙げておく。

（神功皇后摂政前紀　仲哀天皇九年）三月の壬申の朔に、皇后、吉日を選ひて斎宮に入り、親ら神主と為りたまひ、則ち武内宿禰に命せて琴撫かしめ、中臣烏賊津使主を喚して審神者としたまふ。因りて千繒高繒を以ちて琴頭尾に置き、請して曰さく、「先日に、天皇に教へたまひしは誰神ぞ。願はくは其の名を知らむ」とまをしたまふ。七日七夜に逮りて、乃ち答へて曰はく、「神風の伊勢国の、百伝ふ度逢県の、拆鈴五十鈴宮に居す神、名は撞賢木厳之御魂天疎向津媛命なり」とのたまふ。亦問ひまをさく、「是の神を除きて復神有すや」とまをしたまふ。答へて曰はく、「幡荻穂に出し吾や、尾田の吾田節の淡郡に居す神有り」とのたまふ。問ひまをさく、「亦有すや」とまをしたまふ。答へて曰はく、「天事代虚事代玉籤入彦厳之事代神有り」とのたまふ。問ひまをさく、「亦有すや」とまをしたまふ。答へて曰はく、「有ること無きこと知らず」とのたまふ。是に審神者が曰さく、「今し答へたまはずして、更後に言ふこと有しますや」とまをす。則ち対へて曰はく、「日向国の橘小門の水底に居して、水葉も稚けく出で居る神、名は表筒男・中筒男・底筒男の神有り」とのたまふ。問ひまをさく、「亦有すや」とまをす。答へて曰はく、「有ること無きこと知らず」とのたまひ、遂に且神有りとも言はず。時に神語を得て、教の随に祭りたまふ。然して後に、吉備臣が祖鴨別を遣して、熊襲国を撃たしめたまふ。未だ浹辰も経なくに、自づからに服ひぬ。

（10）『続日本紀』の引用は〈新日本古典文学大系〉（岩波書店）による。

（11）『続日本紀』における「託宣」の用例は、天平勝宝元年（七四九年）十一月己酉、天平勝宝七年（七五五）三月庚申、神護景雲三年（七六九）九月己丑の記事にある。神護景雲三年の記事は後に取り上げる。

（12）西郷信綱、前掲論文（前注2参照）。

（13）逵日出典『八幡宮寺成立史の研究』（続群書類従完成会、二〇〇三年）の議論にも、「ヤハタ」の「幡」は、「単に仏教的な幡と受け取ることが自然」とある。

（14）八幡と応神天皇の同体化は、『続日本紀』成立の段階ですでに起こっていた、とする説がある。二宮正彦『古代の神社と祭祀――その構造と展開――』（創元社、一九八八年）。

（15）参考のために該当部分を挙げておく。

（宝亀元年二月）丙辰、西大寺の東塔の心礎を破却す。その石大きさ方一丈余、厚さ九尺あり。東大寺より以東、飯盛山の石なり。初め数千人を以て引けども、日に去くこと数歩のみ。時に復或は鳴る。是に人夫を益して、九日にして乃ち至れり。即ち削刻を加へて、基を築くこと已に畢れり。時に巫覡の徒、動すれば石の祟を以て言を為す。是に、柴を積みてこれを焼く。灌くに卅余斛の酒を以てして、片片に破却して道路に棄つ。後、月余の日にして、天皇不悆す。これをトふるに、破られし石祟を為すといふ。即ち復拾ひて浄地に置きて、人・馬をして践ましめず。今、その寺の内の東南の隅の数十片の破石是なり。

（宝亀三年四月）乙卯、西大寺の西塔に震す。これをトふるに、近江国滋賀郡小野社の木を採りて塔を構へしによりて祟すといふ。当郡の戸二烟を充つ。

（宝亀三年八月）八月甲寅、難破内親王の第に幸したまふ。是の日、常に異なる風雨ありて、樹を抜き屋を発つ。これをトふるに、伊勢月読神、祟すといへり。是に毎年の九月に、荒祭神に准へて馬を奉る。また、荒御玉命・伊佐奈伎命・伊佐奈弥命を官社に入る。また、度会郡の神宮寺を飯高郡度瀬の山房に徙す。

（宝亀十一年二月）（丙申）神祇官言さく、「伊勢大神宮寺、先に祟有るが為に、他しき処に遷し建てたり。而るに今、神郡に近くして、その祟未だ止まず。飯野郡を除く外の、便ある地に移し造らむことを」とまうす。これを許す。

（延暦元年七月）庚戌、右大臣巳下、参議巳上、共に奏して偁さく、「頃者、災異荐に臻りて、妖徴並に見れたり。仍て亀筮に命せてその由を占ひ求めしむ。神祇官・陰陽寮並に言さく、「国家の恒祀は例に依りて幣を奠ると雖も、天下の縞素、吉凶混雑す。茲に因りて、伊勢大神と諸の神社と、悉く皆祟らむとす」とまうす。如し凶を除き吉に就かずは、恐るらくは、聖体不予することを致さむか。而して陛下、因心至性にして、尚孝期を終へむとす。今乃ち医薬御するに在りて旬日を延引す。神道の誣ひ難き、抑由有り。伏して乞はくは、曾閔が小孝を忍びて社稷を重任とし、仍て凶服を除きて人祇に充てむことを」とまうす。詔し報へて曰はく、「朕以みるに、霜露変らず、荼毒昨の如し。方に諒闇を遂げて罔極と申さむとす。而るに郡卿、再三執奏して、宗廟社稷を喩とす。事已むこと獲ずして、一ら来奏に依る。その諸国の服を釈く者は、祓の使到るを待ち、国内を祓ひ潔め、然して後に乃ち釈け。酒を飲み楽を作し、并せて雑彩を着ること得ず」とのたまふ。

第三章　『建立縁起』の八幡神

――大菩薩と大帯姫の出現――

はじめに

本章では、『宇佐《うさ》八幡宮弥勒寺《はちまんぐうみろくじ》建立《こんりゅう》縁起《えんぎ》』(1)（以下『建立縁起』）について取り上げる。前章では八幡神が史料上に初出する『続日本紀』について、主としてその八幡神の登場の意味を分析した。

そこに見られたような護法・護国の神としての八幡神が、『建立縁起』では明確に応神天皇と同体視され、そして、宇佐宮の祭祀の問題として、「大菩薩」の名を明かし、「放生会《ほうじょうえ》」の起源が語られ、「大帯姫《おおたらしひめ》」との関係が前面にあらわれるようになる。

こうして並べてみれば明らかなように、『建立縁起』は、現在までの八幡信仰研究で注目されてきた問題が主題化し、いわばそれらが出揃うテキストなのである。

その中でも、とくに「大帯姫」の祭祀が、御体《ぎょたい》である「御装束」と社殿である「細殿《ほそどの》」の記述において立ち上げられていることは、応神天皇―八幡神同体説の展開として注意しなければならない。本章では、この宇佐宮における「大帯姫」祭祀の問題へ向けて論を進める。

『建立縁起』は宇佐宮における祭祀について記述しているが、それは宇佐宮の祭祀運営を担う三氏族、宇佐氏、大神《おおが》氏、辛嶋《からしま》氏のうち、後に見るように辛嶋氏の価値を述べることを中心として構成されている。

祭祀の担い手たちは、自らが神に近侍するという価値と根拠の証明を必須の課題とするのであり、彼らが作り出したテキストを理解するためには、彼らの祭祀職掌の営為において、その記述を読む必要がある。すなわち、『建立縁起』に認められる辛嶋氏の職掌の強調は、偏向や歪曲、捏造ではなく、実際的な祭祀に根差し要求された神話なのであり、またそのような神話の展開が、新たな八幡神の神格を作り出していくのだと見なければならない。『建立縁起』におけるそうした様相は、八幡神がどのような存在として記述されたのかを直接に問うこととともに、祭祀における御体や社殿がどのような意味を担うものとして記述されたのかを見据えることで、明らかになっていくだろう。

また、『建立縁起』は、第二部で論じる、大神氏の神吽の手によって十三世紀から十四世紀、鎌倉中後期にあらわされた『託宣集』との間に、鮮やかな対比を見せるものでもある。『建立縁起』は宇佐宮の「縁起」としては最古のものであると同時に、辛嶋氏の祭祀者としての価値を説いており、大神氏の神話的事績を強調する『託宣集』とは対照的である。『建立縁起』は、『託宣集』への歴史という意味では、十世紀から十一世紀、平安中期頃の宇佐宮祭祀の問題を示すテキストと見るべきであり、ことに宇佐宮における神話言説の展開を論じるという観点からは、中世へと至る前段階として重要な意義を持つものなのである。

第一節　『建立縁起』について——基本情報の確認——

『建立縁起』について、ここではもう少し詳しく概要を確認しておこう。

『建立縁起』は、承和十一年（八四四）の日付が記されているため『承和縁起』とも呼称される。現在伝わっているのは、石清水の僧奏清が延徳三年（一四九一）に書写し注釈を施したものである。

しかし、承和の日付には疑いがあり、この問題も含め、『建立縁起』に関しては平野博之による詳しい分析がある(2)。平野は、石清水八幡宮勧請の貞観元年（八五九）以前においては八幡宮に「宇佐」を冠する例がないことを筆頭に、年月日表記法の不統一、承和九年（八四二）崩御の嵯峨天皇諡号《しごう》の使用、「造営押領使《おうりようし》」および「造寺判物」の用語、承和五年（八三八）の弥勒寺の火災に触れないことの六項目を疑問として示し、最終的に、『建立縁起』は寛平元年（八八九）から寛弘六年（一〇〇六）年の間、寛弘六年に近いある時期に、辛嶋氏によって自氏の祠官としての重要性を主張するものとして作成されたのではないか、と結論する。

また平野は『建立縁起』全文に渡って『託宣集』との比較を行なっており、その相似部分（『託宣集』巻五、六、七、八、十二）は、同じ元テキスト（辛嶋氏に伝わる「託宣日記」）によったものと推定している。

『建立縁起』は、宇佐宮の「縁起」としては最古のものであり、これまでの八幡信仰研究でも古説を伝えるという視点から度々参照されてきた。本章では、平野の分析を踏まえ、祭祀・御体・社殿、そして八幡神の変貌という問題において考えることにより、前提的な古説というのとは異なる、八幡神と宇佐宮祭祀の展開をあらわすものとしての位置づけを示すことが目的の一つとなる。

『建立縁起』は、『続日本紀』における国家神話とは異なった焦点を持つ、平安時代中頃に作られた祭祀者たちの神話であり、「縁起」においてあらわれた八幡神祭祀の神話として捉えられなければならない。

さて、『建立縁起』の内容の概略は、次のようになる。冒頭に二種の八幡顕現伝承を載せる。「御許山《おもとやま》馬城嶺《きのみね》」にあらわれ大神比義《おおがのひぎ》が奉仕したとするものと、「辛国宇豆高島《からくにうずのたかしま》」に天降り、いくつかの巡行を経て「馬城嶺」にあらわれ辛嶋勝乙日《からしまかつのおとひ》が奉仕したとするものである。

先行研究では、奉仕者と伝承内容の違いから、前者は大神氏系伝承、後者は辛嶋氏系伝承としている。(3)また、辛嶋氏系伝承は「一曰」とされていて、注釈別伝の形を取る。

次いで、鷹居瀬社《たかいせのやしろ》から小山田社、菱形小椋山へと移坐したことを述べ、託宣を載せつつ弥勒寺の造営のことを含めての、宇佐宮に関する歴史叙述となっている。はじめは顕現の欽明天皇代から、末尾には天長十年（八三三）、そして本書が記されたという承和十一年に至る。

平野によれば『建立縁起』は「八幡大神、比咩神、大帯姫の三所神についての発顕、遷座、祠官供奉の次第という主題と、弥勒寺建立の縁起と、辛嶋氏を中心とする祠官仕用の次第の三つの主題を持ちながら、主題別に記述せず、多少の不自然さを無視して編年的に記述」するものである。そして、平野は次のようにも述べている。

辛島勝氏を祝祢宣《(ママ)》となす事書きを冒頭にかかげたり、「託宣日記」に基づいて記述した部分も、「託宣日記」そのままではなく、大神氏関係の祠官供奉に関する記述を故意に落し、辛島氏を中心として語っていたりする。この縁起の目的は、八幡宮と弥勒寺の建立の次第を素直に語ることではなかった。八幡神の入京、叙位という逸すべからざる記事や弥勒寺堂舎の焼亡を落しているのも、縁起全体の意図が辛島氏の祠官としての重要性の強調にあったためである。

本論は『建立縁起』が辛嶋氏による自氏の重要性を訴えるために作られたとする平野の議論を支持したい。なぜなら、それは『建立縁起』の記述を古説へと還元することよりも、歴史的状況の中で作られたということに光を当てるものだからである。

その上で、祭祀・御体・社殿の問題から、『建立縁起』の八幡神の様相を問うのが本章の課題である。『建立縁起』は、辛嶋氏の祭祀者としての根拠を記述している。では、辛嶋氏による言説は、何ものを、宇佐宮における八幡神の祭祀の肝要としていたのだろうか。

第二節　成長する八幡神——黄金・穢れ・移坐・大菩薩——

宇佐宮祭祀において「御体《ぎょたい》」あるいは「神宝」として重要な意義を持つとされる物品には「黄金」「御装束」「薦《こも》枕《まくら》」の三つがある。このうち、『建立縁起』には「黄金」「御装束」についての記述があり、「薦枕」については触れられていない。

そこで、本章では、『建立縁起』の記述にあらわれる「黄金」と「御装束」に関する問題について論じることになるが、本節ではまず「黄金」について取り上げたい。『建立縁起』において「黄金」が担った意味を、八幡神の変貌という視点から問うことが、本節の目的である。

（一）　盧遮那仏建立と黄金

まずは「黄金」についての記述を確認しておこう。

（聖武天皇）又同御宇、為㆕奉㆔造㆓東大寺盧遮那仏㆒、遣㆑使祈㆑神、即託宣曰、吾護㆓国家㆒是猶㆓楯戈㆒、倡㆓率神祇㆒共為㆓知識㆒云、又同料為㆔買㆓黄金㆒欲㆑遣㆓使於大唐㆒、於是遣㆓朝使於神宮㆒、祈㆓禱往還之平安㆒、即託宣曰、所レ求黄金将レ出二此土一、勿レ遣二使於大唐一云云、爰陸奥国献二黄金一、［一書曰、天平廿一年二月廿二日丁巳、陸奥守百済王敬福奏、黄金出二部内小田郡一、即進二九百両一云云、］即以二百二十両一奉二神宮一矣［号二黄金御体一、毎年正月弥勒寺修正之時、奉奉レ渡二于寺家一、令警蹕一、神官等供奉之、宛如二御行一矣、］

また聖武天皇の時、東大寺盧遮那仏を造り申し上げるために、使いを遣わして八幡神に祈らせた。すなわち託宣にいうのには、「私が国家を護ることは、楯戈のようである。神々を率いてともに知識となるだろう」と。また盧遮那仏造立の材料となる黄金を買うために大唐に使いを遣わそうとし、往還の安全を宇佐宮に祈願した。すなわち託宣にいうのには、「求めるところの黄金は日本国内に必ず産出する。大唐には使いを遣わさないように」と。この時、陸奥国が黄金を献上した。すなわち、その黄金のうちの百二十両を宇佐宮に奉献したのである。

これは、聖武天皇代の「東大寺盧遮那仏《るしやな》」建立を助けるという託宣と、黄金が「此土」に産出すると告げたことにより、その黄金のうちの百二十両が宇佐宮に奉献された、とする記事である。［ ］に括った割注の部分は書写を行なった奏清によるもので、そこには「黄金御体」という言葉が見えている。

国家事業である東大寺盧遮那仏建立のための「黄金」を導き出したとする記述は、『続日本紀』における護法・護国の神としての八幡神の性質を正面から引き継いでいる。記述内容から見れば、護国神としての性質は託宣の文言に「国家を護ること是れ猶楯戈《たてほこ》のごとし」としてとくに示されるところであり、宇佐宮に奉献されたという「黄金」は、八幡神のもう一方の側面、仏教を担う神としての性質を示している。

如来の身体的特徴を示す三十二相の一つに金色相があり、仏像建立の際には「黄金」を用いることで、これが表現される。しかし、さらに重要なことは、宇佐宮に奉献された「黄金」が、「盧遮那仏」の建立のためのものだったことである。盧遮那仏は毘盧遮那仏（東大寺盧遮那仏建立の基盤となった『華厳経』では「盧舎那仏」）のことで、サンスクリット Vairocana（ヴァイローチャナ）からの音写である。もとは、輝きわたるもの、輝く太陽に由来するもの、との意味を持ち、その身体は太陽のように輝くという。またその名は「光明遍照」とも訳される。奉献された「黄金」は、この「盧遮那仏」を色彩として実現するものであった。

『建立縁起』において、八幡神が宇佐宮に「黄金」を受領したことは、単に国家事業協力への見返りとして貴重な宝物を納めたということではなく、仏の身体をあらわす象徴的意味や、盧遮那仏建立に共鳴する仏教的性質を八幡神が受け取ったことを示しているのである。

つまり、ここでの「黄金」は、国家的仏教神としての八幡神を象徴しているが、それはただ護法・護国の神というだけではなく、より積極的に仏法を体現する存在となる伏線ともいうべき意味をも持っている。

このような「黄金」に象徴される八幡神の国家的仏教神としての性質は、『建立縁起』の記述ではさらに展開し、それはまさしく八幡神の成長というにふさわしい神話としてあらわれることになる。

（二）　穢による移坐と還幸

さて、『続日本紀』における性質を引き継いだと見える『建立縁起』の八幡神は、その名称尊称の問題を核心としつつ、祭祀の場に根差した神話において、重要な性質、神格を獲得することが示されている。まずはその記述を見てみよう。

（a）（天平勝宝）同七年、以㆓禰宜大神朝臣杜売㆒授㆓従四位下㆒、而天皇朝庭被㆓責命㆒、奉仕之間、大御神託宣曰、汝等穢有㆑過、神吾自㆑今不㆑帰、文、則退給、従㆓大虚㆒渡㆓大海㆒移㆓坐伊予国宇和嶺㆒、［私云、天平神護元年壬十月八日、被㆑示㆓大弐臣従三位石川朝臣豊成㆒御託宣曰、吾昔自㆓伊予国宇和郡㆒往還之時、豊後国々崎郡安岐郷奈多浜之辺、海中有㆓大石㆒、渡㆓着安気㆒、乃至㆓次田布江㆒、次鷹居、次那瀬、次大禰河、次酒井、次乙咩、次馬城嶺、次安心院、吾撰㆓勝地㆒住㆓宇佐郡内㆒、近所々四箇年一度臨見云云、此霊託若此時事歟、猶可㆑尋㆑之、以㆓今案㆒加㆑之、］

（b）次以㆓辛嶋勝久須売㆒、天平勝宝七年、補㆓禰宜㆒、爰雖㆑経㆓数年㆒、無㆓託宣㆒、仍天平宝字七年、解㆓却之㆒、以㆓其子志奈布女㆒補㆑之、大御神託㆓志奈布女㆒宣、今吾所屋之宮者穢者等踏遠之縦横、既為㆓故墟㆒、非㆓我所㆒㆑安、願移㆓浄処㆒守㆓護朝庭㆒、其地者随㆓我占㆒者云云、［私云、此穢気事不㆑知㆓来歴㆒、可㆑尋㆑之、］

（c）廃帝天皇天平宝字七年、大御神託㆓禰宜辛嶋勝与曾女㆒、［宝亀七年七月廿五日、以㆓官符㆒補㆑之、］宣、神吾誓願別堂奉㆔造並㆓観世音菩薩像一体四天王像各一体㆒云云、因㆑玆禰宜与曾女・祝龍麿等弥勒寺金堂東方造㆓堂二宇㆒号㆓妙法堂㆒、奉㆔造立安㆓置観世音像一体㆒、［与曾女等私以建立也、］但四王像者、未㆓建立㆒之云云、

（d）以㆓称徳天皇天平神護元年三月廿三日㆒、下㆓官符㆒、切㆓撥菱形宮之東大尾山㆒、以㆓宇佐公池守㆒差㆓造宮之押領使㆒、奉㆑造㆓大御神宮㆒、以㆓同御宇神護元年月日㆒奉㆑移㆓大御神㆒、即以㆓辛嶋勝志奈布女㆒為㆓禰宜㆒、以㆓同龍麿㆒為㆑祝、

（e）同三年三月七日太政官符偁、大御神託㆓与曾女㆒宣、大隅国海中造㆑嶋、願為㆓行幸㆒云云、因㆑玆以㆓去四月四日㆒奉㆓船幷幣帛㆒、又宣船亦一艘不㆑足、小船二艘可㆑有、文、云云、爾時彼海中造㆑嶋、号㆓麑子嶋㆒、［私曰、

和気清麿言上朱墨託宣曰、海中作レ嶋之故示二神祇威勢一、導二无道衆生一、及自二他国一可三発来之賊為二反鎮一也云云、即此島事乎、〕

（f）光仁天皇宝亀十年、鋳二弥勒寺之鐘一、〔高七尺、〕又宣、以二押領使宇佐公池守一、願為二我宮司一云云、仍擬二任宮司一、〔或記云、宝亀四年八月七日、以二大宰府符一、池守任二少宮司一云云、〕

（g）抑依二官符一、十五歳之間奉レ仕二大尾社一、爰大御神託二禰宜与曾女一宣、吾前坐菱形宮、神名始顕、位封転高也、是以願住二此旧宮処一、着二身冑鎧一、守二護朝庭及国家一者云云、自二光仁天皇宝亀十一年一至二天応元年一二箇年之間、改造二菱形宮一、以二翌年桓武天皇延暦元年一、奉レ成三還二幸小椋山宮一、

（h）同二年五月四日託宣曰、吾無量劫中化二生三界一、修二善方便一、導二済衆生一、吾是大自在王菩薩、宜下今加レ号曰中護国霊験威力神通大自在王菩薩上、者如レ此之霊験不レ可二勝計一、前名二広幡八幡大御神一、今号二護国霊験威力神通大自在王菩薩一也、今坐宮号二菱形小椋山一也、比咩大御神前住二〔住字、不レ得二其意一、若名歟、垂迹以前之御名云レ然歟、〕国加都玉依比咩命一也、〔海神豊玉彦大女神日本磐余彦尊母、加都者勝之義歟、〕又住二〔此二字、不レ得二其意一、今曰若是歟、〕都麻垣比咩大御神一也、〔都麻者妻之義也、妻垣者八箇之社其一也、号二其所一云二安心一、号レ社云二妻垣一云云、〕本坐二宇佐郡安心別倉東方岳一也、〔私曰、本坐者対二今坐菱形小椋山宮一之詞也、〕大帯姫者気長足姫尊〔足仲彦天皇妃、誉田天皇御母也、〕御霊也、

長い引用となったが、これは「大神《おおが》朝臣杜女《もりめ》」が禰宜であった時、八幡神が神官の「穢」を嫌って「菱形小椋《おぐら》山」から「伊予国宇和嶺」へ移り去ったとの託宣からはじまり、「菱形小椋山」に「還幸」して「護国霊験威力神通大自在王菩薩」の名を明かす託宣までの一連の記事となっている。主要な出来事を辿ってみよう。

（a）　天平勝宝七年「大神朝臣杜女」が禰宜であった時、八幡神が神官の「穢」を嫌って「菱形小椋山」から「伊予国宇和嶺」へ移り去ったと託宣した。

（b）「辛嶋勝《からしまかつ》　久須売《のくすめ》」を禰宜としたが、数年を経ても託宣が無く、天平宝字七年に久須売の任を解いてその子である「志奈布女《しなふめ》」を禰宜とした。すると八幡神は志奈布女に託き、次のように宣した。

「今いる宮とする所は、穢れた者たちに踏まれた場所からは遠く離れているが、荒廃して「故墟」となっており、私が安んずることのできる所ではない。願わくは「浄処」に移って朝廷を守護したい。その場所は私の「占」に随うように」。

（c）　さらに同年、八幡神は「辛嶋勝与曾女《よそめ》」に託き、「別堂」を造って観世音菩薩像と四天王像をそれぞれ一体並べることを「誓願」として示した。これによって弥勒寺東方に堂を建てて妙法堂と名づけ、観世音菩薩を安置したが、四天王像は建立しないままであった。

（d）～（g）　天平神護元年には、「菱形宮」の東の「大尾山」を切り開いて宮を建て、八幡神はここに移る。「大尾山社」に移って十五年、八幡神は禰宜の与曾女に託いて、神の名を初めて顕示し、また「位封」を高く受けた「菱形宮」に戻り、「冑鎧」を身に着けて朝廷と国家を守護する、と宣した。これによって宝亀十一年から天応元年までの二年間で「菱形宮」を改め造り、翌延暦元年に八幡神は「菱形小椋山」に「還幸」する。

（h）　そして同二年、八幡神は次のような託宣を示した。

「私は無量劫の中で三界にあらわれ、善の方便を修めて衆生を導き救ってきた。私は「大自在王菩薩」である。今、号を加えて「護国霊験威力神通大自在王菩薩」と呼ぶがよい」。

そして、続けて「このような霊験は計り知れるものではない。先には「広幡八幡大御神」と名づけ、今は「護国霊験威力神通大自在王菩薩」と名づける。今坐す宮は菱形小椋山という。「比《ひ》咩《め》大御《おおみ》神《かみ》」は先には「国加都《くにかつ》玉依比《たまよりのひ》咩命《めのみこと》」と名づけ、今は「都麻《つま》垣《がきのひ》比《め》大御《おおみ》神《かみ》」と名づける。本は宇佐郡安心別倉東方高岳に坐す。「大帯《おおたらし》姫《ひめ》」は「気長足《おきながたらし》姫《ひめ》尊《のみこと》」の御霊である」と記す。

以上、八幡神が菱形小椋山の社を離れ、再び鎮座するということの記述は、一体どのような意味を持っているのか、祭祀と変貌という視点から考えてみたい。

(三)　八幡大菩薩の神話

まずは、八幡神が「八幡大菩薩」になった、ということについて。

この一連の記述は、八幡神が「大菩薩」としての名をあらわすまでの歴史叙述であり、神話であるといってよい。『建立縁起』では、いくつかの例外はあるものの、ここに見た加号記事以前には、ほぼ一貫して八幡神は「大御神」と記述され、以後は「大菩薩」と記述されている。

つまり、『建立縁起』の歴史叙述として、八幡神は「大御神」から「大菩薩」へと変貌したのである。その変貌は、「大菩薩」となる以前には示されていなかった衆生の救済者としての性質が八幡神に加えられた、ということであり、また三界《さんがい》化《け》生《しょう》の「大自在王菩薩」を主体として見れば、八幡神の鎮護国家の性質が加えられた、ということでもある。

「護国霊験威力神通大自在王菩薩」——「八幡大菩薩」の出現は、『建立縁起』の記述では「八幡大御神」の変貌であると同時に「大自在王菩薩」の変貌でもあった。記述の文脈に従えば、「加号」は「大自在王菩薩」へ「護国霊験威力神通」を加えることを指しており、「八幡大御神」への加号ではなかった。

すなわち、これまで知られていなかった「無量劫」の救済者である「大自在王菩薩」としての八幡神の姿が、ここで初めてあらわれ、そのように明かされた上で、その名に「護国霊験威力神通」の号が加えられた、ということになるだろう。

ところで、この「穢」による八幡神の移坐からの記述には、途中「大隅国海中」に「麑《か》子嶋《ごのしま》（鹿児島）」を造ったということも記されており、いわば国土の造成という神威をもあらわしている。そのような神威の発現を経て示される「大菩薩」への変貌は、『建立縁起』の八幡神にとって、神話的な救済者への成長の段階でもあった。

そもそも、移坐と還幸の発端となる八幡神の「汝等穢らはしくして過ち有り」という託宣は、「大神朝臣杜売《もりめ》」が禰宜職にあった時のこととされている。

これは『続日本紀』天平勝宝六年十一月記事に見える厭魅《えんみ》事件を背景とするものであろう。『続日本紀』では、薬師寺の僧行信と八幡宮の大神多麻呂《たまろ》らは「厭魅」を行なった罪によって遠流に処されており、「大神朝臣杜女」も多麻呂と並んで除名と配流の処置を受けている[4]。しかし、八幡神に関しての「穢」による移坐の記述はそこにはなく、また当時これが現実に認識されたかどうかは不明である。

ただし、問題は「穢」と移坐の事実や認識が当時実際にあったかどうか、ということではなく、その出来事が『建立縁起』に独自な文脈として書かれた、ということである。

すなわち、これは『続日本紀』の記述か、もしくはそのように記述された出来事についての記憶が、『建立縁起』において八幡神の移坐の原因となる「穢」として、すなわち八幡神と宇佐宮にとっての危機的状況をもたらしたものとして読み替えられたのだと考えなければならない。

祭祀者らの「穢」は、八幡神がこれを嫌って他所へ去るというネガティブな表象である。しかし、『建立縁起』

の記述の文脈を見た場合には、移坐の端緒となる「穢」の生じたことが、逆に「大菩薩」への変貌を導いたということにもなる。それは、本来の鎮まる場を離れ、後に廃墟の宮から還幸するという一種の死と再生というイニシエーションの契機として、神話的思考によって位置づけられ、成長する八幡神の神話、「八幡大菩薩」出現の起源として記述されたのである。

また、このような神格の拡張、八幡神の成長は、それが祭祀者らの「穢」に端を発するという意味で、祭祀の場こそが主要な問題となっていることがうかがえる。その祭祀の場とは、祭祀者の行ないが神との交感の緊張に包まれた場であると同時に、具体的な祭祀社殿の空間でもあった。

そして、弥勒寺東方に建立された妙法堂は、あらためて八幡神が仏法を守護し、同時に必要ともすることを示しており、弥勒寺の鐘が鋳造されたことも同様であろう。「穢」によって八幡神が去った菱形小椋山は、その還幸までの間に、「大菩薩」としての八幡神の祭祀の場としてふさわしい形に、具体的に造り変えられたのである。

ただ、八幡神が造立を求めたもののうち、四天王像に関しては、この一連の出来事の間には造られることはなく、『建立縁起』最末尾に、天長十一年の「国符」と天平宝字七年の託宣によって五大菩薩等の像とともに造ったとする記述がある。

すなわち、『建立縁起』の記述の行き着くところの一つは、宇佐宮と弥勒寺、またその周辺を含めた祭祀の場が、八幡神の神意、託宣に基づくものとして成り来たったこと、その歴史を証し立てる神話なのである。

このように見た場合、さきに触れておいた『建立縁起』における「黄金」は、それ自体の意味とは別に、八幡神の「大菩薩」への変貌にとって、その成長過程の一つの段階を示していると考えられる。

「黄金」奉献の記述が意味するのは、国家的な仏法守護の神としての在り方である。しかし同時に、仏―盧遮那仏の身体そのものでもある「黄金」を宇佐宮内に納めることは、八幡神が「八幡大菩薩」として、仏法そのものを担い衆生を救済する存在としてあらわれるための要件であった。『建立縁起』は、このような八幡神の神格の実現を可能とする祭祀の場として、宇佐宮の祭祀空間の形成を語るものだったのである。

ところで、こうした『建立縁起』の神話について、宇佐宮八幡神の祭祀の一翼を担う辛嶋《からしま》氏の立場から見た場合には、次のような記述が注目される。記事中（b）によれば、禰宜職として大神朝臣杜売の後を受けたと思われる辛嶋勝久須売は、八幡神の託宣を得られなかったがために、その子である志奈布女に職を譲ることになる。すなわち、託宣を得ること、神と交感することができなければ、辛嶋氏の禰宜たちは自らの地位を保持することができないのである。次節では、この点について深めていこう。

第三節　辛嶋氏と託宣——隼人征討と放生会——

前節で論じたように、『建立縁起』は、八幡神の成長と結び合った宇佐宮と弥勒寺の歴史叙述である。では、その時、『建立縁起』の言説を担った辛嶋氏は、八幡神との関係においてどのような姿を示しているのだろうか。

さきに触れたように、辛嶋氏の職掌の中心的意義は、その成否が職の資格に直結する、託宣を得るということにあったと考えられるが、また同時に、八幡神が仏法の神であるという点からも考えられなければならない。

そして、辛嶋氏の職掌と八幡神の神格の関係に着目する時、放生会《ほうじようえ》とその起源を示す隼人征討の問題が重要となる。八幡神の「大菩薩」への変貌は、すでに確認したように、仏教的成長というべきものであったが、隼人征討と放生会は、八幡神が仏法との関係を構築する一つの段階となっているのである。

（一）　隼人征討

『建立縁起』の隼人征討と放生会についての記事は次のようにある。

元正天皇、養老四年、大隅・日向両国有二征罰事一、大御神託二波豆米一宣、隼人等多殺報、毎レ年放生会可レ修レ之、
云云、

元正天皇の時の養老四年、大隅・日向の両国に反乱征討のことがあった。この時、八幡神が「波豆米《はつめ》」に託いて宣するのには、「反乱した隼人を多く殺した報いとして、年毎に放生会を行なうように」と。

養老四年、大隅・日向両国に征罰の事があって、「大御神」が「波豆米」に託き、隼人等を多く殺した報いとして毎年放生会を行なうべし、と宣したという。「大御神」は八幡神であり、「波豆米」は「禰宜辛嶋勝波豆米」で辛嶋氏の禰宜である。つまり、この記述は放生会の起源を辛嶋氏に引き寄せて述べるもの、ということになる。短い一文ながら、宇佐宮の重要な祭祀儀礼の一つである放生会にかかわって、辛嶋氏による自氏の働きを強調する記述となっている。しかし、問題はそれだけに留まらない。

辛嶋氏の職掌、祭祀と託宣、という観点から、ここには相互に連関する二つの問題がある。それは、八幡神の神威の現出である隼人征討と放生会の意義、そして「託宣」と辛嶋氏の関係である。本節では以下、この問題に向かって議論を進めたい。

隼人征討と放生会について、辛嶋氏の立場を一旦考慮から外せば、『建立縁起』の記述は、隼人に対する殺生の報いとして放生会を行なう、ということを示している。つまり放生会がなぜ行なわれるのか、という起源は隼人征討にある。このことは八幡信仰史上に大きな意味を持っており、多数のテキストにその関係性を確認することができる。

たとえば、桜井好朗は、『三宝絵詞《さんぼうえことば》』『建立縁起』『扶桑略記』『源頼信告文《よりのぶこうもん》』、さらに『放生会縁起』『八幡大菩薩御因位縁起』『託宣集』などのテキストを「八幡縁起」の展開という視点から比較検討している。[5]

桜井は、「八幡縁起」の記述と、記述に示される八幡という神の在り方が、古代的な鎮護国家の神から中世的な衆生救済の神へと傾斜していくとし、そこに「精神史的な地すべり」の兆候を読み取っている。また、放生会に隼人征討が結びつけられ続けるという関係から、「放生会のなかに現ずる神」は、死や混乱をもたらす荒ぶる神であり、それが仏教における救済の力を発揮するようになるのは、その荒ぶる神が秩序をもたらす神へと変容する転換をあかしているのだともしている。従うべき見解であろう。また、こうした見解は、本論が第二部で扱う『託宣集』を含めた分析となっており、第二部第七章では、この桜井の議論をさらに詳しく見ることになる。

さて、八幡神の神威が現出する神話の歴史的展開、という意味で、隼人征討と放生会は大きな意味が投げ掛けられた事象であり、八幡神の性質の重要な一面を見ることができる。

そこでの八幡神は、社に鎮まった静態としてではなく、隼人征討という戦いに出陣する動態を示しており、それは基本的に荒ぶる力の発現を顕示し続けるのである。その力の確認こそが、放生会を行なうことの神話的な意味であった。しかし、桜井の論じるように、放生による滅罪という仏教的意義からは、もう一歩を進めば、衆生救済という利生的性質が強調されるようになる。

このことは、『建立縁起』の記述においては、「黄金」に象徴される国家的護法神や、衆生救済を担う「護国霊験威力神通大自在王菩薩」としての八幡神の出現を胚胎した、「荒ぶる神」の力の発現という意義を持つものであったと理解できる。

桜井は縁起の記述から、神の出現、およびその性質の転換という普遍性のある問題を論じ、また古代から中世への歴史の展開の中であらわれる、神と神話の変貌を巨視的に捉える議論を構成している。本論は、ここではその視点を引き継ぎつつ、『建立縁起』のもう少し微細な問題点について議論を進めたい。

それは『建立縁起』における辛嶋氏の祠官としての在り様、辛嶋氏が職掌として強調するものが何であるのか、ということである。

（二）　辛嶋勝波豆米の事績

『建立縁起』では、放生会が隼人征討に由来すること、そして放生会の開始に、波豆米が託宣を受けるという形で関与したことが語られていた。『建立縁起』が示す放生会の起源神話である。『建立縁起』だけを見れば、その記述にはとくに不審はないように思われるが、しかし辛嶋氏の職掌を保証する事績、ということに着目するならば、無視できない神話の書き換えが行なわれていることが明らかとなる。

さきにも述べたように、隼人征討を放生会の起源として記述するテキストは多数存在するが、そのうち辛嶋氏の関与を語るものとして、『建立縁起』のほか、『三宝絵詞』(6)『扶桑略記』(7)『広幡八幡大神大託宣幷公家定記』(8)『宮寺縁事抄』巻十、(9)『放生会縁起』（『宮寺縁事抄』巻十三）(10)等、そして『託宣集』を挙げることができる。

これらのほとんどは、「辛嶋勝波豆米」（『扶桑略記』のみ「代豆米」とする）が隼人征討に同行して八幡神の行幸を導いたとしており、一方で放生会を行なうべしとの託宣を受けた人物は誰とも記されていない。例外は『広幡八幡大神大詫宣并公家定記』と『宮寺縁事抄』巻十で、隼人征討に同行したこと、放生会を行なうべしとの託宣を受けたことの両方に「波豆米」の名が記されている。

すなわち、『建立縁起』以外のテキストでは、「波豆米」は必ず隼人征討に結びつけられている、という状況が、これらに確認できるのである。

とくに同じ「託宣日記」を参照したとされる点で、『建立縁起』との関係が深いといえる『三宝絵詞』と『託宣集』では、「波豆米」が隼人征討にのみ登場し、一方で放生会の託宣にはその名が記されない。このことは『建立縁起』の特徴を考える上で見逃せない。

このような記述の例として、ここでは『三宝絵詞』『扶桑略記』『宮寺縁事抄』巻十を確認してみよう。『託宣集』の記述については、大神氏と「薦枕」にかかわるものとして、第二部第七章で取り上げることになる。

『三宝絵詞』

又辛島ノ勝氏ガタテマツレル日記ニ云、

八幡三所、始ニハ広幡八幡大明神ト申キ。今ハ護国霊験威力神通大自在王菩薩ト申。養老四年ニ、大隅、日向ノ両国ニ軍兵アリ。祈申ニヨリテ、大神公家ノ軍ト共ニアヒ向テ戦シ給シカバ、禰宜辛島勝波豆米ツカマツル。ソノアヒタヲウチタヒラゲテカヘリ給ヌ。

爰ニ託宣アリテノ給ハク、

兵人等オホクコロシツ。其罪ヲウシナハムガタメニ放生会ヲ毎年ニ行フベシ。

コレニヨリテ、諸国ニイハ、レ給ヘル所々ハ、カナラズ海辺、川畔也、ミナ放生会ヲオコナフ。

『扶桑略記』

（養老四年九月）大隅、日向両国乱逆、公家祈請於宇佐宮、其禰宜辛嶋勝代豆米相率神軍、行征彼国、打平其敵、大神託宣曰、合戦之間、多致殺生、宜修放生者、諸国放生会始自此時矣

大隅・日向両国が反乱し、朝廷が宇佐宮に祈り請う。その禰宜「辛嶋勝代豆米」が「神軍」を率い、反乱の起こった両国へ進んで、敵を討ち平らげた。そして八幡神が託宣していうのには、「合戦の間、多くの殺生をした。ゆえに放生を行なうように」と。諸国に行なわれる放生会はこの時から始まったのである。

『宮寺縁事抄』巻十

以養老四年、大隅・日向両国間荒隔向掲牟隼□□□□豊前国守正六位□□□□□将軍、大御神達奉請、禰宜辛嶋勝波豆米、大御神之御杖令持御前立行幸、彼大隅・日向両国之奴良・桑原・神野・牛尿・志加牟、此五処之城々隼人等伐殺、但曾於之石城・比売城、是処之隼人等殺、曾於志者急難殺、此今須限三年、守殺謀給、爾時大御神請波豆米宣、神我相助此門荒拒奴等令伐殺宣、爾時将軍等請神之教命、其二城隼人殺畢也、亦大御神託波豆米宣、吾此隼人等多殺却報、年別二度放生会奉仕宣、即依教命、自其時于今放生会奉仕云々、

養老四年の時、大隅・日向両国に反乱が起こった。これを征討するべく将軍が八幡神に祈願し、禰宜「辛嶋

勝波豆米」が八幡神の「御杖」を持ち御前に立って行幸し、大隅・日向両国の「奴良」「桑原」「神野」「牛尿」「志加牟」五か所の城で隼人等を討ち殺した。ただし「曾於之石城」「比売城」の隼人等は殺しがたくあったので、三年を年限として謀によって殺そうとした。その時、八幡神に請うと「波豆米」に託宣があっていうのには「神である私が助力してこの城門を閉ざして荒び拒む輩を討ち殺させる」と。そして将軍は八幡神の教えに従い、その二つの城の隼人等を殺し終わった。また八幡神が「波豆米」に託いて宣するのには「私がこの隼人等を多く殺した報いとして、年毎に二度の放生会を奉仕するように」と。すなわち、この八幡神の教えにより、その時から今に至るまで、放生会を奉仕するようになった。

『三宝絵詞』は源為憲《ためのり》が撰述した仏教説話集とされており、成立は永観二年（九八四）。本来は絵が伴っていたが、現在は詞書のみが伝わる。『扶桑略記』は比叡山の僧皇円《こうえん》によって編纂されたとされる史書で、成立は寛治八年（一〇九四）以降、堀川天皇代（嘉承二年〈一一〇七〉まで）と推定されている。『宮寺縁事抄』は石清水宮の社僧田中宗清によって鎌倉時代初期、建保年間頃（一二一三～一二一八）に成立したとされる。当時の石清水宮の古文書、古記録を分類し編纂したものであり、収載された記事は、その成立以前には存在したということになる。

『三宝絵詞』では、辛嶋氏が奉った「古記」（「託宣日記」と推定される）によるという記述を載せている。そこには八幡神が公家の軍とともに戦に赴き、「辛嶋勝波豆米」がこれに「つかまつる」としている。そして敵を討って帰還した時に、隼人等を多く殺した罪を滅するために放生会を毎年行なうべし、という八幡神の託宣があったという。次いで、この託宣によって諸国に放生会が行なわれるようになったとしている。その託宣は誰が受けたものか、記されていない。

『扶桑略記』では、「辛嶋勝代豆米」が「神軍を相率」いて、つまり八幡神を中心とする「軍」を率いて「大隅、日向両国」の乱逆を討ち平らげたとしている。続く「託宣」には、「合戦」の間に「多く殺生を致」すということがあって、「放生」をせよとしており、記事は、この時から諸国の「放生会」が始められたのだと結ばれている。やはり放生会の託宣を受けた人物は記されていない。

『宮寺縁事抄』巻十には、隼人征討に際して、「辛嶋勝波豆米」が「大御神」の「御杖」を持ち「御前」に立って「行幸」が行なわれたとしている。次いで各地での「隼人等伐殺」のことが述べられ、「曾於之《そおの》石城《いわき》」と「比売城《ひめき》」の隼人はただちには殺し難くあったので、八幡神に請い、「神我相助此門荒拒奴等令伐殺」との託宣が「波豆米」にあって、最終的に隼人征討が終わったとする。また「波豆米」に隼人を多く殺したことの報いとして、年に二度の放生会を奉仕せよ、と託宣があり、この八幡神の「教命」によって、その時から今に至るまで放生会を行なうのである、と一連の記述を締め括っている。この記事ではとくに、隼人征討に同行したという波豆米の在り方は辛嶋氏の華々しい事績を示すものといってよいだろう。

『建立縁起』は平野によって寛弘六年（一〇〇六）以前の、これに近い頃の成立ではないかとされている。この見解に従えば、テキストの成立の先後関係を想定することもできなくはないが、やはり相互の成立関係については決しがたい。

桜井は、『三宝絵詞』『建立縁起』と『東大寺要録』所収の弘仁十二年官符（これは実質的には大神清麻呂の解状で、八幡神の顕現と宇佐宮の起源を語っている。『三宝絵詞』には、同様の内容の記述が「弘仁十四年」の官符として載せられている）の三者について、「同一史料にそれぞれ直接依拠して成立したとも考えにくい」とし、続けて「といっても、三者がまったく別の伝承を書きとめたというわけではなく、共通するところも多いのであるから、宇佐の内部での伝承に混乱と差異があり、それを調整し一本化しないままに、三者がすこしずつずれた伝承をそれぞれ書きとめたと見ておくのが妥当であろう」との見解を示している[11]。

この桜井の見解は、確かに妥当だろう。その上で桜井は、それぞれに固有の八幡縁起の記述の差異を分析し、隼人征討と放生会の関係における八幡神出現の意義とその展開を問うている。

今本論は、桜井が挙げるうちの『三宝絵詞』『建立縁起』を議論の対象として共有しているが、それらの位置づけと分析の方向性を受け取り、本章の課題である『建立縁起』における独自の意義を分析することにしたい。

このような見方からまず問題となるは、他のテキストにはすべて認められる隼人征討への波豆米への関与が、『建立縁起』には認められない、ということである。『建立縁起』における波豆米の事績の記述の在り方、「託宣日記」から書き換えられたとも思われるその記述がいかなる意味を持っているのかが、考えられなければならない。

（三）　放生会と託宣

『建立縁起』では、隼人征討と放生会の関係を述べる際、波豆米の事績として、もとの「託宣日記」にあっただろうとも思われる隼人征討については記述されず、放生会を行なうべしとの託宣を得たことが示されている。託宣を受けるということについて、隼人征討と放生会を入れ替えたような形になっているのである。

辛嶋氏の事績として考えれば、隼人征討に奉仕したことは、八幡神の神威の発現を支えたものとして強く主張されてもおかしくはない。というより、常識的に考えれば、そのように主張されていてしかるべきであろう。

にもかかわらず、『建立縁起』において、波豆米が隼人征討に同行したことは記されず、放生会の託宣を得たことのみが記されているのは、そこに積極的な選択、隼人征討よりも放生会に価値を置いたということを想定するほかはない。

この表裏をなす問題は、『建立縁起』の記述を八幡神の在り方と、それを支え導く祭祀という観点から読み解かれなければならない。そしてその鍵は、やはり「託宣」にある。

前節ですでに触れたように、『建立縁起』における辛嶋氏の職掌の中心は、八幡神の託宣を得ることにあり、また同時に、託宣の問題は、八幡神の仏教的性質、「大菩薩」への変貌を導き出す神話の文脈において、神との交感とその成否が主題となるという、祭祀者としての実践行為の様相を見せるものであった。このことを踏まえるならば、今問題とする放生会の託宣についても同様に、とくに神の新たな姿を導く実践として考えるべきだろう。

放生会は、「大菩薩」へと変貌する八幡神が、その成長途上の段階において、隼人を多く殺したことへの報いとしてはじめられた。すなわちこれは、国家を守護する神から、仏法の殺生罪業という観念を背負う神へ、さらに殺生の罪業を消除し功徳を積む神へ、という展開の過程を示している。

言い換えれば、隼人征討は殺生罪業の発生の場であり、放生会は罪業消除と功徳の場である。ゆえに、罪業消除と功徳を示す放生会の起源の託宣を得たことは、殺生の行為そのものである隼人征討を導いたことよりも重く価値づけられている、ということになる。それは当然、「大菩薩」へと成長する八幡神への祭祀を担う実践者の立場から、である。

そして、隼人征討と放生会の関係の中で、隼人征討における事績は記さず放生会の「託宣」を得たと記すことが辛嶋氏による祭祀の営為を映し出すものだとすると、次のようなことについても同時に捉えられなければならない。

『建立縁起』が、本文のはじまる前に「定㆓大神朝臣・宇佐公両氏㆒任㆓大少宮司㆒以㆓辛嶋勝氏㆒為㆓祝禰宜㆒」、大神氏と宇佐氏を大少の宮司とし、辛嶋氏を祝禰宜とする、という一文を掲げること。

　また延暦九年の「符」によるとして「以二大神朝臣種麻呂一任二大宮司一、以二雄黒麻呂一補レ祝、然則大神朝臣田麿之時、始奉レ顕二神徳一、置二祝・神主一、補二大少宮司一、是以田麿族為二祝・神主・大宮司一、以二宇佐公池守之胤一、為二少宮司一、以二辛嶋勝乙日氏一為二禰宜・祝一」と記し「是祖考之労所レ致之恩也」として、禰宜が辛嶋氏に独占されるべきと述べること。

　以上から、『建立縁起』は、辛嶋氏の職掌について一貫した主張をなしていると見ることができる。「祖考の労の致す所の恩」として名指された「辛嶋勝乙日《おとひ》」は、辛嶋氏系の八幡神顕現伝承ではじめて「託宣」を得た人物であり、『建立縁起』は、その総体として、辛嶋氏が「託宣」を得る「禰宜」としてあることを保証する神話言説なのである。

　このように見るならば、さらに、冒頭に記された二種の顕現神話における「託宣」のあらわれ方にも、辛嶋氏の「託宣」を得るという職掌の起源が示されていることが理解される。

　八幡神の顕現を語る二種の伝承のうち、「託宣」が明示されているのは辛嶋氏系の伝承のみであり、大神氏系の伝承には「託宣」はあらわれていないのである。そこには、職掌において大神氏との差別化を図り対抗する辛嶋氏、という祭祀氏族間の競合の状況が認められる。

　加えて、八幡神が「大菩薩」へと変貌する端緒において「汝等穢らはしくして過ち有り」との託宣を示した時、大神氏の杜売《もりめ》が禰宜であったことも想起すべきであろう。大神氏の杜売が禰宜にあった時に、その祭祀を拒否する託宣が示されたとの記述は、八幡神の祭祀において大神氏ではなく辛嶋氏こそが「託宣」を受ける禰宜を務めるべきなのだという意識のあらわれなのである。

　これらの問題から、「託宣」が『建立縁起』における辛嶋氏の職掌として非常に重要な意味を持っていることが、はっきりと理解できるだろう。

さらにいえば、そもそも『建立縁起』の歴史叙述自体が、八幡神の託宣によってこそ成り立っているものであり、辛嶋氏がこのような『建立縁起』というテキストを成り立たせることが可能であったのは、まさに辛嶋氏自身が「託宣」を受け担う実践者であった、少なくとも彼らにその自負があったがゆえだと考えられる。

放生会の託宣は、八幡神の「大菩薩」への変貌という仏教的成長と、辛嶋氏の祭祀氏族としての職掌の問題が結ばれた象徴的記述であったのだ。

前章で論じたように、『続日本紀』における「託宣」は、『古事記』『日本書紀』とは異なる新たな国家神話の中で、仏法を守護する神祇の代表としての八幡神の言葉をあらわすものだった。「託宣」の歴史的なはじまりの意味は、八幡神と神祇と国家と仏教とが重なり合うところに生じたということにあったといってよい。それはまた、『建立縁起』においても引き続き基本的に認められるものである。

しかし、『建立縁起』では、「託宣」は、まさに祭祀における実践者、とくに辛嶋氏の祭祀者と神との緊張関係、およびその職掌を示すものとしてこそあらわれているのであり、『続日本紀』におけるものとは異なる位相と展開を見せるものとなっている。

『建立縁起』の固有性の問題として考えた場合、「託宣」は、なによりも八幡神と辛嶋氏の関係が結ばれる祭祀の場と職掌においてこそ意味を持つものだったのだと理解しなければならない。

第四節　大帯姫の祭祀――女性祭祀者の神として――

前節まで『建立縁起』の八幡神とその祭祀者としての辛嶋《からしま》氏の問題を論じてきた。『建立縁起』における八幡神は、鎮護国家の神でありつつも「大菩薩」という仏教的救済者へと成長し、その神話を担った辛嶋氏は、八幡神の「託宣」を得て宇佐宮の祭祀を支える実践者としてあったというのが、これまでの議論である。

この問題を『建立縁起』の歴史叙述として見れば、その記述は宇佐宮という場について、「大菩薩」となった八幡神の祭祀にふさわしい空間として構成することに向かう。これを明示することが、『建立縁起』の一つの課題であったのだろう。

しかし、祭祀の空間、そして御体《ぎょたい》と社殿ということに目を向ければ、辛嶋氏にとってさらに重要であろう問題を見ることができる。それは『建立縁起』の記述において、大帯姫《おおたらしひめ》に関する「御装束」と「細殿《ほそどの》」としてあらわれてくる。

（一）　大帯姫の御装束と細殿

「御装束」と「細殿」に関して、『建立縁起』には次のような記事がある。

嵯峨天皇弘仁十一年十月八日符偁、大菩薩幷比咩神御装束、限二四箇年一改換之、大帯姫御装束雖二承前漏一不レ可レ不レ行、府今且行レ之、同十四年四月十四日符偁、所二新造一八幡大菩薩宮大帯姫細殿一宇、「私云、有記云、大帯姫御殿以二弘仁十四年一始而建立云々、然而十一年御装束事有レ之、然者十四年始非二垂迹一歟、尚進可レ考レ之、」件細殿修理須下准二大菩薩幷比咩大御神細殿一言上同造作上之、而漏二先度帳一不二言上一、仍更支度申送如レ件、国宜二承知一、者今惣為二三所一供奉如レ件云云、

嵯峨天皇の時の弘仁十一年十月八日の「符」にいう。大菩薩ならびに比咩神の御装束は四年を限りに改め換える。大帯姫の御装束はこの式年の造り替えに漏れているが、これを行なわないということはあり得ない。「府」は今よろしくこれを行なうべきである、と。

同十四年四月十四日の「符」にいう。新造するところの八幡大菩薩宮の大帯姫の細殿一宇、「私にいうのに、ある「記」にいうのには、大帯姫の御殿は弘仁十四年にはじめて建立する、と。そうすると十一年の御装束のことがあって、そうであれば十四年にはじめて垂迹したのではないのだろうか。さらに進めてこのことを考えるべきである。」この細殿の修理については、必ず大菩薩ならびに比咩大御神の細殿に準じて言上し造作するべきである。そうであるにもかかわらず先の報告書には漏れており言上しなかった。よってさらに支度を申し送ること、この件のようにせよ。「国」は必ず承知するべきである、と。

以上のことがあり、今はすべて三所のために諸々を揃え奉ることは、この件のようになったのである。

まず、弘仁十一年の「符」にいうとして、「大菩薩」と「比咩《ひめ》神《がみ》」の「御装束」は四年を限りに改め換えるが、「大帯姫」の「御装束」についてはこれに漏れていたので、今より同様に行なうようにする、という記事があり、

次に、同十四年の「符」にいうとして、「新造」の「大帯姫」の「細殿一宇」について、この「細殿」は「大菩薩」と「比咩大御神」のそれと同様に「修理」しなければならないが、前回の「帳」には記していなかったので、あらためてこのことを申し送る、という記事が続いている。そして、これらの記述を受け、今はすべて「三所」として「供奉」するとされている。

四年毎に改め換えられるという「御装束」の調進は、放生会と並んで宇佐宮の二大神事ともされる行幸会《ぎょうこうえ》の一環として行なわれた[12]。行幸会は、「御体」とされる「御装束」と「薦枕《こもまくら》」が作りあらためられ更新される祭祀儀礼である。

この「薦枕」については、『託宣集』に詳細な記述があり、それが大神氏によって担われる祭祀対象として強調されている。辛嶋氏の職掌を述べることが中心である『建立縁起』には、「薦枕」や行幸会のことが記されず、大神氏の事績を述べる『託宣集』にそれらのことが見えるのは、行幸会や「薦枕」の祭祀が、いわば大神氏に独占的に握られていた状況を示しているのではないかと考えられる。こういったことについては、『託宣集』における大神氏の問題として、第二部第七章以下で論じている。

また、本節で着目する「細殿」に関しては、これが「大帯姫」の御殿そのものを指すのか、あるいは御殿の周囲をめぐる庇なのか、渡廊を指すのか不明である。ただし、それが「大帯姫」を祀る「社殿」にかかわることは間違いない。このことについては、奏清による注釈も参考にしたい。

新造の大帯姫の「細殿一宇」について、奏清は「私云」として、次のように注釈している。「有記」には、大帯姫の御殿は弘仁十四年にはじめて建立された、とあるが、先の弘仁十一年のこととして「御装束」の記述があることを勘案し、弘仁十四年に大帯姫が垂迹したということ、つまり「有記」による弘仁十四年建立の説は間違いであろうか、さらに考証するべきである、としている。

ここで問題となっているのは、大帯姫の御殿がいつ建立されたのか、ということで、弘仁十四年にそれがなされたのであれば、弘仁十一年に「御装束」を調進することはできない。では弘仁十一年以前にすでに大帯姫の御殿はあったのか、ということである。この奏清の疑問に直接に答えることは残念ながらできないが、逆に、奏清の理解は、今問題としている「御装束」と「細殿」を考えるためのヒントを与えてくれる。

『建立縁起』の記述に従う限りでは、確かにこの先後関係は、難しい問題である。ただし、ここでいう「細殿」が御殿そのものを指すのか、あるいはそれが庇でも渡廊でもかまわないが、考えられなければならないのは、「新造」ということにはどういう意味があったのか、ということである。

なぜなら、奏清が「垂迹」として問うたように、それは宇佐宮において、「大帯姫」が「八幡神」と「比咩神」の二神に並びあらわれて、「三所」として祭祀の対象となった、そのはじまりを意味するからである。「御装束」の調進にしても、「細殿」の「修理」にしても、「大帯姫」に関するそれは新儀である。では「大帯姫」の「細殿」、つまり「社殿」に掛かる「新造」がなされたのはいつなのか。弘仁十四年の記事はあくまで「修理」に関するものだから、これ以前に「細殿」は存在していたはずで、記されていないものの、当然「御装束」の調進も同様に遡るものであろう。

ここで、本章第二節（二）で参照した、八幡神が「大菩薩」であることをあらわした延暦二年の託宣に付された記述（h）を思い起こさなければならない。

そこでは、八幡神が自らを「護国霊験威力神通大自在王菩薩」と号した託宣の後、「比咩大御神」と「大帯姫」の名を挙げてその本源を示しており、「大帯姫」については「気長《おき》長足《ながたらし》姫《ひめ》」――神功皇后であることが述べられていた。このことの意味こそが重要なのである。

（二）　宇佐宮三所の祭祀

すでに論じたように、『建立縁起』の歴史叙述は、八幡神の託宣によって証し立てられるものであり、当然、今問題とする「大帯姫」の祭祀についても同様に考えるべきである。つまり、大帯姫の祭祀、社殿の造営は、八幡神が「大菩薩」であることを示した託宣の段階で、すでに示されていた、ということになる。

『建立縁起』の歴史叙述では、「大帯姫」の「細殿」がいつ建立されたのか、明確な期年は定かではないが、延暦二年の八幡神の託宣に続く記述に「大帯姫」のことが示されているのであるから、弘仁十四年の記事に見える「細殿」の「新造」は、この託宣によって、その正当性が保証されているわけである。そして定かではない「細殿」の建立時期は、結局のところ『建立縁起』にとっては問題ではなかった。それは、記述されていないことが等閑視されていたことを示している、というのではなく、八幡神の託宣が展開する歴史に基づいて「新造」されたということこそが重要だったということである。

これは「御装束」についても同じことで、「御装束」の調進と「細殿」の「新造」は、大帯姫が八幡神と比咩神に宇佐宮の祭神として並ぶ存在となったことを示している。宇佐宮の祭祀とその空間が、八幡神の託宣に基づいて、八幡神の託宣を実現するものとして形作られていく歴史叙述が『建立縁起』の第一の性質なのである。

このように見れば、延暦二年の託宣の価値は、『建立縁起』の中心にあってもっとも重要なものの一つであったということになる。延暦二年の託宣こそは、『建立縁起』が「縁起」として語る当時現行の宇佐宮の起源神話であり、八幡神が大菩薩であることが、宇佐宮において八幡神・比咩神・大帯姫の「三所」を祭神とすることの根源を示すものだったのである。

(三)　大帯姫と応神天皇—八幡神

さて、ここまでの分析を受けて、八幡神の変貌を、祭祀・御体・社殿の問題として考えた場合に、まず大切であるのは、大帯姫—神功皇后が宇佐宮の祭神として強く意識されるようになった、ということが、同時に、応神天皇—八幡神同体説という形で、神功皇后と結びつく八幡神が立ち上がってきていることを示している、ということである。

『建立縁起』では、「御装束」の調進については弘仁十一年の「符」によって、「細殿」の「修理」については弘仁十四年の「符」によって、それまでは含まれていなかった「大帯姫」が加えられることになった。つまり、ここではじめて、大菩薩・比咩神・大帯姫の三神を合わせ、「三所」として宇佐宮に祭祀する形式が整備された、ということになる。

元来、八幡信仰においては、八幡神と比咩神の関係が大きな意味を持っていたとされており、『建立縁起』のこの記事は、その次の段階として、宇佐宮において大帯姫—神功皇后がクローズアップされてくる過程を示すものといえよう。

『建立縁起』冒頭には「右大御神は、是れ品太《ほむた》天皇の御霊なり」として八幡神と応神天皇が同体であることが記されているが、歴史的に、八幡神がいつの段階で応神天皇と同体だとされるようになったのか、ということについては様々に分析がなされつつ議論は分かれ、定見は認められない。

本論の見解としては、前章に論じたように、状況的に見てその条件はすでに『続日本紀』の段階で認められるとしたい。そうすると、『建立縁起』の記述においては、それが本文書き始めの最初に記されていることからも、それは格別に称揚されるべきものとされてはいても、前提的なものと認識されていたと見てよいだろう。

そして、この『建立縁起』冒頭の応神—八幡神の記述を意識した時、「御装束」と「細殿」の調進修理における大帯姫の加入の意味は、単に八幡神が応神天皇と同体であるというに留まらないはずだ、ということになる。『建立縁起』における応神天皇—八幡神同体説のさらに向こう側が、今、問題となるのである。

（四）　大帯姫と辛嶋氏

『建立縁起』における応神天皇—八幡神の同体説は所与の説である、としよう。そうすると、大帯姫祭祀の問題は、八幡神と応神天皇の同体化の強調という以上に、さらに特殊の意味を持つものと考えなければならない。その意味こそが、八幡神の母子関係である。

まず、神格同士の関係として、大帯姫は応神天皇の母であり、これは比咩神が八幡神の母であったということと対応する。

多くの先行研究において、比咩神には、神に仕える巫女であり、しかも神との婚姻によって御子神を産む母であったという姿が見出されてきた。これは定説となっているといってよい。

そして、『建立縁起』の宗教者側の主役は、辛嶋氏であった。また、登場する辛嶋氏の祭祀者は、ほとんどが女性祭祀者であり、役職名は一般には男性の職とされる禰宜であるが、宇佐宮ではこれを務めるのは女性であり、巫女であるといってよい。

そのように考えると、『建立縁起』において、八幡神の仏教的な成長の神話や宇佐宮の祭祀空間の拡張とともに、その中に配置される大帯姫への祭祀のはじまりが語られているのは、神と宗教者、女性神である大帯姫と女性祭祀者である辛嶋氏の関係という、特殊の事情があったのではないかと推測されてくる。

八幡神の託宣を得る祭祀者、禰宜としての辛嶋氏の女性祭祀者は、八幡神を身に宿し言葉を発するという意味で、神と一体化した神人合一の境地にある。そうした祭祀者が、自身の職掌、託宣を受けることについての意味や価値を考えようとする時、八幡神という神との関係がどのようにあるべきか、という問いは避けられないだろう。その問いは、宇佐宮の祭祀を担い八幡神に仕える中で、常に意識されていたはずである。

そのような辛嶋氏の職掌を語る『建立縁起』に、大帯姫の祭祀草創が語られているのである。とすれば、そのことの意味は、八幡神と、その合一者である巫女―辛嶋氏の女性祭祀者との関係が、御子神とその母、応神天皇―八幡神と大帯姫―比咩神の関係としてあるべきだとの認識を映し出した神話というところにあったとは考えられないだろうか。

大帯姫の祭祀草創が、辛嶋氏の職掌を強調し保証する『建立縁起』においてとくに取り上げられることの意味は、八幡神と巫女の関係が、御子神とその母としてあるのだという認識の結実したものではなかったか、ということである。

このように見れば、『建立縁起』においては、八幡神の託宣が、主に辛嶋氏の女性禰宜によって担われること、八幡神が応神天皇と同体であること、そして大帯姫の祭祀が八幡神と比咩神に並び三所として行なわれるようになることは、それぞれが包み合っているという状況が浮かび上がってくる。

大帯姫の祭祀が行なわれはじめることは、大帯姫と応神天皇の母子関係を媒介に、八幡神が応神天皇と同体であることの宇佐宮祭祀における前面化である。このことの意味は重要である。それは応神天皇と八幡神が、それぞれに結びつく、ということではなく、血統の問題として、祭神を系譜的に捉えること、そしてそれが皇統に列ねられることを意味している。それがさらに進めば、八幡神は天皇家の祖神として、「宗廟」の神として意識されるものとなるだろう。このような「宗廟」の観念については、次章に取り上げる『玉葉』において大きく展開されることになる。

しかしまた、その状況は同時に、辛嶋氏の職掌、女性祭祀者である禰宜が託宣を受けるということ、そのような八幡神と辛嶋氏の女性祭祀者の関係の再定義、更新された意味づけを示してもいるのである。

辛嶋氏の女性祭祀者こそが、八幡神と一体化してその言葉を託宣として示し、しかも神話的関係として八幡神を産む大帯姫とも一体となること。

思い返してみれば、大帯姫—神宮皇后は、『古事記』『日本書紀』においては、神憑りし、神の言葉を受け発する巫女的存在でもあったのである。しかも、そうした在り方の中で、後に八幡神となる応神天皇を御子として産み出すのであった。このような大帯姫—神宮皇后の姿は、八幡神に仕えて託宣を受けることを旨とする女性祭祀者にとって、理想的なモデルケースだったのではないか。こうした想定は、おそらく的外れなものではないだろうと思われる。

これらのことを綴り合わせれば、『建立縁起』に宇佐宮における大帯姫祭祀の起源や整備のはじまりが述べられるのは、ほかでもない辛嶋氏の託宣を受ける女性祭祀者の姿を写し取った神、辛嶋氏の職掌を保証し起源づける宗教者の守護神として要請されたからだとはいえないだろうか。

おわりに

以上、本節では、『建立縁起』の記述について、八幡神の変貌と託宣、また、それを支え導く宗教者の神話言説という視点から論じてきた。

前章に論じた『続日本紀』の段階から、『建立縁起』へと歴史的展開を想定した時、八幡神は、国家の神、仏教の神、皇統の神であるという大きな性質は動かない。しかし、国家の神としての在り方は主題から逸れて後景に置かれ、仏教の神としては、鎮護国家の神であるよりは、衆生を救済する大菩薩であることに重きを置くようになり、皇統の神としては、大帯姫の祭祀の開始によって、八幡神が応神天皇と同体であるということを含めて、天皇家の祖神であるということが具体化する。

そして『建立縁起』は辛嶋氏による祭祀の問題、八幡神との緊張を孕んだ祭祀者の実践の様相を描いており、大帯姫の祭祀は、辛嶋氏の側から見れば、巫女、女性祭祀者の八幡神に対する関係を映し出していた。八幡大菩薩の出現や大帯姫の祭祀を語る『建立縁起』は、八幡神・宇佐宮・祭祀者の起源を語る、国家神話とはまた別の、女性祭祀者という宗教実践者の神話だったのである。

とくに、『建立縁起』が大帯姫祭祀の起源を語ることは、八幡神をめぐる宇佐宮の状況という意味で、大きな転換をもたらすものだったといえるだろう。

すなわち、『建立縁起』の八幡神は、託宣によって、自らが祭祀されるべき宇佐宮という祭祀空間を作り出していった。ただし、その際に活躍が描かれたのは、辛嶋氏の女性祭祀者であり、宇佐宮の三所の形に整えられた祭神の変化は、大帯姫が女性祭祀者の職掌の起源として要請されたものだったのである。少なくとも『建立縁起』を祭祀者による宗教実践の結実と見るならば、大帯姫祭祀の開始は、まさに自身を守護する神の創造であったと位置づけられなければならない。

『建立縁起』の八幡神は、応神天皇と同体の存在である、ということにおいて、大帯姫―女性祭祀者によってこそ託宣が受け取られるべき神として、あるいはそうした女性祭祀者によってこそ、この世界に顕現するべき神としてあらわれているのである。

注

（1）『宇佐八幡宮弥勒寺建立縁起』の引用は中野幡能校注『神道大系　神社編四十七　宇佐』（神道大系編纂会、一九八九年）による。以下同。

（2）平野博之「承和一一年の宇佐八幡宮弥勒寺建立縁起について」（竹内理三編『九州史研究』御茶の水書房、一九六八年）。

（3）逵日出典『八幡宮寺成立史の研究』（続群書類従完成会、二〇〇三年）。

（4）青木和夫、稲岡耕二、笹山晴生、白藤禮幸校注『続日本紀　三』（〈新日本古典文学大系〉一四、岩波書店、一九九二年）。参考のために当該記事を挙げておく。

（孝謙天皇天平勝宝六年十一月）甲申、薬師寺僧行信、与二八幡神宮主神大神多麻呂等一、同レ意厭魅。下二所司一推勘、罪合二遠流一。於レ是、遣二中納言多治比真人広足一、就二薬師寺一宣レ詔、以二行信一配二下野薬師寺一。丁亥、従四位下大神朝臣社女・外従五位下大神朝臣多麿、並除名従二本姓一。社女配二於日向国一。多麿於二多褹嶋一。因更択二他人一、補二神宮禰・宜祝一。其封戸・位田幷雑物一事已上、令二大宰検知一焉。

（5）桜井好朗「八幡縁起の展開――『八幡宇佐宮御託宣集』を読む――」（『中世日本文化の形成――神話と歴史叙述――』東京大学出版会、一九八一年。初出は『思想』六五三、一九七八年一一月）。

（6）『三宝絵詞』の引用は〈新日本古典文学大系〉（岩波書店）による。
（7）『扶桑略記』の引用は〈国史大系〉（吉川弘文館）による。
（8）『広幡八幡大神大託宣幷公家定記』の参照は『宇佐神宮史』による。
（9）『宮寺縁事抄』巻十の引用は村田正志校注『神道体系　神社編七　石清水』（神道大系編纂会、一九八五年）による。
（10）『放生会縁起』の参照は前掲書（前注8参照）。
（11）桜井好朗、前掲論文（前注5参照）。
（12）中野幡能によれば、行幸会は始め四年に一度行なわれていたが、弘仁年間に六年に一度となり、鎌倉中期以降は大きく断絶し、江戸期に一度行なわれたが、以降廃絶したものという。中野幡能『八幡信仰史の研究（増補版）上巻』（吉川弘文館、一九七五年）。

第四章　『玉葉』の八幡神
――黄金と宗廟の祭祀言説――

はじめに

本章では、九条兼実《かねざね》の日記『玉葉』(1) について取り上げる。前章では宇佐宮最古の「縁起」である『宇佐《うさ》八幡宮《はちまんぐうみ》弥勒寺《ろくじ》建立縁起《こんりゆうえんぎ》』（以下『建立縁起』）の八幡神について論じた。『建立縁起』では、八幡神は鎮護国家と衆生救済の神格を「護国霊験威力神通大自在王菩薩」の名に体現し、「御装束」「細殿《ほそどの》」の祭祀において「大帯姫《おおたらしひめ》」が八幡神と比咩神《ひめがみ》に並べられ「三所」とされるようになる。とくに応神天皇―八幡神の同体説の上に「大帯姫」との母子関係が「三所」としてあらわれていることは、八幡神が系譜的関係において天皇家の祖神として意識されてくる段階を示している。

『玉葉』では、このような八幡神が、仏教的救済者としての面よりは、天皇家の祖神としての面が強調される形であらわれており、宇佐宮の「御体《ぎょたい》」とも「神宝」ともされる「黄金」が「宗廟の霊宝」として価値づけられることになる。言い換えれば、『玉葉』においては、八幡神が「黄金」を媒介に「宗廟」の神としての姿をあらわしているのである。本章では、このような展開を見せる「御体」「神宝」と「黄金」について論じ、そこに見られる神話言説がどのように展開しているのか、またそれにどのような意味があったのかを明らかにすることを目的とする。

本章で取り上げる『玉葉』の記述は、元暦元年・寿永三年（一一八四）七月に起こった緒方惟栄《これよし》らによる宇佐宮襲撃事件の中で紛失した「黄金」が、朝廷に届けられ、宇佐宮に奉還されるまでの一連の出来事についてのものである。

宇佐宮破却による社殿の倒壊と御体・神宝の紛失を受け、兼実は右大臣として、また半ばからは摂政として、朝廷側の対応を定めている。出来《しゆつたい》した「黄金」は宇佐宮奉還までの間、波乱に富む展開を辿ることになるが、『玉葉』の記述によれば、兼実は宇佐宮と「黄金」への対処において主導的な役割を果たしている。『玉葉』における兼実は、そこでの宇佐宮と黄金に関する意義づけや、これを記録として日記にあらわす営為について、あらたな神話言説を作り出しているものと見なければならない。

また、黄金紛失に端を発する『玉葉』の記述では、その扱いが定められていく中で、宇佐宮が他の諸社とは格別の扱いを受けるべき「宗廟」とされている。いわゆる治承・寿永の乱という歴史的事件においてあらわれた宇佐宮の未曾有の危機的状況は、宇佐宮をあらためて「宗廟」として認識させることになるのである。

『託宣集』では、その巻三序に「而後鳥羽院時元暦甲辰、源平之氏雌雄之間、管豊後之国賊破滅当宮之剋、従是散乱失拠通会」、巻四の「一御殿」と「三御殿」の記事に「源平両家乱世之時、元暦元年七月六日、豊後国武士惟栄惟隆等、打破神殿、捜取神宝之間」や「元暦［甲辰］逆乱之時、神宝紛失之刻」とあるように、「源平」の争乱の時に、惟栄らによって宇佐宮が襲撃され神殿が破壊されたこと、そして伝来の書物や神宝が失われたことなどが度々記されている。

十二世紀末の治承・寿永の乱は、十三世紀末から執筆され十四世紀はじめに成立した『託宣集』の記述においては、「源平」の争乱という重要な歴史的事件として記憶されるものであった。そもそも『託宣集』編述の動機は、その序によれば、惟栄らによる宇佐宮破却によって、神典である託宣の書が失われたため、新たにこれを作り出すためであったとされている。

こうした点からも、宇佐宮の元暦破却によって紛失した黄金について記す『玉葉』への分析と位置づけが、重要な意味を持つことがわかるだろう。

また、『玉葉』に見られる朝廷側の黄金に対する認識では、それが「御体」なのか「神宝」なのかということが問題となっている。『玉葉』の黄金の記述は、ある神秘の物体が、御体あるいは神宝であること、そのこと自体が意識されるようになっていくという神祇祭祀における歴史的展開を示しており、こうした問題についても注意する必要があるだろう。

それは、神宝・御体ということが神祇信仰において主題化するという、大きくいって古代から中世へと展開していく歴史的状況なのである。このように『託宣集』との関係を想定する場合、『玉葉』における黄金は、八幡信仰の歴史的展開を示すものとして読み解かれなければならない。

すなわち、『建立縁起』では意識化されていなかった「御体」や「神宝」が『玉葉』において問題となっているのは、その対象物が紛失したということ、さらに黄金に「宗廟の霊宝」という象徴的価値が見出されたことも含めて、後の『託宣集』へと繋がる歴史的前提なのである。

第一節　宇佐宮破却と高知尾明神——闘争の中世神話——

さて、まずは、『玉葉』の分析に入る前に、治承・寿永の乱の中で起こされた宇佐宮襲撃について触れておこう。治承・寿永の乱において、平家勢力が西国へと追われいく中、緒方惟栄《これよし》らによる宇佐宮襲撃事件が起こる。大局的に見れば、平家方についた宇佐宮に対して、源氏方についた惟栄らはそのことを名分として、宇佐宮の神域を侵し、社殿を破壊して神宝を奪ったということになる。しかし局地的には、自氏の信奉する神々にかかわる神話的闘争という背景があった。

（一）　緒方惟栄らによる宇佐宮襲撃

緒方惟栄による宇佐宮襲撃とその意味について、薗田香融は次のように論じている。(2)

右に見た惟栄兄弟の行動は、国司の下知とか源氏への合力ということで、いちおう合法化されている。大宰府攻と兵船提供の両事件にはさまれた宇佐宮破却事件も、当時の宇佐大宮司公通・公房父子が、平氏に与党し、平氏のために大いに祈請するところがあったとすれば、充分筋道は立つ。しかし、これによって惟栄兄弟の「怖ろしき者」たる所以は解消するわけではない。豊後山間部の神領の一隅に、ひそかに実力を蓄え来ったかれら在地武士にとって、源平争乱はかねての念願を実現すべき千載一遇の好機であった。ではかれらの念願とは何か。

「豊後大神系図」は、緒方、臼杵、戸次など、源平争乱に活躍した武士団の族的結合を示す興味深い系譜であるが、これら豊後武士団の系譜が、「平家物語」の説話通りに、「あかがりの大太」という共通の祖に結びつけられ、そして大太の父は「緒方庄祖母嶽大菩薩」すなわち高知尾明神、母は「太政大臣伊周」の女とされている。彼らがいずれも大神氏を称するところを見ると、おそらく古代以来の宇佐宮神官大神氏の支流と考えられるにもかかわらず、あえてこうした荒誕な始祖伝説を創造したところに、私たちは、かれら武士たちの神領支配に対する対抗の観念的形態を見出すことができる。かれらが「怖ろしき者」とよばれたのは、かれらのこうした神領支配への抵抗もしくは変革者的性格を示すものといわなくてはならない。してみると、かれらにとっては国司の下知をうけたり、源氏に兵船を提供することよりは、高知尾明神の末裔だという中世的神話を実証するためにも、まず古代的権威を象徴する宇佐宮を犯すことが必要であった。よしんば黄金の延棒への魅惑という超時代的な欲望がかれらの意識の奥底にひそんでいたとしても。

いくらかの注意点はあるが、薗田の議論は重要な指摘をしているといってよい。とくに、惟栄らは「あえてこうした荒誕な始祖伝説を創造し」、その「高知尾明神の末裔だという中世的神話を実証するため」に「宇佐宮を犯すことが必要であった」との分析は高く評価したい。それは、神話が新たに作り出され、その作り出された神話が現実を意味づけ変えていくものだということを捉える議論なのである。軍事的にも政治的にも、また実効的な神領支配への影響を考えても、あまり意味あることとは見えない惟栄らによる宇佐宮への襲撃を、「中世的神話」の見地から位置づけたことは、卓見であった。

また、薗田のこうした分析について、桜井好朗は次のように述べ、その論を引き受けつつ議論を展開している。(3)

源平争乱のとき、豊後国住人臼杵惟隆・緒方惟栄（惟義）兄弟は源氏方につき、元暦元年（一一八四）七月、平氏方と見られる宇佐宮に乱入し、神殿を破壊し、神宝を奪いさった。そのため、数々の文書・旧記が紛失した。狼藉した武士は豊後大神氏の流れをうけ、本来宇佐八幡宮にゆかりが深いのであるが、その始祖をあえて祖母岳明神＝高知尾明神であると称し、宇佐宮に抵抗した。彼らは源平争乱を好機として、宇佐宮の神領支配に挑んだのである。彼らはたんに政治的・軍事的水準でのみ、宇佐宮に挑戦したのではない。その狼藉が神殿や神躰にまでおよんだのは、彼らが「高知尾明神の末裔だという中世的神話を実証」し、宇佐を中心とする八幡神の伝統的な権威を侵犯するためであった。内乱のなかで、政治・軍事は神話の世界に変動をよびおこし、神話もまた、政治・軍事の世界に顕現していったのである。その意味で、神話の世界における、かような混乱と変動は、内乱期の歴史の所産であったといってよい。

桜井は、ここから、『託宣集』の編述者神吽の営為について「この歴史の厄介な〝遺産〟を継承する」ものとし、「あらたな八幡神の神話的世界を構築して見せるという作業をともなう」と位置づける。

ただし、もう少し具体的な部分で、議論の余地は残されている。前章で扱った『建立縁起』に見たように、八幡神の神格や宇佐宮の祭祀についても歴史的な展開があって、その内部には大神《おおが》氏以外にも宇佐氏や辛嶋《からしま》氏があり、とくに辛嶋氏は祭祀の担い手として、託宣を受けるという重要な役割を果たしていた。宇佐宮を一概に「古代的権威を象徴する」もの、「伝統的な権威」として読み解くのは、惟栄らが武士として古代に対する中世の開明を担うという、近代主義的な、発展段階論的な歴史観に囚われた理解ではないか、との疑問を持たざるを得ない。

もちろん、宇佐宮とその神領支配は、惟栄らにとって、前時代的、旧体制的なものでもあり、伝統的権威でもあっただろう。しかし、薗田の「中世的神話」という議論から、現在の研究水準にある中世神話の議論へと接続する可能性を考えれば、次のようにいわなければならない。

すなわち、ここで惟栄らが担った高知尾明神を始祖とする神話は、氏族血縁的には本流に当たる大神氏、その担うところの八幡神への奉仕のはじまりを語る神話と、同時代的、あるいは歴史展開的に競合するものと見るべきではないか。
それは単に古代的で伝統的な権威に対する中世的段階の発露なのではない。そういった側面を有しつつも、惟栄らにとってむしろ重要であったのは、薗田も述べるように、自氏が奉じる始祖神話とその力の「実証」であった。その神話が、前代には見られない独自の内実としてあらわされたこと、それこそがまさに「中世神話」として、歴史の展開を示す神話の変貌として捉えられるべき問題であろう。

（二）　高知尾明神の神話

緒方三郎惟栄が「おそろしき者の末」、つまり「あかがり大太《だいた》」の子孫であることを示す説話が『平家物語』(4)「緒環」に語られている。それは次のようなものである。

彼維義は、おそろしきものの末なりけり。たとへば豊後国の片山里に、昔をんなありけり。或人のひとりむすめ、夫もなかりけるがおとへ、母にもしらせず、男よな〱かよふ程に、とし月もかさなる程に、身もたゞならずなりぬ。母是をあやしむで、「汝がもとへかよふ者は何者ぞ」ととへば、「くるをば見れども、帰るをば知らず」とぞ言ひける。「さらば、男の帰らむとき、しるしを付て、ゆかむ方をつなひで見よ」とをしへければ、むすめ、母のをしへにしたがッて、朝帰する男の、水色の狩衣を着たりけるに、狩衣の頸かみに針をさし、しづのをだまきといふものをつけて、へてゆくかたをつなひでゆけば、豊後国にとッても日向ざかひ、うばだけといふ嵩のすそ、大なる岩屋のうちへぞつなぎ入れたる。をんな、岩屋のくちにたゝずんで聞けば、おほきなるこゑしてによびけり。「わらはこそ是まで尋参りたれ、見参せむ」と言ひければ、「我は是、人のすがたにはあらず。汝すがたを見ては、肝たましゐも身にそふまじきなり。とう〳〵帰れ。汝がはらめる子は男子なるべし。弓矢・打者とッて、九州・二島にならぶ者もあるまじきぞ」とぞ言ひける。女重て申けるは、「たとひいかなるすがたにてもあれ、此日来のよしみ、何とてかわすするべき。互にすがたをも見もし、見えむ」と言はれて、「さらば」とて岩屋の内より、臥だけは五六尺、跡枕へは十四五丈もあるらむとおぼゆる大蛇にて、動揺してこそはひ出たれ。狩衣のくびかみにさすとおもひつる針は、すなはち大蛇ののぶゑにこそさいたりけれ。女是を見て、肝たましゐも身にそはず。ひき具したりける所従十余人、たふれふためき、おめきさけむでにげさりぬ。女帰ッて程なく産をしたれば、男子にてぞありける。母方の祖父太大夫、そだててみむとてそだてたれば、いまだ十歳にもみたざるに、せいおほきくかほながく、たけたかゝりけり。七歳にて元服せさせ、母方の祖父を太大夫と言ふ間、是をば大太とこそつけたりけれ。夏も冬も手足におほきなるあかゞりひまなくわれければ、あかゞり大太とぞ言はれける。件の大蛇は、日向国にあがめられ給ふ高知尾の明神の神体也。此緒方の三郎は、あかゞり大太には、五代の孫なり。かゝるおそろしき物の末なりければ、国司の仰を院宣と号して、九州・二島にめぐらしぶみをしければ、しかるべき兵ども、維義に随ひつく。

まずはおおまかに要約しておこう。

ある家の娘のもとに夜な夜な通う正体不明の男があって、娘が子を身ごもった。そのことを不審に思った母は、娘に誰が通ってくるのかを問い、しかし娘は男が誰であるのかを知らないと答える。母の教えによって、娘は男の狩衣《かりぎぬ》の襟に「しづの緒環《おだまき》」（糸巻き）の糸を結んだ針を刺し、この糸を辿った先は、「優婆岳《うばだけ》」の裾野にある洞窟に続いていた。娘のお会いしたいという問いかけに、通ってきていた男は姿を見せないまま答え、自分は人の姿ではない、早く帰るように、といい、さらにお前が孕んだ子は男子で、弓矢刀を持てば「九州二島」（九州・壱岐・対馬）に並ぶ者はないだろう、といった。娘がどうしても姿を見たいと男に懇願し、これに応えて姿を見せたのは体長が十四、五丈もある大蛇であった。その大蛇の喉には、娘が男の狩衣の襟に刺した針が刺さっていた。娘と従者は驚いて逃げ帰った。娘はほどなく男子を生み、母方の祖父が育てた。この男子は成長が早かったので七歳にして元服させ、育てた母方の祖父が「大太夫」というので、「大太」と名づけた。手足にはいつでも大きな「あかがり」（あかぎれ）があったので「あかがり大太」と呼ばれた。この大蛇は「日向国」に崇められる「高知尾の明神の神体」である。

さて、この「あかがり大太」から見て、惟栄は五代の子孫であり、このような「おそろしき者の末」であったので、「九州二島」の兵は惟栄（維義《これよし》）に従うのだ、と『平家物語』は語っている。

これは、つまるところ「緒方三郎維義（惟栄）」が、多くの兵を動員し得たこと、「おそろしき者の末」であったことの理由を語る神話である。

内容形式的に、苧環《おだまき》型神話であり、異類神婚譚であることは一見して明白であろう。ことに『古事記』[5]崇神天皇の記事にある、いわゆる三輪山伝説、「意富多々泥古《おおたたねこ》」が大物主神の子孫であることの所以を示すために語られる、大物主神と「活玉依毘売《いくたまよりびめ》」の神婚譚との類似性は極めて強い。「緒環」の方が描写は詳しいが、地名と登場人物を入れ替えればそのまま通用するほど、話の筋立ては似ている。なぜこれほどの類似性が、時代や地域を超えて見られるのだろうか。

緒方三郎惟栄・臼杵《うすき》二郎惟隆《これたか》は、それぞれ緒方と臼杵の地名を取って名乗るものであり、元来は豊後大神氏の支流氏族であった、というのはすでに薗田の論に確認されている。そして、そもそもこの豊後大神氏はどこから来たのか、ということについては、大和大神氏《おおみわ》（大三輪氏）の中から派遣された人々であったとの指摘がある。(6) となれば、遠く時代と場所を隔てた大和の大物主神と日向の高知尾明神は、「大神氏」の中に語り伝えられた神婚譚の読み替えという形で繋がる可能性がある。

宇佐宮祭祀を支える大神氏は、『建立縁起』成立の段階で、すでに大神比義を始祖とする八幡神顕現伝承を担っていた。豊後大神氏の本流としては、八幡神への奉仕を旨とする氏族であることを示す神話を語ることは不可欠であっただろう。対して『平家物語』に見える、惟栄という武士の存在を意味づける神話は、三輪山伝説への先祖返りともいえる古層的性質と、大物主神や八幡神ではなく、高知尾明神という新たな始祖神を仰ぐという変貌的性質の二面性を持っていることになる。それは、惟栄の武士としての能力を根拠づけるための神話として、読み替えられ組み替えられたものだと捉えるべきだろう。

このような大物主神から高知尾明神への乗り換えという神話の繋がりと展開は、その間にあるべき問題については実証できないので、ある意味では推測の域を出るものではない。しかし、それがどうであったとしても、『平家物語』に見える「緒環」と『古事記』の三輪山伝説の相似性については認められるものであるから、ここに古層と変貌の問題が同居するという問題が指摘されるべきであることは動かない。

そして、なぜ『平家物語』「緒環」が三輪山伝説と相似するのか、という問いと、なぜ惟栄らは宇佐宮を襲撃したのか、という問いは、同時に問われなければならない。それらは相補的な状況にある問題だからである。

つまり、惟栄らによる宇佐宮襲撃は、古代的権威への挑戦であるというよりは、自氏が大神氏から独立し決別するための神話の実証という面こそが重要だったのではないか、ということになる。その時点で、彼らは大神氏本流の大神比義を始祖とする伝承に対抗し得るだけの神話的根拠を持っていたのだろう。だからこそ、宇佐宮への侵犯において、社殿の破壊のみならず、大神氏本流が祭祀を担う神宝や御体《ぎょたい》への乱行がなされたのである。

そうでなければ、宇佐宮を襲撃し、とくに御体・神宝までもを狙って八幡神の権威を犯す動機を想定することができない。そして、宇佐宮襲撃に直接に関連づけて語られているわけではないが、三輪山伝説の大物主神の神婚譚をほとんどそのまま用いたかのような、惟栄を高知尾明神の末裔として位置づける神話言説の存在が認められるのであれば、それは「大神氏」の内に伝えられていた神話を、彼ら自身が作り変えたものだと考えるべきだろう。惟栄らによる宇佐宮襲撃は、そのような潜在する高知尾明神の神話を顕在化させる激烈な実践行為だったのである。

第二節　御体と神宝について――神話的・宗教的問題として捉える――

さて、緒方惟栄《これよし》らの宇佐宮襲撃によって、八幡神が鎮座する神殿は破壊され、御体や神宝も被害を受ける。「黄金」は奪い取られ、「薦枕《こもまくら》」は行方不明となり、「御装束」は引き散らかされた。また伝来の文書や経典なども散逸してしまう。

本章の主題となるのは、この奪われた「黄金」である。黄金はもともと三梃の延棒であったが、そのうちの一梃のみが、後に朝廷にもたらされることになる。

宇佐宮襲撃は、惟栄らにとっては、平家に味方する宇佐宮への攻撃であり、これを機とした、自氏の神話を証明する神域の侵犯、また御体・神宝への乱行であり、その結果であった。しかし、朝廷側からすれば、天皇家の祖神である応神天皇―八幡神を祀る宗廟の危機であり、黄金の紛失と出来《しゅったい》は、その危機的状況を象徴するものであった。

『玉葉』では、宇佐宮を再建するという目標に向けての朝廷の活動と、それを主導する兼実《かねざね》の営為が記されている。しかし、その再建の要の一つとなる黄金については、まずはそれが何ものであるのか、ということが大きな問題となっていた。

次節に見るように、具体的な対処のために動き出す前の段階で、朝廷に持ち込まれた宇佐宮の黄金について、御体であるのか神宝であるのか、ということが問われているのである。それは、朝廷に持ち込まれた黄金が、そのどちらであるのかによって、ふさわしい適切な対処を行なわなければならないからである。

そもそも、惟栄らが自氏の神話を「実証」するために標的とした御体や神宝とは何ものであるのか。今、『玉葉』における黄金の議論に入る前に、これについて基本的なことを確認しておくべきだろう。

「御体」とは、いわゆる御神体（神体）のことで、また御正《み》体《しようたい》ともいい、神霊を象徴してその依代《よりしろ》となる清浄な物体であるとされる。基本的には祭祀の対象となるものである。対して「神宝」は、単に神社の宝物を指すものではなく、神霊への祭祀において用いられる信仰上に意味を持つものである。

両者はともに、祭祀において具体的な意味を担うものであるが、その神秘性と重要性においては、当然、神霊が宿り、またその象徴ともなる「御体」の方が格が高いものと考えられていた。

ただし、祭祀の対象とその用具という御体と神宝の違いは自明のものではなく、たとえば、いわゆる天皇家の三種神器と呼ばれる鏡・剣・璽は神宝ともされるが、このうち鏡はとくに天照大神の神体ともされるのであり、その意義づけは固定的ではない。

ゆえに、神の出現や祭祀、信仰にかかわって「御体」や「神宝」が問題となっている場合、その対象となるものを固定的に見るのではなく、それがどのようなものとして意義づけられているかを考えなければならない。「御体」や「神宝」とされるものに対する認識と行ないは、現実的な宗教的実践の問題なのであり、神がいかなる意味を背負って出現してくるのか、という信仰上の核心が、ここには見出し得るのである。

また、御体に関してはもう一つ注意するべきことがある。神話的あるいは宗教的記述においては、「御体」「神体」「御正体」は、神の身体そのものを指す場合も少なくない。先に触れた『平家物語』「緒環」にも、大蛇は高知尾明神の「神体」だったのだ、と述べられている。

この「神体」は、神の現世的な実体であり、生きた神の身体そのものである。また、そのような「御体」は、神そのものの在り方を規定して、観念上の神の身体を指示する場合もある。本論が主題とする『託宣集』の巻六には、「以本迹御体之幽、為宗廟荘厳之本也」や「空者本地幽玄不奉見之神体也」などの記述がある。これらは、具体的な祭祀の場における物体としての「御体」と密接に関係しつつも、単に物体を指すのではなく、理論的に神の存在を価値づけるものである。

今見たような『託宣集』巻六の記述は、本論の主要な課題の一つとして、第二部の第八章と第九章に論じるものであるが、これを八幡信仰史の流れとして考えた場合、具体的な崇拝対象としてのものから、観念的な神の身体を示すものへと変化する御体の歴史的展開が観取されるのである。そしてそれは、大きくいえば神祇信仰史の展開の一つの側面を示してもいる。

本章で論じる『玉葉』の「黄金」は、以上のような視界によって見えてくる八幡神における「御体」と「神宝」の一つの岐路、もしくは転換点であり、そこにおいてこそあらわれてくる八幡信仰の歴史的展開なのである。

第三節　『玉葉』における宇佐宮「黄金」――概略を辿る――

惟栄《これよし》らが宇佐宮を襲撃した際に奪取された「黄金」のうちの一つが朝廷に持ち込まれた。兼実《かねざね》は当時右大臣であったが、その日記『玉葉』の文治元年（一一八五）十月記事以下には、「黄金」への対処や宇佐宮にまつわる出来事についての詳しい記述がある。本節では、次節以下の議論のために、その全体の概略を辿っておこう。

『玉葉』に記された宇佐宮破却と「黄金」の紛失からの一連のことは、整理すると大略次のように遷移する。まず、惟栄らの宇佐宮襲撃により、神殿は倒壊し、御体《ぎょたい》や、黄金のほかすべての神宝の紛失したことが知られるようになる。

宇佐宮破却の時点から文治元年十月までの間、どの時期かは不明であるが、失われた神宝の中、偶然に黄金だけが一つ回収された。対応の当初から黄金への注目度は高く、まずこの黄金が御体なのか、それとも神宝なのかということが問題となった。

そこでは、黄金は薦枕《こもまくら》と同様に御体である、とする説と、薦枕は御体であるが黄金は神宝である、とする説が並存している。兼実自身は黄金を神宝だと判断していたようだが、黄金を御体とする周囲の認識に苦慮していた様子がわかる。

十二月、これを後鳥羽天皇即位奉告の宇佐和気使《わけづかい》に託して宇佐宮へ戻そうとしたところ、武士の狼藉によって妨害されたため、内々にではあるが北条時政に武士狼藉を鎮めることを依頼した。しかしそれにもかかわらず、重ねて播磨国で武士の狼藉に遭い、黄金の奉還は失敗に終わることとなる。この時には神馬《しんめ》神宝が路頭に棄てられ、勅使が逃げ帰る、という有様であった。

　再び回収された黄金は、これをどのように宇佐宮へ送ればよいかも問題となったが、黄金を収める筥《はこ》のことも含め、保管場所をめぐってまた議論があった。保管場所については卜占《ぼくせん》を経て、しばらくは石清水宮に納めるという形で落着する。

　文治二年（一一八六）正月には、奉幣を行ないつつ黄金を石清水外宝殿に宿納する。三月、兼実は摂政の宣下を受け、四月には兼実摂政の後の初度の仗議《じょうぎ》として、先の宇佐和気使の帰洛のことが定められている。六月、宇佐宮の仮殿造営と神宝調進のことが定められ、七月には石清水宮で八幡神に宇佐宮狼藉のことを謝すことなどがあった。

　神宝調進は比較的順調に進んだようだが、仮殿造営はこれを支配するべき太宰権帥《だざいのごんのそち》藤原経房《つねふさ》（元暦元年に権中納言、大嘗会《だいじょうえ》御禊《ごけい》装束使《しょうぞくし》長官を務め、文治元年には太宰権帥を兼任）の懈怠《けたい》等もあって遅れたようである。七月には経房が懈怠を謝すことがあり、兼実は「都督非無懈怠歟」と記している。さらに八月には、仮殿造営の成功《じょうごう》（資材資金の拠出）を命じられた肥前国司の対捍《たいかん》（拠出の拒否）により仮殿遷宮の予定期日に間に合わないこと等の報告が、宇佐勅使（実検使）平基親《もとちか》（当時権右中弁）から届いており、「果以如此、何為々々」という兼実の憤りが記されている。

　なお九月には、基親が霊夢によって薦《こものみ》御験《しるし》（薦枕）を御炊殿《おいどの》（御炊宮《みやけのみや》、宇佐宮下宮）に安置したことが記されている。これは事後報告であったようで、奏聞を経ずに行なわれた。そして、このことに続くように、仮殿を撤却し御炊殿から直接に正宮へ遷御せよ、という後白河院の院宣が下っている。兼実は基親による薦御験の安置については「此上条々可有議歟、已朝家之大事也」、遷御の院宣については「勅使依夢想、不奏事由行之、是令然事歟、勅定已上分明、為悦々々」と評価している。

そして、いざ黄金を宇佐宮へ返送する段となった際、石清水別当慶清《けいせい》が、当宮に黄金が納められたのは神慮である、などとして宇佐宮への返却を拒む問答があったようだが、この主張は結局退けられている。

最終的に、黄金のほか、失われた神宝を作り揃え、さらに新たな神宝も加えて宇佐和気使に託し宇佐宮へと奉還することが叶ったのが、文治二年の十月のことであったという。この宇佐和気使は、狼藉により帰洛した先の後鳥羽天皇奉告の宇佐和気使の再遣となるが、発遣の際には、前回の記事には見られなかった神馬神宝の御覧の記述があり、公卿が列して大規模に行なわれた様子がうかがえる。

以上、『玉葉』に見られる「黄金」のことについて、大まかに辿ってみた。注意しておきたいのは、この時の朝廷においては、黄金が、御装束等ほかの神宝や御体である薦枕とは比較にならないほど強く意識されていたことである。朝廷にとって黄金は、惟栄らの押取紛失を経て、朝廷に持ち込まれた、直接に対処しなければならない危機的な対象だったのである。

次節からは、より具体的に『玉葉』の記述を確認し、この黄金がどのように位置づけられているのかを見ることにしよう。

第四節　『玉葉』「宇佐宮条々事」――黄金と宇佐宮――

『玉葉』文治元年十月の記事には、兼実《かねざね》が、朝廷にもたらされた宇佐宮黄金について対応を問われ、文書などの情報を勘案した上で返答していることが見える。そこには、宇佐宮黄金について、何がどのように問題となっているのかが示されている。その際のキーワードとなるのは「御体《ぎょたい》」「神宝」、そして「宗廟」である。この兼実の応答した内容は、「黄金」への対処のほぼ既定の方針となっており、以後、基本的にこの兼実の答申に沿う形で事態は展開することになる。

（一）　宇佐宮黄金と御体・神宝

文治元年十月九日には「蔵人左衛門権佐親雅来、伝院宣云」とあって、親雅《ちかまさ》（藤原親雅。建久四年には大蔵卿。それまでに木工頭《もくのかみ》・右大弁など歴任）から後白河院の院宣を伝えられたという記事がある。そこではまず「宇佐宮黄金」に「或称御体、或称神宝」と注記されている。「黄金」が「御体」と「神宝」のどちらであるのかという問題は、以後の記事でも触れられており、大きな問題であったことがわかる。また「此事為経房卿奉行、所被仰下也」とあり、藤原経房《つねふさ》をこの件の奉行とすることが示されている。

次いで「件状如此」とあり、提出された報告書の内容が「宇佐宮両条事」として引用されている。これは「外記勘申黄金事」と「可給官使、勘録神殿・舎屋破壊、被造替、行清祓、安置御体、被調進御装束事」の二つの条項からなるが、前者には「外記勘文」に見える「黄金」のこと、後者には破壊された神殿舎屋の造替、祓の執行、「御体」の安置、「御装束」の調進についての調査記録の報告を求めることが示されている。

では、「外記勘神申黄金事」について詳しく見てみよう。

一、外記勘申黄金事、

当宮之習、以薦御験并黄金奉称御正体之由、上洛神官等所申也、然而寛治之比有沙汰、事不切之由見外記勘文、

雖縦為神宝非可不崇重、安置所奉送之儀幷被奉謝之間事、就外記申状可被計申之由、向左右内三府許可被仰合、
兼又可令申摂政者、

当宮（宇佐宮）の習いでは「薦御験」ならびに「黄金」を以て「御正体」と称する、と上洛している神官等が申し上げるところである。また寛治の頃に沙汰があって、（「黄金」が御体・神宝のどちらであるのか）適切に判断できなかったことが外記勘文に見えている。ただ、たとえ（御体ではなく）神宝であったとしても崇重しないわけにはいかない。安置所に送り奉ること、ならびに（八幡神に）謝し奉ることは、外記の報告に基づいて計られるべきであり、左右内の三府（三大臣）の許可を合わせて仰ぎ、同時にまた摂政にも申し上げさせるべきである。

まず、上洛した宇佐宮神官の説として、「当宮之習」では「薦御《こものみ》験《しるし》」と「黄金」とを「御《み》正体《しょうたい》」と称して崇める、ということが示されている。「薦御験」は「薦枕《こもまくら》」のことで、これが「黄金」と並んで「御正体」―御体であったとする説である。

次いで「寛治之頃」の「外記勘文」には「事不切之由」、すなわち判断が適切に定まらなかったことが見える、とある。続く記述に、たとえ神宝であるとしても崇重しないわけにはいかない、とあって、問題となっているのは「黄金」が「御体」なのか「神宝」なのか、定まらなかったということだとわかる。

また「安置所奉送之儀、幷被奉謝之間事」は、「黄金」をどこかしらに安置するために移動させることと、「御体」「神宝」の紛失および宇佐宮破却を八幡神に謝すことを指している。「安置」および「奉謝」については、石清

水宮へ一時的に納め、併せて奉幣することを想定するものであろう。本記事の末尾には次のようにある。

両大外記勘申之趣、付和気使可被送本社之由也、但師尚申云、若又暫被奉安置神祇官若八幡宮、猶御体実否之条糺決之後、可有沙汰歟者、

余答云、具披見文書等、退可奏子細者、

両大外記の報告では、（黄金について）おおむね和気使に託して本社（宇佐宮）に奉還するべきとのことであった。ただし、師尚が申し上げていうのには、「（すぐに宇佐宮に奉還できないのであれば）あるいはまたしばらく神祇官に安置するか、あるいは八幡宮（石清水宮）に移すか、どちらにしても御体かどうかの判断を定めてから、決定をくだされるべきだろう」と。

私が答えていうのには、「必要な文書などを披見し、子細を申し上げるつもりである」と。

「両大外記勘申」では、「黄金」について、和気使（宇佐和気使）に託して宇佐宮に返送するべきということになるが、師尚《もろひさ》（中原師尚。当時大外記。明経《みょうぎょう》博士なども務めた）の述べるところとして、しばらく神祇官に置くか、それとも「八幡宮」（石清水宮）に送るか、いずれにしても「御体」であるか否かを審査し決定してから沙汰を下すべきだろう、と記されている。また、以上に対する兼実の答えは、文書などを見てから子細を報告する、というものであった。

（二）　宗廟の霊宝

では、文書を確認した兼実の返答がどのようなものとなったのか。文治元年十月十七日記事には親雅への書状の内容が載せられている。この記事は「宇佐宮条々事」と題され、「以黄金可為御正体哉否事」「付和気使、可被奉遣件金哉否事」「同金安置所事」「発遣公卿勅使、可被謝申事趣事」「自本宮言上条々子細事」「乱行武士事」「召諸道勘文、及可被行仗議事」「廃朝事」の八項目からなっている。いずれも重要な事柄を含んでいるが、ここでは、とくに本章の議論の中心となる黄金の問題を探るために、「以黄金可為御正体哉否事」「付和気使、可被奉遣件金哉否事」「同金安置所事」「召諸道勘文、及可被行仗議事」「廃朝事」の五つの記事を取り上げる。それぞれの記述を確認し、問題点を探りつつ論じていくことにしよう。

一、以黄金可為御正体哉否事、
自寛治之初至嘉保之末、云仗議云問注沙汰雖及数度、御体歟神宝歟左右猶不一決、但愚案之所覃、此条強無疑慮歟、所以何者、如師尚勘申、嘉保三年十一月卅日問注記者、放生会之儀、以薦御枕奉乗神輿、以香炉筥［黄金在此中］令列神宝、修正之時、只以件筥奉移弥勒寺云々者、以之思之、神宝之条雖無異儀、崇重之趣殆類御体歟、倩案、宗廟之用霊宝、辟猶公家之重剣璽、推而准之、自叶物議歟、抑此事不召官勘文之条如何、

寛治のはじめから嘉保の末までの頃に、仗議といい問注といい沙汰は数度に及んでいるが、（黄金が）御体か神宝か、なお一致した見解は出ていない。ただし、私の考えでは、このことについてはそれほどの疑問はな

いように思われる。その理由は、師尚の勘申にあるように、嘉保三年十一月三十日の問注記には、放生会の儀礼では、鷹枕を神輿に乗せ奉り、香炉筥［黄金はこの中にある］を神宝に列させて、修正会の時には、ただこの香炉筥を弥勒寺に移し奉る、などとある。このことによって考えてみるに、神宝であることは疑いないとはいえ、しかしその崇重の様子はほとんど御体に類するものであろう。よくよく考えてみれば、「宗廟」（宇佐宮）が「霊宝」を用いることは、たとえば公家（天皇家）が剣璽を重んじることと同様である。このことから推測するに、今回のような物議が起こるのも自然であろう。そもそもこのことについて朝廷が報告を求めていないことはどうであろうか。

一連の記事中、はじめに挙げられるのが「以黄金可為御正体哉否事」、すなわち「黄金」が「御正体」かどうかについてのことであり、この問題がいかに強く意識されていたかがうかがえるところである。「自寛治之初、至嘉保之末」の数度に及んだ「仗議」「問注」でも黄金が「御体」であるのか「神宝」であるのかが定まらなかったとしている。しかし兼実の判断するところ、師尚の勘申にある嘉保の「問注記」に、放生会の際には「鷹御枕」は「神輿」に乗せられ、「黄金」の入った香炉筥は「神宝」に列せられ、修正《しゅしょうえ》会の時には「黄金」を弥勒寺に移す、という記録のあることから、黄金は「神宝」に間違いないが、その崇重の様子からほとんど「御体」に類するものであろう、と見解を示している。

さきの記事にも触れられていた寛治から嘉保の議論というのは、寛治二年（一〇八八）に宇佐宮検校（大宮司）であった宇佐公則が黄金を盗んだことに端を発した事件（『百錬抄』等に見える）で、やはり黄金が「御体」であるのかどうかが問題となっている。なお、この時には黄金が失われることはなく、黄金三梃の寸法などが測られてお

り、その記録は『託宣集』に収載されている。(7)

また、黄金について、「宗廟」では「霊宝」として用いるものであり、それは例えるなら天皇家が「剣璽」を重んじるのと同様であって、その紛失による物議も納得できるところであろう、と述べ、加えて、そもそもこのことについて勘文が上げられていないのはどういうことか、としている。

この場合の「宗廟」とは、後の「廃朝事」にも見えるように、天皇家の祖先としての応神天皇―八幡神を祀る宇佐宮を指している。すなわち、この記述は、宇佐宮は「宗廟」であるがゆえに、その「神宝」である「黄金」の扱いも天皇家の「剣璽」に准じるべきものと考えられていた、と示していることになろうか。少なくとも、「宗廟」―宇佐宮の「霊宝」―黄金の重要性を述べるために、「公家」―天皇家の剣璽が引き合いに出され、並べ記されてしかるべきものと認識されていたことは間違いない。

神代から伝来するとの由来を持つ天皇家の「剣璽」に対し、前章『建立縁起』にも見たように、宇佐宮の「黄金」は聖武天皇代に奉納されたものであった。このことは兼実も当然理解しており、『玉葉』文治二年正月十七日の石清水奉幣の記事には「彼黄金者宇佐宮神宝也、昔聖武天皇被奉納黄金三廷、於彼宮之其一也」、この出来《しゅったい》した宇佐宮の黄金は昔聖武天皇が奉納した三つの黄金の一つである、と記されている。

ゆえに、その来歴の違いは明白なのであるが、ここでは黄金が大きく価値を上昇させ、その重要性を説くために天皇家の「剣璽」が並べ記され、「宗廟が用いる霊宝」、「宗廟の霊宝」とされているのである。

『玉葉』では以下、黄金が単なる神宝ではなく、他の神宝と区別されるべき「霊宝」「霊物」として価値づけられていく。この記述は、神宝である黄金の紛失が、いかに重大な事件であったかを示すものであった。しかも、その紛失による危機感が、議論され書き記されることで、さらに宇佐宮が「宗廟」であるという観念を増幅していくのである。

（三）　神宝の中の黄金

一、付和気使、可被奉進件金哉否事、
縦雖霊物已為神宝、被付彼使、其儀可然、但件黄金不可准尋常之神宝、何況如本宮解状者、武士之狼藉曾無比類、神宝之紛失不残一物、適所出来只此黄金而已、霊宝独残、弥可尊崇歟、仍奉送之間、聊可有議、須摸本納之筥、被設新造之器也、当時参治之神官等、定存其指帰歟、早被尋子細可随申状歟、抑付初度進発之使、被申当宮有事之趣、頗雖可思慮、如頼業勘申者、件霊宝久安置他所、専可有其恐、被准天慶等之例、何難之有乎云々、恐遅留之条、頗非無其理歟、但彼和気使発向、若在今明歟、期日已迫、沙汰有煩者、暫延引勅使之進発、可催具奉送之雑事歟、将又以別御使後日可被奉遣歟、依本宮之損亡、定有実検之勅使歟、付彼送之、又得事宜故也、両様共無巨難、一決只在叡慮耳、

たとえ霊物が神宝であると判断されるとしても、和気使に託すことはしかるべき処置である。ただし、この黄金は尋常の神宝として扱うべきではない。まったく信じがたいことに、宇佐宮からの報告書には、武士の狼藉がかつて比類ないもので、神宝が一つ残らず紛失してしまった、という。幸運にも所在が判明し朝廷に届けられたのはこの黄金だけである。霊宝がただ一つ残された、これはますます尊崇するべきものであろう。すなわち宇佐宮へと奉還するまでの間、少しでも議論するべきであるのは、ぜひとも黄金を納めていた本の筥と同

様のものを、新たに造って器としなければならないということである。まだ黄金が本の筥に納められていた当時のことを知る神官等は、おそらく指標とするべき筥の形状を知っているだろうから、速やかに子細を尋ね、その報告に従うべきであろう。そもそも最初に黄金を託して出発した和気使についてや、宇佐宮の破壊という有事について、大いに思慮するべきではあるが、頼業の勘申には、この「霊宝」である黄金を久しく他所に安置することは、ただただ恐れるべきことであって、天慶の例等に倣って速やかに宇佐宮へ奉還することに、どうして難があるだろうか、という。宇佐宮への奉還が遅れることについての恐れは、大いに理にかなうものであろう。ただし、今回の和気使の出発は、もしかしたらもう今日明日のことになるかもしれない。その期日はすでに迫っており、黄金を託すためにその準備を妨げることになれば、しばらく和気使の出発を引き伸ばし、黄金奉還のための諸々のことを処理しなければならなくなる。となれば、当然、別の使いによって後日に黄金を奉還するべきだろう。宇佐宮の損壊によって、状況を確認する実検の勅使が必ずあるだろうから、この勅使に託して黄金を奉還する、またこうした方法も取り得る。いずれにせよ、黄金奉還を託す使いについては大きな障害はないので、ただ後白河院の叡慮によって決定するばかりである。

黄金を宇佐宮に戻す際に、和気使に託してよいかどうかに関する記事である。たとえ黄金という「霊物」が神宝であったとしても、和気使に託して宇佐宮に戻すことに異議はない。しかし、この黄金は通常の神宝として扱うべきではない。なにより宇佐宮の報告によれば、武士の狼藉はかつてないほどのもので、神宝は一つ残らず紛失し、偶然出来したのは「黄金」のみである。この「霊宝」だけが一つ残ったのであり、ますます尊崇すべきであろう。

冒頭にはこのように記されており、黄金が宇佐宮の神宝の中でもただ一つ残されたものとして、通常の神宝と区別されるべきという認識が示されている。

さきの記事では「宗廟の霊宝」とされていたが、その上、唯一失われなかったということによって、黄金は神宝としての価値と神秘性をさらに高めているのである。ゆえに、その取り扱いには慎重にならざるを得ず、『玉葉』は、頼業《よりなり》（清原頼業。当時大外記局務。明経博士なども務めた）の勘申として、「霊宝」を他所に長く置くことは畏れ多いことである、天慶《てんぎょう》などの例に従うべきであろう、との見解を載せている。天慶の例というのは、天慶元年に宇佐使に託して宇佐宮に「宝剣等物」を奉ったことを指すものと思われる（「歴代宇佐使」〔『宇佐神宮史』〕）。

兼実は、この頼業の意見について道理のないことではないとし支持している。ただし、和気使の発遣の期日はすでに迫っていて、黄金を託すにはその進発を遅らせる必要があり、別の使いを立て、たとえば宇佐宮の状況を確認する勅使に託すのも一つのやり様であろうともしている。結局、この件については、どちらにせよ大きな障害はないので、後白河院の判断によって決定すると締め括っている。

結果から見れば、先に確認した通り、黄金は後鳥羽天皇即位奉告の宇佐和気使に託されることになる。一度目、和気使が文治元年十二月に発遣されたのは、つまり黄金を託すために出発を遅らせたものであったのだろう。これが武士狼藉によって途上に終わり、二度目、文治二年十月発遣の和気使によって黄金の奉還は行なわれた。

この記事は、黄金をどのように宇佐宮へ返送するのか、ということについてのものであったが、本論の問題意識からは、やはり黄金に関する言説の展開を要点とするべきであろう。

ここでは、黄金が宇佐宮の「霊宝」であると同時に、いくつか存在する「神宝」の中でも一つ飛び抜けた意義を投げ掛けられていることに注意しなければならない。

兼実はさきの記事で、紛失以前の記録を見ることにより黄金が「御体」に比類する「神宝」であるとしていた。そして、この記事の中では、一度失われたという危機を経たことで、その事実自体が他の「神宝」との差別化を要請するものとなって、黄金の価値を特別なものとしているのである。

（四）黄金の安置

一、同金安置所事、
徒於国司之里第、空経若干之旬月事似疎簡、尤多恐懼速奉納神祇官、暫可被待沙汰之趣歟、殊仰本司官人可被奉守護也、宿納石清水宮之条、雖似有由緒、仮奉安置之儀、還以無便宜歟、

黄金について、いたずらに国司の建物において、むなしく月日を過ごすことは粗末に扱うことと同様である。これはもっとも畏れ多いことであって速やかに神祇官に納め奉り、しばらくの間対応の決定をお待ちいただくということになるだろう。とくに本司の官人が黄金を守護し申し上げるべきである。また、石清水宮に宿納することについては、石清水宮は宇佐宮に由緒は似ているが、これは仮に安置し奉るということであって、宇佐宮に奉還する以外には取るべき方針はないだろう。

黄金の安置所についての記事である。
これによれば、黄金は国司の建物にしばらく保管され、いわば中途半端に放置されている状態であり、このよう

な粗末な扱いは実に畏れ多いことである、としている。ゆえに、まずは速やかに神祇官に納めてから、どのように処遇するかの決定を待つべきであろうという。神宝の中でもとくに「宗廟の霊宝」である黄金は、その重要性に見合った扱いをするべきだ、ということだろう。

また、この記事では、黄金を石清水宮に宿納することについて述べている。石清水宮は宇佐宮と同様に八幡神を祀っており、それについて由緒は似ているが、黄金を宿納することは仮の安置である、としている。この件に関して、兼実および朝廷の意識としては、黄金は宇佐宮へと送り返すことが当然の方針であった。

石清水宮は王城鎮護の八幡宮であったが、黄金が真に安置されるべきは宇佐宮であり、単に同じ八幡神を祀るということだけでは、仮のもの以上の互換とは見なされなかったのであろう。そのことは、「黄金」が朝廷に持ち込まれたと思われる文治元年十月から、さほど間を置かず、十二月には宇佐和気使に託されていることからもうかがえる。中世以降では「二所宗廟」というと一般的に伊勢神宮と石清水宮を指すが、ここではいまだ宇佐宮が「宗廟」として意識されているのである。なにより黄金は宇佐宮から失われた神宝であって、崩壊した社殿を修復することも含めて、「宗廟」の回復のためには「神宝」を元の形に納めることが必要とされたのだと考えられる。このことが「宗廟の霊宝」として強調されていたのである。

ただし、石清水宮側、とくに別当慶清《けいせい》の認識としては違ったようで、宇佐宮へと奉還するために石清水宮から黄金を運び出す際に、慶清は黄金を石清水宮に留めるべきと主張した。文治二年十月二十一日の記事に、慶清が申し述べるところとして「件黄金奉納当宮、是神慮之令然也、専不可返本宮者」などと記されている。

慶清の主張は、そもそも黄金が石清水宮に納められたこと自体が「神慮」だったのだ、ということだが、これに対して兼実は「此申状自由也、又不当也」として不当とする見解を記している。

慶清の主張は通らなかったが、もし叶っていたとしたら、それにふさわしい由来の神話言説が、おそらくは作られていたことだろう。ただ、黄金を宇佐宮へと奉還することは、兼実にしても朝廷にしても既定の路線であり、慶清の説を容れる余地は無かった。あるいは、慶清からすれば、兼実や朝廷を自身の作り出す神話言説へと巻き込むことができなかった、ということになるだろうか。

いずれにせよ、黄金奉還は「宗廟」である宇佐宮再建の要の一つであり、朝廷としては、石清水宮に留め続けることは、到底頷けるものではなかっただろう。

(五)　宝物の紛失・神殿の倒壊

一、召諸道勘文、及可被行仗議事、
粗案寛治之例、依黄金一事之沙汰、猶有連日数度之仗議、况於今度者、累代宝物悉以紛失、神殿・舎屋多以顚例、事絶常篇、曾無蹤跡、早仰諸道之儒士、被勘和漢之証拠、専訪群卿之議奏、可有次第之成敗也、

およそ寛治の例を調べてみると、黄金の一事の沙汰によって、やはり連日に渡る数度の仗議があった。ましてや今回のことは、宇佐宮の累代の宝物がすべて紛失し、神殿・舎屋が多く倒壊するという、常軌を逸してかつて存在しなかった事態である。速やかに「諸道の儒士」を仰ぎ、「和漢の証拠」を調べ、ともかく「群卿の議奏」を行なって、どのように対応するのかを決定するべきである。

諸道の勘文を受けて議論するべきことを述べる記事である。

寛治の頃の例では、黄金の一事だけでも連日数度の議論が重ねられたが、今回は「累代宝物」がすべて紛失し、「神殿・舎屋」が多く倒壊するという、常軌を逸するかつてない事態であり、早く「諸道之儒士」に命じて「和漢之証拠」を勘案させ、群卿の議奏を尋ねることによってこそ、今後の次第を決定するべきである、としている。

目を引くのは今回の宇佐宮破却の事件が「事絶常篇、曾無蹤跡」という前代未聞、空前絶後の事態であったということだが、これに朝廷が対処するための材料として「諸道」の「儒士」による「和漢」の「証拠」を求めていることは興味深い。

これは「諸道」、すなわち各分野を専門とする実務官人の勘文を素材として判断するべき、ということだが、「儒士」「和漢之証拠」という文言は、兼実を含む当時の朝廷が示す問題解決のための思考パターンとその世界観に根差したものと考えるべきである。

「儒士」というのは「儒学」を事とする人物を指すのであろうが、そこに「和漢之証拠」という言い方が加わるのであれば、その「証拠」は、「漢」の儒学的知識だけを指すものではなく、「和」としていわゆる「日本紀」に接続する神話的世界観の問題意識があったものと思われ、そこには「日本紀講」に繋がるような認識が作られていた可能性がある。日本紀講は、『日本書紀』への注釈という形で新たな神話が様々に作り出される場であったが(8)、兼実や、彼に代表される官人たちの宇佐宮破却に対処する営為も、同様の性質を持っていたのではないか、ということである。

宇佐宮祭神である八幡神は、応神天皇と同体である。すなわち、宇佐宮黄金に象徴された宇佐宮破却の状況への対応は、応神天皇―八幡神同体説を前提とした、天皇家の系譜と宗廟祭祀、その神話の再構築の問題でもあった。

また、こういった「証拠」は、過去の記録を先例として保持し、かつそれらを適切に参照する能力を持つ者に期待されるものであり、その代表が「大外記」である。現に、兼実は「両大外記」である中原師尚と清原頼業の勘文を召し、加えて彼らによる見解も取り入れつつ事態に対応している。これは当時の朝廷貴族の先例主義を示しているものといえる。

大外記とは、律令体制の中で太政官の管下にあって、これを構成する三つの部局のうちの一つである外記局の官職である。本来、外記局の職掌は、天皇に近侍して、天皇御璽の印を管理し奏宣を掌るという天皇の秘書的なものと、官人の人事とその記録を管理するものとがあった。しかし、兼実の当時には、すでに天皇の秘書的な職掌は蔵人の設置によって薄れており、人事と記録の管掌を役割の中心とするようになっていた(9)。そして大外記は、明経道を家職とした中原・清原氏に独占されるようになり、そこには「日記の家」の成立と展開が同時並行的に進行していたという(10)。

「宗廟」という「天皇家」の祖先を意味する概念が取り沙汰され、「日記の家」の活動が前面化するということは、すなわち天皇家の「家」化の進行という問題も考えられるべきであろう。

宇佐宮の黄金が「宗廟の霊宝」だと価値づけられたのは、おそらくこのような「家」化が進む言説空間の中においてだったはずである。

（六）　宗廟有事の廃朝

一、廃朝事、

如神宮申状者、以薦御枕為御正体云々、付之案之、諸社之火災猶有此儀、況於宗廟之有事哉、論御体之紛失、［薦御験、同紛失之由、載本宮解状、］超神殿之回禄校量之処、軽重不侔、然則乍達此災於天聴、争闕其礼於朝廷哉、濫行雖為去年沙汰、已在近日違期之条、不可有其難、但此条同可依諸道之勘奏也、

宇佐宮の報告には、薦枕を以て御正体とする、という。これについて考えてみるに、他の諸社の火災の際にもやはり廃朝が行なわれるのであり、ましてや「宗廟」である宇佐宮の有事であるのだから当然廃朝は行なわれるべきである。御体の紛失［薦御験もまた同じく紛失したことは、宇佐宮の報告書に載せられている］を考慮すると、神殿の火災と比べてこれを超えた事態であり、軽重を計るまでもない。そうであればすなわち、この災いが天聴に達しながら、どうして廃朝の礼を朝廷に欠くことができるだろうか。宇佐宮への乱行については去年のことであるとはいえ、すでに近日中に廃朝のために様々の処理の期限を遅らせることは、難しくはないだろう。ただし、このことについても、同じく諸道の専門家の報告によって定めるべきである。

この記事は「廃朝」、すなわち政務の休止のことを述べるものである。「宇佐宮申状」によれば、「御正体」―御体である「薦御枕」をはじめ、すべての神宝が失われ、神殿が崩壊するという状況であって、諸社の火災の際にも「廃朝」が行なわれるのであり、まして「宗廟」である宇佐宮の有事なのだから、当然「廃朝」するべきである、というのが趣旨である。

要点は、諸社に対して宇佐宮を「宗廟」とし、その重要性を強調しているところであろう。また「御体」である「薦御枕」の紛失について述べていることにも注意しておきたい。ここでは黄金については触れず、前の記事から

の流れを受けて、「宗廟」である宇佐宮の危機的状況に焦点が当てられており、それが「御体」と「神殿」の二つの事物に代表されるように示されている。このことから、「宇佐宮の有事」として見た場合には「黄金」はその一要素でしかないことがわかる。

しかし、この時の朝廷では、これまで見てきた記事からも、「黄金」の問題が重視されていること、しかも同時に紛失した「御体」である「薦御枕」については、それ自体としてはほとんど取り上げられていないことが理解できる。

「薦御枕」は、「宗廟の霊宝」である「黄金」との対比においては「御体」として示され、また廃朝の記事では「宗廟」である「宇佐宮」の危機状況がその喪失によって示されている。つまり「薦御枕」は、疑いの余地のない確実な「御体」であって、「神宝」と判断される「黄金」と同等以上に問題となってもよいはずである。しかしそうであるにもかかわらず、「薦御枕」の紛失を単独で取り上げ問題視する記述はほとんどない。

一方で、『建立縁起』において応神天皇―八幡神同体説の展開を示す「御装束」についても、通常の「神宝」とほぼ同様に扱われていたようで、こちらもほとんど取り上げられていない。おそらく「薦御枕」にしても「御装束」にしても、年期を限って造り直されるものであったがゆえに、その紛失と回復については、朝廷側の意識として「黄金」ほどには、危機感が持たれなかったのだろうとも考えられる。

『建立縁起』の段階から比べると、それが「御体」であるにせよ「神宝」であるにせよ、「黄金」が八幡神にとって重要な物体であるという形で大きな問題となっている。紛失の危機は寛治と元暦の二度起こり、その度に議論が重ねられ、「黄金御正体」に関する意識は高まったのだろう。

そもそも黄金が「御体」であるというのはどういうことだろうか。前章の『建立縁起』における「黄金」を論じた際にも述べたが、「黄金」は、単に貴重な物質だというのではなく八幡神にとって大きな意味を持っていた。金色は仏の身体をあらわす色であり、黄金は仏教を象徴するものだったからである。つまり八幡神にとって「黄金」とは、その「大菩薩」としての仏教的性質を明示する物体であり、それ故に「御正体」とも観念されたのである。

しかし、ここでより重要であるのは、治承・寿永の乱と宇佐宮破却という歴史の状況の中で、御体・神宝として価値の置かれる対象が「御装束」から「黄金」へと移行し展開し、そのことが『玉葉』の記述としてあらわれている、ということである。

『建立縁起』の「御装束」に見られた大帯《おおたらし》姫《ひめ》の問題、それとの関係における応神天皇としての八幡神、という言説は、『玉葉』では「黄金」という問題に関連して、天皇家の祖神である「宗廟」の神としての八幡神へと展開したのである。八幡神に対する「宗廟」の観念、語彙の使用は大江匡房にはじまるとされている(11)。そのこともまた八幡神の変貌として位置づけられるが、兼実はその八幡神に対する「宗廟」の観念を受けて、さらに展開させたものといえるだろう。兼実における「黄金」は、いわば「天皇家」の「家」化の一つの結実としての「宗廟の霊宝」であり、この「黄金」を媒介に、八幡神は宗廟神へと変貌するのである。

第五節　兼実の言説――祭祀的創造――

前節では「宇佐宮条々事」のうちの五条項の記述を確認した。これらの記事は文治元年十月の段階で記されたとされるものだが、以後朝廷側の宇佐宮や「黄金」への対処としては、おおむね兼実《かねざね》の判断に沿った形で展開しており、おそらくこの兼実の返答が、朝廷の取るべき路線を決定づけるものであったのだろう。

あらためて考えてみるに、宇佐宮の「黄金」にとっては、押取紛失から宇佐宮奉還までの間にあって、兼実が対応したことによって生じた価値づけは一つの転機となっている。「黄金」が御体か神宝か定まらない、という不確定な状態から、「宗廟の霊宝」―神宝へと変容する転換点である。それは多くの勘文、文書の中から兼実が汲み上げ作り上げた一つの神話言説であった。

しかし、このような兼実による「黄金」の認識形成は、適確な判断と対応を求めるものであって、むやみにその神秘性を盲信助長するようなものではなかった。『玉葉』文治二年正月十五日には、次のような記事がある。

入夜蔵人次官定経来申条々事、〔子細在目録、〕其中申明後日八幡奉幣之間事、上卿大臣・大納言等、皆悉辞退云々、〔仰右大将可参任之由、〕又云、宇佐黄金為御正体之由大宮司言上、若然者、自左衛門陣被発遣如何、内侍所之外、神明御体、無入御宮中之例之故也云々、余云、此事全不可及議、就中黄金為御正体之由、指而無所見、嘉保之比沙汰出来、度々及問注、然而依無慥証、宣命猶載神宝之由、今之後縁底、輙可定御体哉、還神慮有恐、子細先日被尋問之時令申了、…………

夜になり蔵人の次官である定経が来て申し述べる様々のことがあり、その中に明後日の石清水八幡宮への奉幣についての話題があって、この奉幣への参加を上卿大臣・大納言等がみなすべて辞退した、という。また定経がいうのには、「宇佐宮の黄金は御正体である、と宇佐宮の大宮司が言上した。もしそうであるなら、左衛門の陣から「黄金」を発遣するのはどうであろうか。内侍所（天照大神の神鏡）のほか、神明の御体が、宮中に入御した例はないからである」と。私がいうのには「このことはまったく議論するに及ばない。とくに黄金を御正体とすることは、取り立てて見るべきところのない説である。嘉保の頃の判断の材料や度々に及ぶ問注、それらには黄金を御正体とする証拠がないからである。対して、宣命にはとくに神宝であることの由緒が載せられている。今の根拠を見た後で何によって、たやすく御体と判断するのか。またそうしたことはかえって神慮の恐れが有るだろう。子細については先日に尋ねられた際、申し上げさせている」と。

蔵人次官定経《さだつね》（藤原定経。当時五位蔵人）がいくつかのことについて語る中に、宇佐宮黄金が大宮司の言上のように「御正体」であるなら、石清水宮へ宿納する際に左衛門の陣から発遣すると宮中に入ることになってしまうが、宮中には内侍所（天照大神の「神鏡」を安置する）以外に「神明御体」が入った例がないので、その発遣場所についてどうしたものか、というものがあった。この定経の見解に対し、兼実は黄金が「御正体」である根拠はどこにも見ることができないとし、「此事全不可及議」と切り捨てている。兼実が黄金は「神宝」であると深く確信していたことを思わせる記事である。

そして、もう一つポイントとなるのは「宣命猶載神宝之由、今之後縁底、輙可定御体哉、還神慮有恐」と述べていることである。

「宣命」には黄金が「神宝」であることが載せられているのであり、これと反対に、今何を根拠として「御体」であると判断するのか、そしてそのような判断をすることは「還神慮有恐」という。

この「宣命」については詳しいことはわからない。しかし注目すべきは「神宝」である「黄金」について、「御体」として扱うことが、逆に「神慮」の「恐」をもたらすだろう、とされていることである。

「御体」と「神宝」について、神の霊験という点から見た場合、やはり「御体」の方がより重要視されるものであり、兼実もその常識的な見方に則っている。それは先に見た「以黄金可為御正体哉否事」に「神宝之条、雖無異儀、崇重之趣殆類御体歟」、黄金は神宝でありながら、その崇重は御体に比類する、とあることからも理解できるだろう。

黄金をとにかく神秘的な霊験あるものだとするのであれば、これを「御体」として考えてもよいということになる。定経の見解はこの見方に近いものであろう。しかし、ここでの兼実は、崇重の様子から「御体」に類するものかとしつつも「神宝」であるとし、しかも「神宝」として扱うことが必要だとしているのである。

すなわち、兼実のこのような理解は、神の霊験と向き合う実践的なものであった。そこでは先例が求められつつも、それに縛られることなく適切な判断を下そうと思考している様相が見て取れる。このことはたとえば、「以黄金可為御正体哉否事」の記事に「愚案」として「黄金」を明確に「神宝」としていることからも理解できるだろう。そうした位置づけの営為は、ただ神の霊威を恐れるのではなく、神の意に叶うべく適切に対処しようとする祭祀行為そのものにも見える。

ほか、同様のこととして、「黄金」の宇佐宮への奉還を託した文治二年十月に宇佐和気使進発の儀の際に、「霊宝」である「黄金」を送り出すという先例のない状況の中、兼実が祭儀の空間を作り出していることが指摘できる。その状況を見てみよう。

この時、神宝を置く案（台）の位置について、これを差配した親雅《ちかまさ》の所案では東側に立てることになっており、兼実は「宇佐宮者西也、御拝可奉向其霊廟方、神宝又可安置同方、而如申者、御拝之時、可乖神宝歟」との考えを示し、神宝案を西に立てるべきとしてその位置を改めさせた。これは、おそらく通常の神宝のみの宇佐使発遣であれば問題にならなかったものであろう。

八幡神を祀る宇佐宮は「霊廟」、つまり天皇家の「宗廟」であり、その宝物紛失、神殿倒壊は、すなわち天皇家、朝廷の危機であった。そういった中で、一梃のみ出来した「黄金」は、まさに八幡神の「御体」に比類し、かつ天皇家の「剣璽」を引き合いに出して並べ記される「霊宝」であった。ゆえに、これに対峙することは、いわば八幡神の神秘と直接に対峙することと同義であったと考えられる。

兼実が勘文などから先例を吸い上げつつ朝廷の対応を定めたことは、危機的状況にあって神へと対応するという意味で緊張を擁する行為であったと見るべきである。「黄金」は、対峙する兼実に八幡神との接触を意識させ、適切な対処を行なわなければならないという緊張関係の中において「還神霊有恐」という言説を引き出させたのである。これは「神宝」である「黄金」との関係において立ち上がる、兼実の八幡神への信仰的営為として位置づけられるだろう。

しかも、兼実は、「宗廟の霊宝」という形で、黄金を新たに価値づけており、新たな八幡神の姿を創造した宗教実践者であった。

また兼実が、事の経過や祭儀の次第を日記に記すことは、家記の形成を意図するところのものでもあった[12]。職掌という点からいえば、「黄金」の儀は、「日記の家」としての摂関家の家記に載せられるべき未曾有の重要な出来事であって、これについて解決するまでを記すことができたのは、「家」を形成しようとする兼実にとって一つのステータスともなり得たものと思われる。

第六節　兼実と八幡神——聖武天皇をめぐる神話として——

『建立縁起』の段階では、聖武天皇代に奉献された、と記される「黄金」は、「神宝」としてのレベルを上昇させ「剣璽」に比されることにもなった。

このことは、見方を変えれば、「黄金」を媒介にして、聖武天皇代に天皇家の「剣璽」と対応させ得るだけの神話的価値が与えられたともいえるだろう。「霊宝」である「黄金」の神話的起源が「聖武天皇」に求められているのである。

近年、兼実《かねざね》や『玉葉』に対しては、思想や信仰の問題として再評価の機運にある。『玉葉』を単に当時の一級史料として扱うのではなく、「反淳素」の思想や貴族社会の「古記録文化」を基本としながら、積極的に新儀を作り出して行く兼実の信仰的営為を評価する議論である。(13)

本章の分析もその流れの一環として位置づけられるが、そういった兼実に関する議論の中でも、兼実の寿永二年(一一八三)の願文に見られる問題に触れておきたい。

この願文は治承四年(一一八〇)に平重衡による南都焼討ちに遭った東大寺の盧遮《るしゃ》那《な》仏の再鋳に際して、その像内に仏舎利を籠めるために作成された。「奉籠金銅盧遮那仏大像生身法身舎利事」と題する。そこには聖武天皇の治世、天平の時代に倣おうとする意識があったこと、また仏舎利奉籠についても聖武天皇の草創を襲う意図のあったことが指摘されている。(14)

このことと、本章で見た「黄金」への対応とは繋がり合う。兼実にとって「黄金」を宇佐宮へと奉還することは、宗廟神としての八幡神への信仰であると同時に、聖武天皇の行ないに倣うものでもあった、と考えられるのである。すなわち、東大寺盧舎那《るしゃな》仏造立と、これを守護するという八幡神、そして宇佐宮への黄金の奉献は、いずれもが聖武天皇と八幡神の関係において作られる象徴的事件であった。そして、兼実にとって東大寺盧遮那仏造立が倣うべき聖武天皇の行ない、聖代の前例であるとすれば、同じくその時に宇佐宮へと奉献された黄金は、宇佐宮に安置されるべきことが当然だったはずである。

このように考えれば、兼実による宇佐宮の神宝である黄金を「宗廟の霊宝」だと価値づけることには、八幡神への信仰というよりは、聖武天皇およびその聖代への思慕や憧憬が強くあらわれているのではないか、とも思われる。ただし、その思慕や憧憬は、単なる好みや憧れの問題ではなく、兼実自身が属する朝廷を中心とした言説空間がどのようにあるべきなのか、という切実な現実的問題であった。

そして、八幡神は、聖武天皇が偉大なる君主であり、その御代が聖代だとされることに大きな役割を担った、天皇家、国家、仏法の神だったのである。

ゆえに、兼実が「宗廟の霊宝」とされる「黄金」に込めた意味は、到来した国家の危機に際して、八幡神を宗廟たる宇佐宮に祭ること、八幡神を宗廟神として位置づけ直すということを含んだ、聖武天皇の時代の神話化、およびその神話によって意味づけられる現実の創造だったといわなければならない。

兼実が、黄金に対する朝廷の対応を主導的に定めたことは、以上のような兼実の自身の思考を映し出した実践であったと見るべきであろう。

おわりに

本章では、『玉葉』に見られる「黄金」について、そこにどのような八幡神があらわれているのか、ということを中心に論じてきた。

『玉葉』の黄金、その「宗廟の霊宝」という価値づけは、八幡神を国家の神、天皇家の神、宗廟の神としてあらためて定立させるものであった。それは、聖武天皇の行ないに倣うという意味で先例踏襲的であり、聖武天皇の時代の聖代化、神話化という意味で神話創造的であり、そこから照射されることで現実の意味を作り出していくという意味で、現実創造的な実践行為である。

個別には、黄金をめぐってほとんど祭祀の問題に取り組むかのような兼実の姿は、先例を守りつつ新儀を作り出し、神話や現実を創造していくということも合わせ、まさに宗教実践と呼ぶにふさわしい行ないを為すものであったといえるだろう。

そうした神話的創造は、第一節に確認した緒方惟栄等による宇佐宮への襲撃、その神話的闘争に対応した新たな、より強固な国家神話であったに違いない。

また、『玉葉』では、黄金は「宗廟の霊宝」として価値づけられているが、それはこの黄金が「御体」ではなく「剣璽」にも対応する「神宝」であるということによって可能となる展開であった。いわば黄金が「御体」であることを棄てることで得た価値である。それは同時に、八幡神が「金色の神体」、仏としての神体を失うということでもあり、おそらくはそれゆえに、『玉葉』の八幡神には、少なくともその「黄金」にまつわる言説には、仏教的な衆生救済の問題はあらわれていない。

そして、黄金における「宗廟の霊宝」化、すなわち神宝説を立てて御体説を否定することは、『玉葉』の記事にも見られたように、兼実にとって周囲との認識の差に苦慮し、時にその違いを説明し、また相手の意見を切り捨てるという形で進められた、個人的でもある競合的な営為であった。

聖武天皇代における黄金の奉献という古代の事実は、惟栄等による押取紛失を経て、唯一出来した「神宝」という歴史の事件が積み重なることで上書き的に認識が作られていく。その兼実の認識は、周囲の人々にも競合的に対応する中、天皇家の「剣璽」に匹敵する「霊宝」として「黄金」を新たに出現させたといえるだろう。それはすなわち、「神宝」である「黄金」が体現する、宗廟神としての八幡神の一つの姿であったのだ。

注

(1)『玉葉』の引用は〈図書寮叢刊〉(宮内庁書陵部)による。
(2) 薗田香融「託宣集の成立――思想史的試論――」(『平安仏教の研究』法藏館、一九八一年。初出は『仏教史学』一一‐三・四合刊号、一九六四年八月)。
(3) 桜井好朗「八幡縁起の展開――『八幡宇佐宮御託宣集』を読む――」(『中世日本文化の形成――神話と歴史叙述――』東京大学出版会、一九八一年。初出は『思想』六五三、一九七八年一一月)。
(4)『平家物語』の引用は〈新日本古典文学大系〉(岩波書店)による。
(5)『古事記』の参照は〈新編日本古典文学全集〉(小学館)による。
(6) 西郷信綱「八幡神の発生」(『神話と国家』平凡社、一九七七年。中野幡能編『八幡信仰』〈民衆宗教史叢書〉雄山閣出版、一九八三年に再録)、逵日出典『八幡宮寺成立史の研究』(続群書類従完成会、二〇〇三年)等。
(7) 三つの黄金の延棒の形状については、寛治五年の記事として『託宣集』巻六に収録されているものがある。それによれば、三つの「黄金」の長さ・幅・厚さはそれぞれ、五寸二分・一寸二分・二分、五寸一分・一寸一分・二分、四寸六分・一寸二分・二分となっている（最も大きいもので、概算長さ一五㎝、幅四㎝、厚さ六㎜）。参考のため当該記事を挙げておく。


註進。

依官符旨。実検言上宇佐宮黄金事。

在香炉匣壱合。奉納黄金参梃。
・一梃。長五寸弐分。広壱寸弐分。厚弐分。
・一梃。長五寸壱分。広壱寸壱分。厚弐分。
・一梃。長肆寸六分。広壱寸弐分。厚弐分。
件寸法宝前納尺定。仍移寸法副進之。

奉加納。

銀香炉壱柄。在蓋鉢。御念珠壱連。［在廊。魄装束］

銅錫杖壱本无柄。御髪剃弐柄。御念珠匣壱合。

水清納物珠弐顆。同御念珠壱連。銀小壺一口。

白玉一顆。［其躰不分明。］

右依官符旨。於宇佐宮御前。府司以下勅使　乃弥勒寺講師　宮司等相共実検之処。鍛冶内匠属紀弘則。同官人代秦延末等申云。件黄金大略梃別漆拾両許歟。已弐百余両也者。相副弘則等注文。実検言上如件。

寛治五年正月十三日

（8）津田博幸「聖徳太子と『先代旧事本紀』——日本紀講の〈現場〉から——」（古代文学会編『祭儀と言説——生成の〈現場〉へ——』森話社、一九九九年）。
（9）佐藤進一『日本の中世国家』（〈岩波現代文庫〉岩波書店、二〇〇七年）。
（10）松薗斉『日記の家——中世国家の記録組織——』（吉川弘文館、一九九七年）。
（11）吉原浩人「八幡神に対する「宗廟」の呼称をめぐって——大江匡房の活動を中心に——」（『東洋の思想と宗教』

一〇、一九九三年二月）。八幡神への「宗廟」の語彙の使用、観念の適用は、大江匡房の個人的信仰と文筆活動によるものという。それは「皇祖神に対する概念の変化」であると同時に「八幡信仰の質的変化」でもあった。そしてそこには個人の意志、信仰が国家の神を変容させていくという、「宗教思想」における「中世に向けての本質的な変化」の問題が指摘されている。確かにそれは「中世」の問題である。今回取り上げた兼実の「宗廟の霊宝」としての「黄金」という言説も、同様の状況にある。これを本論の側からいえば、中世神話論の立場から、神を変貌させるのは個人の意志や信仰、「渇仰」である、ということになる。

（12）松薗斉、前掲書（前注10参照）。

（13）森新之介『摂関院政期思想史研究』（思文閣出版、二〇一三年）、小原仁編『『玉葉』を読む――九条兼実とその時代――』（勉誠出版、二〇一三年）等。

（14）谷知子「「九条兼実仏舎利奉納願文」をめぐって」（『日本文学』四五－七、一九九六年）、小原仁「九条兼実の願文をめぐるノート――寿永二年願文を中心に――」（同編、前掲書、前注13参照）。

第二部　『託宣集』の八幡神

第五章　託宣における成長

――『託宣集』の託宣史――

はじめに

第二部では、『託宣集』の八幡神について具体的に論じていく。その開始にあたる本章で取り上げるのは、『託宣集』における「託宣」の問題である。『託宣集』が、その名に八幡神の「託宣」を集め記したことを題目として掲げる以上、これは避けては通れない問いであろう。『託宣集』における「託宣」は、どのように価値づけられ、どのように扱われているのだろうか。

すでに第二章に論じたように、歴史的な語彙としての「託宣」は、『続日本紀』において八幡神の登場と不可分の意義を担う言葉であった。「託宣」とは、国家・仏教・神々が交錯する地点に作られた神話として八幡神の言葉を意味づけるために、『続日本紀』において、はじめてあらわれたのである。

ゆえに、「託宣」については、憑依現象による神の意志発現を示すものだとして、非歴史的な古層であることを前提とすることは戒められなければならないし、宗教現象として扱う場合にも、方法意識が必要不可欠なのである。

また、第三章では『宇《う》佐《さ》八幡宮《はちまんぐう》弥《み》勒寺《ろくじ》建立《こんりゅう》縁起《えんぎ》』における八幡信仰の展開を論じる中で、第二章に見た『続日本紀』におけるそれとは異なる、宇佐宮の祭祀氏族である辛嶋《からしま》氏が担う「託宣」について、祭祀者の職能という点から論じた。

これらの論点は、テキスト毎に作り出され価値づけられる神話言説としての託宣、という視点によって導かれる問題である。それぞれの「託宣」は同質のものではなく、固有の意義を持っている。当然、本章で問う『託宣集』の「託宣」についても、一般論的な宗教現象というように前提したり、古代や古層へと還元したりするのではなく、『託宣集』においてあらわれ作られる神話言説として論じられなければならない。

第一節　「託宣」の諸問題——歴史的な神話としての託宣——

本章は「託宣における成長」と題しているが、まずはこの「託宣における成長」とはどういうことなのか、中世神話の議論を受けるものとして説明を行ない、あわせて本章の議論の見通しを述べて、導入としたい。

（一）　託宣における成長

さて、『託宣集』における「託宣」は、基本的に八幡神の言葉であり、分析対象としては、それを文字として記録したものということになる。

ところで、『託宣集』の八幡神に限らず、神があらわれ、またその姿を変える時、必ずその神に感応する宗教者が存在する。同様に、神の言葉である託宣が示されて記録となり、また託宣がその内容を拡張し新たな形であらわされる時、必ずその神の言葉としての託宣を感得した宗教者の存在がある。

すなわち、託宣は、宗教的営為における神の顕現の一形態であって、単なる文字の集合として扱うことはできない。そしてそれは常に、神の顕現を感得するという宗教者による創造的行為であり、神の語りという形で示された神話なのである。このように見た場合、託宣の特質は、太古の無時間的な一回的起源の神話としてではなく、歴史の中であらわれる神話として位置づけられるだろう。

中世神話という方法によれば、託宣について、まずは以上のように捉えることができるだろう。ここで強調しておくべきポイントは、託宣が歴史的に作られる神話だということである。

第一部において論じてきたように、八幡神は歴史の展開の中、テキスト毎に様々な姿をあらわしてきた。その変貌は八幡神を主体に置き記述を神話として辿ることで明らかとなる八幡神の成長である。

対して、託宣ということを主題として考えた場合、「託宣」という概念自体の価値づけが『託宣集』において作りなされていることが指摘できる。たとえばそれは、本章の議論の中で確認するように、神は自らいわず、人が代わってこれをいう、ということや、託宣は卜占によって真偽が問われるということとして、『託宣集』に示されているのである。これは単純に見ても、託宣とは何か、その条件はどのようにあるのか、という問いに対する明確な答えとなるものといえるだろう。

しかし、より重要であるのは、託宣としての八幡神の言葉が仏教の根源的価値を担うものとされていることである。『託宣集』における「託宣」は、仏教の経典の言葉と同等の価値を持つとされ、しかも、仏法の諸法―真理の根源であるとされている。これは託宣ということにおいて作られる、「託宣の神話」といえるだろうか。

そして、このような言説の在り方を辿り探った時、浮かび上がってくるのは、ある歴史的時点で示された託宣が、同一の託宣であることを担保されながら、しかし内実が改変され、新たな八幡神の姿がその託宣においてあらわれる、という展開の様相である。

さらに、そのような動きの中には、託宣への注釈の文言が、当の託宣の文言として移植されるという状況が認められる。そこでは、八幡神の託宣が、まさに注釈によって作られている—作り変えられているのである。つまり、「託宣における成長」とは、託宣によって八幡神が新たな姿をあらわすという認識を前提に、八幡神の成長とともに「託宣」という概念が意味づけ直され、「託宣」の記述自体が変化する、という具体的な様相を積極的に捉えていくべきだ、という問題意識なのである。

（二）　託宣・注釈・宗教者

『託宣集』における託宣について、八幡神が成長する神話言説を中世神話として強調する時、忘れてはならないのは、すでに述べたように、そのように八幡神が変貌—成長する時には、必ずそのことを託宣としてあらわした、すなわち託宣を変貌させた宗教者が存在する、ということである。

神の言葉として本来不可変であるはずの託宣を、宗教者が変貌させるということ。このような問題意識を掲げた場合、『託宣集』における「託宣」を論じるためには、次のような視点が必要となるだろう。

まず、『託宣集』において、「託宣」が何ものであるのかを説明し解釈する記述を読み解く。

その際には、八幡神の言葉としてあらわれるものと、神吽《じんうん》の注釈としてあらわれるものという区別が、一応は立てられる。八幡神の神威そのものでもある託宣の言葉は、その信仰者が直接に依拠するべき根源性を提示しており、神吽の注釈は、神吽自身が『託宣集』を編述した段階での託宣への認識としてあって、両者は相互に価値づけ合う関係にある。注釈が新たな神話を作り出すという中世神話の議論を踏まえるならば、そこにこそ、注釈が「託宣」を価値づけ、変容させ、作り出していく、という可能性が見出される。

ただし、本章が最終的に論じる問題は、こういった神話と注釈の分立が揺らぐ地点にある。神の言葉である託宣と、託宣を解釈する宗教者の言葉とが、互いに転移し区別が融解する状況が、『託宣集』の託宣をめぐる記述に認められるのである。このような問題に接近するために、さらに次の視点が導かれてくる。

それは、託宣の言葉自体がどのように扱われているのかを問う視点である。『託宣集』の記述に直接に示される託宣の性質と同時に、『託宣集』を構成する記述の中に、託宣がどのように扱われ組み入れられているのか、ということが考えられなければならない。なぜなら、八幡神の託宣を記述された言語として扱うことは、宗教者による宗教的営為という意味を持っているからである。また、託宣が八幡神の言葉であるからには、その扱い方、記述の在り方には、『託宣集』における八幡神への信仰上の意義が見出し得るはずだ、という認識でもある。

本章では、このような視点に沿って、『託宣集』において変容する託宣を取り上げることになる。それぞれ論点の軽重はあるが、巻三の序文、巻八の「八幡《や》大神託宣奏記《はたのおおかみたくせんそうき》」にかかわる記述、巻十の宝亀八年の託宣記事、巻十一の延暦二年の託宣記事、天安三年の託宣記事、「男山和光由事」とする記事、そして巻十三の若宮が託宣を卜する陰陽師の命を取り殺す記述を分析する。

とくに序文および宝亀八年と延暦二年の託宣記事には、八幡神の託宣を「仏位の経教」に対して「神道の託宣」として価値づける記述があり、これらについての意義を論じることが、本章の核心となる。

ここで、『託宣集』というテキストにおける「託宣」を問うために、若干の予備的知識を確認しておきたい。『託宣集』全十六巻の構成は、第一部第一章にすでに概略として述べたが、あらためて簡略に示しておく。巻一・二は八幡神の顕現以前、巻三は八幡神の顕現、巻四は三所以下宇佐宮諸社殿について記し、巻五から巻十二までは、八幡神鎮座地を巻題とする各巻に、八幡神顕現以降のことが一応は編年風に綴られ、巻十三は若宮についての記事、巻十四は馬城峰《まきのみね》の部として八幡神の顕現地である馬城峰御許山《おもとやま》に関する記事、巻十五・十六は異国降伏の霊威を示す記事が、他の巻に重複するものも含めて収められている。巻一・二は後世の追補である可能性が高く、序文が巻三の巻頭にあり、巻十六の末尾には跋文がある。

こうした中、確認しておきたいのは、『託宣集』の託宣記事、八幡神が託宣を下したという記事の状況である。厳密に「託宣」という文言を追跡するわけではないが、『託宣集』における八幡神の言葉は、当然その最初の顕現に示されたものをはじまりとする。そして八幡神の歴史叙述となっている巻五から巻十二では、顕現の欽明天皇三十二年（五七一）にはじまり、長保元年（九九九）までで途絶え、巻十二末尾には、飛んで文永十一年（一二七四）と建治二年（一二七六）の記事として、編述者である神吽自身が八幡神の姿を見て声を聞いたということが記されている。

つまり、『託宣集』の託宣記事は、長保元年を最新最後のものとしており、これに神吽自身の体験が加えられることで、その歴史叙述が閉じられている。その間二百七十余年、実際に八幡神の託宣がなかったのか、記録が残されなかったのか、あるいは記録が散逸していたのか、不明である。ただし、いずれにせよ『託宣集』の歴史叙述がそのような構成となっていることは動かない。ここから、先行研究で取り上げられてきたような、『託宣集』における託宣の復興という問題が提出されることになる。

（三）「託宣の復興」と中世神話

『託宣集』の本格的な研究が薗田香融にはじまるということは、すでに第一部第一章で述べた(1)。多くの論点を指摘した薗田の議論であるが、そのむすびとしては、「神吽の託宣集撰述は、失われた託宣の文を旧記残簡の中から拾い集めるというだけではなく、託宣そのものの復興をのぞむ強い念願に支えられていた。いわば託宣盛んなりし古代への復帰運動という側面をもっていた」という。

あるいは、そうでもあるのかもしれない。『託宣集』の編述が、古き時代を志す傾向を持つことは確かで、この点を指摘した薗田の議論は、『託宣集』が志向する根源性への希求という問題を摑まえてはいる。

しかし、薗田は論中で、神吽の託宣観について、「自分の目と耳でじかに神託を確かめようとした。そこに秘められた積極的なるもの、意志的なるもの、それは咒術的な古神道や観念的な天台密教には全く見られなかったところのものである。そしてそれは疑いもなく中世的精神とよばれるべきものであった」とも述べていた。

中世という時代の「精神」に対して呪術性と観念性を排した「積極的なるもの、意志的なるもの」という近代的価値観を投げ掛けるこのような議論には疑問を持たざるを得ない。本論で論じるように、むしろそういった、呪術性を有した祭祀の場に立脚する観念性が密教的に構築されていることが、神吽の『託宣集』に見られる八幡信仰の中世的特色の一つと考えられるからである。

そして、それは中世当時の神道説に広く共通する性質でもあった。ゆえに『託宣集』における「託宣」の意義は、薗田が指摘したこととは逆に、呪術・密教・観念の融合する中世、という時代の中で、まさにそうした宗教的な時代性の一角を担うものとして考えられなければならない。

また、薗田のいうような、「積極的」で「意志的」な「中世的精神」、という議論の上で述べられる「古代への復帰」とは、いったいどのような古代を指しているのか、ということも問題となる。そこでは「託宣」そのものだけが古層的に古代として捉えられているように見受けられる。そして『託宣集』を編述した神吽の意識の中心に託宣復興の願いがあるとする理解は、後続する中野幡能《はたよし》[2]や吉田修作[3]による議論にも見られ、それらにおいても、薗田と同様に託宣の意義が古層的に位置づけられているものと考えられる。

しかし、『託宣集』における古き時代への志向は、単なる「古代への復帰」ではなく、またいわゆる託宣現象に想定される古層的な神発現の場への回帰でもない。『託宣集』において作り出された「古代」なのである。そしてそれは、もはや「古代」という観念を超えて出るような、八幡神の根源を突き詰めた極限の起源を希求する営為へと繋がっていく。

これは、中世が作り出す「古代」というべきもので、すなわち、中世神話の問題である。中世神話は、中世において作られた神話群をどのように読み解くのか、という課題を担う議論であり、『託宣集』における託宣を、中世という時代において古代─起源を志向するものとして読み解き価値づけることは、まさに中世神話という視座によってこそ可能となる。

『託宣集』の営為は、当時に伝わる古風、伝来の事物をいかに理解するか、ということと不可分の問題としてあった。これは一方においては、確かに歴史的に古い託宣の収集として、すなわち『託宣集』の編述それ自体として結実する。

ただし、起源への遡及、あるいは古き時代への志向を、託宣記事の収集に限定し、託宣の復興という問題として捉えてしまうと、超越的な根源性を希求するテキストとして成り立つ、という『託宣集』の重要な側面を取り落とすことになる。

薗田は、神叶と『託宣集』の思想史的意義の一面を、託宣観の歴史的展開という見方で摑まえようとしていた。この論点そのものは、否定されるべきではない。しかし、近代主義的認識によって託宣という現象を先立たせてしまうのでは、その「託宣観」は歴史の中世における信仰の実際の様相に接近するものとはならない。託宣観という問題に歴史を見るのであれば、託宣というものが、テキスト毎、それぞれの託宣毎に異なる意味を担うのだということが考えられなければならない。

神吽が復興を願ったのだとして論じられてきた「託宣」は、実際にはその「託宣」自体が歴史的に形成されてきたものであった。「託宣」ということを主体に考えれば、託宣は変容を続ける中で『託宣集』という表現形態を獲得したのである。

そして、そこには「託宣における成長」を如実に示す問題が含みこまれている。『託宣集』における「託宣」という問題を考えるためには、前提的に託宣を捉えるのではなく、「託宣」が歴史的に変容し作られるということを積極的に価値づけるべく、中世神話という視点から見なければならないのである。

それでは、次節以下、具体的に『託宣集』の記述を取り上げ分析していくことにしよう。

第二節　託宣の形式と条件——神吽と行教——

本節では、『託宣集』に見られる、いわば形式的な伝統的託宣観とでも呼ぶべきものを指示する記述を、巻十一の記事から取り上げる。それは、基本的には託宣現象の条件という形で示されており、そこでは何ものが正しく託宣であるのか、という真偽の意識が働いている。しかし、『託宣集』が八幡神への信仰を示す書であることから、単に伝統的というだけでは捉え切れない、仏教的価値との関係の問題も見出される。

（一）　男山和光由事、行教への疑義

『託宣集』において託宣の条件を述べる記事はいくつかあるが、まずは巻十一の末尾近くに「清和天皇御宇十八

年」とする「男山和光由事」という記事を見てみよう。


清和天皇御宇十八年。

男山和光由事。

私云。清和天皇元年。貞観元年己卯四月。大安寺住僧行教大法師。参宮一夏九旬之間。奉増法楽。称有神語奏聞之。奉崇祝神道於男山。此神語誰人聞耶。行教独承之歟。当宮古今神託宣等者。国司。神官。神人。氏人等中承之。記之。奏聞公家之日。被卜占真偽。於疑託者墨字。於真託者朱字也。大法師独承之条。頗有疑者歟。

男山記等在他巻。


清和天皇十八年。

男山和光由事。

私にいうのには、貞観元年四月、大安寺の僧行教大法師が一夏九旬の間、宇佐宮に参宮し、法楽を増し申し上げる間、「神語」があったとしてこれを奏聞し、神道を男山に崇祝し申し上げ、八幡神を男山へと勧請した。この「神語」は誰が聞いたものか。行教が独り聞いたものか。宇佐宮では古今、神の託宣等は、国司、神官、神人、氏人等の人々が承り、これを記してきた。そして公家に奏聞する日には、卜占により真偽を確かめ、偽託の場合には墨字、真託の場合には朱字とする。このような状況を考え合わせれば、行教が独り「神語」を聞くということには、大きな疑いがあるだろう。「男山記」等は、他の巻にある。

これは、男山石清水宮に八幡神が勧請されたことへの注釈の記事となっている。内容としては、貞観元年（八五九）に、大安寺の僧行教《ぎょうきょう》が八幡神を男山に勧請した際の「神語」について、「託宣」の条件というべき問題から疑義を述べるもので、非常に興味深い。なぜなら、そこでは、石清水宮への八幡神の勧請をめぐって、「託宣」という問題から、神吽《じんうん》が行教と鋭く対立する様相を見せているからである。

さて、まずは確認であるが、「託宣」と「神語」が互換可能な用語となっている。ほかの記事では、「神託」や「霊託」等の語も「託宣」を言い換えたものとして使われており、『託宣集』において、「託宣」の語は厳密に運用されているわけではない。つまりは、『託宣集』の「託宣」という言葉そのものを用語法の視点から網羅的に追跡することには、託宣の意義を考える上ではあまり意味がない、ということになる。

ゆえに「男山和光由事」の場合、「託宣」は八幡神の言葉を代表的に指示するものであると同時に、「託宣」の定義、必要条件が述べられていることになり、『託宣集』というテキスト全体にこれを敷衍すると、その境界は曖昧であるといわざるを得ず、場合によっては矛盾するものとも取れる。ゆえに、個々の記述から遊離した全体性へと直接に還元するのではなく、それぞれの記述の文脈に則って読み解くことが必要であろう。

この記事で主題となっているのは、「神語」、神の語りとしての「託宣」である。すなわち、ここで問題とするべきは、行教の得たという「神語」を、神吽が「託宣」だと捉え、その条件に照らして疑問を述べている、ということなのである。

この行教の「神語」にかかわる行状については、たとえば『宮寺縁事抄』第十三に収める『南都《なんと》大安寺《だいあんじ》塔中院《たっちゅういん》縁起《えんぎ》』[4]（以下『塔中院縁起』）などに次のようにある。

和尚音、人聞、大菩薩御声、人不聞、似和尚一言、両弟子愁悩云、我等大師無由神社籠給、顚狂病付給云々、行教云、通言語雖有貴約、未拝見御正体、世間又不信受歟、願垂示現、弥疑懇篤矣、詞未訖、和尚緑衫衣袖上尺迦三尊顕現、

これは、宇佐宮に参籠した行教と八幡神が言葉を交わしたという記述である。大意を取ると次のようになる。

行教は八幡神の声を聞き言葉を交わす。しかし、行教の声は人の聞くところであったが、八幡神の声は聞こえず、行教の独り言のようであったという。その場にいた弟子たちが、行教の気が狂ったのだろうかと愁い悩んでいると、行教は八幡神に、私と言葉が通い、また尊い誓約（参照した記述の前に、八幡神の言葉として「擁護尺迦之教跡、保護百王之聖胤」、釈迦の教跡を擁護し、百王の聖胤を保護する、ということが示されている）があるとしても、まだ御正体を拝見しておらず、世間はそれを信じ受けない、願わくは示現をあらわしてほしい、そうすればますます信心は篤くなる、といい、その言葉が終わらないうちに、行教の衣の袖に釈迦三尊が顕現した、とする。

行教による八幡神の男山への勧請と、その「御正体」が釈迦三尊であることを語るものである。

神吽が『塔中院縁起』を見ていたかどうかはわからないが、行教への託宣の疑義は、行教が八幡神と語り合ったことを前提としているのだから、これに類する記事を参照していたことは間違いないだろう。

そして、この記事を見れば、確かに、神吽が「男山和光由事」に提示する「託宣」の条件から、行教の「神語」は外れるものに見える。本人以外には姿も見えず言葉も聞こえない状態で八幡神と語らう行教の姿は、神吽にとって「神語」を偽り騙ったという疑いの対象なのである。

そこには、石清水宮に対する宇佐宮の、八幡神を男山へと勧請した行教に対する神吽の、宗教者としての対抗と

競合の意識を見ることができる。

「男山和光由事」には、「当宮古今神託宣等」とあることによって、そこに示される託宣への解釈が、「古今」の「託宣」という、宇佐宮の伝統的理解として示されていることがわかる。それが実際に宇佐宮古今の伝統的なものとしてあったかどうかは関係なく、神吽はここで「古今」という語によって宇佐宮の祭祀における託宣の伝統を行教に対抗する形で作り出し提示したと見るべきであろう。この記事の「託宣」の問題には、まずは神吽による行教への八幡信仰上の対抗関係が見出されるのである。

神吽は、宇佐宮祭祀氏族である大神《おおが》氏の出身でもあり、『託宣集』を編述するほどに、八幡神の託宣を考え抜いていた。また、第九章に詳しく論じるように、自身が八幡神の姿を神秘体験として実見し、その言葉を聞いた人物でもあった。そのような立場と自負から、行教の「神語」について疑問が付されたのである。

（二）　天安三年託宣記事、諸法と託宣

「男山和光由事」に示される託宣の条件の問題であるが、この神吽の注釈は、直前の「天安三年託宣記事」に対するものという文脈を持っている。そちらにも目を向けておこう。

(1)　一。文徳天皇八年。天安三年己卯二月三日。〔同四月十五日改元為貞観元年己卯。〕託宣。

大菩薩波是乃宮仁波不坐須。掛毛畏岐我今帝乃御身於奉守護土志手京都仁坐。御殿之上乎不避志天。朝庭乎奉守護。但節々祭乃時。大虚与利翔幸須。此宮尓波比咩大神幷大帯姫乃美曾坐須。一切神波天皇御命仁違須留神波不全在曾者。

(2)　神吾加社乃氏人等。及末代天人心不信仁天。不信仏神良牟時者。必以吾教言弖。世尓披露志天可令教信志。諸法乍皆無不依旧言志。玉不瑩波無光志。語言尓不云波人不識須。神者自不言須。人代天謂之布。蒼天毛又無口談志弖。出草木弖顕験気須者。

(1)　大菩薩である私は、この宇佐宮には坐せず。申し上げるのも畏れ多い今の帝の御身を守護し申し上げるために、京都に坐す。御殿の上を避けずに、朝廷を守護し申し上げる。ただし、節々の祭の時には、大空を掛けて行幸する。この宇佐宮には比咩大神と大帯姫が坐す。一切の神には天皇の御命に違う神はまったく存在しないのである。

(2)　神である私の社の氏人等に告げる。末代に及んで人心不信となり、人々が仏神を信じない時には、必ず私の教言を世に披露して教えを信じさせるように。仏教の諸法はすべて私の旧言に因らないものはない。玉は磨かなければ光はない。語は言葉にしなければ人が知ることがない。神は自らいわず、人が代わってこれをいう。蒼天もまた言葉を発さずに草木を出だして、その存在を示す気をあらわす。

「男山和光由事」の注釈が掛かるのは、主に託宣の前半部分(1)である。八幡神が宇佐宮に常駐せず、京都にあって天皇と朝廷を守護すると述べられている。宇佐宮に戻るのは、節々の祭祀の時のみで、常時の鎮座は比咩《ひめ》神《がみ》と大帯姫《おおたらしひめ》のみである、という。

これは八幡神の男山石清水宮への移座を示す託宣だが、鎮護国家の神としての八幡神の在り方を強烈に打ち出すものといえるだろう。それは何よりも宇佐宮を不在にしてまで京都において天皇と朝廷を守護するのだ、ということに示されている。

元来、八幡神は、九州豊前の地の宇佐宮に鎮座することで、隼人を征討し、また大陸や半島の諸国家に対抗する、という権能を担う神であった。それが宇佐宮から離れるのであれば、そうした九州地方における在地性が失われてしまう。すなわち、国家守護神としての具体性が希薄化する。対して、中央京都において天皇と朝廷を守護するということは、具体性からの離脱と引き換えに、国家守護の神として、より抽象的な、言い換えれば、より普遍的な権能の獲得を意味する。この託宣記事(1)には、八幡神は隼人や大陸・半島の諸国に対峙する神、という限定を解除し、天皇と朝廷をあらゆる敵対的存在から守護する神となった、ということが示されているのである。

また、そうであると同時に、男山への移座の記事でありながら、行教による勧請の行状について語る記事を提示していないところに、神吽から行教へと向けられた競合の意識があらわれていると考えられる。

あらためて、「男山和光由事」の「由」は、由来のことであり、男山への和光――光を和めて顕現する――という勧請鎮座の起源を指す。すなわち、行教が八幡神と言葉を交わしたというその由来、起源神話を指示しているのである。神吽の疑いは、そうした行教による男山への移座という、男山石清水宮の起源神話へと向けられた記述としてある。

ただし、そこで問題となっているのは、八幡神の男山への移座そのものではない。八幡神が京都の天皇を守護するべく男山へと向かったことは、(1)の託宣記事に見られるように、神吽も承知するところであって、疑義は、あくまで行教が八幡神の託宣を得たということなのである。

神吽にとって、男山石清水への勧請は八幡神の託宣による事実であったが、しかし、八幡神の顕現を導き、その言葉を得るということ、すなわち八幡神に近侍して祭祀を司るということに関しては、宇佐宮の歴史的蓄積を受ける神吽にとって、行教のそれは認められないものだった、ということになる。

では、神吽の示した疑義はどのような論理に立脚するものなのだろうか。その根拠が示されているのが(2)の託宣記事である。

まず、「教言」と「旧言」は八幡神の託宣を指している。そして人々が「仏神」を信じない末代には、八幡神の託宣を広く示すことで、人々に信心を保たせることが可能だとしている。さらに、「諸法」は「旧言」―託宣に「依らざるは無し」、という言い方で、八幡神の託宣に、諸法―仏法―真理の根源があることを示している。

それでは、その八幡神の「教言」である託宣がどのようなものであるのか、というと、それは人に理解させるために示されたものだという。しかし、神は直接に語ることはないので、人が代わりにその意思を語るのだ、としている。これが一つの大きなポイントであり、神吽による行教への疑義として提示された託宣理解の根幹である。

神は自ら直接語ることなく、人が代わりに言葉を発する。それがここでの託宣理解の基本線である。すなわち、「神者自不言須。人代天謂之布」（神は自ら言はず、人代りて之を謂ふ）という命題が、行教に対抗し疑義を示した神吽による託宣への価値づけだったのである。

以上、本節では、神吽による託宣の位置づけ、要件の提示と、諸法の根源であるとする託宣観を確認した。どちらも、託宣が何ものであるかを示し価値づける認識であるが、当然ながら、これらはここでだけ突然に言い出されたものではない。

『託宣集』における重要事である「託宣」についてであれば、それは当然『託宣集』における文脈を担うものとしてある。第三節と第四節では、「古今」の伝統ともいうべき、託宣の真偽を問題とする記述と、仏教と託宣の関係を示す記述とを、それぞれ見ていくことにしたい。

第三節　託宣と真偽——作られる託宣観——

前節からの展開として、本節では託宣の真偽に関する問題を論じる。取り上げるのは、巻八の「八幡大神託宣《やはたのおおかみたくせん》奏記《そうき》」についての記述、巻十三の若宮が神を卜する陰陽師を殺すという記述である。

（一）　八幡大神託宣奏記、真言と諷諫

巻八に引用されている「八幡大神託宣奏記」（以下「託宣奏記」）は、『託宣集』にとって、もっとも重要なテキストである。巻三の序文には次のようにある。

又和気清麻呂勅使之時。与禰宜辛嶋勝与曾売。於廟壇之前。写新旧之文。一通以献御。一通以留宮。惣而賞罰之説。朱墨之字。歴代之宝。照胆之鏡。而後鳥羽院時元暦甲辰。源平之氏雌雄之間。管豊後之国賊破滅当宮之剋。従是散乱失拠通会。噫前軌廃而玆稀。今宣絶而年尚。

また、和気清麻呂が勅使であった時、禰宜の辛嶋勝与曾売とともに、廟壇である宇佐宮の前で、新旧の託宣の文を写した。一通は朝廷に献上し、一通は宇佐宮に留め置いた。そのすべての賞罰の説、真託偽託を示す朱墨の文字は、歴代の宝であり、心中の真実を映す鏡である。

ところが、後鳥羽院の時代、元暦の頃、源平の両氏が争った時、豊後の国を管轄する武士の賊が、宇佐宮を

破滅させた際、これに従って清麻呂と与曾売が写した託宣の書が散逸し、教説理解の拠り所を失ってしまった。ああ、古い規範は廃れてしまいほとんど残されていない。今は託宣も絶えて久しい。

ここに述べられる「新旧之文」を写した書というのが「託宣奏記」である。「託宣奏記」は、序文において唯一直接に指示されるテキストであり、しかもこれが散乱したことにより「通会」の根拠が失われたという。そして、続けて規範と託宣の絶えたことまでが語られるのであるから、宇佐宮に伝来しただろうテキストの中で、別格としてそれらを代表する価値が与えられていることになる。このような「託宣奏記」が、巻八に復元されている。巻八の記述も見てみよう。

八幡大神託宣奏記。
一通以献御。一通以置神宮。唯直伝奏。使右近衛将監兼美濃大椽従五位下勲六等臣輔活能真人清麻呂。七月十一日巳時。禰宜従六位上辛嶋勝与曾売託宣。以朱為真言。以墨為諷諫注也。

八幡大菩薩託宣奏記
一通は朝廷に献上し、一通は宇佐宮に置く。天皇に直接に奏聞するものである。和気清麻呂を使いとする。七月十一日巳時、禰宜辛嶋勝与曾売に託宣があった。その託宣について、「真言」（真託）の場合には朱字で記し、「諷諫」（偽託）の場合には墨字で記すものである。

おおむね、序文に示されたことと同様のことが記されている。ただし朱墨の字については、「真言」と「諷諫《ふうかん》」を記したものとしている。ここに取り上げた記述は、「託宣奏記」の序にあたり、以下、八幡神の託宣の言葉が、朱墨を分けつつ並べられている。

前節に見た「男山和光由事」では、「於疑託者墨字。於真託者朱字也」となっていたが、序文にも触れられる「託宣奏記」では、「以朱為真言、以墨為諷諫注也」となっているわけである。この違い、とくに「偽（疑）託」を「諷諫」とすることには、どのような意味があるのだろうか。

「諷諫」とは、風刺的に遠回しにいさめることを示すが、この理解は、「偽託」とは到底いえない。託宣の真偽の判定は、神吽が述べたように宇佐宮における「古今」の伝統として意識されるものであったが、「託宣奏記」は、「墨」の託宣に「偽託」とは異なる「諷諫」という価値を与えているのである。

このことについて、薗田香融は、「託宣奏記」の「諷諫」の意味するところは、「八幡の神託は、たとえ偽託であるとト定されたものでも捨ててはならぬ」ということを示しており、「天台密教の感化」によって「偽託にも「諷諫」の神意が寓せられ」るようになった、との見解を述べている。(5)

「託宣奏記」が、記述の通り清麻呂と与曾売によって書かれた、ということは信じがたいが、神吽の編述態度から、神吽が独自に作り出したものとも思われない。おそらく、薗田が想定するように、それは宇佐宮の歴史的展開の中であらわされたものだろう。

つまり「託宣奏記」は、歴史の所産として、宇佐宮の八幡信仰の中核である託宣の問題において、天台密教の教説理解による読み替えが行なわれ成立したテキストだったと判断できる。その時、託宣は、卜占による真偽の判定を超えて、真託と偽託のいずれもが八幡神の意志の発現であるというように作り出されたのである。

そして、『託宣集』序文に、「託宣奏記」の「物而賞罰之説、朱墨之字」が「歴代之宝、照胆之鏡」と称揚されるのであれば、『託宣集』における「託宣奏記」の「墨」＝「諷諫」という理解は、単なる一過性のものでも、例外とみなされるものでもなく、『託宣集』の根幹にかかわるものと見なければならない。

（二）　若宮・託宣・陰陽師

『託宣集』巻十三は、「若宮部」と題して、宇佐宮若宮について、その起源と社殿、御体などについて語る巻であるが、その冒頭には、若宮の神と陰陽師が託宣をめぐって対立する様を描く記述がある。天長元年（八二四）からはじまる一連の記述と、それをまとめた貞観十八年（八七六）の大神朝臣蘊麻呂《つみまろ》等の解状である。今問題とする託宣については、どちらもほぼ同じ内容を示しているので、前者の天長元年からはじまる記事を辿ってみよう。

淳和天皇元年。天長元年甲辰。大神朝臣蘊麻呂母酒井勝門主女就神祭経七箇年。同七年庚戌。従八位下大神朝臣真守之家就門主女宣。

吾波菱形宮乃西方荒垣之外仁隠居多留神曾。若不顕申波汝家仁入神気牟物曾。其時幾吾喩為土波可告者。

而思忘経年之間。神気入真守之家。陰陽師川辺勝真苗録申之。託宣。

神向卜陰陽師。吾礼其命取利死牟物曾者。

未経幾年陰陽師真苗頓死。然後門主女依神託告蘊麻呂。助雄等云。

神乃託宣陰陽師更不用須。但汝能久彼神乎奉治流陪志。然間陰陽師不聞神教志弖。急死亡須流己土。汝不見須哉者。

天長元年、大神朝臣蘊麻呂の母、酒井勝《さかいのすぐり》門主《かどぬし》の娘が、祭祀に加わって七年を経た頃、この娘に神が憑き、大神朝臣真守《まもり》の家へ神の言葉があった。

「私は菱形宮の西方、荒垣の外に隠れ居る神である。もし（私を）顕現（させる者）がなければ、真守の家に神気を入れるだろう。その時には、あらためて私が言葉を伝え告げるだろう」と。

このようなことがあったが、それを忘れ過ごす内に数年を経て、神気が真守の家に入った。陰陽師の川辺《かわべの》勝《すぐり》真苗《まなえ》が、そのことを記した。そして託宣があった。

「神に向かって卜う陰陽師があるが、私はその命を取り殺すものである」と。

数年もしないうちに、陰陽師真苗が頓死する。その後、門主の娘が神託によって蘊麻呂と助雄らに告げていった。

「神の託宣を陰陽師は用いない。ただし、お前がよく彼の神を治め奉仕せよ。そうする間には、陰陽師が神の教えを聞かずに急に死亡することは、お前が見ることはないだろう」と。

ここに登場する神は宇佐宮若宮であり、この記述は若宮の顕現の由来を語るものである。一般的に、若宮とは、主たる祭神の御子神、あるいは本来の祭神に加えて新たに勧請され祀られた神のことを指す。通常、和み鎮まる主祭神に比較し、より活動的で荒ぶる神格を持つ場合が多い。

宇佐宮若宮は、応神天皇の子である仁徳天皇として知られるが、『託宣集』では「若宮四所権現」として「若宮」「若姫」「宇礼」「久礼」や「仁徳天皇」「宇治皇子」「宇礼」「久礼」、「若宮二所・若姫二所」等としている。ほか、「若宮御形像五体御事」といった記事もあり、「若宮」についてはいくつもの説があったようである。

そうした中、若宮について、引用した記事の末尾にある託宣には、次のようにある。

即神宣。為打隼人兵尓。大菩薩行幸志給志時。吾御伴為将軍而奉仕。彼隼人等乎打還志坐之時。大菩薩之等給彼将軍器杖。皆授吾気給畢怒。因茲為戦彼。竊吾身老労侍於外門。為立慰安願慕処也者。

即ち神が宣するのには、隼人の兵を討つために、「大菩薩」（八幡神）が行幸なさった時、私はともにあって「将軍」となり奉仕した。彼の隼人等を討伐し帰還しなさいます時、八幡神および同行の者等は彼の「将軍」に「器杖」を与えるということで、皆が私に授けなさったのである。これによって戦のために、私は身を密かに隠して時経ることに耐えつつ外門に侍り仕えている。（こうした「器杖」を授かった神として）立ち続けるために私を慰め安んじる願を求めるところである、と。

若宮は、八幡神の隼人征討に同行して将軍の器杖《きじょう》を預かったという、いわば軍神であり、八幡神の荒ぶる性質の顕現である。広くいわれる「若宮」の性質は、宇佐宮『託宣集』においても認められるということになるが、その若宮が、「神に向かってト う陰陽師」の命を取り殺すという。

すでに確認してきたように、『託宣集』における歴史的認識として、託宣を卜占《ぼくせん》によって選別することは規定のものとされていた。しかし、ここでは、制度として確定しているはずの託宣への卜占を、若宮が八幡神のもっとも苛烈なあらわれとして拒否しているのである。

しかし同時に、これは陰陽師による卜占という宇佐宮の託宣の制度を保証する記述でもある。ただし、それは若宮を祀ることによってである。

「お前がよく彼の神を治め奉仕せよ。そうする間には、陰陽師が神の教えを聞かずに急に死亡することは、お前が見ることはないだろう」という若宮の言葉は、神を祀ることによってのみ、陰陽師の卜占が許される、ということを示している。

しかも、その祭祀は大神氏の蘊麻呂を中心としたものとして記述されており、若宮の言葉は、託宣をめぐって陰陽師の卜占と大神氏の祭祀とが競合する状況と、大神氏の祭祀の側の優位性を説くものでもある。

神が自らの祭祀を求めて言葉を発し、祭祀者である蘊麻呂がそれに応えて、陰陽師を殺すという神の荒ぶる力を治めるというのは、祟《たた》りという神の顕現の典型を示しているともいえるだろう。

これは、『託宣集』における伝統的託宣観ともいうべきものを、大神氏の祭祀によって支えられるものとして再定義する記事なのである。

そして、託宣の真偽、という点から考えた場合には、やはり真偽の判定そのものを拒否する、という大きな流れの中に位置づけられる。『託宣集』では、託宣は基本的に卜占によってその真偽が問われるものとされていた。少なくとも神吽は自身の言葉としてそれを語っていた。

しかし他方、『託宣集』が作り成す歴史の相が示すのは、若宮が陰陽師を取り殺すという八幡神の側の卜占への抵抗、そうした真偽の判定自体が無効であるとする主張である。

託宣はすべて真である、という理解は、八幡神にとってそうあるべきだという点で、『託宣集』の全体に貫かれた志向であるといえるだろう。そのほとんど究極的な到達が、仏法の諸法はすべて託宣による、という第二節に見た天安三年の託宣記事であった。それは、八幡神の託宣の宗教的価値の上昇といってよい。

次節では、仏法を説く経教と託宣とが関係づけられる記述を取り上げ、諸法の根源に託宣があるのだという言説が、どのような論理としてあらわれるものであるのか、そして託宣そのものが伸張し、成長するともいえる具体的な状況を捉える。

第四節　託宣と経教――根源化する託宣――

本節では、託宣と仏法を説く経教と関係を示す記述として、巻十の宝亀八年託宣記事、巻十一の延暦二年託宣記事、巻三の序文を取り上げる。

（一）　宝亀八年と延暦二年の託宣

宝亀八年（七七七）託宣記事は、八幡神の出家を示すものとなっている。

『託宣集』巻十
一。光仁天皇八年。宝亀八年丁巳五月十八日託宣。

以明日辰時天沙門止成。可受三帰五戒志。自今以後波禁断殺生弖可放生。但為国家尓有巨害之徒出来良牟時者。

不可有此限須。可無疑念志。

古仏垂迹大悲菩薩乃御身奈利。仏位仁志弖説給乎波経教止奉仰利。以神道弖宣上留乎波称託宣須。真実者也。不虚妄者。不誑語者也。任御誓願之旨。天皇乎奉守利給布。

大意としては次のようになる。

最初に、八幡神が出家し沙門となって三帰五戒を受けること、これより以後は殺生を禁断すること、放生するべきことを述べ、しかし加えて、国家に害なすものがあらわれた場合は、この限りではない、疑念を抱いてはならない、という。また自身は古仏の垂迹、大悲菩薩であるとし、「仏位」において説くものは「経教」として仰ぎ、「神道」において宣うものは「託宣」と称する、とする。そして、これらは真実であり虚しい妄語ではない、誓願によって天皇を守護するものである、と結ぶ。

八幡神が出家することを示す託宣であり、仏教的価値観を強烈に打ち出すと同時に、鎮護国家の神としての在り方を同時に成り立たせるため、例外として殺生を行なう可能性も留保されている。このような主張が託宣によって示される、ということまで含めて、まさに八幡神の典型的な在り方を示す記述であるといえるだろう。

続いて、延暦二年（七八三）の託宣記事である。これは、八幡神が大自在王菩薩であることを明かし、さらに「護国霊験威力神通」の加号を示す記述となっている。

『託宣集』巻十一

一。桓武天皇二年。延暦二年癸亥五月四日。託宣。

神吾波無量却中化生三界。修善方便導済衆生。吾名是大自在王菩薩。宜今加号曰護国霊験威力神通大自在王菩薩。古仏乃垂跡也。大悲乃菩薩乃御身奈利。仏位号尓志弖説於波経教土奉仰利。神道仁志弖宣於波称託宣須。真実者也。不虚妄者也。不誑語者也。任誓願弖神道於示志手朝家乎奉守留者。吾波以慈悲天為本誓須。寺務社務乃司亦有非法之時者。可帰寂光土志。吾体波有毛也空也。只以正道天為体須者。

こちらも大意を取っておこう。

八幡神が、無量劫の間に三界に化生し、衆生を導き救う方便を修めた大自在王菩薩であることが示され、加号して護国霊験威力神通大自在王菩薩と名乗るという。また自身は古仏の垂迹、大悲の菩薩であるとし、「仏位」において説くものは「経教」として仰ぎ、「神道」において宣うものは「託宣」と称する、とする。そして、これらは真実であり虚しい妄語ではない、誓願によって朝廷を守護するものである、と述べる。さらに、慈悲を本誓とするものであり、寺務や社務を司る者の中に非法がある時には、寂光土《じゃっこうど》に帰るとし、自身の神体は有もまた空である、ただ正道を神体とするのだ、と結んでいる。

なお、延暦二年の託宣の末尾、「体」を「有」「空」「正道」とすることの意義については、詳しくは第七章第四節において論じる。

宝亀八年の記事は八幡神の出家、延暦二年の記事は八幡神への尊号加号、というように、中心となる内容は異なりつつも、「古仏垂迹」以下から、天皇、朝家を守護する、というくだりまでの文意はほぼ同じである。どちらも八幡神への認識として重要な意義を持ち、これらに「仏位においては経教」「神道においては託宣」という言葉があらわれているのは、『託宣集』の八幡信仰における仏教と託宣の関係認識を示すものとして重要であろう。

この二つの記事は『託宣集』が構築する歴史叙述において、八幡神の威力の成長を示している。すなわち、宝亀八年の記事では出家によって仏教的性質の獲得へと向かい、延暦二年の記事ではその証としての加号が示される、と見るのが妥当であろう。託宣の在り方としては、このような八幡神の成長において、「神道」の「託宣」が「仏位」の「経教」に等しいものとして、八幡自身の言葉として位置づけられることになる。つまり八幡神の成長とともに、その不可分の在り方である「託宣」もまた、成長したのだということになる。

しかし、問題はそれだけではない。それぞれの記事は、出家と加号という重要な出来事を内容として語るが、託宣の文言を見た場合、やはり目を引くのは、その重複する部分に「経教」と「託宣」を同等だと価値づける言葉があらわれていることである。そこにはどのような意味があるのだろうか。

（二）　託宣と注釈

託宣を経教と同等だと価値づけるこの文言は、歴史的にはどのような位置を想定できるであろうか。長承三年（一一三四）に現在伝わる形となったとされる『東大寺要録』(6)の弘仁十二年（八二一）の記事や寛弘六年（一〇〇九）の頃の成立かと推測される『宇佐《うさ》八幡宮《はちまんぐう》弥勒寺《みろくじ》建立《こんりゅう》縁起《えんぎ》』(7)（以下『建立縁起』）には、延暦二年の加号のことが記されている。

『東大寺要録』
天応之初。計二量神徳一更上二尊号一。曰二護国霊験威力神通大菩薩一。延暦二年五月四日。詫宣。吾無量劫中。化二生三家一。修二方便一導二済衆生一。吾名是大自在王菩薩。宜下令レ加レ号。曰中護国霊験威力神通大自在王菩薩上者。如レ此之験不レ可二勝計一。

天応のはじめの頃、その神徳の偉大であることを思慮し計って、さらに尊号を奉り、護国霊験威力神通大菩薩という。延暦二年五月四日の託宣にいう。

「私は無量劫の中、三界（家）にあらわれ、方便を修めて衆生を救い導いてきた。私の名はこれを大自在王菩薩という。（先の）号に加えて、護国霊験威力神通大自在王菩薩と呼ぶがよい」と。このような神の霊験は計り知れるものではない。


『建立縁起』

（延暦）同二年五月四日詫宣曰、吾無量劫中化二生三界一、修二善方便一、導二済衆生一、吾是大自在王菩薩、宜下今加レ号曰中護国霊験威力神通大自在王菩薩上、者如レ此之霊験不レ可二勝計一、前名二広幡八幡大御神一、今号二護国霊験威力神通大自在王菩薩一也、

延暦二年五月四日の託宣にいう。

「私は無量劫の中で三界にあらわれ、善の方便を修めて衆生を導き救ってきた。私は大自在王菩薩である。今、号を加えて護国霊験威力神通大自在王菩薩と呼ぶがよい」と。託宣にいうところ、このような霊験は計り知れるものではない。先には広幡八幡大御神と名づけ、今は護国霊験威力神通大自在王菩薩と名づけるのである。


それぞれのテキストでは、この加号によって八幡神の呼称が「大神」から「大菩薩」へと変化している。仏教的性質の全面的な獲得が、八幡神の成長を示す重要な契機として記述されていることがわかる。しかし、そこには

『託宣集』の延暦二年の託宣記事に見られた「仏位—経教」、「神道—託宣」という認識はあらわれていない。

ここから考えられるのは、十一世紀以降『託宣集』の成立までのある時点で、この延暦二年の加号の託宣に、「仏位—経教」「神道—託宣」という、託宣を仏法の経教と同等のものとして価値づける言葉が付け加えられた、ということである。

このことについては、『宮寺縁事抄』にある「御託宣」の記事によってより明確に考えることができる。『宮寺縁事抄』(8)（以下『縁事抄』）「御託宣」には、宝亀八年の出家と延暦二年の加号に関する託宣記事がともに収められており、それは次のようである。

宝亀八年五月十八日託宣
明日辰時、沙門□〔土〕成天、可受三帰五戒、自今以後、禁断殺生、但為国家、有巨害之徒出来時者、非此限云々、
右仏垂跡大悲菩薩御身ナリ、仏位ニシテ説給ヲハ経教ト奉仰、神道以〇顕所宣ルヲハ称託宣、真実〇語者也、不虚妄語者也

宝亀八年五月十八日の託宣にいう。

「明日辰時、（私は）沙門となり（出家して）、三帰五戒を受けるつもりである。今から後は、殺生を禁断する。ただし、国家のために、巨害のある者たちがあらわれた時は、この限りではない」と。

右は、仏の垂迹であり大悲菩薩の御身である。仏位において説きなさるものは経教と仰ぎ申し上げ、神道において宣うものは託宣と称する。真実のものである。むなしい偽りのものではないのである。

正《延》暦二年五月四日託宣

神吾ハ無量劫之中、三界化生、修善方便、導済衆生、吾ヲハ護国霊験威力神通大自在王菩薩ト云者、

延暦二年五月四日の託宣にいう。

「神である私は無量劫の中で三界にあらわれ、善の方便を修めて衆生を導き救ってきた。私を護国霊験威力神通大自在王菩薩という」と。

延暦二年の託宣については、『託宣集』や『東大寺要録』『建立縁起』と比べて部分的な記述となっている。ほとんど加号についてだけ記す、という形である。

対して、宝亀八年の託宣については「誓願に任せて天皇を守護する」という部分を除いて、『託宣集』とほぼ同様の内容を示している。

問題は、『託宣集』の記事では「右」の表記がなく、掲げた記述は全体が宣命体であって形式としても託宣であると判断できるが、『縁事抄』「御託宣」の記事では「明日辰時」から「非此限云々」までが託宣であり、「右」以下はそうではない、ということである。

要するに、『縁事抄』「御託宣」では、「仏位―経教」、「神道―託宣」とする認識が、託宣そのものではなく、それへの注釈的記述として示されているのである。

このように、託宣に対する注釈において「経教」と「託宣」についての価値づけが示されることには、託宣への

注釈という形式において八幡神への理解が展開深化するという八幡信仰の一つの特質が認められる。

しかし、託宣の成長という論点を立てる本章の問題意識からは、「御託宣」における注釈が、『託宣集』収載の記事では託宣の文言となって示されていることについてこそ、考えられるべきであろう。

このことは、『託宣集』とほぼ同時代の成立である『八幡愚童訓』のいわゆる乙本（以下『愚童訓』と略称）にも確認することができる[9]。

そこには「大菩薩の御詫宣」として「又云、宝亀八年五月十八日、「仏位にして説給は経教と仰ぎ、神道をもて告給ふ事は詫宣と称す」とある」との記述がある。

『縁事抄』は嘉禎三年（一二三七）までに成立していたとされており[10]、当然「御託宣」の記事についてはそれ以前の成立と考えられる。ここから状況を仮説的に整理してみると、次のようになるだろう。

弘仁十二年官符や『建立縁起』以降、延暦二年加号に先立つ八幡神の出家の託宣があるべきとの認識から、宝亀八年に八幡神が自ら出家するという託宣があらわれる。この託宣への注釈として「仏位—経教」、「神道—託宣」という記述がなされ、「御託宣」に記録された。後に、この注釈が託宣の言葉として読み替えられていく。こうした展開を経て、八幡神にとって、仏教的成長を象徴するという重要な意義を持つ加号の託宣にこの文言が組み込まれ、最終的に、『愚童訓』や『託宣集』には「仏位—経教」、「神道—託宣」という文言が、八幡神自身の言葉である託宣として記述される。

おそらく、仏位においては経教、神道においては託宣、とする記述が持つ八幡神と託宣への価値づけという意義が、それが注釈であるよりはむしろ八幡神自身の言葉である託宣に相応しいもの、と観念されたのであろう。

以上の推測が正しいとすれば、これは『愚童訓』や『託宣集』の成立までに起こった歴史的な神話の変容、託宣における成長である。

このような状況は、仏教的価値観の中で、「託宣」が「経教」と等価であるというところにまで達した八幡神の成長の歴史―神話の展開を示すものと見るべきである。

そして、その展開のためには、注釈という形で、「託宣」と「経教」の等価性というかつてない認識を新たに作り出した者、さらにはその注釈を「託宣」のうちへと読み替えた者の存在が不可欠である。彼らはまさに宗教実践者と呼ばれるべきだろう。なぜなら、「託宣」を「経教」と等価だとする認識は、八幡神への信仰を支える宗教的根源を新たな形で作り出す営為であり、注釈から託宣へと文言を移すことは、新たな託宣を作り出す営為であって、いずれも八幡神の本質や神意を感得すること無くしては成し得ない宗教的実践だからである。とくに、託宣の改変は、新たに託宣を受けることに等しい創造であろう。

あるいはこのようにいうべきかもしれない。託宣にせよ、それへの注釈にせよ、神の本質に近侍し接近しようとする言葉を扱うものは、等しく宗教的な実践者である、と。

(三)　神としての八幡神

ここで、『託宣集』巻十一延暦二年の託宣の冒頭に「神吾」という神を主体に置く言葉があったことを想起したい。

「神吾」という語は、八幡神の託宣における自称の一つの常套句であって、ことに『託宣集』には散見しており、その用語に法則性を見出すことはできない。また、その「神」の語に大きな意味が見出せない場合も多い。

しかし、加号の託宣の歴史的な成長という観点からすれば、このように「吾」に「神」が付加されていることの意味は重要である。

なぜなら、『東大寺要録』『建立縁起』の加号の託宣記事には、八幡神の自称は「吾」のみであって「神」が無く、『縁事抄』「御託宣」の「延暦二年」とする加号の託宣にあらわれているからである。

それは、この加号の託宣の主体が、「神」としての八幡神であることを強調するものであり、「仏位―経教」「神道―託宣」の文言と同様に、ある歴史的段階で付加されたものなのである。では、そのことは何を意味するのだろうか。

『縁事抄』「御託宣」では、神である私は、実は無量劫中に衆生を救済してきた「護国霊験威力神通大自在王菩薩」である、というような形で、神としての八幡神の本当の姿を示すものとなっている。このような関係が、『託宣集』の段階になると反転する。

「仏位―経教」「神道―託宣」という記述が取り込まれた『託宣集』の延暦二年の託宣において、その託宣の主体である八幡神の自称が「神」であることを強調するなら、神である八幡神こそが、仏位として経教を示した、ということになる。すなわち、ここでは、経教を説いたのは神である八幡神なのである。

しかも、そうした経教の根源が、八幡神が神道において示す託宣によって語られているのであるから、「神」たる八幡神の託宣こそが、経教の本源なのである、という認識すら導かれることになるだろう。

仏法の根源は、八幡神の託宣にこそあるのだ――。

想定されるこのような認識は、本章第二節に取り上げた天安三年の託宣に見られた「諸法乍皆無不依旧言志」、仏法諸法はすべて旧言、八幡神の託宣に依らないものはない、という文言にはっきりと形を取ってあらわれている。『託宣集』の八幡神は、まさに神として、仏法の根源に位置し、その託宣は経教を超えた教えとして価値づけられる。これは、託宣と経教においてあらわれる、八幡神の神本仏迹説というべきであろう。

本節では、「仏位」においては「経教」、「神道」においては「託宣」、という託宣の成長を示す文言を歴史的に追跡してきた。それは、意義内容としても、託宣の文言そのものとしても、成長する託宣の様相を特徴的に示す事象であったといえるだろう。

（四）神吽の営為、『託宣集』巻三「序」

しかし、『託宣集』の編述者である神吽もまた、八幡神の託宣を集め記述した宗教実践者であり、その言葉の用い方には、注意を向けなければならない。

取り上げるのは、神吽が自身の言葉として述べている序文である。ここに見る記述は、『託宣集』において重要な位置にある認識を示しており、第九章で詳しく触れることになる。ゆえにここでは、本章にとって最低限必要なことを確認するだけに留めたい。

本地幽玄乗時而仏々。法身周遍即事霊々。帰仏帰神。赴一道以潔祈現祈当。歩悉地以賽。皆是見詞花無不信理。実所以密蔵。開不立文字。大義乖奚無慈愍。於仏位兮説名経教。於神道兮説称託宣。矧乎仏則有形而教。神則無相而宣。色身之法朗重昏。自性之説親群生。空有之宝体。面々令放神光。直託之金言。一々奉驚天聴耳。

八幡大菩薩は、「本地幽玄」であって、時に応じて「仏」なるものとしてあらわれ、「法身周遍」であって、事に応じて「霊」なるものとしてあらわれる。仏に帰依し神に帰依し、煩悩を払い潔斎して仏道へと進む。現世を祈り来世を祈り、祭祀礼拝によって修行の完成の境地へと進む。

これらはすべて、八幡大菩薩の示した言葉に見えるものであって、信じるべき真理である。今ここに、八幡大菩薩の言葉の真実が密かに隠されてきた理由、言語化されてこなかった真実への理解を開く。諸説を立てて解釈を繰り返すことに、どうして八幡大菩薩の慈悲は無いであろうか、いや慈悲はある。

仏位において説くものを経教という。神道において説くものを託宣という。つまり、仏としてはすなわち有形において教え、神としてはすなわち無相において宣う。仏の身によって示す教えは迷いの暗がりを明かし、不変の本性として説くところは衆生に近しくある。

「空有」の神体は、方々に神々しい光を放たせる。託宣の言葉の尊い教えは、その一つ一つがこれを聴く天皇を驚かせ申し上げるのである。

おおまかにいえば、これは八幡神の存在の在り方と託宣の意義を述べるものである。これらは不可分のものと考えるべきだが、本章の問題意識として、託宣についての記述に注目したい。

ここでは託宣は、「仏位に於て説くは経教と名づけ、神道に於て説くは託宣と称す。矧《いわん》や仏は則ち有形にして教へ、神は則ち無相にして宣ふ」と価値づけられている。主体は当然ながら八幡神であるから、八幡神が「仏位」において説くものが「経教」であり、神道において説くものが「託宣」という。さらに、仏は形あるものとして教え、神は姿無きものとして宣する、ともいう。姿形の有無は、『託宣集』における八幡神の本質に深くかかわる重要な問題で、こうした議論は第八章・第九章に行なうので、今は措く。

本節においてすでに論じたように、「仏位」の「経教」、「神道」の「託宣」という認識は、歴史的に作られてきたものであった。それははじめ、注釈として示され、後に託宣そのものに転移したのである。しかし『託宣集』の序文では、その文言が再び託宣から切り離され、しかしおそらく、それが八幡神の託宣に由来する、託宣の性質と価値を述べる重要な意義を持つものとして、用いられているのである。

注釈が託宣へと組み入れられ同化したという託宣の伸張的成長に対し、その成長しきった到達点を切り出し、分離独立させ理念的に用いたというのが、『託宣集』の序文における神吽の位置ということになる。

このような状況の中では、ある託宣が真か偽か、というような問い自体が無効であろう。少なくとも現代的な認識から、歴史的な信仰の展開を論じるために託宣の真偽を問うことには、ほとんど意味はない。必要なのは、その託宣にどのような価値が込められているのかを問う視点である。そこから見えてくるのは、真偽が問題とされた託宣と、そこから展開して真偽の判定に抗う託宣、仏法の経教と同位にある託宣、そして仏教の諸法の根源とされた託宣、という宗教的レベルの成長であった。それはすなわち託宣の主体である八幡神の成長でもある。

おわりに

託宣が歴史的に変容していることは、テキスト、託宣記事を並べて見れば明らかである。これを偽託や改竄として捉えるのではなく、そのことから、託宣そのものが成長する、という議論を展開するのが本章の課題であった。それは託宣史という視座の試みでもある。

託宣における成長は、つまり神を存在的根源へと近づけていこうとする希求によってなされる営為の結果である。それは託宣と注釈がその区分を融解する地点において実現し、後には再び分別もされ、託宣の言葉は神威現出の文脈を解消された上で理念的に用いられた。

託宣の記述と注釈の記述は、その意味も形式も一応は区別できるし、一般的にはそうされるべきでもある。しかし、神を祀りその意思を明瞭な形で提出する者の立つ宗教実践の場では、そのような区分は明確にはなしがたいであろう。

神の言葉は本来無限の混沌としてあって、常人には理解することはできない。それが人々に理解されるのは、介在する宗教実践者が、人々の理解し得る言葉に、解釈して提出するからである。つまり神の言葉の現出には、介在者の解釈、注釈が必要なのである。

しかしそれは、単なる仲介の作業ではなく、神意を作り出していくという創造的営為でもあった。ことに、記述として残された託宣の文言に、注釈として付された文言が転移し、後にはそれらが統合した形で託宣として伝えられる、という状況は、文字の記録という点で、神話―歴史の創造なのである。

そうした託宣の文言の操作は、八幡神のあるべき姿を想定する計算されたものであると同時に、八幡神の神意に共鳴し、さらには八幡神そのものとなって託宣を作り変えるものであり、そこには必ず宗教実践者の存在が認められなければならない。

「託宣」を単に古層的に捉えるのではなく、テキスト毎にあらわれ、歴史的に成長するものとして評価すること。これは、『託宣集』の八幡神を論じるために必要な、もっとも基本的なことの一つなのである。

そして、本章に論じた問題は、八幡神の仏位と神道の関係であったという点で、次章の八幡神と釈迦との関係の問題へと繋がっている。八幡神の託宣が仏法を説く経教と等価である、ということは、その存在が釈迦と同等の位置にある、ということでもあるからである。

注

（1）薗田香融「託宣集の成立——思想史的試論——」（『平安仏教の研究』法藏館、一九八一年。初出は『仏教史学』一一－三・四合刊号、一九六四年八月）。
（2）中野幡能『八幡信仰史の研究（増補版）』（吉川弘文館、一九七五年）。
（3）吉田修作「宗教実践の書『八幡宇佐宮御託宣集』」（古代文学会編『祭儀と言説——生成の〈現場〉へ——』森話社、一九九九年）。
（4）『南都大安寺塔中院縁起』の引用は村田正志校注『神道体系　神社編七　石清水』（神道大系編纂会、一九八五年）による。
（5）薗田香融、前掲論文（前注1参照）。
（6）『東大寺要録』の引用は筒井英俊校訂『東大寺要録』（国書刊行会、一九四四年）による。
（7）『宇佐八幡宮弥勒寺建立縁起』の引用は中野幡能校注『神道大系　神社編四十七　宇佐』（神道大系編纂会、一九八九年）による。
（8）『宮寺縁事抄』の引用は村田正志校注、前掲書（前注4参照）による。
（9）『八幡愚童訓』の参照は〈思想体系〉（岩波書店）による。
（10）村田正志校注、前掲書（前注4参照）「解題」。

第六章　八幡神と釈迦

――救済者の神話・論理・儀礼――

はじめに

本章では、八幡神と釈迦との関係を中心に、『託宣集』に示される仏教世界における救済者としての八幡神の在り方について論じる。

『託宣集』は正和二年（一三一三）、鎌倉時代の末期、中世中期に差し掛かる時代に成立しており、それまでの八幡信仰史の展開を受けて、釈迦と阿弥陀の双方と関係する八幡神の姿を見ることができる。そうした中、託宣記事や神吽《じんうん》の注釈などを見れば、『託宣集』においては阿弥陀よりも釈迦に大きな意味を見出していることがわかる。それは宇佐宮において蓄積した歴史の状況でもあり、神吽が救済者としての八幡神をどのように理解していたのかを示すものでもある。

宗教実践者に担われる神話言説、中世神話の八幡神を論じる立場からは、『託宣集』が八幡神の根源として睨んだもの、神吽の注釈に見られる言説という点で、八幡神と釈迦との関係にこそ注意が向けられなければならない。もちろん、阿弥陀との関係を示す言説を軽んじてよいというわけではないが、救済者としての八幡神について、釈迦を強く意識するものとして述べられている以上、テーマの設定としては釈迦と八幡神との関係が掲げられるべきだと思われるのである。

前章では、託宣における成長という視点から、「仏位の経教」が一つの基点となり、「神道の託宣」がそれを超えることが示されるという問題を論じた。

八幡信仰の歴史的展開の中で、注釈から託宣に組み入れられ、『託宣集』ではさらに序文に取り入れられた「仏位においては経教、神道においては託宣」という記述は、八幡神の在り方に「仏位」と「神道」という対置を導き入れつつ、それぞれの立場から発された言葉が「経教」と「託宣」であると価値づけるものであった。

一見すれば、それは、神としての出現を仮のものとし、その根源には仏としての存在があるという仏本神迹の本地垂迹説を想起させる。そのように考えれば、『託宣集』における八幡神にとって、仏教を開いた釈迦が重視されるべき仏であることが予感されるだろう。釈迦こそが八幡神の本地なのではないか、と。

しかし、中世に広く展開した本地垂迹説、そこに認められる仏本神迹の観念からすれば、八幡神の託宣に示されていた「仏教の諸法すべては託宣の旧言に依らざるもの無し」との言明は、反転している。それは、八幡神の託宣における神本仏迹の観念のあらわれというべきであろう。

現在、中世の神仏信仰の状況として、本地垂迹説が広く認められることは定説となっている。この中世本地垂迹説に関して、佐藤弘夫[1]は、本地と垂迹の関係が、かつて辻善之助の議論[2]以来基本的に承認されてきた仏と神に固定された関係ではなく、彼岸と此岸の関係であり、「救いの力そのものである存在」と「救いに導く存在」であったと分析している。佐藤は、本地垂迹の関係を「中世的コスモロジーの総体」として捉え、仏と神、仏教と神祇信仰（神道）という神仏習合思想としての図式的で対立的な理解を批判し、中世における神や仏への信仰の世界観の実態を問う議論を展開している。

佐藤の論は、本質は仏であり、神はそのあらわれである、という仏神上下の固定的関係として理解されてきた本地垂迹説を相対化したものとして評価されるべきである。ただし、その本地垂迹の関係を彼岸と此岸の「コスモロジー」として捉える方法は、中世という時代を統一的に考え、その構造、思想の傾向を問題とするものであり、全体構造を予定調和的に把握するものといえる。ゆえに、そこでは、中世に行なわれた数多くの神や仏への信仰の個別的な思考と運動が取り落とされてしまう。神仏習合思想史における本地垂迹説の議論を刷新し、中世という時代の傾向を描き出した佐藤の議論は、中世の神仏を全体構造の中に事後的に配置するものであって、中世における宗教者の神仏への思考そのものを論じ得ないという限界を抱えていると考えられるのである。

佐藤の議論に従うなら、『託宣集』における八幡神は、垂迹の神として此岸にあって、彼岸の救済者である本地の釈迦や阿弥陀へと衆生を導くものということになる。しかし、実際の『託宣集』の記述を読み解く限り、そのような構造は認められず、八幡神は釈迦や阿弥陀を本地ともしてもいない。そして、神吽の注釈においては、八幡神は此岸である現世末法の救済者として位置づけられているのである。しかもそれは、八幡神を信仰し功徳を支える宗教的実践を伴ってあらわされるのであり、その具体的様相はコスモロジーとしては見出せず、宗教者の神話言説の創造行為としてこそ捉え得るものなのである。

『託宣集』における八幡神が、その存在の意義を示すべく釈迦に対して強く関係づけられているのは間違いない。ただしそれは、本地垂迹の関係として、救済者としての本地である釈迦と、それへと導く存在としての垂迹である八幡神というようなものではない。

そこで主題となっているのは、救済者としての「八幡大菩薩」＝「護国霊験威力神通大自在王菩薩」である。八幡神と八幡大菩薩、そして釈迦。それらの関係は入り組んだものとなっており、『託宣集』の記述を構造的に見るならば、逆説的に、構造的把握を拒絶するような歴史叙述と神話言説を構成していることがわかる。神話の生成の積み重ねともいうべき託宣による歴史の構成は、八幡大菩薩を釈迦の化身として同体であることを述べはしても、決定的な部分で、どちらが本質であるのかという関係を示さない。なおかつ、神吽は注釈において、八幡神こそが釈迦を超える現世末法の救済者であることを説いているのである。

本章の課題は、『託宣集』における信仰対象としての八幡神、救済者としての「八幡大菩薩」が、釈迦との関係においてどのようにあらわれ、位置づけられているのかを問うことである。

第一節　『八幡愚童訓』の本地説と浄土信仰

本節では、『託宣集』とほぼ同時代、正安三年（一三〇一）から嘉元二年（一三〇四）までの間に成立したとされる『八幡愚童訓《はちまんぐどうくん》』（乙本、以下『愚童訓』）の本地説と託宣にあらわれる浄土信仰を確認する。

『愚童訓』は『託宣集』と編述成立の時期が重なるため、時代的な同質性が認められ、しかし同時に石清水と宇佐という地域と寺院組織の相違によって、八幡信仰の歴史の中で競合を示すものでもある。

つまり、一方を分析評価する際に、もう一方が有力な比較対象となるのであり、かつ、当時に行なわれたと想定される八幡信仰を知る上で、双方が欠くことのできない重要なテキストなのである。

ゆえに、本論においては、『託宣集』の分析に伴って併せて論じられるべき問題について、部分的にではあれ適宜に『愚童訓』の記述を取り上げている。

さて、八幡神の顕現という神話を抱える宇佐宮に対し、貞観元年に勧請された石清水宮は、それ以後、宇佐宮におけるのとは異なる八幡神への信仰を展開した。その違いの一つとして、浄土信仰の高揚を挙げることができるだろう。それは『愚童訓』に見られる八幡神の本地について、阿弥陀を強調することに鮮明にあらわれている。また、男山へと勧請された八幡神が示したという託宣に、「二世の願」という言葉が加えられていることには、現世の安穏利益と来世の浄土往生を主題とした、石清水宮における八幡神への信仰の在り方を指摘することができる。

（一）『愚童訓』「本地事」、釈迦と阿弥陀

『愚童訓』「本地事」には、八幡神の「本地」として釈迦と阿弥陀の二説あることを述べた上で、次のように記されている。

> 抑釈迦弥陀の両説不同、いかゞわきまふべき。法華の本迹二門をもて二仏同体、吾神の本地と心得べし。昔宇佐宮にして釈迦と託宣し給へる、是法華迹門の始成正覚の尺迦如来也。今石清水にて弥陀と示現し給へる、即法華本門の無量寿仏なるべし〈無量寿仏は阿弥陀也〉。夫法華経は釈迦の内証法門出世の本懐、弥陀は蓮華を本誓とし、金剛論、「妙法蓮華経は観自在王の密号」とも云り。観自在王は阿弥陀也。釈迦の本懐、弥陀の本誓ともに蓮華なれば、二仏同体、人法不二にして、法華の始終我神の本地なるべし。

『愚童訓』は石清水宮の関係者によって編纂されたと推定されており、八幡信仰史の中でも石清水宮における言説の集成として八幡神の霊威と利益を説くところに大きな意味があるといえるだろう。そこでは、八幡神の本地を釈迦と阿弥陀とする異なる説があるとし、しかもその説は「昔宇佐宮」「今石清水」として時間と場所の相違ともなっている。そして、結論的には、八幡神の本地としては「法華の本迹二門」のあらわれである釈迦と阿弥陀に区

別を立てるべきではないという二仏同体説を展開している。

しかし、釈迦を迹門、阿弥陀を本門に当てるという本迹二門の同体の論理は、同時に「昔宇佐宮」と「今石清水」の関係も含めて、当然ながら「本門」の阿弥陀、および「今」の石清水を重視するものである。言説の列記と統合化を性質傾向とする『愚童訓』において、本地として直接に取り上げられたのは釈迦と阿弥陀であった。しかも本地を釈迦とする説は、「昔宇佐宮にして釈迦と託宣し給へる」という形で、過去のものとして示されている。それは、浄土信仰の展開を積極的に受ける石清水宮の立場から宇佐宮を位置づける言説であるといえるだろう。

（二）　天安三年の託宣、託宣と二世の願

『愚童訓』における八幡神の本地阿弥陀説は、石清水宮における浄土信仰の発露である。そのことと強く関連して、八幡神への信仰が浄土往生を導くことを示す記述が、『愚童訓』の冒頭部、序にあたる箇所にある。

大菩薩の御詫宣に、天安三年二月三日、「末代に及で人の心不信にして仏神を信ぜざらん時、必ず吾教言をもて世に披露して信を発さしむべし。玉瑩ざれば光なし。語言謂ざれば人知ず。神は自物いはず、人代て是をいふ。吾教を信ずる者は二世の願たがふ事なし」。

これは、前章第二節で確認したように、『託宣集』巻十一にも収録された託宣記事であるが、文言の削除と付加という形で異なる箇所がある。『託宣集』の該当する記述をあらためて挙げておこう（大意は二一四頁参照）。

一。文徳天皇八年、天安三年己卯二月三日。〔同四月十五日改元為貞観元年己卯。〕託宣。

(1)　大菩薩波是乃宮仁波不坐須。掛毛畏岐我今帝乃御身於奉守護土志手京都仁坐。御殿之上乎不避志天。朝庭乎奉守護。但節々祭乃時。大虚与利翔幸須。此宮尓波比咩大神幷大帯姫乃美曾坐須。一切神波天皇御命仁違須留神波不全在曾者。

(2)　神吾加社乃氏人等。及末代天人心不信仁天。不信仏神良牟時者。必以吾教言弖。世尓披露志天可令教信志。諸法乍皆無不依旧言志。玉不瑩波無光志。語言尓不云波人不識須。神者自不言須。人代天謂之布。蒼天毛又無口談志弖。出草木弖顕験気須者。

どちらも天安三年（八五九）二月三日という日付に相違はないが、全体の文意として重要な部分に『託宣集』と『愚童訓』の意識の違いを見ることができる。

両者を比較した場合、まず、『託宣集』の記事の(1)の部分がすべて省略されている。これに該当する『愚童訓』の記述としては「王位事」とする段に、「大菩薩は此宮にはましまさず、帝の御身を守護し奉らんとて、京都に坐して、御殿の上を去ずして守護し奉。但節々祭の時、大虚より此宮に翔り幸する也」とあり、文意の上から分割され、「王位」すなわち天皇を守護するという文脈に置き直されているということになる。

次に、『託宣集』の側の(2)には見られ、『愚童訓』の側には記されていない記述は、託宣の始めの「神吾加社乃氏人等」、途中の「諸法乍皆無不依旧言志」、末尾の「蒼天毛又無口談志弖。出草木弖顕験気須者」となる。

「神吾加社乃氏人等」という記述は、託宣の内容が八幡神の「社」の「氏人等」、つまり宇佐宮において八幡神自身に近侍する祭祀者への指示としてあることを示している。これを削除する『愚童訓』では、「氏人等」という対象の限定を解除し、広く人々に示された託宣だと価値づける意識があらわれている。

また「諸法乍皆無不依旧言志」は、前章に論じたように、八幡神の託宣が仏法の根拠であるとする記述である。八幡神の「本地」を「釈迦」や「阿弥陀」等の仏だとする『愚童訓』は、仏本神迹の理念を基本に持つため、神の託宣を仏法の根源だとする理解は退けられたのだと考えられる。

末尾の「蒼天毛又無口談志弖。出草木弖顕験気須者」は、八幡神の意思を託宣として人が代わっていうことについて、「蒼天」の「験気」が「草木」を発生させることに比する記述である。これが削除されている理由はよくわからないが、託宣の文意の構成上、次に見る付加された文言に書き換えられたものと思われる。

これらの削除部分に対し、付加されているのは「吾教を信ずる者は二世の願たがふ事なし」という文言である。末尾にあった「蒼天」の例えの記述に取って代わる位置にある。「二世の願」は、現当二世の願であり、現世の安穏利益と来世の浄土往生を指している。

（三）　託宣における浄土信仰の展開

『託宣集』『愚童訓』両書に載せられた「天安三年託宣」は、嘉禎三年（一二三七）までに成立したとされる『宮寺縁事抄』（以下『縁事抄』）「御託宣」にも記載されており、石清水宮における言説の展開、託宣の変化、ことに付加された文言の意義を考えるためには、そちらも見ておくべきであろう。

天安三年二月三日託宣

①　大菩薩ハ是ノ宮ニハ不坐ス、掛畏我今帝ノ御身ヲ奉守護トシテ、京都ニ坐シテ、御殿之上ヲ不避シテ奉守護、但節々祭ノ時、大虚ヨリ翔幸ス、此宮ニハ比咩大神幷大帯姫ノミ坐ス、一切神ハ天皇御命ニ違神ハ不在者、

②　神吾加社氏人等及末代天、人心不信仁天、不信仏神良牟時、必以吾教言世仁披露、可令発信シ、諸法波是皆無不依旧言、玉不瑩無光、語言仁不云波人不識、

③　神者自不言、人代而謂之、
　　蒼天又無口談、出草木顕験気者、

「天安三年託宣」について、『縁事抄』と『託宣集』はほぼ同文であるが、末尾の③の記述が偈頌風に記されているのは興味深い。つまり、『縁事抄』において、「天安三年託宣」の記述は、内容としても書式としても三段落構成となっているのである。

この『縁事抄』の託宣の文意としては次のように理解できるだろう。①において八幡神が宇佐宮を離れ京都にあって天皇を守護し、かつ節々の祭の際にのみ宇佐宮へ戻ること、②では八幡神から見て宇佐宮に残される氏人等の祭祀者への指示を、自らの託宣の価値が仏法の根源にあるとしつつ述べ、③では以上のような八幡神の意思を託宣として人が代わりにいうことの正当性を、「蒼天」の例によって根拠づけている、ということになる。

『縁事抄』は、石清水宮において記録文書類を集成したテキストであるが、そこに見られる託宣が、後世の『愚童訓』において変形してあらわれていることには、八幡神への信仰の展開を見せるものとして注意が向けられるべきであろう。

すなわち、『縁事抄』「天安三年託宣」にはなかった浄土信仰を示す文言「吾教を信ずる者は二世の願たがふ事な

し」が、『愚童訓』においてはテキストの冒頭において、八幡神による人々の教化の様態を示す「末代に及で人の心不信にして仏神を信ぜざらん時、必ず吾教言をもて世に披露して信を発さしむべし。玉瑩ざれば光なし。語言謂ざれば人知ず。神は自物いはず、人代て是をいふ」との記述に付加されて語られているのである。

託宣が神の言葉として、その語られるものの起源を示す神話であるならば、これはまさしく、現当二世の救いを求めつつ末法の世に生きる人々の現実の要請に応えて創出された、具体的な変化の相を見せてくれる中世神話といえるだろう。あるいは、末法の衆生である中世の人々を救済へと導く『愚童訓』の唱導的性質が、託宣の変容としてあらわれているものといってもよい。

石清水宮の八幡神に現世と来世の「二世」の救済が求められた時、託宣が読み替えられ、その浄土信仰にふさわしい文言が付加され、『愚童訓』の冒頭部に、あらたな神話としての託宣が語り出されたのである。それは八幡神の『愚童訓』における新たな変貌であった。

以上、本節では、石清水宮側の言説として、『愚童訓』に見られた本地説における釈迦と阿弥陀の関係、および託宣における「二世の願」という浄土信仰の救済の観念のあらわれを確認した。八幡神の本地を釈迦・阿弥陀として二仏同体を説くこと、「天安三年託宣」に「二世の願」の言葉が付加されること、これらは浄土信仰の一様態として、現世の利益と来世の往生を叶える形であらわれた、衆生救済を担う八幡神の姿である。

対して、『託宣集』に見られる八幡神と、釈迦あるいは阿弥陀との関係がどのような意味を持つのかについて、以下の節では、『託宣集』が示す託宣記事と、神吽《じんうん》の注釈による釈迦との比較の言説という二つの面から論じることにしたい。

前者については、八幡神と釈迦・阿弥陀が同体とされる記事を取り上げる。そこには、宇佐宮における歴史的蓄積としての八幡神の神話言説が『託宣集』というテキストにどのような形で受け取られているのかを見ることができるだろう。後者については、神吽によってあらわされた末法衆生の救済者としての八幡神の姿と、その鎮護国家と衆生救済を兼ね備える八幡神を支える儀礼における中世的世界の広がりが確かめられるはずである。

これらを問題として『託宣集』を読み解くということは、『愚童訓』とは異なる、中世の八幡信仰における釈迦・阿弥陀の意義を問うということであり、また同時に、救済者としての八幡神の在り方、実践者の神話言説を論じるということでもある。

第二節　『託宣集』における現世の阿弥陀

浄土信仰は、阿弥陀への帰依の念仏によってその浄土である極楽世界へと往生するという信仰であるが、一方で、現世の中に実現された浄土として表象される場合がある。『託宣集』における八幡神と阿弥陀の同体説では、具体的な場所について、阿弥陀と八幡神の霊験を示しつつ、そこが阿弥陀の利生の地や極楽世界であると述べる記述がある。

本章は『託宣集』における八幡神と釈迦の関係を論じるものであるが、それは編述者である神吽の注釈や載せられた託宣の記述が、釈迦を強く目掛け、八幡神の救済者としての資格や力能を説いていることによる。『託宣集』における八幡神の仏教的救済者としての起点は間違いなく釈迦にある。それは、釈迦に対する八幡神が、末法辺土にあらわれた救済者であることを示すが、そのような八幡神の現世指向の言説は、阿弥陀との関係を示す記述にも同様に指摘することができる。

本節では、『託宣集』において、八幡神と阿弥陀の関係が、現世における救済を中心として述べられていることを確認する。そのことによって、後に論じる八幡神と釈迦の関係をあらわす言説の持つ意味が、より明確になるはずである。

（一）　巻十一「斉衡二年記事」、六郷山の人聞菩薩

『託宣集』巻十一に斉衡二年（八五五）とする記事がある。六郷山の縁起を語るもので、八幡神、人聞《にんもん》菩薩、阿弥陀の三者が同体として示されている。

一。文徳天皇五年。斉衡二年乙亥二月十五日。豊後国六郷山者。昔八幡薩埵為人聞菩薩。久修練行之峰也。中比有聖人。名能行。俗姓宇佐氏。豊前国人也。自天長二年乙巳。［淳和天皇二年。］迄斉衡二年乙亥。春秋三十一年。星霜一万余日。令住彼山。致難行苦行。久摧此身。雖積功累徳。未拝人聞菩薩。不知巡礼次第。爰於件山中津波戸石室。五体投地遍身流汗。六時懺法発露涕泣。第三七日之夜。向四五更之剋。異香満室電光耀山。晴天之下石室之上。顕相好端厳之粧。現耆老碩徳之僧。而告言。

我波是礼昔行此山世志行者也。汝罪障已滅機感時至留加故。吾所来告也。修行此山須留尓有二路利。始自後山之石室弖。可至横城志。又可経巡海路辺地幾奈利。我昔乃修行如此志。但東三郷［安岐。武蔵。津守郷是］西三郷［伊美。来縄。田染郷是也。］者。此山乃敷地也。生乎受於此地遺牟群類者。皆是礼昔同行知識也。結縁既深志。得脱在近利。為勧進人利。敷地四至内仁可令諫止殺生幾奈利。又不断法音須志手。可待後仏之出世志。留跡女牟之僧侶波。各護持此峰志手。可巡行聖跡幾奈利。吾波是礼昔乃人聞菩薩弥陀如来也者。

如此勅了忽然不見。爰能行所願既満。衆望亦足。起請云。此山是弥陀如来利生之嶺上。観音薩埵垂迹之海畔也矣。〔細旨在縁起。〕

豊後国の六郷山は、昔「八幡薩埵《さった》」（薩埵は菩提薩埵で菩薩の意、八幡神のこと）が人聞菩薩として久修練行した峰である。聖人があり、名を能行といい、俗姓は宇佐氏で、豊前国の人であった。天長二年から斉衡二年までの三十一年の間、六郷山に住み、難行苦行をした。長い時間、身を苦行に晒し、功徳を積んだが、まだ人聞菩薩に出会うことはなく、巡礼の次第を知ることもなかった。ある時、六郷山の山中の津波戸という石室で、五体投地を行なって全身に汗を流し、六時毎には法華懺法を行なって罪をあらわし声をあげて涙を流した。

この行を開始してから二十一日目の夜、深夜から朝方にかけての時間の頃、奇異の香が満ち、雷光が山に輝いた。そして晴天の下、石室の上に相好端厳《そうごうたんごん》の徳の高い老僧があらわれ、告げていった。

「私は、昔この山に修行した行者である。お前の罪障はすでに消滅し、仏の導きを得るべき機根を備えるに至ったので、私はあらわれ、言葉を告げるものである。この六郷山で修行をするなら、二つの道がある。後の山の石室からはじめて横の城に至る道。また、海の側の道をめぐるべきである。私は昔そのように修行した。ただし、東三郷（安岐・武蔵・津守の郷）と西三郷（伊美・久縄・田染の郷）は、この六郷山の敷地である。これらの地に生を受けた群類は、すべて皆、昔に私と同行した知識の者たちである。その者たちは、すでに結縁深く解脱を得ることの近い勧進の者たちである。ゆえに、六郷山の敷地の四方の境界の内では、殺生を諫め止めるべきである。また、説法や読経など修行の声を絶やさず、後仏の出世を待つべきである。後に続いて修行する僧侶は、それぞれにこの六郷山の峰を護り保ち、聖跡を巡行するべきである。私は、昔の人聞菩薩であり、阿弥陀如来である」。

老僧は、このように告げ終わり、忽然と姿を消した。ここに能行は所願が満ち、また多くの修行者の望みも叶えられた。起請には、この六郷山は、阿弥陀如来が利生する峰であり、観音薩埵が垂迹した海畔であるという。

以上の記述は、六郷山の修行、巡礼次第の縁起となっている。六郷山における山岳修行、修験的活動の起源神話といってよい。主役は行者能行と人聞菩薩であるが、「昔八幡薩埵為人聞菩薩。久修練行之峰也」として人聞菩薩が八幡神と同体とされていることから、『託宣集』に収載されたものと考えられる。

六郷山は、六郷満山ともいい、宇佐の東、国東半島に存在する寺院や石室などの集合体として名称である。仁聞《にんもん》菩薩を開基とする伝承があり、平安時代にはすでに周辺の諸山（彦山・御許山）とともに山岳修行の場となっていたとされ、宇佐八幡信仰とも関係を結びつつ、鎌倉時代に至るまでには、天台系修験の影響を強く受けた山岳修験の行場となったという(3)。

人聞菩薩（仁聞菩薩）は、古くは八幡神の顕現の地である御許山にまつわる存在だったが、後に六郷山に強く結びつき、六郷山における修験の開祖として仰がれるようになった存在とされる。また、人聞菩薩の「人聞」は、元は「神母」（じんも）であり、そこから変化したものともされている。そのことは、「人聞」菩薩が、本来は御子神としての八幡神の母であり、八幡信仰が成立する最初期の頃の御許山在地の信仰の在り方を、名称として留めるものだともいう(4)。

ただし、この記事では、八幡神と同体でありつつ、あくまで六郷山に修行した存在としてあらわれており、御子神の母ではなく、六郷山の修行者の祖、巡礼次第の起源をあらわす存在である。

（二）　八幡神・人聞菩薩・阿弥陀

この記事での人聞菩薩の意味は、六郷山の巡礼次第の起源を示すことにあり、その起源は、能行という行者の難行苦行、五体投地と法華懺法という実践によって導き出されたものであった。「五躰投地遍身流汗。六時懺法発露涕泣」という身体と精神の極限的状況において、「耆老碩徳之僧」としての人聞菩薩は、巡礼の次第という、六郷山に修行する人々が救済を得る手段を開示するという神秘を示したのである。

その告知の末尾において、人聞菩薩が阿弥陀と同体であることが示され、これに伴って「起請」にいうとして、六郷山が「弥陀如来」による衆生利益の「嶺上」とされる。これは、「観音薩埵」が垂迹した「海畔」である、ということと合わせて、人聞菩薩が示した巡礼のルート、山の道と海の道に対応している。ただし、人聞菩薩が阿弥陀と同体だと示されることから推せば、「嶺上」である山の道が重視されていると見るべきであろう。

つまり、この記事は、六郷山という行場、聖域である「山」が阿弥陀の救済の場であることを示している。それは同時に、六郷山には人聞菩薩の同行知識が「群類」、すなわち諸々の生物として住まうこととしても語られている。この場合の殺生禁断は、六郷山という境域が、人聞菩薩としてあらわれた阿弥陀による利生の場であることの証明となっているのである。

そして、その「機感」の利益は、彼岸の極楽世界に往生するという形ではなく、「汝罪障已滅機感時至留加故。吾所来告也」と告知されるように、六郷山での修行によって、罪障は消滅し、阿弥陀と同体の人聞菩薩に出会うこととして語られている。極言すれば、六郷山という場が、阿弥陀の助けによって悟りに至り得るという、現世の浄土として示されているともいえるであろう。

また、八幡神と、六郷山修験を開創し阿弥陀と同体だとされる人聞菩薩とが結びつく説が見られるのは、一方で宇佐宮弥勒寺による六郷山寺院群の支配掌握を示すものと理解されている。しかし、異なる神格の同体化を神の変貌として位置づけるなら、そこには寺院組織の関係も認めつつ、山岳修行の実践者たちによる神の根源の感得と神話の創造があったと見なければならない。

ただし、この記事における神格の関係は、冒頭の「豊後国六郷山者。昔八幡薩埵為人聞菩薩。久修練行之峰也」、六郷山は八幡神が人聞菩薩として修行した場である、ということと、能行が出会った老僧が、阿弥陀と同体で六郷山の巡礼次第を明かす人聞菩薩である、ということとが二重になっており、単純に八幡神・人聞菩薩・阿弥陀の三者を同体とするものだと理解するわけにはいかない。

能行が出会ったのは、あくまで阿弥陀と同体の人聞菩薩であり、具体的な場に八幡神はあらわれてはいなかった。鍵となっているのは人聞菩薩であり、その人聞菩薩が、冒頭では八幡神であり、また能行の感得としては阿弥陀であるということが、記事全体として統合され八幡神と人聞菩薩と阿弥陀の関係が構成されているのである。

その統合は冒頭において、人聞菩薩は昔の八幡神であるとされることによるわけだが、この一文に示されるような八幡神が、しかし能行の営為、老僧としての人聞菩薩に出会った神秘体験にあらわれていないのは、六郷山と人聞菩薩への認識の二重性を示しているのである。つまり、六郷山の縁起の主要な担い手、六郷山に修行する者たちが、八幡神と重なり合う人聞菩薩に、六郷山修験の起源の存在であるとともに救済者である阿弥陀を見出した、そのように捉えるべきであろう。

中世神話のもっとも先鋭的な実践は、神の根源への希求であり、それは、宗教行為の目的に合致する、より高次の存在へと神を成長させる形となってあらわれる。この記事の場合、六郷山という場に救済を求める修行の実践が、人聞菩薩の根源として、救済者である阿弥陀を導き出したのである。

以上は、六郷山の縁起としての位置づけとなるが、『託宣集』というテキストにおいては、人聞菩薩が八幡神の一つのあらわれであることは既定の事実とされているようで、いくつかの記事に八幡神と人聞菩薩が同じ存在であることが示されている。ゆえに、『託宣集』が作り出す叙述として見た場合、能行の修行という宗教実践において、人聞菩薩が六郷山の巡礼次第を示し、しかも阿弥陀と同体であるという六郷山の縁起は、八幡神の神威出現の神話の一つとして位置づけられているということになるだろう。

（三）　巻十四「或記」、阿弥陀の変身

次に見る巻十四の記事は、御許山《おもとやま》についての託宣記事である。そこには、八幡神と阿弥陀が同体であり、しかも浄土が現世の中へと現出していることが、より明確に打ち出されている。

> 或記云。御許神託云。
> 三柱乃石三尊乃御体奈利。九本乃枌九品浄土奈利。不知乎、我者是礼弥陀如来乃変身、山波又極楽世界奈利。一切衆生乎利益世牟加為仁、護国霊験乃神道土波示現須留也者。

「或記」にある「御許神託」にいう。

三柱の石は三尊の御体である。九本の枌《そぎ》（樹木、楡《にれ》の一種）は九品《くほん》の浄土である。どうして知らないだろうか、私は阿弥陀如来の変身であり、御許の山はまた極楽世界である。一切衆生を利益するために、護国霊験の神道として示現するものである。

「或記」という名称不明のテキストによる年代不詳のこの「御許託宣」には、八幡神の典型的な姿が、阿弥陀との関係において作られ示されているといってよい。

御許山は、また馬城峰《まきのみね》ともいって、宇佐宮の南方に広がる山嶺であり、八幡神が「日本」にはじめて顕現した地とされている。八幡信仰における聖地であり、宇佐宮の奥宮、元宮ともいわれる。山頂辺りには三つの石柱があり、それは八幡神の「石体」、すなわち神体であるとされている。

その「三柱の石」が、この託宣記事では阿弥陀の三尊をあらわすものと読み取られている。そして「二世の願」として来世の往生を謳う『愚童訓』の言説とは異なって、御許山という八幡神の神体が存在する現世の神域が極楽世界そのものとして価値づけられているのである。

また「九本の枌」については、「枌」は楡の一種であり、神功皇后の伝承と関連するものか、との説もあるが、(5)確かな由来は不明である。ただし、ここで重要であるのは、それが「九品浄土」に象徴的に重ね合わせられているということである。九品浄土は、阿弥陀の極楽世界に上品上生から下品下生の九つの階梯的区別があることを指す言葉で、そのまま阿弥陀の浄土を指している。九本の枌は三柱の石と同様に、具体的な土地の特徴として、御許山が浄土としてあることの証明となっているのである。

さらに見逃せないのは、八幡神が、「阿弥陀の変身」であるという、衆生を利益する救済者としての姿をあらわしつつ、しかしその救済は、「護国霊験の神道」として示現したという、国家守護の神格の出現として明示されている点である。

「護国霊験」は、八幡神の本体、八幡大菩薩の正式名称というべき「護国霊験威力神通大自在王菩薩」と通有するものである。その名称には矛盾する二つの性質、鎮護国家と朝敵征討の国家的守護神としての在り方と、衆生救済と殺生禁断の仏教的救済者としての在り方が、「護国霊験」の「威力神通」なる「大自在王菩薩」という形で示されているが、そのことが「御許託宣」においては「阿弥陀の変身」として「護国霊験の神道」に示現する、という形であらわれているのである。

このような八幡神の在り方は、阿弥陀との関係だけではなく、釈迦との関係においても見ることができる。巻十六の「筥崎宮部」とする段にある天慶元年（九三八）とする託宣には「我礼為持日本国尓示現大明神須。本体波是礼尺迦如来乃変身自在王菩薩是也」とあって、「日本国」を保持し守護するために「大明神」として示現したが、本体は釈迦如来の変身、自在王菩薩である、という。

「天慶元年託宣」では、八幡神が釈迦と同体であることは、殺生禁断や衆生救済に繋がるのではなく、「日本国」を守護するという文脈に置かれている。鎮護国家と衆生救済の性質を兼ね備える八幡神の姿が、阿弥陀との関係を示す「御許託宣」と同様に、釈迦との関係を示す「天慶元年託宣」においてもあらわされているのだと考えられるだろう。

（四）　衆生救済と鎮護国家の到達点

殺生禁断と朝敵征討、衆生救済と鎮護国家。これらの関係は、八幡神の基本的性質としてありながら、しかし矛盾するものであることは、宝亀八年（七七七）とする出家の託宣にはっきりと示されている。

一。光仁天皇八年。宝亀八年丁巳五月十八日託宣。
以明日辰時天沙門土成。可受三帰五戒志。自今以後波禁断殺生弖可放生。但為国家尓有巨害之徒出来良牟時者。
不可有此限須。可無疑念志。

宝亀八年の託宣にいう。明日の辰の時をもって沙門となり、三帰五戒を受ける。ゆえに、今から後は殺生を禁断し、放生を行なう。ただし、国家に対して大きな害をなす者があらわれた場合には、この限りではない。疑いの心を持たないように。

このように、八幡神は宝亀八年に出家することを託宣として示している。ここに挙げた記事は巻十に載せるものであるが、ほか、巻十四と巻十六にもほぼ同文の同じ託宣が載せられている。巻十の記事は、巻五から巻十二まで続く編年的叙述の一連の流れの中で隼人征討を受けるものとしてあり、巻十四は「馬城峰部」とする巻で、八幡神の出家の場と具体的な在り様が主題となっている。巻十六は「異国降伏事」とする巻で、鎮護国家の文脈によって載せるものであろう。

それぞれ構成される文脈を異にしつつ、この「宝亀八年託宣」が三度も取り上げられるのは、八幡神にとっての出家が重大事であることを如実に語っている。しかし同時に、その出家によって導き出された殺生禁断という仏教的性質の前面化が、鎮護国家という性質に反発することも露呈させているのであり、とくに「可無疑念」として断りを入れていることが、逆にそのことを強調してさえいる。その反発する二つの性質を兼ね満たすことこそが、衆生救済と鎮護国家を旨とする現世的存在としての八幡神の在り方である。

ただし、後に本章第六節で論じるように、『託宣集』においては、末法衆生の救済者でありながら護国の神でもあるということが、鎮護国家に伴う殺生の罪業として問題となるのであり、それは八幡神自身が滅罪を願い、祭祀を担う宗教者にその罪業消滅を企図する儀礼を定期的に必要とさせるほどにクリティカルなものとしてもあった。

衆生救済と鎮護国家という性質を兼ね備える八幡神の在り方は、本論第一部に論じたように、国家守護の仏教神として出現したことにはじまって、後の歴史において獲得され洗練されてきた特徴である。ことに宇佐宮の八幡信仰、中でも託宣の歴史的展開を受ける『託宣集』では、その一見矛盾する要素が同居しているのであり、そのような在り方が、阿弥陀と同体の存在として衆生救済に比重を取った時、守護すべき「日本国」の中、霊威発現の聖地「御許山」に、救済の場としての浄土が見出されたのである。

このように考えるなら、八幡神が阿弥陀と同体であり、現世の御許山を浄土とする観念は、歴史的に蓄積した鎮護国家と衆生救済という八幡神の課題に応える一つの到達点であるともいえるだろう。

（五）作られた神話としての託宣

そして、このような典型的な八幡神の姿を示す託宣が、年代不詳の「御許託宣」としてあることは、おそらく託宣が作り出されてくる段階を示している。

前章に論じたように、託宣の文言は注釈、すなわち託宣を宗教実践として担う立場にある者の解釈によって、新たな神の言葉に変容する。そのもっとも原理的なあらわれは、託宣の創造であり、年代が不詳であるのは、新たな託宣があらわれるべき歴史的状況や事件を獲得していない段階にあると考えられる。そのように考えるならば、考慮されるべきは、八幡神と阿弥陀の関係を語る言説が歴史的には新しいものである、ということであろう。

本章第一節に見たように、『愚童訓』においては、「昔宇佐宮にして釈迦と詫宣し給へる」「今石清水にて弥陀と示現し給へる」という、八幡神の本地に関する歴史意識があったが、これはおそらく実際の歴史的状況に照らされたものである。事実として、宇佐宮において編述された『託宣集』では、後に論じるように、阿弥陀との関係よりは、釈迦との関係が八幡神にとって重要な位置にある。また、前章に見たように、行教による男山への八幡神勧請のことを記す「南都《なんと》大安寺《だいあんじ》塔中《たっちゅう》院縁起《いんえんぎ》」などでは、行教の求めに応じて「和尚緑衫衣上尺迦三尊顕現」したというように、八幡神は釈迦と結びつけられているのであり、八幡神にとって釈迦との関係は古く、阿弥陀との関係は新しいものであることがわかる。

つまり、「御許託宣」が、年代不詳の託宣として八幡神と阿弥陀の関係を作っているということは、託宣の創造という八幡信仰が展開する形式の一つを物語っているのである。それはまさに八幡神が変貌する中世神話の可能性の現場の一つというべきであろう。

そしてそれは、六郷山と御許山という山において見出された阿弥陀と同体の八幡神の姿でもある。このような神話言説が、聖域である山での現出という共通要素を持つことからは、さらに重要な問題に発展する。

これら聖域である山に見出された利生の極楽世界、阿弥陀の浄土は、六郷山の縁起に端的に認められるように、宗教的エリートである山岳修行者、修験者が自身の宗教的実践によって見出した浄土であった。六郷山にしろ御許山にしろ、此岸現世の内にあるとはいえ、そこは聖なる霊地としての山であり、決して広く人々に開かれた救済の場を示すものではない。

「御許託宣」には一切衆生を利益するため護国霊験の神道として示現するとされていたが、その示現はあくまで八幡神の権能であり、逆に阿弥陀の極楽世界は山という聖域に限定されているともいえる。すなわち、聖地でもあり行場でもある山を浄土とする記述は、宗教実践者による山と浄土を即一とする神秘体験的なビジョンによる、彼らにとっての浄土の実現を示すものなのである。

以上、本節で分析した問題を整理しておこう。

『託宣集』における六郷山の縁起と「御許託宣」は、阿弥陀の救済とその場となる極楽世界が、それぞれ六郷山と御許山という聖域に即一的に見出されるという認識を示していた。それは、鎮護国家と衆生救済という二面性を実現する八幡神の在り方に由来する。

とくに「御許神託」では、阿弥陀と同体である八幡神が、「護国霊験の神道」として示現するという、鎮護国家と衆生救済という性質を兼ね備える八幡神の典型的な姿があらわれていた。

これらのような状況は、彼岸と此岸という視点を当てて考えた場合、苦界の此岸から、彼岸の救済へと導かれるのではなく、逆に、彼岸の救済を此岸の内部に引き入れ実現するものと見るべきである。阿弥陀が浄土の教主であるという浄土信仰が、『託宣集』において、現世の救済を志向するものとして、新たな八幡神の出現として作り上げられているのである。

また、そのことは『託宣集』における一つの特徴を明かすものでもある。この際に『託宣集』に特徴的であるというのは、祭祀を担い、または修行を行ない、神秘体験を得るような宗教実践者への共感である。それは、阿弥陀と八幡神の関係においては、六郷山の能行の営為のように、宗教実践によって救済の場が実現されるという記述に示されていた。そして「御許託宣」には、八幡神と阿弥陀、御許山と浄土を結びつけるという、宗教実践的営為としての託宣創造の段階が想定されるのである。阿弥陀による救済は、宗教実践によって達成されあらわされるものであると同時に、六郷山や御許山という聖域に限定されるものであった。

ここには、阿弥陀本地説を広く衆生救済の言説として作り出していた『愚童訓』との明確な違いがある。『託宣集』を編述した神吽が共感を示し、また自らも語るところの八幡神への信仰は、基本的に宗教実践者の営為ということを前提に置くものなのである。それは『託宣集』が中世神話・中世神学のテキストとして読まれるべき大きな理由の一つである。

ただし、その信仰対象である八幡神は、限定的な山域浄土における修行者に応じる阿弥陀を超え、また、本章第五節に論じるように、最終的にはかつて人々を救うために現世に出現した釈迦をも超えた、末法辺土の救済者としてあらわされることになる。それはいわば宗教実践者としての八幡神の姿である。

本節では、『託宣集』における八幡神と阿弥陀の関係を示すものとして、六郷山の縁起と「御許託宣」を取り上げた。この二つの記事には、六郷山と御許山のいずれにおいても、そこに見られる阿弥陀の救済の在り方が、浄土へと往生するのではなく、現実世界の聖域である山に救済の場があらわれるという形で語られていた。これは、『託宣集』における八幡神への信仰の在り方、現世の末法辺土のうちに救済を行なうという認識に従うものでもある。

さらに、この現世末法への志向は、『託宣集』というテキストが形作る八幡信仰として、釈迦との関係の中でより大きな問題となる。

では、釈迦との関係から導かれる八幡神の姿は具体的にどのようなものになるのか。次節では、八幡神と釈迦の関係を語る記事のうち、八幡神の顕現について取り上げ、その顕現が中世神話として仏教世界に根源を見出すものなのだということを論じることにしたい。

第三節　顕現神話と釈迦

本節では、『託宣集』における八幡神の顕現についての記事を取り上げる。それは、八幡神の顕現、つまり八幡神が初めて姿をあらわし、名を示した状況を語る神話である。八幡神の起源としての示現の神話は、『託宣集』において、他にはない重要な意味を持つ記事として読み解かれなければならない。

（一）巻三の冒頭記事、『託宣集』のはじまり

まず確認するのは、巻三冒頭の記事である。

『託宣集』巻三は「日本国御遊化部《みゆけ》」と題される巻で、八幡神が顕現の後、主に九州各地をめぐったことを記述し、各地に語るべき様々の託宣や出来事、霊験や神秘も併せて述べられている。ただし、それらの内容は比較的簡略であり、巻四以降により詳しい記述のある事柄も多く、そちらを見るようにとの指示などもある。

注意しておきたいのは、『託宣集』全体の構成から、取り上げた巻三冒頭の記事が『託宣集』本文の最初の記事にあたる、ということである。巻一と巻二は、後世の追補である可能性が高いと指摘されており、巻三以降が、神《じん》吽《うん》の手になる『託宣集』だとするなら、その内容として八幡神の顕現を語る記事が最初に配置されるというのは当然ともいえる。それは『託宣集』そのものの開始に位置しているのである。ゆえにそこに示される記述については、相当に重い意味を担うものとして捉えるべきであろう。

一。初辛国宇豆高嶋。天国排開広庭天皇御宇三十二年辛卯。豊前国宇佐郡菱形大尾山有霊異之間。大神比義祈申之時。現天童言。

辛国城尓始天天降八流之幡天。我者成日本神礼利。一切衆生左毛右毛任心多利。釈迦菩薩乃化身也者。〔余略之。〕

初めは辛国宇豆高嶋《からくにうずのたかしま》に、欽明天皇三十二年に豊前国宇佐郡菱形山の中の大尾《おお》山に霊異があった時、大神比義《おおがのひぎ》が祈り申し上げ、天童としてあらわれて告げた。

「辛国城に初めて八流の幡として天より降りて、私は日本の神となった。一切衆生の何事も心のままにする。「釈迦菩薩」の化身である」。

記事の内容はこのようになるが、末尾割注には「余略之」とあり、本来の記事から省略されたものであることが示されている。つまりこの記事に示されているのは、『託宣集』の最初の記事として最低限度に必要な情報だと神吽に判断されたものと考えてよい。

記事では「辛国宇豆高嶋」と「豊前国宇佐郡菱形大尾山」との二度の顕現地が示されている。この二説の並存については、八幡神が数種の顕現伝承を持ち、それが統合された結果を示すものだと逵日出典《つじひでのり》によって論じられている[6]。

逵は、「辛国」を新羅系渡集団の進出居住した地域とし、この場合の「嶋」は山であり、具体的に、八面《はちめん》山と御許山の中間に姿を見せる稲積《いなづみ》山だと特定する。そしてこの顕現地伝承を宇佐宮の祭祀を担う氏族で、もとは渡来の人々の集団であった辛嶋《からしま》氏のものとして、八幡神が渡来神であることの来歴を示すものという。対して「菱形大尾山」については、菱形山は現宇佐宮の所在する山（小椋山）の一称であり、大尾山は、八幡神の顕現地の一つとされる御許山の北側の尾根であることなど、ほか複数の顕現地の伝承の相違から見て、御許山から徐々に宇佐宮所在の菱形山へと古来の顕現地を引き寄せる動きがあったとしている。

この逵の議論で重要であるのは、顕現伝承自体が歴史的に変化していること、『託宣集』が顕現伝承を統合し調整して述べようとする指向を有することが指摘されている点である。おそらくその通りだろう。それは逵の議論では、八幡神の顕現を古代の歴史的状況として捉えるべく展開されたものだ。しかし、本論では、そのような顕現伝承、八幡神の起源神話が『託宣集』においてどのように作られ、どのような意味を持つものであるのかということを考える視点に立つ。それは神話が作られることの意味という問題に繋がるからである。

逵のいうように、顕現記事は歴史的に変化する。神話は必要に応じて作り変えられるものであり、その変化の様相からは、それを担った実践者の認識を読み取ることができるだろう。中世神話ということの価値の一つはそこにある。

このように考える時、大尾山の霊異から大神氏の祖である大神比義が顕現を導いた八幡神（この記事では、まだ「八幡」の名称はあらわれておらず、「八流之幡」として暗示的に示されるに留まっている）が、自ら「釈迦菩薩」の「化身」であると述べたことの意味は、重大だとしなければならない。「一切衆生」の何事をも心のままにする「釈迦菩薩」の「化身」としての八幡神。その具体的詳細に近づくために、省略される前の記事を含む巻五の冒頭部分へと分析を進めたい。

（二）　巻五の冒頭記事、歴史叙述のはじまり

巻五は、巻十二まで続く編年風の叙述の開始の巻であり、やはりその冒頭部分には、八幡神の根源にかかわる記述が載せられている。次に取り上げるのは、巻五の冒頭の記述と、それに続く顕現記事である。冒頭部の記述は、八幡神顕現以前の修行を示すもので、釈迦との関係が述べられているわけではないが、そこに繋がる重要な認識が示されている。そしてこの直後に続くのが、巻三に省略の形で載せられていたもののもとになると思われる記事である。

（ア）　人王第十六代。応神天皇。四十一年庚午二月十五日。一百十一歳崩御以来。彼御霊。自仁徳天皇元年辛未。迄金刺宮御宇三十二年辛卯。帝王一十三代。夏暦三百二十二年之間。天竺。震旦。龍宮。日本御修行。千変万化。冥顕御利生也。但未挙宿生之尊号。未顕先帝之為霊歟。

一。金刺宮御宇二十九年戊子。

（イ）　筑紫豊前国宇佐郡菱形池辺。小倉山之麓。有鍛冶之翁。帯奇異之瑞。為一身現八頭。人聞之為実見行時。五人行。即三人死。十人行。即五人死。故成恐怖。無行人。於是大神比義見之。更無人。但金色鷹在林上。致丹祈之誠。問根本云。誰之成変乎。君之所為歟。忽化金色鳩。飛来居袂上。爰知神変可利人中。然間比義断五穀。経三年之後。同天皇三十二年辛卯二月十日癸卯。捧幣傾首申。若於為神者。可顕我前。即現三歳小児於竹葉上宣。

辛国乃城尓始天天降八流之幡天。吾者日本神土成礼利。一切衆生左毛右毛任心多利。釈迦菩薩之化身。一切衆

生遠度牟土念天神道止現也。我者是礼日本人皇第十六代誉田天皇広幡八幡麻呂也。我名於波曰護国霊験威力神通大自在王菩薩布。国々所々仁垂跡於神道留者。

まずは（ア）の部分である。これは八幡神が顕現する以前のことを説くものとなっている。（ア）は巻五の最初の記述であり、（イ）は八幡神顕現の記事である。

人皇十六代の応神天皇は、治世四十一年庚午二月十五日、百十一歳で崩御して以来、その御霊は、仁徳天皇元年辛未より金刺宮欽明天皇三十二年辛卯まで、帝王十三代、夏暦（太陰太陽暦）で三百二十二年の間、天竺・震旦・龍宮・日本に御修行になり、千変万化して冥顕に御利生を行なわれたのである。ただし、いまだ宿生の尊号（大菩薩号・護国霊験威力神通大自在王菩薩）を掲げず、いまだ先帝（応神天皇）の霊であることをあらわしてはいなかったのであろう。

応神天皇が崩御の後、欽明天皇三十二年までの間、天竺・震旦・龍宮・日本に修行し、千変万化して冥顕に利生を示したという。しかし、この段階では、「宿生之尊号」を明さず、応神天皇であることも顕にしていない、と述べられている。

八幡神が顕現以前に修行していたという「天竺」「震旦」「日本」は、仏教の伝来に沿う三国世界を示しており、八幡神の根源が仏教世界における修行や衆生利益に求められていることがわかる。

しかし、より重要であるのは、その三国のうち、仏教的優越国である天竺・震旦と、劣機の辺土である日本との間に、「龍宮」が挟みこまれていることである。

　なぜ八幡神は龍宮にまで赴き修行をするのか。『託宣集』における八幡神にとって龍宮という場はどのような意味を持つのだろうか。

（三）　八幡神と龍宮

『託宣集』では、「若宮部」と題する巻十三や巻十五の「又霊行部」などに、「阿蘇縁起」にいうとして、応神天皇の母である神功皇后と龍宮との約束により、八幡神が龍宮の娘である龍女を娶るとの記述がある。八幡神の子である若宮は、龍女の子でもある、と示されているのである。ここでは巻十五「又霊行部」にある「阿蘇山縁起」によるとする記述を見てみよう。

一。阿蘇山縁起中云。新羅軍到来。欲傾日本之時。国母大帯姫玄緑御髪取髻。端厳御面生眉。柔軟御手執弓箭。東糸御腰帯大刀。踏都羅錦畳之給御足履藁沓之給。出合戦之給。着新羅高麗之金海府之給。彼両国合心欲傾日本之時。大帯姫奉懐妊八幡之給。漸々御産日近。又宣様。

若我加懐妊乃太子。日本乃主土可成給久者。今一月不生下産門之給礼者。

奉如此誘之給。遣龍宮方仕而宣様。

我加懐妊之子波是男子也。龍宮懐妊之子波女子也。我太子為聟之給江。君加女子為婦。其龍宮乃宝珠乾満共江借及給江者。

即時得給。対馬嶋与金海府両国之間。五十里計干而如陸地。新羅高麗然成悦。来望成合戦之時。持満珠向彼海之給。溢満潮高。彼国軍兵皆溺死。其後八幡宣。我母龍宮尓成約束志給幾。其契乎果遂牟土者。入日向国娶龍女給。其時生給子中若宮四所。御産屋以鵜翼葺造之。故名鵜羽屋也。一云。四所権現者八幡之御子。龍女之腹也。母方為龍種之間。御心猛之故。異国征伐之大将也。心穢之輩。神敵之者被罰之時。仰此若宮被放八目流鏑也。

「阿蘇山縁起」にいう。新羅の軍が到来し、日本を滅ぼそうとした時、国母である大帯姫（神功皇后）は美しい御髪を（男性のように）頭頂にまとめて結い上げ、麗しい御顔に（男性のように）眉目を秀麗に作り、たおやかな御手に弓矢を取り持ち、細くしなやかな御腰に太刀を帯び、（普段は）綿毛の敷物をお踏になる御足には藁で編んだ草鞋をお履きになって、合戦にご出陣になり、新羅・高麗の金海府にお着きになった。

新羅・高麗両国が心を合わせて日本を攻め滅ぼそうとした時、大帯姫は「八幡」（応神天皇）をご懐妊申し上げておられた。だんだんと御産の日が近づく中、次のように仰せられた。

「もし私が懐妊した太子（皇子）が日本の主となられるのであれば、今一か月の間はお生まれくださらないように」と。

このように戦をお進めになりつつ、龍宮に「方士」（神仙術を行なう道士）を遣わして次のように仰せられた。

「私が懐妊した子は男子です。龍宮が懐妊した子は女子です。私の皇子は婿にしてください。あなたの娘は妻にしましょう。（ですから）その龍宮の二つの宝珠「干満」（二珠）をともにお貸し届けください」と。

すぐさま（大帯姫は干満二珠を）得られた。対馬の島と金海府との間の五十里ほどが（干珠によって）干上がり陸地のようになった。新羅・高麗はこれを見て喜び、進軍して合戦しようとした時、（大帯姫は）満珠を持ってその海に向かわれた。すると、潮が高く満ち溢れ、新羅・高麗両国の軍勢はすべて溺れ死んだ。

その後、八幡神は仰せられた。

「私の母は龍宮に約束をなされた。その契約を果たし遂げよう」と。

こうして（八幡神は）日向国に入り龍女をお娶りになった。その時にお生まれになった子は若宮四所。御産屋は鵜の羽によって屋根を葺き造ったので、鵜羽屋《うのはや》と名づけるのである。

一説にいう。四所権現は八幡神の御子であり、龍女の腹に生まれた。母方が龍種であって、その御心が猛々しくあるがゆえに、異国征伐の大将なのである。（八幡神が）心の穢くある輩や神の敵である者を罰しなさる時は、この若宮に命じて「八目の流鏑（鏑矢）」をお放ちになるのである。

新羅と高麗が日本を攻めようとした時、神功皇后がこれを退けたという記事で、戦の最中に神功皇后が「八幡」を懐妊し、太子が日本の主になるのであれば、一か月は生まれてくれるな、という戦中懐妊の出来事が語られている。さらに続く乾満二珠を龍宮より得るという記述と、その二珠によって新羅と高麗の軍勢を溺死させる記述を合わせ、中世以降、広く共有された八幡縁起のエピソードとして知られるところである。

ただし、今着目するべきは、神功皇后と龍宮との間で交わされた約束、八幡神と龍女の婚姻である。この婚姻によって若宮四所が誕生することになるが、「一云」とする記述によれば、八幡神の御子である若宮四所は、龍女の腹に生まれ猛々しい性質を持ち、それゆえに「異国征伐」の「大将」となるという。それは、八幡神の荒ぶる力の発露である若宮という存在が、龍宮の龍女という「龍種」を媒介にあらわれるということでもある。つまり、龍宮とは、八幡神の神格の一面である異国征討、鎮護国家の力の源泉である、ということになる。

このように、『託宣集』における八幡神は龍宮との関係が強く語られているのだが、より重要であるのは、龍宮という場所の意味である。八幡神の顕現には、「釈迦菩薩」の「化身」であるということが示されており、その前提には、龍宮を含めた三国世界での修行があった。つまり、龍宮は八幡神と若宮の荒ぶる力を起源づけるものとしてだけではなく、八幡神の仏教における救済の力の根源ともなる場所なのである。

中世において、龍宮とは、仏法が滅びる時にその経文が収蔵される場所だと観念されていた。この龍宮と龍種という煩悩と苦を象徴する場と存在が、実は仏教の救済の根源へと通じるものであるという認識については、山本ひろ子の分析がある(7)。

山本の議論は「『平家物語』灌頂巻を論の起点とし、『渓嵐拾葉集』に代表される叡山の教説・所伝を解読しながら、龍女成仏の中世的位相の一端を照射」するものである。それが「中世の宗教宇宙」の中の「実践そのもの」であったとするなら、『託宣集』に見える龍宮と龍女の位置もまた、そのような中世の龍宮や龍種への認識に通じるものだろう。

いずれにせよ、八幡神顕現以前の修行とは、龍宮を含めた三国世界の中で行なわれた利生の行為、衆生に利益を与えることであった。しかもそれは応神天皇として崩御した後のこととされており、そこでは天皇と仏道修行者、鎮護国家の神と仏教的救済者という二つの在り方が同時に備えられているということになる。

このように述べられた八幡神の顕現の前提となる記述は、当然ながら続く顕現記事の内容と連携するものとなっている。

三国世界と龍宮に修行するという顕現以前の記述（ア）に続いて、八幡神が初めてその姿と名をあらわしたことが述べられているのが（イ）の「金刺宮御宇二十九年」とする記事である。

（四）　八幡神の顕現

（イ）の記述について、まずは大意を示しておこう。

欽明天皇二十九年、筑紫豊前国宇佐郡菱形池のほとり、小倉山の麓に「鍛冶翁《かじのおきな》」がいた。奇異の霊威を帯びており、一つの身体に八つの頭を持つ。人がこの話を聞いて見にいったところ、五人行けば三人が死に、十人行けば五人が死んだ。ゆえに以後これを恐れて近づく者は無かった。

そんな中で大神比義がこれを見るために行くと、「鍛冶翁」の姿は無く、しかし林の上に金色の鷹がいた。比義は誠心の祈りを捧げ、金色の鷹の根源にあるものを問うた。「誰の変じたものか、君の行なうところであるのか」と。

この問いに対して鷹はすぐさま鳩に姿を変え、飛び来たって比義の袂の上に留まった。これによって比義は、神変が人を利するものであることを知り、五穀を絶って三年を経て後、欽明天皇三十二年、幣を捧げ、首を傾け頭を下げて、「もしあなたが神であるなら、私の前に姿をあらわしてほしい」と申し上げた。

すると三歳の小児があらわれ、竹の葉の上に立って告げた。

「辛国の城に、はじめて「八流之幡」となって天降って、私は日本の神となった。一切衆生を心のままにする。釈迦菩薩の化身であり、一切衆生を救済するために神道にあらわれたのだ。私は日本人皇第十六代「誉田天皇広幡八幡麻呂」である。私の名は「護国霊験威力神通大自在王菩薩」という。国々の各地に神道として跡を垂れるものである」。

以上、この記事には「鍛冶翁」「大神比義」「小児」(天童)といった八幡信仰において重要とされる人物が登場しており、先学の研究において注目されてきた記事である。内容としては荒ぶるものとしてあらわれた神が、大神比義という介在者によって八幡大菩薩として変成示現する過程を示したものといえる。

この構造は巻三冒頭の省略された記事にも見て取ることができるが、『託宣集』において、その記事の原本となったのが巻五の当記事であることはまず間違いない。そして巻三の記事では示されていなかった神号が、「広幡八幡麻呂」として示され、さらには、顕現した八幡神の本体である「八幡大菩薩」の「護国霊験威力神通大自在王菩薩」の名を示している。つまりこの記事は、「八幡神」の出現というよりは、大きく一歩を踏みこんだ「八幡大菩薩」の出現だと読み解くべきであろう。

また、「釈迦菩薩」の「化身」である、という文脈は、明確に衆生を救済するものとして、「一切衆生を度さむと念ひて神道と現るるなり」と示されており、八幡神を衆生救済の行為者として明確に位置づけるものとなっている。この記事に示された八幡神の顕現こそが、『託宣集』における八幡神の「日本の神」としてのはじまりであり、起源としての示現において、「釈迦菩薩」の「化身」であると示していることは、「八幡大菩薩」の一つの在り方を決定づけていると見てよい。

以上のような八幡神の顕現が、現実の歴史の欽明天皇代に示されたというようなことはあり得ないだろう。しかし、これまでに論じたように、託宣の文言は、それへの注釈も含みこんだ宗教実践者の営為において、新たな神の言葉として作り出される可能性を常に孕むものとしてある。その託宣における営為のもっとも鮮烈なあらわれは、神話の創造と等しい神の顕現を示す託宣の創造である。

ゆえに、この「日本の神」としての出現を告げる八幡神の言葉に、衆生救済を担うべく、釈迦の化身でもあり、「八幡大菩薩」でもあることが示されていることは、強調されなければならない。それは、顕現以前の三国および龍宮における修行が前提として導き出された八幡神の根源、『託宣集』における中世神話の第一のものというべきであろう。

しかし、この神話は、『託宣集』の記述が構成する通時間的な歴史として見た場合、記事内容として無視し得ない問題を抱え込んでもいる。それは「護国霊験威力神通大自在王菩薩」という名乗りである。

前章第六章に取り上げた延暦二年（七三二）の加号を示す記事では「神吾波無量却中化生三界。修善方便導済衆生。吾名是大自在王菩薩。宜今加号曰護国霊験威力神通大自在王菩薩」とあって、八幡神は本来「大自在王菩薩」として衆生を済度する存在であり、この託宣においてはじめて「護国霊験威力神通大自在王菩薩」と加号すべきことを示した、ということになっている。しかもそれは、本章第二節（四）にも取り上げた、宝亀八年の託宣に示された出家という契機を受けることで成立する八幡神の成長の神話なのである。

にもかかわらず、欽明天皇三十二年の八幡神顕現という『託宣集』の開始に位置する記事で、すでに「護国霊験威力神通大自在王菩薩」の号が自称されているのである。一見して不可解なこの状況は、先に述べた託宣の創造にかかわる文言の転移として捉えるべきであろう。つまり、起源神話そのものである顕現の託宣は、その神話的起源という意味から、八幡神の神格の本体、仏教的救済者としての本源を語るものでなければならない。そしてそれは「釈迦菩薩」の「化身」であることについても同様である。

これは起源に本質を見出していく神話的思考による神話の創造の結果であり、むしろ通時間的な前後関係を超越していることが、『託宣集』による八幡神顕現を明確に位置づけているのだといえるだろう。

第四節　八幡神と末法

前節では、八幡神顕現の前提としての修行、龍宮の意義、また顕現の託宣における「護国霊験威力神通大自在王菩薩」という八幡神の本体の顕現を確認した。八幡神の救済者としての前提と資格が、『託宣集』における八幡神の最初の顕現記事において述べられている状況は、中世神話としての特質を明瞭に示すものであった。しかし、八幡神の託宣における時間超越的な文言は、無条件に認められているわけではない。

『託宣集』における八幡神が、救済を行なうべき時代として「末法」を強調する託宣には、八幡神が「大自在王菩薩」であり、かつ「釈迦の化」であることが述べられている。しかし、そこにあらわれる「末法」という言葉に対しては、託宣が示された年代との時代の相違として、疑問を投げ掛ける注釈が付されている。「末法」の救済にかかわる託宣と注釈にはどのような意味があるのか、ということが本節の問題である。

（一）　巻十二「延喜二年託宣記事」、末法教化の神託

『託宣集』巻十二の最初には延喜二年（九〇二）とする次のような託宣記事がある。

一。醍醐天皇五年。延喜二年壬戌四月二日。託宣二歳許小児宣。

我自無量劫利以来。教化難度衆生志幾。未度衆生在末法中為教化如是。衆生尓示現大菩薩須。我是大自在王菩薩也。非大明神須者。我礼釈迦乃化也者。

私云。大菩薩令察末法衆生。先于百五十年。有此神託歟。

後冷泉院第七年。永承七年［丙辰］末法之始也。又末法之御詞者。非堅三世之中末法。立横三世。指像法之中末法歟。


延喜二年四月二日に二歳ほどの小児に託宣があった。

「私は無量劫の間、救い難い衆生を教化してきた。未だ救っていない衆生は末法の中にあるが、これまでと同様に教化するものである。衆生に対して大菩薩として示現する。私は大自在王菩薩である。大明神ではない。私は釈迦の化身である」。

以上が託宣の内容であるが、続いて「私云」とする神吽《じんうん》の注釈が付されている。


私に考えるに、大菩薩が末法の衆生を察知していたゆえに、末法になる百五十年も前に、この神託はあるのだろうか。

永承七年（一〇五二）が末法のはじめである。また別に考えるに、託宣の中の「末法」の言葉は、「堅」（縦）の三世（三時）の中の末法ではなく、「横」の三世を立てて、像法の中の末法を指すものであろうか。

神吽による注釈は、「延喜二年託宣」に「末法」の衆生を救うとあることに対する疑問を解消するために示されている。一つ目の考えとして、あらかじめ末法の衆生のことを察知していたとするもの。二つ目の考えとして、正像末の三時の末法ではなく、像法の中の末という意味での末法だったのではないか、というもの。どちらも八幡神の託宣の「末法」を合理的に解釈しようとしていることがわかる。とはいえ、合理的ではありつつも、後者については理屈としても厳しく、いささか程度が低い。対して、前者の方は、八幡神の救済への信頼を示す神吽の信仰があらわされていると見ることができる。

ただし、今注意するべきは、ここで八幡神の託宣の「延喜二年」という年次と釈迦入滅後の仏法の状況を示す「末法」とが時代認識として対立している、ということである。その整合を取ることが、ここで示された注釈の意味である。

では、なぜそのような整合が求められたのであろうか。八幡神の託宣を優先するのではなく、三時説の末法に合わせて託宣を解釈することにはどのような意味があるのか。

三時説とは、仏滅後の仏教の時代観を示すもので、教・行・証という「教え」と「修行者」と「悟り」の有無によって正法・像法・末法の三つに区分されている。正法は、教と行と証の三つが備わり、悟りを得る人が存在する時代、像法は、教と行はあるが、証がなく、悟りを得る人がない時代、末法は、教だけが残って、行と証はなく、修行する人がおらず悟りを得ることがない時代をいう。このような末法においては、自力での得脱はあり得ず、ゆえに神仏による教導を求めることが必須となる。浄土教の展開の要因の一つでもあるこの仏教的時代観は、平安時代末期以降から中世にかけて、広く浸透していた。

そして、当然、『託宣集』における八幡神の衆生救済にも同様の時代認識が受け取られている。すなわち、『託宣集』の八幡神が救済するべき衆生とは、末法の世に生きる人々であり、神吽もまた、その末法という時代に生きる一人であった、ということである。つまりここでの三時説の問題とは、八幡神が末法に救済を行なうに相応しい存在であるのかどうか、それが信じるに足るかどうか、ということなのである。

なお、三時説では、平安時代以後、広く永承七年を入末法とするが、これは正法像法ともに千年とする説で、古くは正法五百年、像法千年とする説があり、『日本霊異記』(8)などに見られる。そこでは延暦六年（七八七）を仏涅槃後「一千七百二十二年」としている。正法五百年説によると見れば、延喜二年の託宣の「末法」の語に疑問はなくなるが、『託宣集』の注釈は、永承七年を入末法としており、この託宣記事における末法にかかわる問題は、八幡神が末法となる以前の時代に末法教化を説いたということあると考えなければならない。

基本的に、神吽は八幡神の託宣の文言を疑うことはない。前章に見た行教の石清水宮への勧請における疑義は、託宣の手続きについての問題であって、託宣の内容についてのものではなかった。

そのような託宣への信頼は、そのまま八幡神への信頼でもある。ゆえに、神吽は八幡神の託宣の年代と末法の開始年との整合を取ろうとしているのである。なぜなら、八幡神自身の言葉である託宣において「末法」という時代が取り違えられているとすれば、それは『託宣集』にあらわされた八幡神の救済への信頼を揺るがせることにもなるからである。

（二）「大明神」と「大菩薩」

あらためて、「延喜二年託宣」における八幡神の在り方を確認してみよう。八幡神は、永劫の間に度し難い衆生を教化してきた存在であり、「末法」でも同様の救済を行なうが、その衆生に対しては「大菩薩」として示現するという。示現する「大菩薩」というのは、すなわち「八幡大菩薩」のことである。そしてその示現する主体である「大自在王菩薩」としての「我」は、「大明神」ではなく、「釈迦」の化身であるという。

「私は大自在王菩薩であり、大明神ではなく、釈迦の化身である」。印象的で興味深く、問題を孕む言明である。これは末法における神の在り方を述べるものとして、また浄土での救済ではなく現世での救済を行なう釈迦への信仰を示すものとして、広く受容された『悲華経《ひけきょう》』の文とされる「我滅度後、於末法中、現大明神、広度衆生」を想起させる。釈迦は入滅後、末法においては「大明神」としてあらわれ、広く衆生を救済する、というこの文は、しかし実際の『悲華経』には存在しないことが指摘されている。それは「大明神」である「釈迦」、あるいは「釈迦」である「大明神」が、末法の衆生を救済するという作られた神話としての悲華経であった。

ところが、この「延喜二年託宣」では、八幡神は釈迦と同体ではあっても大明神ではない、という。どういうことだろうか。

この問題を分析するための参考として、これまでも度々取り上げてきた『縁事抄』「御託宣」に載せる記事は重要である。そこには延喜二年四月二日の託宣として、次のように記されている。

延喜二年四月二日二歳許小児託宣
我自無量劫以来、教化難度衆生、未度衆生、在末法中為教化、如是衆生示現大菩薩、我是大自在王菩薩也、非大明神ニハ、即改大明神之号、申八幡大菩薩也、

『託宣集』巻十二の記事と年号日付は同じ、おおむね文意も通有するが、末尾には相違がある。共通するのは、

八幡神が大自在王菩薩として衆生を教化する存在であること、末法の衆生をも同じく救済するということ、衆生に対しては「大菩薩」として示現すること、そして「大明神」ではないことである。相違している末尾部分では、八幡神について、『託宣集』では釈迦の化身であるとし、『縁事抄』では「大明神」の号をあらため、「八幡大菩薩」と名乗ることを述べている。

『託宣集』と『縁事抄』に採られた「延喜二年託宣」は、一つの託宣の異なるバリエーションであると同時に、テキストの成立年代や、またとくに末尾部分の違いから、『縁事抄』から『託宣集』へと展開、成長したものと見ることができる。双方考え合わせるに、ポイントはやはり「大明神」と「釈迦」にある。

「大明神」という神号については、九世紀末には用いられたことが確認でき、平安時代中期から後期、十一世紀から十二世紀頃にかけてその意味が展開したものという。「大明神」という神への呼称は、十一世紀の頃には「鎮守」であるとともに仏法守護を担う神に対して用いられ、十二世紀には仏菩薩の化身として衆生を仏法へと導き、あるいは権現説や本地垂迹説に対応して救済の働きそのものを担う神をあらわすものになったとされている(9)。

この指摘によれば、「大明神」という神号には大きくいって、守護の神から救済の神へと展開する二つの段階が認められている。そうだとするならば、延喜二年託宣記事では、『縁事抄』『託宣集』ともに、八幡神が自ら「大明神」であることを否定し、「大菩薩」として救済者の資格を有することを宣言するのであるから、「大明神」は反対に救済の神ではなく守護の神を指す、そのような段階にあることを裏返しに物語っていることになる。つまり延喜二年の託宣は、「大明神」という鎮守や護法の神に対して、救済の神としてあるという神格の優越を示すものであるといえるだろう。

あるいは、「大明神」という分類の中に八幡神を含める言説に対抗し、救済者としての権能を明示するために作り出されたものだとも考えられる。「八幡大明神」という神号は、「八幡大神」や「八幡大菩薩」に比べればそれほど多く見られるものではないが、たとえば十一世紀末から十二世紀の成立とされる『扶桑略記』欽明天皇三十二年の八幡神顕現の記述には「八幡大明神」と記されている。

では、八幡神が「大明神」ではないとするなら、一体どのような存在であるのか。そのことについて延喜二年の託宣は、『縁事抄』と『託宣集』の二つのバリエーションを示している。

『縁事抄』では「八幡大菩薩」であること、すなわち「大自在王菩薩」の示現として衆生を救済する存在であるということを告示する。その根拠が、託宣の前半部分に示された無量劫の間に衆生を教化し、末法にもまた同様の救済を行なうこととして述べられているのである。

『託宣集』では、『縁事抄』と全体の構成は共通するものの、末尾では「八幡大菩薩」の神号ではなく「釈迦の化」であることを自称している。釈迦は仏教の起源に位置する存在である。

つまり、『縁事抄』に強調されていた「大菩薩」という末法での示現も語った上で、しかし末尾において「八幡大菩薩」の名乗りの文句を作り変え、「大菩薩」として示現するということとはベクトルを逆にした、「釈迦」という救済の起源者へ向かう文言をあらわしているのである。

これはより起源的存在であろうとする八幡神の成長を示す託宣の変容、中世神話といえるだろう。その説くところ、仏位においては経教、神道においては託宣とし、託宣の旧言を仏法の根拠とするという、前章に論じた認識に通じる仏教的救済者としての八幡神が、ここには新たにあらわれている。『託宣集』の延喜二年の託宣は、八幡神が「釈迦の化」として同体であることを獲得するという、救済者としての成長を意味しているのである。

（三）　末法衆生の救済者

そして、この救済者としての成長を示す託宣は、『託宣集』における八幡神にとって、大きな意味を持っている。すでに本章で述べたように、八幡神の基本的な在り方は、鎮護国家と衆生救済という二つの性質を兼ね備えるものとしてある。しかし、「延喜二年託宣」では、守護の神として鎮護国家の性質をあらわすであろう「大明神」であることを否定しており、その全体の文脈としても鎮護国家に通じる要素、「日本国」にあらわれることや天皇家を守護すること、具体的な地域事物のことなどは一切述べられていない。鎮護国家と衆生救済という二面から見た場合、衆生救済の側へと一極集中した八幡神の出現が示されているのである。その中では「末法」のみが、「大菩薩」としての八幡神の示現を意味づけるものであり、逆にいえば、この「延喜二年託宣」において「末法」が取り違えられていたとしたら、もはやそれは「八幡大菩薩」という固有性が消失することにすらなるだろう。

八幡神が、釈迦と同体でありながらも、しかし「八幡大菩薩」として示現すること、その意味は「末法」であることに求められる。だからこそ神吽は注釈としてことさらに「末法」にこだわり、末法教化を語る「延喜二年託宣」と入末法の年代とを整合する解釈を行なったのである。その問題は八幡神の託宣が、末法の衆生を察知し、その救済を予言的に述べるものであったのだろうか、という推測として解決された。疑問形として示されてはいるものの、これは相当に強い主張であり、八幡神がいわば「末法」を狙い定めて示現したとする理解に等しい。救済者として釈迦と同位存在として並んだ八幡神の現前性が、ここに確立することになる。

以上、本節では、『託宣集』巻十二の「延喜二年託宣」、およびこれに付された注釈の意味を分析した。そこには「大明神」ではなく「大菩薩」であるということの歴史的な蓄積を受ける託宣の成長があった。そのことは衆生救済を担う八幡神が釈迦と同位存在であるという形に結実したが、そこには末法衆生の救済を目掛ける八幡神が新たにあらわれており、またそれは末法の救済を睨んだ神吽が導き出した八幡神の姿の一端でもある。

次節では、八幡神を釈迦と対比し、「末法」の救済という点で釈迦をも超える存在であると述べる神吽の注釈について論じる。

第五節　救済者としての八幡神と釈迦

救済者としての八幡神。『託宣集』における最初の顕現において、本体は「護国霊験威力神通大自在王菩薩」であり、釈迦と同体であると示され、またその顕現の前には三国世界の修行があった。そして「延喜二年託宣」においては、末法に教化を行なう「大菩薩」であり、神吽《じんうん》は注釈において末法衆生を察知する八幡神の姿を導き出す。

本節では、それらの状況を踏まえて、『託宣集』における八幡神の救済がどのようなものであるのかについて、釈迦との比較を通して示している『託宣集』巻十四の記事を取り上げる。

『託宣集』巻十四は、「馬城峰部《まきのみねぶ》」と題され、「亦号御許山《おもとやま》」との注が付されている。内容としては、宇佐宮南方に広がる馬城峰、御許山について、その場に関連する記事を中心に、以前の巻に重複するものも含めて収載されている。

その中に、「釈迦如来正覚金剛座事」と題する記事がある。これは、『託宣集』中、八幡神と釈迦の関係について述べる記事の中でもっとも特徴的で注目するべきものである。

（一）「釈迦如来正覚金剛座事」

釈迦如来正覚金剛座事。

㋐如長阿含説者。釈迦成道以前。登高梅山上。坐禅思惟。二七日未得性。於尼連禅河辺。坐禅思惟之後。沐浴清浄案法道。以水打石。々猶不答。以石打水。々既易。第三七日得法。以心金剛之石。普靡諸法之水。譬如以石打水。云々。

㋑石即水之精。又大地精。又法界精也。釈尊正覚金剛座者石也。如倶舎論者。金剛座者四方之石也。自中心四方各三十歩也。［倶舎論学生秘之。］

㋒私云。釈迦正道之時者。以水打石。々猶不答者。表無随意衆生而未開法性。以石打水。々即易者。表已有随意衆生而開法性。

㋓吾神正覚之時者。以石打水。々即易故。神託云。護国霊験威力神通大自在王菩薩。国々所々垂跡於神道。云々。

㋔以水打石。々亦易故。神託曰。無量劫来度難化生未度衆生。在末法中為令教化之。現大菩薩。云々。故以水打凹石。湛三鉢霊水。神影浮霊水。受用之類皆悉到菩提之岸。又以水打凸石。堆三柱霊石。龍水灑石体。流到之所衆生洗煩悩之垢。自六道輪廻之心。生六道輪廻之体。大菩薩自衆生利益之水心。現衆生利益之石体矣。石為体。水為意之神託。尤可仰焉。石即水之精等者是也。

「釈迦如来正覚金剛座事」（以下「金剛座事」）は、巻十四であらためて収められている宝亀八年の八幡神出家を示す託宣記事の直後に置かれている。そして、巻十四の出家の託宣記事には、八幡神の「御出家」と「御正覚」の場所、馬城峰の「御在所」の南方四五町ほどにある「御出家峰」と、そこからさらに南西に十四五町ほどにある「御正覚座石」などについての解説が付されている。「金剛座事」は、この「御正覚座石」に関連して記述されたものであろう。つまり「金剛座事」という記事全体が、八幡神の正覚およびその座となった石への注釈として、釈迦の正覚とその座を記述するものということになる。

この記事の内容は、㋐㋑の部分が釈迦の正覚とその座である金剛座についての記述であり、㋒㋓㋔の部分は「私云」とする神吽の注釈である。記述の構成としては、記事全体が八幡神の正覚と座石への注釈であり、その中に、さらに神吽の注釈が含まれる、という形になる。

「金剛座事」は、難解な論理を展開する記述であるため、付した記号に沿って大意を取りつつ分析を進めることにしよう。

（二）　釈迦成道の思惟

まずは㋐の記述である。大意は次のようになる。

「長阿含経」の説くようであれば、釈迦は成道の以前に高梅山の上に登り、座禅思惟を十四日続けたが、未だ正覚を得なかった。尼連禅河のほとりで座禅を続けた後、沐浴して清浄となって法道（真理）について考えた。水によって石を打ったとしても、石は答えることはない。石によって水を打つならば、水はすでに容易いものとしてある。そして座禅をはじめて二十一日目に、法を体得した。心は、金剛石として、すべての諸法（存在）を水のように波打たせるだろう。それはたとえば石によって水を打つようなものである。

㋐は「如長阿含経説者」として、『長阿含経』の説によるものとされる記述である。しかし、実際の『長阿含経』には、ここに述べられるような、釈迦成道の際の思惟を水と石の関係の比喩として述べるものは見当たらない(10)。

水で石を打つことは難く、石で水を打つことを易い、とする比喩は、『文選』の李蕭遠（李康）の「運命論」にある「以遊於群雄、其言也如以水投石、莫之受也、及其遭遇漢祖也、其言也如以石投水、莫之逆也」という文が初出となるようである(11)。これについては『日本書紀』推古天皇十二年の「憲法十七条」第五の「便有財之訟、如石投水、乏者之訴、似水投石」という表現が、『文選』の李康「運命論」から出るものとされている。日本における最初の『文選』の受容とされる記述である。

このような状況を考えれば、神吽が「如長阿含経説者」とした内容は、『文選』やその記述を含む類書など、あるいは『日本書紀』の記述を受けて作られた「長阿含経」である、ということになる。それは、中国古典や類書等の知識が駆使され、経典が拡大し、もとは存在しない新たな説が構築されるという注釈の世界の広がりの可能性として見ることができる。そうだとすれば、『託宣集』を編述した神吽の時代までに、それらの記述から想を得て、『長阿含経』の説としての釈迦正覚成道の思惟として水と石の比喩的表現が生成され、秘説的に伝授受容されたということだろうか。

しかし、後の㋔に見るように、この水と石の比喩は、御許山に顕現し、そこにある霊石と霊水を霊威の発現とした八幡神にとって、あまりにも適格過ぎるものであり、むしろ神吽自身が『長阿含経』の説くところとして独自の解釈を作り出したものと見た方がよいかもしれない。

神吽は『託宣集』においてテキストを引用する場合、その編述態度から考えるに、おそらく収集した記述に忠実に従ったものと思われるが、引用の際にはテキスト名に「云」の語を付して示す形でほぼ統一しており、「如長阿含経説者」という形でのテキスト名の指示は、引用としては変則である。つまり、『託宣集』における他の「云」形式の引用とは異なる認識であることが「如長阿含経説者」という記述の在り方にはあらわれているのである。

いずれにしても、この説は『長阿含経』そのものに見られないことは確かで、作られた「長阿含経」であるということで間違いはない。それは『長阿含経』が釈迦の直接語る教説を記すものという信仰的理解によると考えられる。『託宣集』にあらわれた「長阿含経」の説は、仏教の起源存在である釈迦を、八幡神の正覚の場に呼び出してくるのである。

㋐の内容としては、釈迦が成道の際に、水によって石を打っても答えず、石によって水を打つと容易く反応があると考え、この比喩が、法を得た心を石、すべての存在を水として、釈迦の正覚の心の働きに対して万物が速やかに即応することを説いている、ということになる。

(三)　金剛座

㋑の大意は次のようになる。

石はすなわち水の精であり、また大地の精でもあり、また法界の精でもある。釈尊が正覚を得た金剛座は石である。「倶舎論」によれば、金剛座は四方の石である。中心から四方へはそれぞれ三十歩である。

また末尾、割注には「倶《く》舎《しゃ》論を学んだ学侶はこのことを秘す」とある。

㋑は、㋐に引き続き、釈迦の正覚成道に関する記述である。㋐に見られた石と水の比喩から、石への解釈を展開し、石は「水之精」「大地精」「法界精」であるという。この「精」は精気、あるいは元素として理解できるだろうか。「法界」は意識の対象となるすべて、存在するもの、ということを指す。つまり、石は水と大地の元素となって通有するものであり、それはあらゆる存在に対しても同様である、と理解できるだろう。釈迦が正覚を得た金剛座は、まさにこの意味での「石」である、とここには述べられているということになる。

また「如倶舎論者」、「倶舎論のようであれば」として、金剛座が四方の形をしており、中心からそれぞれ四方まで三十歩の大きさであることが述べられているが、実際の『倶舎論』（『阿《あ》毘《び》達磨《だつま》倶舎釈論』）には金剛座の形や大きさのことは見られない[12]。そして「倶舎論」を学んだ僧はこれを秘するという割注がある。はたして、どういうことだろうか。

これは、やはり㋐に見た「長阿含経」の説と同様、作られた「倶舎論」の説だと考えるべきであろう。それがいつ成立したものかはわからないが、「秘之」、すなわち秘説として開示されていることには注意を要する。

それはつまり、ここに示された金剛座に関する説等は、広く知られ流通するものではない、という但し書きなのだと受け取ることができる。神吽はここで、自身が述べる情報を、何かのテキストに依拠するものであることを示しながら、しかし秘説なのだとしているのであり、それはまさに新たな神話言説や教説理解があらわれる状況を物語るものと理解できるであろう。注釈や秘説こそが、新たな神話言説が立ち上がる場である。「倶舎論学生秘之」は、ここに見られる説が、仏教の起源、釈迦の救済、そして八幡神の救済の根本性質に迫る神秘の言説だと告げるものと理解しておきたい。

(四)　釈迦の正覚

ⓤの大意は次のようになる。

私に考えるに、釈迦正覚の時には、水によって石を打ち、石は答えることがなった、というのは、その意に叶う救うべき衆生がおらず、まだその法性《ほっしょう》が開かれないことをあらわしている。石によって水を打ち、水は容易いものである、というのは、すでに意に叶うべき衆生がいて、その法性が開かれたことをあらわしている。

ⓤは「私云」としてはじまる記述であるが、これは以下のⓤⓔⓞの記述に掛かっている。ⓤ以下の記述はすべて神吽の解釈を示す注釈である。

ⓤに述べられるのは、釈迦の正覚についての水と石の比喩を介した神吽による解釈である。釈迦が正覚の時、水によって石を打ち、石が答えないのは、随意の衆生が無く、救済も行ない得ないことをあらわし、石によって水を打ち、水が答えるのは、随意の衆生がすでにあって、釈迦の教えに応え教導を受け入れ法性を開くのだ、という。

ⓐⓘⓤと記述が続く中で、本来は「金剛座事」として、釈迦如来の正覚成道とその座であった金剛座が中心となるものであったところ、神吽の注釈は、その中から水と石の論理を抽出している。水と石による正覚への理解は、次のⓔで八幡神の正覚へと主題を展開し、ⓞではより具体的な「霊水」と「霊石」の功徳へと説き及んでいる。

㋒の記述として押さえておくべきなのは、釈迦の正覚の時には、石によって水を打つことは可であっても、水によって石を打つことは不可であった、ということである。このような常識的範疇に収まる水と石の比喩は、㋓の八幡神の正覚において覆されることになる。

（五）　八幡神の正覚

㋓の大意は次のようになる。

我が神である八幡神が正覚を得た時は、石によって水を打ち、水は容易いものとしてあった。ゆえに、神託にいう。「護国霊験威力神通大自在王菩薩であり、国々の様々な場所に、神道として垂迹するのだ」と。また水によって石を打ち、石もまた容易いものとしてあった。ゆえに、神託にいう。「無量劫の間、救い難い衆生を救い、また未だ救われていない衆生を、末法の中で教化するために、大菩薩としてあらわれたのだ」と。

㋓は、「吾神」である八幡神が正覚を得た時のことを記述するものである。石によって水を打つ、これが容易いことであるので、神託に「護国霊験威力神通大自在王菩薩。国々所々垂跡於神道」という。

そして問題は次の水によって石を打つ、ということについてである。水によって石を打つ、これもまた容易いことであるので、神託に「無量劫来度難化生未度衆生。在末法中為令教化之。現大菩薩」という。

釈迦の正覚の際には不可であった水によって石を打つことが、八幡神にとっては容易くあるという。つまり八幡神は正覚を得た救済者として、釈迦を超える存在である、ということが示されているのである。そして、ここでそのような理解を支えているのが、本章で取り上げ論じた八幡神の託宣である。確認していこう。

釈迦の正覚の時と比較した上での、八幡神の正覚の時の「以石打水」と「以水打石」という二つの衆生救済の在り方が、ここでの主題となる。

「以石打水」は、「護国霊験威力神通大自在王菩薩」として「神道」に「垂迹」することをあらわすという。これは、本章第三節（二）で見た、八幡神の顕現記事託宣の文言である。釈迦と同様に、随意の衆生があって時宜を得た救済を行なうということであり、釈迦と同格であることを示すものと理解できるだろう。

対して釈迦が成し得なかった「以水打石」は、「無量劫」の間に衆生を教化し、しかも「末法」においても「大菩薩」として現じて教化を行なうということをあらわすという。この託宣は、前節で問題とした延喜二年の末法教化の託宣を引くものである。延喜二年託宣の注釈において神吽が「末法」を大きく問題としたことは、この釈迦に対して優位にあるとする理解に繋がっているのである。つまり、釈迦では成らず、八幡神には容易いことというのは、末法に生きる衆生の救済である、ということになる。

八幡神は、釈迦入滅後の末法の世に大菩薩として示現し、釈迦では行なえなかった末法中の衆生の救済を、釈迦にかわって行なう。これは釈迦との対比における救済者として、ほとんど究極の姿であるといってよい。

次の㋔では、このような八幡神が、現実の世界にどのように神威と救済をあらわし示すのかということが、水と石の比喩を具体的な事物に当てはめて説かれることになる。

（六）　水と石の功徳

㋔の大意は次のようになる。

ゆえに、水によって石を打ち窪ませ、三鉢の霊水を湛える。その水には神影を浮かべており、受け用いる人々は、みなすべて悟りの境地に至る。また水によって石を打ち出して、三柱の霊石を高く立てて、龍水がその石体に注ぐ。石に注がれた水は流れ到ったところの衆生の煩悩を洗い消す。六道輪廻の心によって、六道輪廻の体を生じる。大菩薩は、衆生利益の水心によって、衆生利益の石体をあらわす。石を体とし、水を意として示される神託は、とりわけ尊重し仰ぐべきものである。石がすなわち水の精であるなどというのは、このことを示しているのである。

㋔の記述には多くの論点があるので、ある程度分割して分析することにしたい。

㋔の記述のはじまりは、「故」とあって直前の㋓を受けるものである。

水によって石を打ち窪ませて、神影を映す「三鉢の霊水」を湛えるという。この水は、用いる生類をすべて菩提に至らせる功徳を持つ。

また水によって石を打ち出して、「龍水」が注ぐ「三柱の霊石」を立てるという。この石に注がれた水は、流れるところの衆生の煩悩を洗い落とす功徳を持つ。

どちらについても、水によって石を打つものであり、同時に石が水に触れることが功徳をあらわす条件のようにもなっている。つまりここには水と石とが相互に補完する関係がある。㋓の「以石打水」と「以水打石」という二つの八幡神の救済の在り方を受ける記述として相応しいものであろう。御許山に存在する「三鉢の霊水」と「三柱の霊石」という具体的な事物が導き出す八幡神の功徳の神話言説である。

そもそも「三鉢の霊水」と「三柱の霊石」は、御許山の山中に古来存在する霊跡であり、「馬城峰部［亦号御許山］」と題する『託宣集』巻十四では八幡神の神秘や霊威を示すものとして多くの記述が載せられている。

（七）　三柱の霊石と三鉢の霊水

たとえば、巻十四冒頭の記事は、『託宣集』における八幡神顕現の異説として位置づけることができるが、そこには、御許山の山頂に「大石」が「三本」立っており、その「石体」の遠くない場所に「霊水」を湛える「三井」がある、としている。この巻十四冒頭記事では、とくに「霊水」について重視しており、次のように記している。

従其而八幡大菩薩顕給。為満末世之人之思願。示現之故。所奉崇也。其石体之御傍不遠有三井。霊水湛澄。号御鉢香水。件水雨降不増。日旱不減。只如本水。乃往古近代奇異也。仍記之。但一御鉢者木葉不入。又霜雪不凍。

以上のようにして、八幡大菩薩があらわれなさった。末世の人々の思願を満たすために示現したので、崇め奉られるのである。その「石体」（三本の大石）の遠くない場所に、霊水を湛える三つの井がある。「御鉢香水」という。雨が降っても増えず、旱となっても減らず、ただ元のままであった。往古から近代に至るまでの奇異であるゆえに、これを記す。ただし、三つの「御鉢」のうち、一つにはさらに木葉も入らず、また霜雪にも凍らないという。

このほか、『託宣集』巻十四には「三柱の霊石」と「三鉢の霊水」についての記述が散見するが、「三柱の霊石」とセットになりつつ、「三鉢の霊水」はとくに「正像末」の「霊水」ともされている。

巻十四の天平元年（七二九）とする託宣の記事には次のようにある。

聖武天皇六年。天平元。［己巳。］於内裏七歳童子託宣。
吾者是礼人皇第十六代誉田天皇乃御霊奈利。奉守百王牟加為尓成神明礼利。又顕豊前国厩峰礼坐也。三柱乃霊石乎発生。三鉢乃香水乎涌出須。鎮護国家正像末乃霊水奈利。石乎為体須。水乎為意須者。

天平元年、内裏において七歳の童子に託宣があった。
私は人皇第十六代誉田天皇（応神天皇）の御霊である。百王を守護し奉るために神明となった。また、豊前国「厩峰」（馬城峰）に顕現した。「三柱の霊石」を発生させ、「三鉢の香水」を涌出させる。それは「鎮護国家」「正像末の霊水」である。石を体とし、水を意とするものである。

宮中内裏において託宣があったとし、その内容は、百王を守護するために神明としてあらわれ、「三柱の霊石」と「三鉢の香水」を出現させたものという。その次の「鎮護国家」は、文意としてどの言葉に掛かるのかは判然としないが、むしろこれは総体的に捉えるべきであろう。

すなわち、「三柱の霊石」と「三鉢の香水」は、ともに鎮護国家を体現する神秘の事物だということである。八幡神であることは名乗らず、応神天皇の御霊であることを告げ、百王を守護するという在り方も、鎮護国家の神格に通じるところだろう。そして「三鉢の香水」は「正像末の霊水」であるとするのは、前面に立てられた鎮護国家に対して、衆生救済の利益の面が若干抑えられていることを示している。つまり衆生救済の積極性がない。それでもその「香水」が「正像末の霊水」であるとされているのは、鎮護国家と同時に、仏滅後の衆生救済を担うことのあらわれといえるだろう。

また、本節の議論にとって、より注目されるのは、託宣の末尾にある「石を体とし、水を意とする」という文言である。この文言は、直接には㋔の記述の末部に「石を体と為し、水を意と為す神託、尤も仰ぐべし」として最重要視されるべきものと価値づけられているが、しかもそれは「金剛座事」全体を規定する根幹の論理となっている。㋔の記述の中で、「六道輪廻の心」により「六道輪廻の体」を生じるというのは、煩悩を有するがゆえに六道輪廻にとらわれてしまうという、衆生が苦界に生きる因果関係を述べるものである。その「心」と「体」の関係は、しかし八幡神においては「衆生利益の水心」によって「衆生利益の石体」をあらわすものとなる。衆生においては六道輪廻をもたらす煩悩としての「心」は、八幡神にとっては衆生を利益する「水心」として価値づけられるのである。

（八）　法界の論理

このような「水」の「意」が「石」の「体」をあらわすという八幡神の救済の論理は、㋐に「如長阿含経説」として示されていた釈迦の正覚の思惟の比喩を覆し超えるものであった。そこでの釈迦の思惟は、「心」を「金剛の石」として、「諸法の水」を靡かせるというものであるが、それは水によって石を打っても答えることがなく、石によって水を打つことは容易いということによっていた。それは随意の衆生の有無、すなわち衆生の側の機根によって救済の可否が定まるという釈迦の限界なのである。

しかし、末法の救済という難事を遂行する八幡神にとっては、「水」こそが「石」を打つ「心」であった。それは衆生の機根を問わず救済を成し得るという、末法の救済者としての権能を十全に持つことをあらわしている。

㋔最末尾の「石即ち水の精等は是なり」というのは、㋑に示された「石」がすなわち「水之精」「大地精」「法界精」である、ということを再び確認するべく記されたものであろう。㋑の記述だけでは、その述べようとするところは不明瞭であったが、「金剛座事」の記事全体を見た上で考えるならば明確となる。それは石、水、大地、そして法界（全存在）が変成あるいは循環するものであること、その流れの中で八幡神が水の意によって石の体を打つということ、つまり、八幡神の救済は遍く仏教世界の、全存在に渡って波及し働くのだということを述べているのである。

なお、八幡神が水によって石を打ち出だすのに対して、㋑の記述では石を先立てて「水之精」以下を「即」で繫げているのは、その変成の論理が釈迦正覚に合わせて説かれたためと考えられる。

ここまで論じてきたように「金剛座事」が「水」と「石」の論理によって釈迦と八幡神の正覚を比較し価値づける言説は、あくまで御許山に存在する「三柱の霊石」と「三鉢の霊水」という霊威を象徴する具体物と、それらにかかわる託宣、そしてその解釈からあらわされたものであった。

しかも、「水」と「石」の比喩は、この記事全体を強く規定するものであり、「如長阿含経説」とする記述もまた、この論理に従って作られたものと考えるのが妥当であろう。先には可能性として指摘するに留まったが、この記事に見える「長阿含経」「倶舎論」の内容は、記事全体の文脈と論理性から判断するに、神吽が作り出したと見るべきである。また、もし仮にそうではなかったとしても、ここにあらわれた「水」と「石」の論理は、八幡神の霊威の発現体である「霊水」と「霊石」に端を発することは明らかであり、宇佐宮および御許山における八幡信仰の実践者が作り出した神話言説であると評価するべきことは疑いない。

以上、「金剛座事」において、釈迦との対比される八幡神の問題を明らかにした。「金剛座事」は、釈迦と八幡神の正覚について価値づけることを基本路線とする。この価値づけは、御許山の「霊水」と「霊石」という具体的事物に導かれた「水」と「石」の比喩として述べられていた。救済されるべき衆生と救済者としての釈迦と八幡神。「水」と「石」の論理の展開は、難易と対象立場を反転させ、末法における救済者としての八幡神を立ち上がらせる。八幡神は、「霊水」と「霊石」の功徳を末法にあらわすことによって、釈迦を超える存在とされるのである。まさしく、中世神話の新たな八幡神が、神吽の注釈によってここに作り出されているのである。

第六節　八幡神と龍水

前節の分析で、「金剛座事」についてはひとまずの結論を出したが、取り上げるべき問題がまだ一つ残されている。それは「龍水灑石体」、三柱の石体に注ぐ「龍水」の問題である。その記述をここにもう一度挙げておこう。

故以水打凹石。湛三鉢霊水。神影浮霊水。受用之類皆悉到菩提之岸。

又以水打凸石。堆三柱霊石。龍水灑石体。流到之所衆生洗煩悩之垢。

「金剛座事」では、水と石に関する論理を縦横に展開し、これによって八幡神の末法における救済を、釈迦の救済に優越するものとしていた。その中で、「三柱の霊石」の功徳を語る際に「龍水」という言葉があらわれる。「龍水灑石体」は、一見して明らかなように「神影浮霊水」と対句になるものだが、八幡神の姿である「神影」と対になるものとして「龍水」があらわれるのは唐突といえるだろう。石体に注ぐ雨を龍のもたらす水として対句的に飾ったものと見ることもできるが、しかし文脈上「水」には相当に重要な意義がある。「龍水」という言葉は、単なる修辞ではなく、もっと深い意味が込められているのではないか。この言葉を用いた神吽の意図と知の根拠はどこにあるのだろうか。

そのような問題意識に沿って、本節では、釈迦を超える救済者としての八幡神の功徳を価値づける「龍水」ということの意義を論じることにしたい。

（一）　灑水灌頂と龍水

この問題を解きほぐすためには、本章第三節（三）で論じた龍宮と八幡神の関係を想定する必要がある。そしてここで再び山本ひろ子の議論を参照するべきであろう。

山本は「龍女の成仏――『法華経』龍女成仏の中世的展開――」[13]において、天台密教の教学事相など口伝記録を集大成した書『渓嵐拾葉集』（以下『拾葉集』）に収められる記事を参照しつつ、龍女成仏に関する言説の展開を論じている。

『拾葉集』は比叡山の僧光宗が編述したもので、鎌倉時代末、文保二年（一三一八）、すなわち『託宣集』と同時代に成立したとされている。もしそこに『託宣集』と共通する言説要素が認められるとすれば、『託宣集』の鎌倉時代末期、あるいは中世における同時代的な繋がりと広がりを、同質的な想像力のあらわれとして確認することができ、大きな意味を持つといえるだろう。そして、「龍水灑石体」という短い文言は、その繋がりを示す鍵となる。「龍水灑石体」という問題を考えるために、山本の議論の中で「求聞持法《ぐもんじほう》」に関する「龍」と「水」の問題について取り上げる部分を見てみよう。

たとえば、山門の求聞持法は閼伽《あか》水を汲む作法を「最極ノ秘事」とするが、それは「灌頂一箇ノ大事」という口伝によるものとした。この水は「悉地成就ノ地」「明星来下ノ地」「明星ノ影ヲ写ス地」のいずれかの水と定められていたが、興味深いのは聖水を汲み出すべき時間である。その時間とは、龍神が水を吐き出す刻限であった。ちなみにこの所伝は、仏に花や水を捧げる「花水供」の因縁譚になっている。

一、取水時分ノ事。示シテ云ク。丑ノ終リ寅ノ一点ニ之ヲ取ルベキナリ。凡ソ寅ノ時トハ、龍神ノ水ヲ吐ク時分ナリ。仍テ難陀・跋難陀ノ二龍、須弥最底ノ大海底ニ居シテ水ヲ吐クナリ。故ニ寅ノ初ニ成レバ大海ノ水、波ヲ生ジ音ヲ発スルナリ。水生ズル時ハ花開クガ如シ。故ニ水ニ花サクトハ云フナリ。花水供ノ因縁是ヨリ起レリ。（「求聞持法」）

続いて「灑水《しやすい》ノ秘訣」という書をあげ、「灑水灌頂ノ大事」に言い及ぶのだが、この灑水灌頂という作法に関しては、巻七十七「十八道」の記事を見よう。

一、壇上ノ上ニ香呂ト洒水ヲ置ク事。（略）灑水灌頂ト云フ事アリ。凡ソ灑水灌頂トハ、滅罪生善ノ義ナリ。灑水ト者𑖨𑖽𑖪𑖽ノ二字ヲ以テ加持スルナリ。𑖨𑖽𑖪𑖽ハ去垢義ナリ。是則チ断惑ノ義ナリ。

滅罪生善・降魔成道を目的とする灑水灌頂は、必ず香炉を灑水器と並べて壇上に置く。それは、「塵垢」をあらわす「火大」で𑖨𑖽《ラン》字の具有する「去垢」の効能を持つ香が、灑水器の「水大」の𑖪𑖽《バン》字と和合することで「断惑」、ひいては両部理智の法門を表すからなのだ。

山本はこのように『拾葉集』の記述を確認し、求聞持法の閼伽水を汲む作法における龍神が吐く水、そして「滅罪」と「去垢」を象徴する灑水灌頂という具体的な儀礼の言説から、『平家物語』「灌頂巻」に語られる「龍畜」となった平家の人々の救済、龍女成仏の諸相の展開へと論を進める。

『拾葉集』に見られる天台密教の事相、求聞持法と灑水灌頂の記述は、『託宣集』の「龍水灑石体」を考えるにあたって示唆的なものであろう。

「金剛座事」において、八幡神の石体に注いだ「龍水」は、「流到之所衆生洗煩悩之垢」、流れ到る所の衆生の煩悩の垢を洗う、とされていた。ここでのポイントは、石体に「灑《そそ》」がれた「龍水」が、煩悩の「垢」を洗う、ということにある。この功徳は、『拾葉集』で述べられる灑水灌頂の義の「去垢」に一致する。そして「灑水」の水は、「龍が水を吐き出す刻限」に汲み出されるべきものともされていたのだから、『託宣集』の「龍水」が指し示すものもまた、象徴的に龍に由来することが強調されるべき水だったのだと、そう連想することは許されるだろう。

（二）　真言加持の閼伽水

さらに、龍の吐く水が灑水灌頂の「灑水」として「」「」の二字によって加持され用いられるものであったことを踏まえれば、もう一段階視野を広げてみることができる。

「金剛座事」に展開された八幡神による衆生救済の「水」と「石」の論理は、御許山の「三鉢の霊水」と「三柱の霊石」という具体物から導かれたものだということは指摘したが、その霊水が「三鉢（御鉢）の香水」と呼ばれていたことも前節に確認した通りである。

香水とは仏菩薩に供する水のことであるが、御許山の「三鉢の霊水」が「香水」とされるのは、「三柱の霊石」、すなわち八幡神の石体の近傍にあることによるものだろう。それは八幡神が石を打った水であると同時に、八幡神に捧げられた水としてもある。そして「金剛座事」の記述では、この「霊水」について「神影浮霊水」として八幡神の姿を映すものとされていた。

「金剛座事」の八幡神の神影を映す水と、『拾葉集』の灑水の加持、ということを踏まえると、『託宣集』巻十二の次のような記事が注目される。

一。円融院三年。天録三年。［壬申］。託宣。

我加影波真言加持乃閼伽水仁可写志者。

天録（天禄）三年（九七二）に、「私の姿は真言加持の閼伽水に写すように」との託宣があったとする記事である。短い記事だが、これは巻十二において二つの文脈を受けるものである。一つは巻十二の記事の大部分を占める八幡神の御影に関する文脈であり、閼伽水に八幡神の姿を映すことがこれに通じる。もう一つは、直前の「天録」（天禄）元年（九七〇）とする記事の託宣と、これに付された道場の荘厳に関する記述についての文脈である。天禄元年の記事は具体的な儀礼の場を記述しており、興味深い。


一。円融院元年。天録元年庚午。霊託。

以真言天浄道場乎。爰以為和光之棲牟者。

因此神託。一夏毎夜。〔丑時。〕第一御殿外殿西間。荘方壇四方閼伽香炉。四角宝瓶立鈴杵。御礼盤上敷御坐具。其上置草座。此壇上奉備香花。大菩薩令向西之給構也。其外於講演堂。〔号申殿。〕三人浄侶懺法等事。如記他巻。


天禄元年に霊託があった。

「真言によって道場を清め、その場を和光同塵、衆生結縁のために宿る所とする」。

この神託によって、一夏の毎夜、丑時に、八幡神を祀る第一御殿の外殿の西の間に、方壇を作り、四方には閼伽と香炉を置いて、四角には宝瓶を置いて鈴杵を立て、飾る。御礼盤の上に御坐具を敷き、その上に草座を置き、この壇上には香花を備え申し上げる。八幡神は西をお向きになる形である。

外には、講演堂、申殿ともいうが、そこで三人の僧が法華懺法を行なうことなどについては、他の巻に記した如くである。

以上が「天禄元年記事」の内容であるが、真言によって道場を清め、その場を和光の場とするという託宣が、続く記述に示される儀礼の由来だと述べられている。

この「天禄元年託宣」にいう「真言によって道場を清める」ということは、「天禄三年託宣」に「真言加持の閼伽水」とあることによって、その意味するところが明らかとなる。それは方壇の四方に置かれる閼伽のことを指している。この閼伽が真言によって加持されたものであることによって、道場が清められるのだ、というように理解できるだろう。

では、この真言とは何ものを指しているのだろうか。それは、記事末尾の三人の僧が法華懺法を行なうことについては他の巻にある如くである、という指示を辿った先に確認することができる。

(三) 御念持の光明真言

「天禄元年記事」末尾の指示「如記他巻」を辿るなら、行き着くのは、『託宣集』巻十一の延暦十二年(七九三)とする記事となる。そこには次のような記述がある。

一夏九旬毎夜丑時。奉上御格子。又開西中門。是則大菩薩令参弥勒寺給儀式也。此間三人僧［号供夏衆。］於申殿。読法華懺法。唱大自在王菩薩之宝号矣。年分僧於斎殿奉供香花。

一夏九旬の毎夜、丑時に、御格子を上げ申し上げ、また西中門を開く。これはすなわち八幡神が弥勒寺に参らせ申し上げる儀式である。この儀式の間、三人の僧、供夏衆《くげしゅう》というが、彼らは申殿において法華懺法を修し、「大自在王菩薩」の宝号を唱える。また年分度の僧は斎殿において香花を供える。

一読してわかるように、この一夏九旬の毎夜の丑時の儀式は、先の「天禄元年記事」のものと同一である。そこには、西の門を開くことが、八幡神が弥勒寺に参る儀式であるとしている。この記述は、「天禄元年記事」に「大菩薩令向西之給構也」ということの意味をはっきりさせてくれるだろう。

つまり、天禄元年と延暦十二年の記事に示された一夏九旬の儀式は、八幡神が弥勒寺に向かい参ることをその意義としているのである。

この一夏九旬に弥勒寺に参向するということについては、『託宣集』巻六にある弥勒寺建立の託宣記事にそのはじまりが述べられている。

一。聖武天皇十四年。天平九年［丁丑］四月七日。託宣。
我礼当来導師弥勒慈尊乎欲崇布。遷立伽藍奉安慈尊利。一夏九旬乃間。毎日奉拝慈尊牟者。
依大神願奏大政官。始自同十年五月十五日。従日足禅院［十三年之後。］移来建立之。今弥勒寺是也。九旬御入堂事在後。可見矣。

天平九年の託宣にいう。

「私は当来の導師である弥勒慈尊を崇めようと思う。伽藍を建立し弥勒慈尊を安置し奉り、一夏九旬の間には、毎日拝し申し上げるだろう」。

この八幡神の願によって、太政官は天平十年に日足《ひあし》禅院（弥勒禅院）を宇佐宮境域内に移建した。移建は十三年後に完了、今の弥勒寺がこれである。また一夏九旬の弥勒寺に御入堂のことは、後に記してあるので、見るように。

「九旬御入堂事在後」として指示されているのは、今取り上げている延暦十二年と天禄元年の記事ということになる。以後、本論では、この儀式を「九旬御入堂」と呼称する。ちなみに、日足禅院というのは、弥勒禅院の所在が日足という地であったため、このように呼ばれている。

さて、九旬御入堂において、弥勒寺に向かう八幡神、その儀式の場を清める閼伽水、閼伽水を加持する真言。このように見た時、浮かび上がるのは巻六の神亀二年（七二五）とする託宣記事である。

聖武天皇二年。神亀二年乙丑正月廿七日。託宣。
神吾礼為導未来悪世衆生仁。以薬師弥勒二仏天為我本尊須。理趣分。金剛般若。光明真言陀羅尼所念持也者。

神亀二年に託宣があった。

「神である私は、未来悪世の衆生を導くために、薬師と弥勒の二仏を私の本尊とする。理趣分（『理趣経』）、金剛般若（『金剛般若経』）、光明真言陀羅尼を念持するものである」。

この託宣は、八幡神が弥勒と薬師の二仏を本尊とするということを示している。そして続く記述には、「神託之趣。奏聞之間。依勅定被造寺安置仏像。号弥勒禅院」、また「又奉造御堂安置本尊。号薬師勝恩寺」などとあり、この託宣を由来として、弥勒禅院と薬師勝恩寺が建立されたことが語られている。

弥勒寺の建立については、先に見た「天平九年記事」には八幡神の託宣によって弥勒禅院が移建されたものとあったが、奈良時代の弥勒寺の創建は、弥勒禅院と薬師勝恩寺の二寺院が、宇佐宮境内に統合移建され、鎮護国家の宮寺、宇佐宮と一体の神宮寺として、当時の朝廷の意に応えるものであったという(14)。

ところで、この託宣では、八幡神が自ら本尊とする弥勒と薬師の二仏が強調されているが、実は、『託宣集』全体として見た場合、八幡神に関係する仏としては、本章に確認してきたように、釈迦と阿弥陀こそが存在感を示している。しかも、釈迦と阿弥陀は八幡神と同体の存在ともされるのであり、その扱いの軽重の差は瞭然である。

こうした違いは、弥勒・薬師から釈迦、そして阿弥陀へ、という歴史状況に呼応した展開、仏教世界の本源や救済への八幡神の接近を示していると見ることができるだろう。それは、直接的に語られてはいないものの、『託宣集』が作る仏の交代的展開ともいうべき歴史であり、より力を持った仏への接近という八幡神の成長をあらわしているのである。

ゆえに、この弥勒・薬師を強調する託宣が持つ意味は、単にこの二仏との関係が重要だと示すことではない。『託宣集』を編述した神吽《じんうん》が弥勒寺の僧であったがゆえにその起源が語られている、ということに加え、さらに隠された意味があると考えなければならない。その隠された意味こそが、今問うところの「真言」である。

要するに、九旬御入堂として一夏九旬の間の毎夜に八幡神が参向するという弥勒寺の起源には、その前身である弥勒禅院の建立を導いた八幡神の託宣があり、その託宣には、八幡神が自身の念持する経呪として『理趣経』『金剛般若経』と「光明真言陀羅尼」を示していたのである。
また、この記事には神吽の注釈が付されているので、そちらも見ておこう。

私云。諸仏菩薩之中。此一仏一菩薩為本尊。又一切経呪之中。此二経一真言御念持之事。尤仰神託。可奉信敬而已。

私に云うのには、八幡神が諸仏菩薩の中で薬師仏と弥勒菩薩を本尊とし、また一切の経呪の中で『理趣経』『金剛般若経』「光明真言陀羅尼」の二経一真言を御念持になることについては、とりわけ神託として仰ぎ、信じ敬い申し上げるべきである。

以上の記述を確認すれば、「天禄元年託宣」と「天禄三年託宣」に示されていた「真言」とは、「光明真言」であったということがわかるだろう。
「光明真言」は、用いれば一切の罪障を消滅するとされる呪句である。さらに、同時に挙げられる二つの経にも触れておくと、『理趣経』は罪障の消滅を説き、『金剛般若経』は執着対象としての存在を離れるべきこと、つまり煩悩を離れるべきことを説く。この三者はいずれも罪業と煩悩を消し去るという意義を持っており、それらが並び示される『託宣集』巻六の「神亀二年託宣」は、未来悪世の衆生を導くということも併せ、鎮護国家ではなく、罪業消滅と煩悩消除を強調するものといえる。

また、神吽は注釈において「尤仰神託。可奉信敬而已」と記し、この託宣とともに、そこに示された経呪を最重要視するべきものとして価値づけている。

つまり、九旬御入堂の閼伽水は、八幡神が自ら念持するとした「光明真言」によって加持され、滅罪の効験を持つものであったと考えられる。

そして、延暦十二年と天禄元年の記事には、八幡神出御の際に、外にある「申殿」ともいう講演堂で法華懺法を修すると記されている。法華懺法は、罪を懺悔し滅するものであるから、九旬御入堂の儀式は、滅罪を大きな要素として構成されていたといってよいだろう。

ここまでの議論によって、「天禄三年託宣」にある八幡神の姿を映す「真言加持の閼伽水」とは、八幡神が弥勒寺に参向する九旬御入堂という具体的な儀礼の場に用いられる閼伽水、しかも滅罪の意義が重ねられた水であったことが理解できる。

（四） 龍水の中世神話

九旬御入堂の儀式を辿りつつ、八幡神の神影を映す水、という問題を追いかけてきたわけだが、その出発点は、八幡神の功徳を象徴し、かつ「香水」ともされた御許山の「三鉢の霊水」であった。

ここでもう一度、「神影浮霊水」が「龍水灑石体」と対句であったことに注意を向けたい。龍水が注ぐ石体は、「三柱の霊石」であるが、これは八幡神の神体としての石体であり、石体権現、石体大菩薩などとも称される。すなわち現出した八幡神の姿の一つである。そして、「三鉢の霊水」に映し出される「神影」も八幡神の姿である。

そのように見た場合には、対句としての「神影浮霊水」と「龍水灑石体」の表現は、言葉の前後を入れ替えた形で対応することがわかる。「石体」と「神影」は八幡神の姿であり、「龍水」と「霊水」は衆生の煩悩の垢を洗い、菩提の岸に至らせるという、功徳を持つ「水」として重なり合う。

そしてその「水」はさらに、「我加影波真言加持乃閼伽水仁可写志」という託宣、八幡神の神影を映すということにおいて、「光明真言」によって加持される閼伽水とも重なり合い、しかも罪業と煩悩を消し去るものしても合流するのである。

また、『託宣集』における「閼伽水」を探ってみると、巻三の次のような記述に辿り着く。

三者宮山。在西方。造宮之時。奉築神壇等。此山之土也。故云宮山。又霊水出自当山。清流通于大海。毎節御供水也。故名御物河。又毎暁閼伽水酌之也。

三には宮山。西方にある。宇佐宮造営の時、神壇などを築き申し上げたのは、この山の土である。ゆえに宮山という。また、霊水が当山より流れ出る。その清流は大海に通じるものであり、節毎に捧げる御供の水である。ゆえにその流れを御物河と名づける。また、暁毎に閼伽水としてこれを汲むのである。

この記事は、宇佐宮の所在地である菱形三山を「一者小椋山」「二者大尾山」「三者宮山」として解説する注釈であるが、その宮山に関する記事の中に、閼伽水に用いられる霊水についての記述がある。その霊水の清流は大海に通じ、また暁毎に閼伽水として汲み出すものという。

「暁」に閼伽水として汲み出される「大海」に通じる清流の「霊水」。『拾葉集』の「取水時分」の言説と、これまでの本節の分析から、この「大海」が龍の住まう海であり、「霊水」が龍の吐く水、つまり「龍水」と形容される条件を満たすことは、ほぼ疑いない。それは「暁」に汲み出すということに示されている。「暁」は、古くは明け方ではなく、夜半に続く深夜の時刻を指す。『拾葉集』に具体的に記されていた、龍が水を吐く時刻「丑ノ終リ寅ノ一点」（深夜午前三時頃）と符合するのである。おそらく、神吽の注釈は、『拾葉集』と同じ密教的な儀礼の知を共有している。

少なくとも、『託宣集』における閼伽水は、「大海」に通じる霊水が「暁」に汲み出され用いられるのだと記述されている。それは当然、九旬御入堂に用いられる光明真言加持の閼伽水も含むものとしてあるだろう。つまり、『託宣集』の神吽の注釈では、石体に注ぐ「龍水」と九旬御入堂の儀式の場に用いられた「閼伽水」とは、映される八幡神の姿、煩悩罪業を洗い流す功徳、そして龍―龍宮―大海に由来する水ということにおいて、相互に通じ合い意義づけ合う関係にあったのではないか、ということである。

それが「龍水」に込められた意義だとすれば、『託宣集』は、『拾葉集』にも示されるような天台密教の儀礼を支える世界を共有し、同質の発想法によって、しかし独自な表現でその密教儀礼の知を語ったものと考えられるのではないだろうか。

そもそも『託宣集』の八幡神は、三国世界のうち龍宮までもを修行の場として顕現したとされるのであり、さらに龍女を娶るという形で龍宮との関係を強固に結んでいる。

そして、鎮護国家、百王守護のために国家朝廷の敵を征討する八幡神は、殺生の罪にまみれることをその役割として担っている。その殺生の罪こそは、放生会の起源ともなり、殺生を禁断して出家に至る契機であった。つまり、八幡神にとって、殺生の罪は反転して正覚を導き成就させるものなのである。

このような八幡神の在り方は、龍宮に生まれた龍女、とくに「龍女成仏」、煩悩に染まる「龍畜」の身でありながら釈迦の前で変成男子《へんじょうなんし》により一瞬のうちに正覚を遂げた「龍女」の姿に相似する。このことを踏まえれば、八幡神が龍女を娶る、という想像力の発現の深奥には、煩悩を正覚へと転換する龍女の力を我がものにしようとする、八幡神の権能獲得の中世神話があったと想定することもできるだろう。

そうであれば、『託宣集』において、八幡神の衆生救済の功徳が説かれる時にあらわれる「龍水」という言葉は、『拾葉集』に見られる言説や行法、あるいはそれらを含み込む天台密教との繋がり、宇佐八幡信仰の外に広がる中世的な信仰世界への接続を示すものとして、大きな意味を持つといわなければならない。

（五）　八幡神の滅罪の儀式

これまで本節では、前節で分析した「金剛座事」にあらわれる煩悩消除の「龍水」の問題について、九旬御入堂の儀式を追いつつ議論を進めてきた。八幡神の功徳をもたらす「龍水」は、九旬御入堂において用いられる光明真言加持の閼伽水と重なり合うものであった。

九旬御入堂は、八幡神が弥勒寺に参向し弥勒菩薩を拝するという託宣に基づく。一夏九旬の間行なわれるということから、八幡神の夏安居《げあんご》と見ることもできるが、しかし儀式の内実に目を凝らしてみると、八幡神と祭祀者の緊張した現場であったことが浮かび上がってくる。そしてこの儀式そのものが、おそらく「龍水」の問題に繋がっている。

この問題は、本節㈢に部分的に取り上げた『託宣集』巻十一の「延暦十二年記事」の続きを見ることでより明確となる。すでに示した部分も合わせて確認してみよう。

一夏九旬毎夜丑時。奉上御格子。又開西中門。是則大菩薩令参弥勒寺給儀式也。此間三人僧〔号供夏衆。〕於申殿。読法華懺法。唱大自在王菩薩之宝号矣。年分僧於斎殿奉供香花。又申時件三僧等。先参御寺行例時。次於若宮殿同前。後於宝殿申殿令読懺法等之後。奉下御格子等。大菩薩自御寺令還御之儀式也。

「年分僧於斎殿奉供香花」まではすでに見たので、「又申時件三僧等」以下、大意を示しておく。

また申時《さるのとき》には、件の三人の僧らは、まず弥勒寺に参り、例時懺法を行なう。次に若宮の社殿においても同様にする。最後に宝殿（八幡神の鎮座する第一御殿）と申殿（講演堂）で、法華懺法等を修した後、宝殿の御格子を下げ申し上げる。これらは、八幡神が弥勒寺から還御《かんぎょ》する儀式である。

まず、この記事の後半に示されているのが、弥勒寺から八幡神が還御する儀式であるということに注意したい。神の出御という意味では当然であるが、九旬御入堂は、鎮座する御殿からの出立、弥勒寺への参向、そして御殿への帰還という一連の儀礼としてある。

これで、一夏の間、毎日行なわれる九旬御入堂の儀式の全体像が把握できるが、以下、記事に従い、あらためてその進行を列記しておこう。

1　丑時、御格子を上げ、西中門を開く
2　三人の僧が申殿で法華懺法を行ない、八幡神の宝号を唱える
3　年分度の僧が斎殿に香花を供える
4　申時、三人の僧が弥勒寺で例時懺法を行なう
5　若宮の社殿でも同様に例時懺法を行なう
6　宝殿（八幡神鎮座の第一御殿）と申殿で法華懺法を行なう
7　御格子を下げる

このうち、1から3までは「令参弥勒寺給儀式」であり、4から7までは「自御寺令還御之儀式」である。

このように九旬御入堂の儀式の一連の流れを見た時、その次第が要所に法華懺法を行なうものであることがわかる。法華懺法は基本的には行者および参加者の懺悔滅罪を趣旨とする。しかし、この九旬御入堂の懺法の場合には、罪の懺悔ということについて、異なる捉え方をする必要があるだろう。要するに、懺悔されるそれが誰の罪なのか、ということなのであるが、出御、例時、還御と、三度のタイミングで懺法が行なわれるのは、この儀式を行なう側の主眼が、八幡神の罪を滅することにあったことを示すのではないかと考えられるのである。どういうことか。

「例時」というのは朝夕定刻に行なう略式の法華懺法のことだが、これが5に示したように、八幡神参向中の弥勒寺とともに若宮の社殿においても行なわれることの意味は重要である。

本章第三節（三）に論じたように、『託宣集』では、若宮は八幡神が娶った龍女の腹に生まれたので荒ぶる性質を持ち、またそれゆえに異国征伐の大将となる存在であった。異国征伐の大将としての若宮は、すなわち八幡神の

鎮護国家の霊威の発現であり、いうまでもなく殺生の罪に身を染める存在である。第二御殿の比咩大神や第三御殿の大帯姫等ではなく、若宮の社殿において例時の懺法が行なわれるのは、この九旬御入堂における懺法が、殺生の罪業に対して向けられたものであることを暗示する。

このように見れば、2の三人の僧が法華懺法を行なう時に「大自在王菩薩之宝号」を唱えるということの意味も理解される。これは、八幡神に対して罪を懺悔することを示すのではなく、八幡神を儀礼の場に呼び出すこと、つまり懺法によって罪を滅される側に八幡神を置くことを意味する。

また、実際に唱えられるのは八幡神の宝号「護国霊験威力神通大自在王菩薩」である。この八幡神の称は「護国霊験」という鎮護国家の性質と「大自在王菩薩」という衆生救済の性質を兼ね備えるものだが、法華懺法の場にこの宝号を唱え、かつ若宮の社殿において例時懺法を行なうということは、クローズアップされているのが、八幡神が「護国霊験」の鎮護国家神としてあることによって生じる殺生の罪業であることを浮き彫りにする。

そして、この儀式の際、「天禄元年託宣記事」によれば、託宣中に「真言」によって清められるのは「道場」とされるが、その浄化は光明真言加持の閼伽水によるのであり、その場所は四方に閼伽水を配置する儀式の壇上であった。すなわち、九旬御入堂の際に、八幡神が求めた浄化とは滅罪であったということになる。さらにいえば、八幡神が自らの姿を真言加持の閼伽水に映すようにという託宣も、八幡神が光明真言の滅罪の効験を求めて示したものと理解できる。すなわち、八幡神の託宣によって八幡神の座す場を滅罪するということは、八幡神の願いによって罪業を消滅させるということなのである。

そうであるならば、弥勒寺への参向ということについても、九旬御入堂の儀式としては、八幡神が弥勒菩薩を拝することとは別の意味が見出されていたのではないかと考えられる。

九旬御入堂は、「天平九年託宣」に示されていたように、八幡神が弥勒寺に参向し弥勒菩薩を拝するものであることは間違いない。しかし、すでに見たように、その儀式は要所に法華懺法を繰り返し行なうものとして進行し、その意義は八幡神の殺生罪業の消滅にあった。

八幡神の滅罪と弥勒寺への参向、そこに関連性があると想定するなら、弥勒寺の前身である弥勒禅院の起源となる託宣に示された煩悩消除と罪業消滅の二経一呪『理趣経』『金剛般若経』「光明真言」が思い起こされるだろう。つまり、『託宣集』においては、九旬御入堂とは、浄侶による懺法を受けつつ弥勒寺に参向することで、八幡神が自身かつて示した煩悩消除と罪業消滅の経呪念持に立ち返り戻り入り、そうして殺生の罪業を消し去るとともに、衆生救済の功徳である煩悩消除と罪業消滅の力を保ち活性化させ、再び宝殿に還御する、そのような神話を実現する儀式として観念されていたのではないか、ということである。

このような九旬御入堂における八幡神の姿には、八幡神が鎮護国家と衆生救済という二つの性質を兼ね備える「八幡大菩薩」として在り続けるためには、祭祀者によってその殺生罪業の消滅を毎年に繰り返さなければならないという、神と祭祀者の緊張があらわれているとはいえないだろうか。

(六)　罪障懺悔の託宣

八幡神が隼人征討による殺生の罪を懺悔する。そのことは実は八幡神が自ら託宣に告白するものでもあった。それは、宝亀九年（七七八）の託宣として、『託宣集』の巻十、巻十四、巻十六に収められている。「宝亀九年託宣」は、八幡神の出家を示すものであり、そこにははっきりと、八幡神が隼人征討の殺生を罪障とし、これを懺悔することが示されている。託宣の文言の異同が多少読解にかかわるので、巻順に三つの記事をすべて挙げておこう。

光仁天皇宝亀九年〔戊午。〕託宣。

我礼多殺隼人津。罪障如山岳志。被打露霜幾。今令出家受戒弖衆罪如霜露志。又成等正覚令致覚岸牟者。

（『託宣集』巻十）


光仁天皇九年。宝亀九年。〔戊午。〕託宣。

我礼多殺隼人津。其罪障如山岳志。衆罪如霜露志。成沙門持戒弖。為罪障懺悔仁被打露霜奈利者。

（『託宣集』巻十四）


一。同天皇九年。宝亀九年〔戊午。〕託宣。

我礼多殺隼人津。其罪障如山岳志。衆罪如霜露志。成沙門。持戒弖為罪障懺悔仁。被打霜露奈利者。

（『託宣集』巻十六）


この「宝亀九年託宣」を要約すると次のようにまとめることができる。

八幡神は隼人を多く殺したため、罪障が山岳のようにあり、その多くの罪が降り付く露霜のように八幡神の身体を打つ。ゆえに、八幡神は出家し受戒して沙門となり、罪障を霜露のように消し去って、等正覚を成して衆生もともに悟りの岸へと至らしめる。

また、巻十四、巻十六の記述では、罪障懺悔のために露霜（霜露）に打たれる、とあって、露霜に打たれることがいわば山岳修行のように記述されており、興味深い。本章第二節に取り上げた六郷山の能行のような懺法を行なう修験者の姿が、懺悔する八幡神に重ねられているともいえるだろう。『託宣集』の八幡神が山岳修験的要素とともにあったことをうかがわせる記述である。

このような「宝亀九年託宣」を見れば、『託宣集』における八幡神が、殺生罪業の懺悔と消滅を求めていたことは明らかであろう。八幡神はそのような滅罪のために出家し沙門となったのである。

その罪障は、しかし「宝亀九年託宣」にあるような八幡神自身の出家や懺悔だけでは贖い切れないほど大きいとも感じられていた。ゆえに九旬御入堂の儀式が必要だったのである。それはすなわち、八幡神における鎮護国家という役割の重さが、隼人征討という過去の出来事だけに由来するのではないこと、八幡神が歴史的に国家や天皇家を守護し続ける宗廟の神として存在していたことの証でもある。

『託宣集』の八幡神は、常に殺生罪業とともにあり、自らもその罪業を懺悔しつつ、しかも末法衆生の救済者でもあった。

九旬御入堂の儀式。そこには、泰然と鎮護国家と衆生救済を象徴するのではなく、罪業消滅の効験を持つ光明真言により道場を清め、また真言加持の閼伽水を求める八幡神があった。また、その儀式には、八幡神の罪業の消滅を企図し、八幡神に代わって法華懺法を修する実践者の姿も認められるのである。

以上、九旬御入堂の儀式における八幡神の罪業の問題について論じてきた。「龍水」ということについては、それが龍に由来する水であるということと同時に、光明真言による罪業消滅、そして九旬御入堂の儀式における八幡神が滅罪を求めるという観念があらわれている。

とくに「龍水」という言葉は、神吽による注釈にあらわれるものであり、神吽自身が選び作り出した表現である。

大海に由来する霊水を暁に汲み出すという閼伽水や、九旬御入堂の儀式、天禄元年と天禄三年の託宣、そういったことを踏まえ、神吽は、衆生に示される八幡神の功徳を代表的にあらわす意義の一つを「龍水」という言葉に込めたのである。

「金剛座事」は、八幡神が釈迦を超える救済者としてあることを高らかに謳い上げる。しかし、それを裏打ちするのは、九旬御入堂の儀式に示されていたような、鎮護国家による殺生の罪業にまみれつつ、その罪業の消滅を求め、光明真言加持の閼伽水と法華懺法による滅罪を繰り返す儀式であった。

ここにあらわれる「龍水」には、救済と罪業の表裏を結びつつ現世末法に生きる八幡神の姿が凝縮されているといえるだろう。

おわりに

本章では、『託宣集』における八幡神と釈迦の関係を主題として論じてきた。そのために、阿弥陀に関する説や八幡神顕現にまつわる龍宮との関係を確認し、釈迦との関係については、各巻の記事を用いつつ、歴史的な展開を捉えるべく他のテキストとの比較も行なった。そうして見えてきたのは、釈迦を超える救済者としての八幡神の姿であった。しかし、八幡神が歴史的に培い、『託宣集』に結実する基本的性質は、鎮護国家と衆生救済の双方を担うということにある。たとえ釈迦を超える救済者であったとしても、そこには常に鎮護国家のための殺生の罪業が染み入っているのであり、そのことは「龍水」を介して見える九旬御入堂の儀式に強くあらわれていたのである。

『託宣集』およびこれを編述した神吽は、宇佐宮の八幡信仰史として見た場合、突如としてあらわれたものと評価されてきた。神吽が『託宣集』に結実させたような八幡神に関する言説は、確かにその前後に直接の系譜的状況を認めることができない。しかしそれは、神吽が中世において孤立していたことを示すものではない。本章に論じたように、龍宮や末法の認識、また神話を創造する営為として、神吽の八幡神への信仰は、広く中世に認められる神仏への理解を基盤として共有するものである。

その共有を考えた上で、神吽の認識、現世における救済者としての意義、『託宣集』における八幡信仰の意義は評価されなければならないだろう。

八幡神は、釈迦を目掛け、それを超える存在となった。しかし同時に、鎮護国家を担うがゆえに罪業に染まり、その滅罪を求める。それが『託宣集』に釈迦との関係においてあらわれる八幡神の姿であった。

注

（1）辻善之助『日本仏教史』（第一巻、岩波書店、一九四四年）。
（2）佐藤弘夫『アマテラスの変貌――中世神仏交渉史の視座――』（法藏館、二〇〇〇年）。
（3）中野幡能『八幡信仰史の研究（増補版）下巻』（吉川弘文館、一九七五年）。
（4）中野幡能、前掲書（前注3参照）。
（5）重松明久校注訓訳『八幡宇佐宮御託宣集』（現代思潮社、一九八六年）。
（6）逵日出典『八幡宮寺成立史の研究』（続群書類従完成会、二〇〇三年）。
（7）山本ひろ子『変成譜――中世神仏習合の世界――』（春秋社、一九九三年）。
（8）『日本霊異記』の参照は〈新潮日本古典集成〉（新潮社）による。
（9）中村一晴「平安期における大明神号の成立とその意義」（『佛教大学大学院紀要』三七、二〇〇九年）。また、今堀太逸『神祇信仰の展開と仏教』（吉川弘文館、一九九〇年）も参照。

（10）『長阿含経』のテキストの確認には大蔵経テキストデータベース研究会「SAT大正新脩大蔵経テキストデータベース（SAT 2012）」〈http://21dzk.l.u-tokyo.ac.jp/SAT/〉を利用した。
（11）『文選』の参照は〈新釈漢文大系〉（明治書院）による。
（12）『倶舎論』のテキストの確認には大蔵経テキストデータベース研究会「SAT大正新脩大蔵経テキストデータベース（SAT 2012）」〈http://21dzk.l.u-tokyo.ac.jp/SAT/〉を利用した。
（13）山本ひろ子、前掲書、（前注7参照）。
（14）逵日出典、前掲書（前注6参照）。

第七章　修行の神、八幡神
――御体と祭祀の神話／神学Ⅰ――

はじめに

前章では、『託宣集』が救済者としての八幡神の姿をどのように描き出しているのか、という問題を中心に論じた。『託宣集』の八幡神、より厳密には、神吽《じんうん》が注釈の中に釈迦との関係において導き出した八幡神は、末法の衆生救済を担うという点で、仏教の根源者たる釈迦を超える救済者であった。しかし同時に、そこには鎮護国家による殺生の罪業を掃い落とし、また衆生滅罪の功徳を維持更新する儀礼が、表裏のものとして繰り返されていた。

この事実は、『託宣集』の八幡神とはいかなる神なのか、という問いにおいて、そのこと自体が重要であると同時に、とりわけ示唆的でもある。なぜなら、それは、『託宣集』の八幡神がテキストの内部に単に記述されるだけの存在ではなく、また固定不変に鎮護国家と衆生救済を兼ね備えるのではなく、宗教実践者によって支えられ、その営為において新たな姿をあらわす、あらわし続けるということを如実に示しているからである。

ゆえに、本章では、宇佐宮における八幡神祭祀の一つの中核をなす薦枕《こもまくら》を取り上げる。薦枕をめぐる神話、そこにあらわれる八幡神と宗教者の関係こそが、『託宣集』という中世における新たな八幡信仰の形を見せるものだからである。

第一節　『託宣集』における薦枕Ⅰ——国家守護の御験——

本節では、本地幽玄説の基盤、宇佐宮に八幡神の御体《ぎょたい》として祀られる薦枕が、『託宣集』においてどのようにあらわれるのかを論じる。

従来、宇佐宮に祀られる薦枕は、放生会などの祭儀において出御する御体・御験《みしるし》であると同時に、八幡神が縁ある八箇社（田笛社・鷹居社・瀬社・泉社・乙咩社・大根川社・妻垣社・小山田社）を四年に一度（後に六年に一度に変化）めぐる行幸会《ぎょうこうえ》の神輿に乗せられるものであることから、これがとくに重視され、行幸会の成立の問題と絡むものとして論じられてきた。

行幸会は、薦枕が新たに作られ、古いものと交換されることに一つの意義があり、それは八幡神の神霊としての更新を意味する。また新たに作られた薦枕が八箇社を巡幸することには、その八箇社が宇佐宮に祭祀を担う三氏族、大神《おおが》氏、辛嶋《からしま》氏、宇佐氏と八幡神との縁故の地であって、宇佐宮の祭祀がこれら三氏によって行なわれ支えられることを示している(1)。

さらに、この薦枕は、天皇位の継承儀礼である大嘗祭に用いられる坂枕との類似性が指摘されており、大嘗宮正殿と八幡宮本殿の構成上の類似点などから、薦枕が八幡神の御験、神体とされることには、八幡神と天皇の関係、すなわち応神天皇と同体であるとする観念の成立が問われてもいる(2)。

ただし、これらの研究は、古代の史実としての行幸会を問うものであって、本論は異なる立場を取る。すなわち、これまでにも論じてきたように、中世神話、そして中世神学の観点から、過去の史実を求めたり古態を復元したりするのではなく、そのテキスト自体が作り出す意味や歴史を問う立場である。『託宣集』は、幾度となく八幡信仰の古代を復元する材料とされてきており、薦枕や行幸会に関しては、とくにその傾向が強い。このことは、資料の伝存状況や研究史の動向から、過去、避けえないことではあった。しかし、近代・現代の思惑から仮構された歴史の起源として古代を求めるのではなく、これまで問われてこなかった『託宣集』において作られる中世とその歴史を明らかにすることが、今、必要とされる問題設定なのである。

よって、本節の課題は、古来伝えられてきたとされる薦枕が、中世の『託宣集』においてどのような神話によって意義づけられているのかを問うことにある。

（一）　行幸会と薦枕

まずは、『託宣集』における薦枕がどのようなものであるのか、先学の議論を踏まえるという意味でも、行幸会の起源にかかわる部分について確認しておきたい。『託宣集』において行幸会と薦枕を関係づける記述は、まず巻三の霊亀二年（七一六）の託宣記事として次のようにある。

同時神託。
是所々者吾加所択乃勝地奈利。宇佐郡内仁近所々仁波。四年一度欲臨見布。此外乃所者。遠志弖有事煩利。但触国司弖。今吾加領地爾令住。神人公役不負者。
奉荘神御輿。奉乗神御験。宮司以下神官供僧所司陪従舞人等。巍々堂々御共。社々荘厳。所々舞楽矣。神輿者。勅造豊前国司之役也。

同じ時（霊亀二年）に託宣があった。

「これらの場所は、私が選んだ勝地である。宇佐郡に近い場所は、四年に一度、臨み見たいと思う。この外の場所は、遠く臨み見るのは容易ではない。ただし、国司に命じて、今私が示した領地に住ませる神人は、公役を負わない」。

神の御輿を飾り奉り、神の御験を乗せ申し上げる。宮司以下、神官、供僧、所司、陪従、舞人等、巍々《ぎぎ》堂々としてお伴申し上げる。先々の社は荘厳し、所々には舞楽を行なう。神輿については、勅により豊前国司を造らせる役とする。

『託宣集』においては、この八幡神の「臨見」の願いを示した託宣が、四年に一度、御験である薦枕を御輿に乗せ各社をめぐるという行幸会の起源である。

また、この託宣にあらわれる八幡神の選んだ勝地、および「近所々」とは、八幡神が顕現した後、「遊化《ゆけ》」、すなわち移坐しつつあらわれた各地を指している。ここで、この遊化について確認してみよう。

逵日出典は、次に具体的に見るような『託宣集』巻三の遊化の記述を、歴史的に付加された神幸伝承の集大成とし、その意義を地域毎の祭祀氏族との繋がりを示すものとして読み取っている(3)。

それに加えて、八幡神の遊化を神話的に見た場合、式年によって繰り返されるという行幸の記述は、八幡神の遊行神的性質、つまり移坐する神、他国から渡り来る神と認識され続けていたことも示しているように思われる。八幡神が歴史上、各地に数多く勧請されたことと、おそらくは通い合うものであろう。このような『託宣集』の遊化の記述は、八幡神が日本の各地に勧請され得ることの起源神話として読むことが可能なのである。そして、『託宣集』が八幡神の遊化の神話を語る意味は、遊化・移坐・勧請の起源が宇佐宮にあるという、他社への優越を示すことにあったのではないか、と考えられる。

『託宣集』巻三は「日本国御遊化部」と題されており、八幡神が遊化した各地が列挙されている。前章第三節にも確認した巻三冒頭の顕現記事には次のようにある。

一。初辛国宇豆高嶋。天国排開広庭天皇御宇三十二年辛卯。豊前国宇佐郡菱形大尾山有霊異之間。大神比義祈申之時。現天童言。

辛国城爾始天天降八流之幡天。我者成日本神礼利。一切衆生左毛右毛任心多利。釈迦菩薩乃化身也者。〔余略之。〕

巻三冒頭記事における最初の顕現地は「初辛国宇豆高嶋《からくにうずのたかしま》」、続いて欽明天皇三十二年のこととして、「菱形大尾山」に霊異があり大神比義が祈り申し上げたという。つまり、顕現地は「辛国宇豆高嶋」を経て「菱形大尾山」となっており、遊化の始発地点は「菱形大尾山」となる。

巻三には、この顕現に続くように、遊化地がそれぞれ「次」という語を冠して列記されている。

「大和国胆吹《いぶき》嶺」「紀伊国名草浜」「吉備宮神嶋」「周防国佐波《さば》由良門《ゆらのと》」。
「伊予国宇和郡」「豊後国々崎郡安岐郷奈多浜辺海中大石」「奈多松本」「安岐《あき》林」「奈保利郡」「高知保」「田布江」
「鷹居」「郡瀬」「大禰川」「酒井」「乙咩《おとめ》」「馬木峰」「安心院《あじむ》」「小山田林中」「菱形山」。

計二十、これらが『託宣集』に記された八幡神の遊化の地であり、各地のことについては、それぞれ八幡神の神託によって由来などが示され、細かな注記がある場合もある。最後の「菱形山」は宇佐宮の所在地（正確には菱形三山のうちの亀山、また小椋山という）、八幡神の最終的な鎮座地であり、「自其利帰住菱形辺志幾」、それより菱形の辺りに帰り住む、との神託の記述が付されている。

なお、挙げたうちの最初の四か所（胆吹嶺・名草浜・神嶋・由良門」）には「件四箇所、依旧記。未検神託」との注記があって、八幡神の託宣による由来づけは記されていない。

また、これらを記し終えた後には、

已上十五箇所。依神託註之。此中八箇社。［田布江。鷹居。瀬社。酒井。乙目。大禰河。都麻垣《つまがき》。小山田。］四年一度御行。

と注記があり、遊化各地のうち、十五か所（この数は鎮座地の「菱形山」を除いている）について神託によって由来づけたこと、その内の「八箇社」である「田布江」、「鷹居」、「瀬社（郡瀬）」、「大禰川」、「酒井」、「乙目（乙咩）」、「都麻垣（安心院）」、「小山田」が、八幡神の「臨見」の場所、御験である薦枕がめぐる地である、ということになる。

また「奈多松本」（奈多宮）に関する注記の中には、

本宮六年一度御行幸会之時。薦旧御験奉安御炊殿。々々々旧御験奉乗本宮旧御輿。奉渡当社神殿。

とあって、行幸会の時に新しい御験の薦枕と交換された旧薦枕は、宇佐宮の下宮である御炊殿《おいどの》に安置され、さらに御炊殿に安置されていた一つ前の薦枕が、旧い御輿に乗せられ、奈多宮に送られることがわかる。

ところで、八幡神の託宣には「四年一度」とありながら、奈多宮の注記には「六年一度」とあることについては、開始の当初には、式年として四年に一度行なわれていたものが、後に六年に一度に変化したことを示している。その変化の時期については弘仁二年（八一一）とされている。(4)

このように記述内容の整合性を取らず、記事毎の違いをそのまま示しているのは、それだけを受け取れば、神吽が収集した記録の違いということになる。

ただし、前章第四節に取り上げたように、巻十二「延喜二年託宣」の「末法」の語については、神吽は末法開始年との相違から疑義を立て、解釈を加え末法衆生の救済者としての八幡神を見出していた。それは、神吽にとって、八幡神が末法を取り違えるということはあってはならない重大事だと考えられていたからである。

一方で、今見た行幸会の式年に関しては、神吽は何の解釈も行なわずに済ませてしまっている。ゆえに、神吽にとって、この行幸会という儀礼がさほど意味を持つものではなかったということが見て取れるだろう。そのことは、次の論点として取り上げる『託宣集』における薦枕の二つの起源神話が、行幸会について何事も語っていないということにもあらわれている。

史実としても、鎌倉時代には行幸会は中絶しており、南北朝期以後には再興されることもあるものの、結局江戸時代には完全に途絶えることになったというから、(5)古代において、宇佐宮祭祀氏族の結束を示し、かつ八幡神顕現遊化の霊威を確認する儀礼であった行幸会は、中世においてはその途絶とともに、意味が薄らぎ、あるいは消失していたといえるだろう。

しかし、行幸会が廃れてしまったとしても、御験である薦枕はその重要性を保っており、『託宣集』においては、むしろ御体として、より価値は高まっている。そのことは、薦枕の起源神話が二段階に渡って記述されること、また後に見るように、本地幽玄の神学をあらわす神吽の注釈に、はっきり確認することができる。

古来、行幸会によって更新されることになっていた薦枕には、行幸会が途絶した、ということに伴い、その現実に対応した新たな起源、新たな神話が必要となるはずである。それは神吽の注釈によって神学の域にまで達する、八幡神の御体の神話言説を構成することになる。

つまり、実際の歴史的状況と『託宣集』の記述の在り方を考えるに、『託宣集』における薦枕の問題は、行幸会とは一旦切り離されたものとして扱われるべきなのである。ここからは、薦枕について、歴史的事実としての、行幸会という古代に大きな意味を持ったであろう儀礼を前提に置くのではなく、『託宣集』においてどのように記述されているのか、ということに論点を絞っていくべきであろう。

（二）　巻五「養老三年記事」、隼人征討の薦枕

『託宣集』における薦枕の起源については、巻五と巻六に二重に示されている。まずは巻五の記述を見てみよう。この巻五の記事は、隼人の乱の起こりから、その収束までの一連の記述となっている。ここで挙げるⒶからⒼまでの記事は、襲来した隼人を降伏するという八幡神の意志の表明から、大神諸男が薦枕を御験とするべき八幡神の言葉を得て、薦枕を作るまでの記述で、薦枕を御験とする起源を語る部分である。

Ⓐ　一。元正天皇五年。養老三年［癸未。］大隅日向両国隼人等襲来。擬打傾日本国之間。同四年［甲申。］公家

被祈申当宮之時。神託。

　我礼行而可降伏志者。

豊前守正六位上宇努首男人。奉官符令造進神輿之時。白馬自然来令副御輿。弥信仰矣。

Ⓑ諸男朝臣倩以。以何物為御験。可奉乗神輿哉。豊前国下毛郡野仲之勝境。林間之宝池者。大菩薩御修行之昔。令涌出之水也。参詣彼所欲祈申。

Ⓒ件勝境仮令東西四五余町。南北一十有町。宝池仮令卯酉三四余町。子午七八有町歟。只眼界之所及非丈尺之所数也。霊木森然而不能入首。薬草幽深而不可運歩。又菓実雖多不触手。禽獣雖集不恐人。欲遠望則目眩不見。欲近側亦心疲不覚。遠而近。々而遠矣。出林則日月之下。入林則天地之外。或時霊虵吹気而晴天成雲。或時化鳥放光。陰夜如昼。

Ⓓ宝池為体。双嶋之崎切水以出北。一池之形分波以入南。一面而三角。地窄而勢寛。挺瑑而生薦。懸鏡而洗塵。玉水湛満而自然清浄也。無五欲之濁。故澄冥慮於斯水歟。有五色之波。故写霊貌於斯底歟。此薦為御枕。発百王守護之誓。此池為御座。灌衆生罪業之垢。八幡遊化之宝所。八功徳水之浄土也。

Ⓔ有常随之者。非直人之儀。依神誓守霊池。其寿三百余歳。宇佐池守是也。諸男常臨之時。池守申云。化人乗船。頭浮池上。歌云。

　大貞也。三角能池乃真薦草。那尼遠縁仁。天胎見生宇覧。

Ⓕ諸男弥致信。殊抽誠祈申行幸御験之時。初秋之天。初午之日。雲波満池。煙波依渚。涌返々々。而雲中有声而宣。

　我礼昔此薦為枕。発百王守護之誓幾。百王守護者可降伏凶賊也者。

Ⓖ　依之諸男奉苅此薦。令造別屋。七日参籠。一心収気奉裹御枕。御長一尺。御径三寸。皆以神慮也。

Ⓐ　養老三年、大隅・日向両国の隼人等が襲来し、日本国を打ち傾けようとする間、養老四年に朝廷が宇佐宮に祈り申し上げた時、神託があった。

「私が行き、隼人等を降伏させよう」。

この神託を受け、豊前守宇努首《うののおびと》 男人《おひと》が官符を奉り神輿を作り奉る時、白馬が自然にやってきて神輿に寄り添い申し上げた。このことにより、ますます八幡神への信仰が篤くなったという。

Ⓑ　大神朝臣諸男《もろお》は、この隼人征討に出陣する御輿に、八幡神の御験として何ものを乗せるべきかと悩み、そして、豊前国下毛《しもげ》郡の野仲の勝境《しょうきょう》の林の間にある宝池は、八幡神が昔修行していた時に涌き出させた水であるので、その場所に参詣し、お祈り申し上げようと考えた。

Ⓒ　この野仲の勝境は、およそ東西に四五町余り、南北に十数町の広さがある。その中にある宝池は、およそ東西（卯酉）に三四町ほど、北南（子午）に七八町ほどであろうか。ただ目視によるところで、丈尺を数えたわけではない。霊木が森々と並んでいて、立ち入ることはできない。薬草が深く奥暗く地を埋めていて、歩き行くこともできない。また、果実が多く実っているが、手に取ることはできない。禽獣等が集まっているが、人を見ても恐れない。遠くから望み見ようとすると、たちまちに目眩《めまい》が起こり見ることができない。近く側から見ようとすると、心が疲れてしまい見ることができない。遠くて近くあり、近くて遠くある。この林を出れば、日月の下の世界だが、林に入るなら、そこはすでに天地の外の世界である。ある時には、霊蛇が気を吹いて晴天に雲を作り出し、ある時には化鳥が光を放って夜を昼のようにする。

Ⓓ　宝池の形状については、双嶋の崎（池に突きだす二つの陸地）が水を切るように北側へ伸びており、池の形はこの二つの崎によって波を分けるように南側の陸地に引き込まれている。一面にして三角、地は狭くあって池の様子は広く、並ぶものの無い美しい玉のような水であって薦が生え育ち、懸けられた鏡のようであって俗世の汚れを洗う。この宝池は、玉水を湛え満たして自ずから清浄である。五欲（耳目鼻口心の欲）の濁りが無いので、冥慮をこの水に澄ましあらわすのか。五色（如来の五種の徳）の波が有るので、霊貌をその底に映すのか。この薦を御枕として、百王守護の誓いを立て、この池を御座として衆生罪業の垢を灌《そそ》ぎ落とす。この宝池は、八幡神が遊化した宝所であり、八功徳水（優れた八つの功徳を備える水）の浄土である。

Ⓔ　この宝池に常に随う者がいて、通常の人の様子ではない。神の誓いによって霊池を守っている。その齢は三百歳余り。宇佐池守《いけもり》がこれである。

Ⓕ　諸男がこの宝池に臨んだ時、池守が申し述べた。

「化人が船に乗り、頭を池の上に浮かべ、歌を詠む。

大貞《おおさだ》や、三角《みすみ》の池《いけ》の真《ま》薦草《こもくさ》、なにを縁《えにし》に、天胎《はら》み生《お》うらむ」。

Ⓖ　諸男はいよいよ信心を尽くし、とくに誠の念を捧げ、行幸の御験をお祈り申し上げた時、初秋七月の最初の午の日、雲のような波が池に満ち、煙のようなしぶきを上げる波が渚に打ち寄せ、水が涌き返り涌き返りする中、雲の中に声があって仰せられた。

「私は昔、この薦を枕とし、百王守護の誓願を起こした。百王を守護するので、凶賊を降伏させるべきである」。

　この言葉によって諸男は三角池の薦を刈り取り、別屋を建てさせて七日間参籠し、一心に気を込めて薦を御枕として包み申し上げた。御長さ一尺、御径三寸、すべて神慮によって行なうものである。

以上が、巻五の養老三年（七一九）としてはじまる記事中、隼人征討に先立って、その御験となる薦枕の起源を語る記述である。Ⓖの後には、隼人征討の記述が続いている。以下、養老三年からはじまる記事Ⓐ～Ⓖについて、養老四年の出来事とする記述も含め、一連のものとして「養老三年記事」と呼称する。

さて、あらためて「養老三年記事」の参照部分の流れをまとめると、Ⓐ隼人が襲来し、八幡神がこれを征討するという託宣があって、大神諸男が、Ⓑ御輿に乗せるべき御験を求めて野仲の勝境の三角池へ赴き、ⒸⒹその勝境の林と三角池の霊威を語る記述があり、Ⓔ宇佐池守に会って真薦の歌を聞き、Ⓕ薦を枕として百王守護の誓願を起こすという八幡神の言葉を得て、Ⓖ三角池の薦を刈り取って薦枕とした、ということになる。

（二）　三角池と薦枕

注目すべき点はいくつかあるが、この一連の記述が隼人征討の由来を語るもの、つまり隼人征討の起源神話であることに注意を向けておきたい。なぜなら、それは本論で何度も述べてきた鎮護国家という八幡神のもっとも重要な性質の一つを、まずは示すものだからである。

そのことは当然この記事の中にもあらわれており、Ⓕの八幡神の言葉に「我礼昔此薦為枕。発百王守護之誓幾。百王守護者可降伏凶賊也」とあって、百王守護の誓いという言葉として、凶賊降伏を遂行する八幡神の意志が示されている。『託宣集』の八幡神にとっての「百王守護」とは、異国征討、凶賊降伏を成すということなのである。

次に、Ⓓの三角池についての記述に目を向けたい。三角池の所在地である野仲の勝境の、「出林則日月之下。入林則天地之外」、林に入れば天地の外である、という言葉に代表される©に示された異界的性質も興味深い。それは野中の勝境の林内が、圧倒的な聖域、人知の及ばない空間であることを示している。そして重要であるのは、その中にある三角池についてである。

三角池は、隼人を征討しようとする八幡神の御験、薦枕に用いるための薦を刈り取る場であるが、その三角池の水に関するⒹの記述は、基本的に煩悩と罪業を洗うという衆生救済の功徳を説くものとしてある。

「自然清浄」の「玉水」である三角池の水は、「無五欲之濁」「有五色之波」として煩悩の濁りを持たず、如来の五色の徳を有することで、八幡神の冥慮をあらわし霊貌―姿を映すものだという。また、薦を枕として百王守護の誓願を起こすとし、三角池を座として衆生の罪業の垢を灌ぎ洗うとされている。このような記述からは、前章の第五節と第六節に論じた、八幡神の姿を映し出し衆生の煩悩を洗い流すという御許山《おもとやま》の三鉢の霊水が連想されるだろう。それは、八幡神が釈迦を超える末法衆生の救済者としてあることを示すものであった。

つまり、この両者は、野中の三角池と御許山という場所の違いはあるが、八幡神の姿を映し、煩悩と罪業を消し去る功徳を持つということにおいて、共通するものである。そしてそうであるなら、御許山の霊水の場合と同様に、三角池の水の底に映る霊貌にもまた、末法の衆生を救済する八幡神の姿を認めるべきであろう。

また、三角池は八幡神の遊化顕現した「宝所」であり、煩悩と罪業を消し去る利益をもたらす。そしてその場所は「八功徳水」、すなわち八幡神の水の力による「浄土」であるという。「八功徳水の浄土」という言い回しは、阿弥陀の極楽世界を想起させるものだが、これは、前章第二節に論じた、来世他界ではなく今生現世の中の聖域に浄土を実現するという、八幡神と阿弥陀の関係に見られた浄土観と同型である。

八幡神の御験である薦枕に用いられる薦は、このような煩悩罪業を洗い消す三角池の清浄な水に生育する。その清浄さは、八幡神自身が遊化したこと、Ⓑにあったように昔八幡神が修行する中で涌き出させた水としてあらわされた功徳によって保証されるのであり、そういう意味でも、この薦は八幡神の御験となるにふさわしいものとして記述されているのである。

ただし、その薦で作られる枕は、鎮護国家、百王守護のための隼人征討の御験、つまり殺生の罪業を身に受ける行ないの象徴となるものであった。清浄さの中に生育する薦。しかし、その薦の枕を御験に掲げて行なわれるのは、凶賊降伏という殺生なのである。

この一連の記述には、殺生罪業を焦点としたその生起と消尽という鎮護国家と衆生救済の相生的で動態的な関係、すなわち八幡神の現世における権能が、御験である薦枕の起源神話として組み込まれている。

前章第六節に論じた九旬御入堂の儀式を、鎮護国家の罪業を滅却する神話が実現される儀礼だと考えれば、隼人征討の御輿に乗せられる御験、薦枕の神話の奥底に、罪業を洗い落とす水の神話が語られていることには、まさに中世神話と呼ぶべき神話の創造、八幡神の神威が実現する想像力の世界を指摘することができるだろう。

(四)　隼人征討と宇佐宮祭祀三氏族

では、以上のような起源を持つ薦枕を八幡神の御験として推戴した隼人征討はどのように記述されているのだろうか。「養老三年記事」の続きには、次のようにある。

Ⓗ　豊前守将軍奉請大御神。禰宜辛嶋勝波豆米為大御神之御杖人〔女官名也。〕立御前。行幸彼両国。此時彦山権現。法蓮。華厳。覚満。体能等。倶値遇。同成計之給。自仏法者蕩悪心。自海水者浮龍頭。自地上者走駒

犬。自虚空者飛鷁首矣。隼人等大驚甚惶。

Ⓘ彼両国之内構七所之城。爰振仏法僧宝之威。各施大力。出二十八部之衆。令舞細男［傀儡子舞。］之刻。隼人等依興宴忘敵心。自城中令見出之時。先五所城［奴久良。神野。牛屎。幸原。志加牟。］之賊等伐殺之。

Ⓙ今二所城［曾於乃石城。比売乃城。］之凶徒忽難殺之間。託宣。

須限三年弖守殺衆賊左牟。神我礼相助此間弖。荒振留奴等乎令伐殺女牟者。

爾時将軍等令請神道之教命。伐殺蜂起之隼人畢。

大まかに流れをまとめておこう。まず、Ⓗ豊前守将軍が八幡神を請い奉り、辛嶋勝波豆米《はつめ》が八幡神を先導する。これに彦山権現以下修験者が同行し、その際、八幡神は彼らと計略を成して、仏法によって悪心を蕩かし、海には龍頭を浮かべ、地には駒犬を走らせ、空には鷁首《げきす》を飛ばし、よって、これに隼人等は大いに驚き恐れたとする。Ⓘ大隅・日向両国のうちの七所の城に、仏法僧三宝の大力を施し、「二十八部之衆」を現出させて「細男舞《くわしおのまい》（傀儡子《くぐつの》舞《まい》）」を舞わせ、五所の隼人等をおびき出して伐殺した。Ⓙ残りの二所の凶徒は殺し難くあったが、八幡神の託宣があり、その教命に従って隼人の蜂起は最終的にすべて鎮圧された、という。以下、このⒽからⒿの記述を「隼人征討記事」と呼称する。

内容としては、第一部第三章第三節で見た『三宝絵詞』『扶桑略記』『宮寺縁事抄』（以下『縁事抄』）巻十の記事などとおおむね共通しているが、相違も目立つ。ここでは、とくに『託宣集』「隼人征討記事」において特徴を示すと思われる要素について取り上げつつ議論を進めたい。

まず見るべきは、Ⓗの記述で辛嶋勝波豆米を「御杖人《みつえびと》」とし、これに「女官名也」と注記されていることである。

「御杖人」は宇佐宮の祭祀を担う女性神官の名称であり、室町期の編纂とされる『宇佐宮斎会式《うさぐうさいえしき》』[6]を見ると、祭事の各所に役割を担う姿を確認することができる。『託宣集』でも、巻七にある「御行之御出立」の記事、いわゆる行幸会の次第と解せる記事には、御験とする薦を「御杖人」が苅り調え奉る、としてあらわれている。こうした「御杖人」が、「隼人征討記事」にあらわれることには、どのような意味があるのだろうか。

たとえば『縁事抄』巻十には、「大御神之御杖令持御前立行幸」、八幡神の御杖を持ち御前に立って行幸する、とあったが、『託宣集』Ⓗでは、「大御神之御杖人立御前」、八幡神の「御杖人」として御前に立つ、とある。この場合の「御杖」というのは、それだけで八幡神の依代《よりしろ》を意味している。ゆえに、どちらにしても御前に立つということ、そうして御験である薦枕が乗せられた神輿を先導すること、つまり依代として波豆米が八幡神を導く存在であることは動かない。

しかし、『縁事抄』においては「御杖」を持ち、『託宣集』においては「御杖人」という「御杖」そのものとなる。その違いは、微妙な差ではあるものの注意するべきであろう。さらに「御杖人」には「女官名也」として、八幡神に仕える女性祭祀者の名称であることがとくに注記されていた。すなわち、これは辛嶋氏の女性祭祀者が八幡神の依代となるという祭祀能力を基盤とした固有の職掌を示す記述なのである。

神の依代となる女性祭祀者、それが「御杖人」という言葉で指示されることからは、『皇太神宮儀式帳《こうたいじんぐうぎしきちょう》』（以下『儀式帳』）に見える、豊耜入姫《とよすきいりびめ》・倭姫《やまとひめ》を「御杖代《みつえしろ》」として、天照大神が「天皇同殿」から伊勢へと移座したという記述との共通性も考えられるだろう。そこから敷衍してみると、神に「御杖」が必要となるのは、まさに手探りのように行先を確かめながら移動するということをあらわすものかと推測される。『託宣集』「隼人征討記事」では豊前国宇佐宮から隼人の乱を鎮定するべく戦場としての大隅・日向両国へ、『儀式帳』では大和国磯城瑞籬宮《しきのみずかきのみや》から鎮座するべき場所を求めて各地を巡りつつ伊勢国へ、それぞれ移動している。

また、それよりも重要なことは、八幡神は応神天皇であって、天照大神と同様、天皇家の祖先神、宗廟の神だということである。一般的に「御杖代」は伊勢斎宮のことを指すが、「御杖人」が八幡神に仕える女官として示されているのは、すなわち、八幡神が応神天皇であったこと、大帯姫の皇子であったことと繋がる問題となる。

第一部第三章で『宇佐《うさ》八幡宮《はちまんぐう》弥勒寺《みろくじ》建立《こんりゅう》縁起《えんぎ》』（以下『建立縁起』）の問題としても論じたように、辛嶋氏にとって八幡神の依代となること、託宣の言葉を受け発すること、そして女性祭祀者として八幡神に仕えることは、宇佐宮の祭祀氏族としての核であり証明となる職掌である。

さらに『儀式帳』の「御杖代」、それが伊勢斎宮（未婚の皇族の女性）を指すことまでを含めれば、『建立縁起』において新たに宇佐宮の祭祀に加えられた大帯姫―神功皇后が、実は辛嶋氏を代表とする禰宜たち、女性祭祀者の守護神としてあらわれたものではなかったか、ということまでが想起されてくる。

神と祭祀者は、ことにその職掌ということにおいて一体化する。そして神功皇后―大帯姫は『古事記』『日本書紀』に語られるように自身が神と交感する能力を持った女性であり、応神天皇―八幡神の母である。宇佐宮において「御杖人」が辛嶋氏をはじめとする女性祭祀者―「女官」とされるようになったのは、女性祭祀者であり皇族である神、大帯姫とのこうした一体化の関係においてではないだろうか。

そして、このことが『託宣集』「隼人征討記事」では、波豆米を「女官」としての「御杖人」とする形で語られているのではないか。そのように考えてみると、宇佐宮の祭祀を掌る三氏、大神氏・宇佐氏・辛嶋氏が、薦枕と隼人征討の神話においてそれぞれ重要な立場にある者として登場していることが見えてくる。

「養老三年記事」において、ⒷⒻⒼ隼人征討のための御験を薦枕としてあらわしたのは大神諸男、Ⓔ薦枕とするべき薦の生育する三角池を守るのは宇佐池守、「隼人征討記事」において、Ⓗ薦枕を乗せた神輿を先導するのが辛嶋勝波豆米であった。

次節に論じるように、薦枕は宇佐宮八幡神の御体として常時の祭祀の対象となるものだが、薦枕がそのような御体として崇められるべきそもその根拠は八幡神の隼人征討にある。これにかかわって宇佐宮祭祀を担う三氏族があらわれているのは、『託宣集』においては、三氏族合同による宇佐宮八幡神祭祀の起源、すなわち祭祀者としての神話が、隼人征討と薦枕という御験を中心に語り出されているということを示している。

このように考えるならば、『託宣集』が波豆米について、「御杖」を持つのではなく「御杖人」とすることの意図も捉え得るであろう。この場合に「御杖人」であるということは、波豆米に代表される辛嶋氏の依代としての職掌を強調する。依代としての「御杖」を持つのではなく、「御杖」として依代そのものとなること、それはすなわち、薦枕と隼人征討が、八幡神と祭祀者自身の関係を示す神話としてあることをより強くあらわすものなのである。

隼人征討における薦枕に関する記述が、まずは祭祀者、すなわち神と向かい合う宗教者の神話としての性質を打ち出していることは、次に確認する彦山権現以下の修験者の同行について考える際にも大きな意味を持ってくる。

（五）　新たなる神の出現

『託宣集』「隼人征討記事」Ⓗでは、八幡神の隼人征討に随行する人物として、彦山権現、法蓮、華厳、覚満、体能等がともに行き合ったとしている。彦山権現は、修験霊場の彦山（英彦山）の神であり、法蓮は八幡神の出家受戒の師であると同時に彦山に修行した修験者とされている。また華厳、覚満、体能は、六郷山に縁のある修験者という。彦山は宇佐宮からは西方、六郷山は同じく東方にあり、それらは宇佐宮にとっていわば近隣の修験の霊地であって、『託宣集』にも彦山や六郷山に活動する彼らの記述は多々認められる。すなわち、『託宣集』において、彼らは彦山および六郷山にかかわる修験の徒を代表する人物たちである。彼らが八幡神の隼人征討に同行することは、それが仏法による鎮護国家の威力の発現であることを、計略や征討の内実とともに示している。しかし、そのように見るだけでは、この隼人征討の展開の意味を捉えるには不十分である。

ここからは、彼らが「隼人征討記事」において八幡神に付き従うということにはどのような意味があるのか、という問題について考えなければならない。

この問題を考えるにあたっては、中世における神の出現を論じた桜井好朗の議論を参考とするべきであろう。以下、桜井の隼人征討と放生会に関する議論を辿りつつ分析を進めたい。

桜井は、『託宣集』の記述を中心に、放生会の神話的構造を分析し、「隼人征討記事」Ⓗ Ⓘに「龍頭・鷁首に隼人がおそれをなしたとか、細男舞に見とれていた隼人が討たれたとかあるのは、放生会の儀礼を具体的に表現したもの」とし、ゆえに「放生会そのものが、八幡神による隼人殺戮を明示しており、仏教的放生儀礼から逸脱している」という。そして、

放生会の仏教的な側面をぬきにして考えてみると、これらの儀礼は八幡神が死をもたらすことを示している。それは直接には養老の隼人征討を意味している。しかし、それだけでは、（中略）ほかならぬ放生会において、なぜ神が死の表象をともなってあらわれるのか、その理由がつかめない。思うに、放生会のなかに現ずる神は、古型の八幡神でもなく、護国神でもない。それはこれまで存在しなかった神なのである。その神は人の世に死や混乱をもたらすことで、既成の秩序を台なしにしてしまう。殺戮と関連し、それを表象する儀礼は、こうし

> た荒ぶる神の誕生を告げるものではなかろうか。そこに現じたあらたな神は、やがて人の世にあらたな秩序をもたらす神へと転じてゆく。

と述べている[7]。

このような桜井の分析は、放生会と隼人征討の相互の関係、すなわち放生会が隼人を殺戮したことを由来とするのと同時に、『託宣集』においては「隼人征討記事」の記述が『託宣集』や『放生会縁起』などに見られる放生会の次第記述と重なるように示されていることを踏まえて行なわれている。

『託宣集』巻五の神亀元年のこととする一連の記事には放生会のことが記されているが、そこには「為懺悔殺業罪障、五人同行一味同心、被修放生会、為永代例」、殺生の罪業を懺悔するために、五人は同心して放生会を修し、これを永代の例とする、とある。この「五人」とは、続く記述に「大菩薩」「法蓮和尚」「華厳」「覚満」「体能」として示されており、先の「隼人征討記事」で八幡神と同行した人物である。

さらに、同記事放生会の記述には、「又表曩日之様、調今時之式、久々津儛出於幕中、左旋右旋、浮海上、音々伎楽奏于船頭、龍頭鷁首飛浪間」とあって、「久々津儛（傀儡子舞・細男舞）」や「龍頭鷁首」が放生会儀礼の中で演じられるものであったことがわかる。それは、「曩日《のうじつ》の様を表し、今時の式を調ふ」とあるように、今の放生会の儀礼が昔日の隼人征討の再現であり、かつ隼人征討の記述がその儀礼によって作り出されているということ、すなわちそれらが神話的構造を共有しつつ新たな意味を語り出していることを示している。

これらの問題を踏まえた上で、桜井は隼人征討―放生会について、隼人の殺戮、血の穢れ、仏教的には殺生の罪業、その中から新たな神が出現するという神話的構造を見出す。神話と儀礼を架橋し、そこに新たな時代としての中世の到来を告げる神の出現という意味を読み取る構造論的分析は、卓抜した議論であるといってよい。今こそ、そこから八幡信仰における中世、『託宣集』固有の問題へと議論を進めるべきだろう。

重要であるのは、桜井の論じる隼人征討から放生会へという流れにおける「あらたな神」の出現に、隼人征討の御験としての「薦枕」の顕現神話が直結しており、それはつまり、薦枕自体が、古代とは異なる中世の神話として「あらたな神」、新しい八幡神の誕生を示すものだということである。

（六）　修行者としての八幡神

では、その「あらたな神」としての八幡神は、『託宣集』において、いったいどのような神としてあらわれているのか。

この問題について考えるにあたり、桜井の議論の中で本論にとってより大きな意味を持つのは、隼人征討によって導き出される、いわば放生会とは別系統の神話・託宣の生成の分析である。[8] それはいってみれば「仏教的な側面をぬきにして考え」ることで明らかとなる新たに出現した八幡神の、具体的な表現の次元をあらためて問う視点でもある。

桜井が着目するのは、『託宣集』巻十六の宝亀九年の託宣、これは本論でも前章第六節に取り上げた、八幡神が隼人征討における殺生の罪障を懺悔するという託宣である。再掲しておこう。

一。同天皇九年。宝亀九年［戊午。］託宣。
我礼多殺隼人津。其罪障如山岳志。衆罪如霜露志。成沙門。持戒弖為罪障懺悔仁。被打霜露奈利者。

桜井は、この託宣記事について次のように述べている。（引用中、「(c)の託宣」は参照した巻十六「宝亀九年託宣」を、「傍線部①」は「我礼多殺隼人津。其罪障如山岳志。衆罪如霜露志」を、「傍線部②」は「成沙門。持戒弖為罪障懺悔仁。被打霜露奈利者」を指している。）

放生会の起源を示す託宣はすくなくないが、その一般的な形態とくらべてみると、(c)の託宣は大きく変化している。傍線部①はやや仏教的に「罪障」を強調しているが、それ自体は他の託宣とそんなにちがってはいない。本来なら、このあとに放生会をおこなえという神託がつづくはずである。ところが、(c)の託宣では、傍線部②に見られるように、放生会については何もふれられず、八幡神が沙門となって持戒し、罪障を懺悔して、霜露に打たれるというような、山岳修行者とひとしい行をしようといったことになっている。つまり放生会の起源を語る部分が山岳修行を示す部分におきかえられているわけである。そして八幡神の山岳修行は、（中略）在地的な山岳仏教の伝承と結びつき、（中略）八幡神が、「衆生利益」をはかる大菩薩であることを強調する傾向と結びつけられて、いわば〝中世〟的な発展を見せている。

この場合の「〝中世〟的な発展」とは、八幡神が山岳修行を行なうということである。このような問題は、他の隼人征討の記述に関する読解と合わさって、

八幡神の特徴である殺戮を肯定するか否定するかという点で、表現は構造と相剋している。しかし、表現もま

た、それ固有の次元で八幡神があらたな神としてあらわれるようはたらきかけている。古代国家の隼人征伐に協力した八幡神のふるまいを「罪障」として表現するかぎり、八幡神はもはや古代のごとく護国神でありつづけるわけにはいかなくなる。むろん、護国神としての面影がまったくぬぐいさられるということはなかったが、すくなくとも、護国神としての発展は制約される。そのような制約を加えることで、表現そのものが八幡神の変貌に貢献している。宇佐の放生会に八幡の隼人征伐をたたえ、これを記念するような形迹は認めがたい。『託宣集』においては、なおさらである。（中略）八幡神は、自己の「罪障」を「懺悔」し、「正覚」をえようとする修行者になりきっている。

と位置づけられる。
八幡神が、「宝亀九年託宣」などの記事において、「自己の「罪障」を「懺悔」し、「正覚」をえようとする修行者になりきっている」という桜井の指摘は、『託宣集』における八幡信仰の中世を考えるなら、重く受け止めなければならない。
こうした八幡神の変貌は、桜井の議論では、
既成の秩序を打破し、混沌と死をもたらした荒ぶる神は、やがてあらたな秩序をもたらし、繁栄をもたらす神に、世界の根源としての地位をゆずることになる。実はこれも観念的転倒であって、あたらしい社会の形成にともない、あらたな秩序神の観念がよびおこされるのである。役割交代に際し、荒ぶる神自身が秩序の神へと変貌することも可能であって、八幡神もそうなっている。神話的構造におけるこのような推移は、仏教色の濃

い表現の次元では、八幡神が「罪障」を消滅させたというような消極的な記述にとどまらないで、八幡神が「衆生利益」の大菩薩であることを強調する記述を成立せしめる。

と分析されている。

「衆生利益」の「大菩薩」であることの強調は、桜井も述べるように、仏教一般ではなく山岳修験、「在地的な山岳仏教の伝承」と結びつく変貌の相を示している。

この方面への展開は、究極的には、前章に論じた問題、八幡神が阿弥陀と同体者として現世の聖域に浄土を現出させること、また釈迦を超える現世末法の救済者となることへと繋がっていくが、ここではそのような全体構造的把握へと進まず、一段手前で立ち止まってみることが必要だろう。

すなわち、「護国神としての発展」とは表裏の関係となる「修行者」としての八幡神の出現の意味について考えなければならない。八幡神の中世的変貌の一つが山岳における修行者になりきることであるというなら、そこにはどのような意味があるのか。

また、さらに桜井は、このような『託宣集』における八幡神の神話について、「殺生禁断」や「宇佐の放生会」の「社寺のイデオロギー」という「そうした限定をとりはずしてみれば、支配イデオロギーに拮抗する別な観念の世界の様相が見えてくるであろう」とし、「そこでは在地世界のあらたな観念上の拠点をなす根源－始原としての神が、護国神として国家神話のなかにとりこまれるのを拒むかたちで出現せしめられ、(中略) 民間的な神話が形成されているのである」と評価している。(9)

八幡神による隼人征討は、一方で鎮護国家の働きとして百王守護の誓いを果たすものでありながら、しかしその神話的な構造と表現の次元においては、「国家神話」に取り込まれることを拒んで鎮護国家の領域から逸脱し、「民間的な神話」を形成する。この議論を受け、本論では、桜井の示す「民間的な神話」について、より具体的に「宗教者の神話」として位置づけたい。

修行者としてあらわれることが、『託宣集』における八幡神の中世的変貌の相だとするなら、そこには『託宣集』というテキストの独自の表現が認められなければならない。そして、今これを読み解くために掲げられるべき問題は、八幡神と宗教者の、いわば錯綜している関係である。

『託宣集』巻五「養老三年記事」「隼人征討記事」の一連の記述において、薦枕という御験を顕現させ隼人征討の戦場へと導くのは大神諸男、宇佐池守、辛嶋勝波豆米という宇佐宮祭祀三氏族の人物であり、この時には、八幡神と宗教者の関係は、ひとまず〈八幡神—祭祀—宗教者〉という形で示すことが可能だろう。それは古代から伝存する三氏合同祭祀の中世における継承更新であり、薦枕の顕現において語り直され意義づけ直された宇佐宮祭祀の神話として理解することができる。

ところが、中世における新たな八幡神の出現が告知される神話において、〈隼人征討—放生会〉から〈隼人征討—山岳修行〉へ、という八幡神の託宣の展開と変容に目を向けるならば、それに伴って浮上してくる宗教者とは、八幡神自身がその行ないを為すともいう修行者、山岳の修験者である。

「修行者になりきっ」た、修行者そのものとなる八幡神の姿は、単に八幡神が隼人殺戮の罪業を懺悔する神話が生成した、ということではない。八幡神と密接に繋がり合う宗教者としての山岳修行者の存在がなければ、そのような神話や託宣はあり得ない。

つまり、『託宣集』「隼人征討記事」において、彦山権現、法蓮、華厳、覚満、体能など、修験の神と徒である彼らが、隼人征討に付き従い、あるいは放生会に同心するのは、彼らが八幡神に協力するということと同時に、八幡神が彼らの神になるということを示しているのである。そのような神話の新しさ、という観点からいえば、彼ら彦山・六郷山の修験者が八幡神を中心に結集するのは、その舞台が隼人征討であれ放生会であれ、『託宣集』の八幡神が修験者を加護する神へと変貌したことを描き出しているのにほかならない。

このような修行者と八幡神の関係は、仮に先の祭祀の関係図式に倣わせれば、〈八幡神―修行―宗教者〉という形になるだろうか。しかし、問題はそのような関係図式の構造に収まり切らないところにあるのだが、このことを明確に論じるためには、もう少し分析を詰めなければならない。

（七）祭祀・修行・薦枕

八幡神が修行者であるということは、それが隼人征討の罪業懺悔と不可分であることを介して、本節の課題、隼人征討の御験である薦枕の問題と深く結びついている。

そもそも「養老三年記事」Ⓑに「豊前国下毛郡野仲之勝境。林間之宝池者。大菩薩御修行之昔。令涌出之水也」とあったように、御験となる薦が生育する三角池《みすみいけ》は、八幡神が「修行」をしていた時に、聖域である野仲の勝境の林の中に涌き出ださせたものであった。『託宣集』「養老三年記事」「隼人征討記事」にあらわれる薦枕は、それ自体に修行者としての八幡神の姿が刻印されていたのである。

そのように構成された文脈として、『託宣集』独自の表現を読み取ってみれば、御験薦枕を起点とした八幡神の顕現に、修験者、山岳の修行者が付き従いあらわれるのは、薦枕そのものに、山岳―聖域における修行という営為が象徴的に内包されており、それが増幅的に物語られているのだということになる。

祭祀者から修行者へ――。八幡神をめぐる宗教者のそのような交代の状況を薦枕の記述に見ることも、決して間違いではない。『託宣集』に出現するような、薦枕の記述にあらわれる「修行者」は、『建立縁起』や『玉葉』においては見られなかったものである。桜井が修行者としての八幡神の姿を「〝中世〟的な発展」における変貌として捉えたことは、その限りにおいてまったく正しい。それは何より、鎮護国家から、衆生救済と結びつく罪障懺悔へ、という八幡神の権能の展開を読み解く議論として有効である。

ただし、見落としてはならないのは、八幡神が罪障を懺悔するということは、八幡神が一人の修行者としてあることをも告白するものだということである。この時、八幡神は修行という宗教行為において、宗教者の側に接近している。この接近は、辛嶋氏に代表される祭祀者に八幡神が憑依して託宣の言葉を発する、などのこととは、また別の問題である。それは宗教者の側として見れば、祭祀者と修行者の接近である。言い換えれば、薦枕は、祭祀者と修行者という二通りの宗教者と八幡神を結ぶ特徴的な表象として『託宣集』に形作られているのである。

『託宣集』における隼人征討、その御験としての薦枕においてあらわれる八幡神は、薦が生育する三角池や隼人征討の記述に見られたように、百王を守護する鎮護国家の神でありつつ、衆生を救済し煩悩罪業を消除する力を有する神である。また、宇佐宮の神でありつつ、山岳修験の神である。そのような八幡神との関係を持つ宗教者の在り方は、ひとまずは祭祀者と修行者に分かれるものと見える。祭祀者は八幡神に奉仕する存在であり、修行者は八幡神に同行する存在である。両者は、神と宗教者の関係としての具体的な様相において、その職掌や担うところの役割が異なっている。比喩的にいえば、祭祀者は八幡神と向かい合っており、修行者は八幡神と同じ方向を向いている。しかし、このような区分けは、八幡神が鎮護国家と衆生救済の二面性を兼ね備えるという二項対応的関係からの逸脱の相を示すこととパラレルに、宗教者の在り方において融解することになる。

御験《みしるし》としての薦枕《こもまくら》をめぐりあらわれる祭祀者と修行者。これらは、八幡神に近侍する宗教者であるという点で等しく、ともに八幡神の顕現を導く存在であり、そういった構造論的な把握は踏まえなければならない。その上で、それのみでは視野からこぼれて捉えることのできない問題が、さらに残されている。次節では、この問題について、御体としての薦枕の神話を読み解きつつ考えることになる。

本節で確かめ得たことについて、まとめておこう。『託宣集』における御験としての薦枕は、隼人征討、凶賊降伏の神話において、三角池の煩悩罪業を消除する清浄な水を苗床にしてあらわれる。その三角池の水は、八幡神が修行の時に涌き出ださせたものであり、薦枕には、宇佐宮の祭祀者、大神氏・宇佐氏・辛嶋氏の三氏族が近侍するのみならず、山岳の修行者たちが周辺に浮上する。そして、八幡神は隼人征討の殺生罪業を懺悔する修行者としての姿をあらわす。『託宣集』の語り出す薦枕の第一の起源神話は、隼人征討の御験としてあることで、その殺生罪業を介し、修行者と深く結びついているのである。

第二節　『託宣集』における薦枕Ⅱ——祭祀者／修行者の神話——

前節では、隼人征討の御験としての薦枕について、巻五の「養老三年記事」「隼人征討記事」の記述を中心に論じた。三角池の清浄なる水、煩悩罪業を消し去る功徳を持つ水に生育する薦は、御験として凶賊降伏の象徴となる。御験としての薦枕の起源神話である。

しかし、薦枕の起源を語る記述は、巻六にもう一つある。巻五の「養老三年記事」が薦枕の第一の神話であるとするなら、巻六の記事は、御体としてあることの起源を語る、薦枕の第二の神話である。その記事は、神吽《じんうん》が本地幽玄の神学を構築する注釈の対象となる記事で、隼人征討に限定されない、宇佐宮に崇められるべき御体としての薦枕の起源を語っている。

本節では、この御体としての薦枕について論じ、さらに、前節で課題として残した祭祀者と修行者の問題について考えることにしたい。

（一）　巻六「天平五年記事」、未来尊崇の薦枕

『託宣集』巻六には、宇佐宮の御体である薦枕の起源として、天平五年（七三三）のこととする次のような記事が載せられている。

（A）一。聖武天皇十年。天平五年。［癸酉。］大神朝臣田麻呂思惟。大御神只暫時化現之御体也。無未来尊崇之御色。於野仲大貞池者。諸男先年奉祈顕御枕。今我可祈申長御験。故致信於本宮。運歩於彼池。難行苦行摧一心。経百日之処。神宣。

（B）我昔此薦乎為御枕弖。発百王守護之誓願志弖。垂跡於神道流。以此薦備吾社之験天。致尊崇者。可施神徳奈利者。

（C）此是前之神勅之趣也。所以垂跡於神道之坐。薦為御枕之給。奉守百王令憐衆生之給。守先例造新舎。名之鵜羽屋。田麻呂七ヶ日潔斎不交人倫。三ヶ日用意令奉裹荘。

（A）　天平五年。大神《おおが》朝臣田麻呂《たまろ》が思うのには、「八幡神はただその時々に応じてしばらくの間だけ化現する御

体があるだけである。未来に渡って尊び崇めるべき確かなものがない。野仲にある大貞池《おおさだ》（三角池）は、大神諸男《もろお》が昔祈願して、御験としての御枕をあらわすことを得たが、今私も長く崇めるべき御験を求めて祈り申し上げよう」と考えた。

そこで田麻呂は「本宮」（宇佐宮）に信心を凝らし、大貞池に足を運び、難行苦行して一心を摧《くだ》いた。そうして百日を経た時、八幡神が仰せられた。

（B）「私は昔この薦を御枕として、百王守護の誓願を起こし、神道に跡を垂れる。この薦を私の社に験として備え、尊び崇めれば、神徳を施すであろう」。

（C）これは先に諸男が得た神勅と同様の意である。その所以により、神道に跡を垂れなさり、薦は御枕となさって、百王を守り申し上げ、衆生を憐れみお救いになる。先例を守って新舎を造り、鵜羽屋《うのはや》と名づける。田麻呂は七日間潔斎し人々とは交わらず、三日間心をかけて薦を御枕として包み安置し申し上げた。

この記事は、先の巻五の「養老三年記事」の大神諸男と同様に、（A）大神田麻呂が八幡神の御験を求め、（B）八幡神の言葉を得て、（C）薦枕を調えたということを示している。以下、この（A）から（C）を「天平五年記事」と呼称する。ここに「諸男先年奉祈顕御枕」と述べられる諸男の事績については、前節に確認した通りである。すなわち、『託宣集』における諸男と田麻呂は、八幡神の霊威の象徴である薦枕を顕現させたということにおいて同じ位置に立っている。両者はともに薦枕祭祀の草創者とされているのである。

さて、諸男と田麻呂の事績を比較すると、八幡神の御験を求めて大貞池（三角池）に赴くという、ほとんど同様の筋書きを描いている。田麻呂は諸男を倣うべき先例としているから、当然といえば当然のことともいえる。このことを踏まえた上で、しかし、『託宣集』において薦枕を八幡神の御験とする起源がなぜ二度も語られなければならなかったのかは問われるべきであろう。

この問題は、巻五「養老三年記事」と巻六「天平五年記事」の記述の違いを、御験から御体への展開、および八幡神の「神勅」の読み替えという視点から比較してみることで明らかとなる。

「天平五年記事」（A）にあるように、田麻呂は、八幡神が「暫時化現之御体」であり、未来に渡って恒常的に崇めるべき祭祀の対象が存在しなかったため、「長御験」を求めた。対して諸男の場合には、「養老三年記事」Ⓑにあったように、あくまで隼人征討の御輿に乗せるための御験をあらわしたものであった。

隼人征討は、『託宣集』において八幡神の霊威がもっとも華々しく苛烈に現出する出来事であるが、その時の一度きりのものとして諸男に示された御験である薦枕を、さらに恒常的な祭祀対象である「長御験」、すなわち「御体」とすることの起源として、田麻呂の営為は語られているのである。

つまり、田麻呂は薦枕という「御験」を、八幡神の「暫時化現の御体」に代わって、これに比肩し同様に祭祀されるべきもの、祭祀対象としての器物である「御体」へと変化させあらわした、ということになる。

そのことは、「天平五年記事」（C）に「此是前之神勅之趣」として指示されるところの、「養老三年記事」における隼人征討に際しての八幡神の誓い、百王守護のための鎮護国家の神威の恒常永続化を意味する。

（二）　神勅と薦枕の成長

ただし、ここには巧妙に差し込まれている問題がある。それは、（C）の記述において、「此是前之神勅之趣」を根拠として示された「奉守百王令憐衆生之給」、「百王を守り奉り、衆生を憐れしめ給ふ」という百王守護に付随して示される衆生救済の利益である。

「養老三年記事」を再び辿ってみると、そこに見られる八幡神の「神勅」というべきものは、薦枕について百王守護と凶賊降伏を示すⒻの「我礼昔此薦為枕。発百王守護之誓幾。百王守護者可降伏凶賊也」しかなく、そこには衆生救済のことは一言もない。衆生救済のことが示されているのは、三角池の水の霊威功徳を説くⒹの部分である。「天平五年記事」において、八幡神の神徳利益の根拠とされる「前之神勅」Ⓕの言葉には、（C）に述べられるような、衆生を憐れむ、などということはあらわれていないのである。

対して、「天平五年記事」（B）の田麻呂に示された八幡神の言葉は「我昔此薦乎為御枕弖。発百王守護之誓願志弖。垂跡於神道流。以此薦備吾社之験天。致尊崇者。可施神徳奈利」であり、「垂跡於神道流」と「致尊崇者。可施神徳奈利」、神道に垂迹するということと、尊崇すれば神徳を施すだろう、というところに、八幡神の神威が百王守護に限定されず利益として広く人々にもたらされることが示されている。

このように「天平五年記事」において、薦枕に衆生利益の由来が結びつけられていることは、薦枕を御体としてあらわすということと同様に重要な意味を持っている。なぜなら、単に「養老三年記事」の諸男に示された神勅Ⓕに従うものであったとしたら、薦枕は、凶賊降伏と百王守護という鎮護国家の神としての性質だけを象徴することになるからである。「天平五年記事」では、このことが八幡神の言葉と「神勅之趣」という解釈において読み替えられているのである。

八幡神は、その言葉において、隼人征討に際しては示さなかった神道に垂迹するということと神徳を施すということを付け加え、自身の権能について、凶賊降伏の鎮護国家という限定を解除し拡大した。

そして、「養老三年記事」の八幡神の言葉を「神勅」として解釈する記述は、「天平五年記事」の「垂跡於神道流」と「致尊崇者。可施神徳奈利」という八幡神の言葉に衆生救済の利益を見出し、「前之神勅」にはそもそも存在しなかったはずの衆生を憐れむという神徳を、あたかもはじめからそうであったかのように、「神勅之趣」として作り出したのである。

ここに、薦枕は、隼人征討、凶賊降伏の御験であることを超え、恒常的な祭祀の対象となる八幡神の御体、鎮護国家と衆生救済を兼ね備える象徴として、ステージの上昇を遂げたのである。

また、この衆生救済を担い得るという成長は、「養老三年記事」Ⓓに示されていた薦枕の薦が生育する三角池の水の功徳とも呼応し合っている。薦枕は、その素材となる薦に内在している三角池の衆生利益の聖なる水の力を、「天平五年記事」において明確に発現させたのである。八幡神の御体であるためには、鎮護国家と衆生救済の二つの面を兼ね備えること、これを象徴的に体現するものでなければならない。そのことが、「養老三年記事」と「天平五年記事」における御験と御体の違いとして、薦枕の起源を語る二つの記述の中にあらわれているのである。

以上のように見てくれば、薦枕の起源が二度に渡って記述されることの理由が理解できるだろう。八幡神の神威霊験を象徴する薦枕が、鎮護国家の一時的な御験から、衆生救済をも象徴する恒常的な御体へと変化成長すること、その成長を八幡神の言葉によって明確に起源づけること、それが諸男から田麻呂へ、という二人の祭祀者に導かれた薦枕の神話の意味だったのだと、まずはいわなければならない。

八幡神の権能である鎮護国家と衆生救済が、御体としての薦枕において象徴的に兼ね備えられるということは、『託宣集』に独自の表現として認められる。ただし、注意しなければならないのは、鎮護国家と衆生救済という二項対応的な権能の構造にだけ目を向けるのでは、『託宣集』そのものを読み解いたことにはならない、ということである。

なぜなら、そのような神格の二面性が薦枕の御験から御体への成長という形であらわされていることは、『託宣集』の独自性であるが、そこに八幡神が鎮護国家と衆生救済を担うということの強調を見るのみだとすれば、それはすでに『建立縁起』にも見られる、八幡神の歴史的な神格の強固な統一性というところに帰着してしまうからである。

八幡神が歴史的に鎮護国家と衆生救済を担うということは、それはそれで重要な事実としてある。しかし、国家・宗廟・仏教・救済の神、という性質が古代から一貫するものであるという見方は、排除されなければならない。それらの性質は、時代毎、テキスト毎に作り出されるのであり、同じ鎮護国家と衆生救済の神であるといっても、本論に論じてきたように、八幡神はあらわれる度に、新たな形質を獲得する神話言説を示し続けていた。そのような表現の違いに見られる変化こそが、八幡神の歴史の展開そのものなのである。ゆえに、八幡信仰における『託宣集』の意義というものは、歴史的な痕跡が蓄積した上に成り立つ八幡神の統一性に対して、それだけには収まり切らない新たな姿を示すことにあるとしなければならない。

そして『託宣集』の独自の表現としての薦枕の成長の神話には、そのような鎮護国家と衆生救済という二項対応構造から逸脱する八幡神の在り方が書き込まれていた。それが、修行者としての八幡神である。

(三)　大神氏祭祀職掌の神話

薦枕の神話的成長に『託宣集』の独自性があらわれている。今そのように述べたが、この問題をもう少し掘り下げることにしたい。

前節において、八幡神の鎮護国家と衆生救済という両義的な権能の構造を論じた際、これらを結び合わせる罪業の問題を取り上げた。そして、その罪業によって、修行者としての八幡神が姿をあらわす。自らが修行者となる八幡神は、その周囲に修験者の存在が認められることもあわせ、山岳の修行者の神になっていると考えられる。新たなる神として八幡神の性質は変化した。ならば、宇佐宮祭祀を担う祭祀者との関係においても、その古代から続く状況に対して、新たな意味を発生させつつ変化を示しているはずである。

「養老三年記事」「天平五年記事」を合わせて薦枕の神話だと考えた場合、その顕現における主役は、疑いなく諸男と田麻呂である。宇佐宮祭祀三氏族である宇佐氏と辛嶋《からしま》氏、そして山岳の修行者たち。彼らは確かに重要な役割を担って登場してはいる。しかし、薦枕が御験となり御体となる際の直接の導き手は、大神氏の諸男と田麻呂であった。

そして、とくに御体としての薦枕の起源を語る「天平五年記事」に宇佐氏と辛嶋氏が登場せず、大神氏の田麻呂だけがあらわれていることには大きな意味がある。

隼人征討の御験としての薦枕については、その顕現や祭祀・奉仕が大神氏・宇佐氏・辛嶋氏の三氏族によって協同的に担われるものであったのに対して、宇佐宮の恒常的祭祀の対象としての薦枕については、大神氏に集中的に掌られるという状況を示している。少なくとも、御体薦枕の顕現に宇佐氏と辛嶋氏の関与は語られていない。これは、御体としての薦枕が大神氏によって独占的に奉仕されるものであり、あるいはそのような独占に至ることこそが、宇佐宮祭祀における大神氏の歴史なのだと主張する、祭祀職掌の起源の神話だといってよい。

『託宣集』の編述者である神吽が大神氏の出身であることも合わせれば、「天平五年記事」が、「長御験」としての薦枕の起源と同時に、宇佐宮祭祀における大神氏の重要性の根拠を語ることを目的としていることが理解できるだろう。これらはすべて神吽が『託宣集』として作り出した祭祀の神話なのである。

第一部第三章で論じた『建立縁起』では、辛嶋氏の職掌が強調されていたが、『託宣集』とは異なって、そこには薦枕のことはまったく触れられていなかった。この違いには、中世における薦枕の価値の重大化とともに、大神氏と辛嶋氏が担うべき祭祀職掌の違いがあらわれていると見ることができる。辛嶋氏の祭祀の重要性を述べることを目的とする『建立縁起』では、大神氏によって握られていた薦枕の祭祀について記述し得なかったのだと考えられるのである。そして、このことはとくに強調しておくべきだろう。次章以下に詳しく取り上げる記述、神吽が本地幽玄の神学を構築する注釈は、田麻呂が御体としての薦枕をあらわすことを語るこの「天平五年記事」に付されるものなのである。

『託宣集』にあらわれる薦枕の神話は、その祭祀における大神氏の重要性を説くことを一つの目的としているのは間違いない。そうすると、次に問われるべきは、大神氏の諸男や田麻呂による薦枕の顕現の具体的様相となる。

では、田麻呂による薦枕の顕現はどのように記述されていたか。

「天平五年記事」（A）によれば、田麻呂は、八幡神の「御体」に適う「未来尊崇」の「長御験」を希求し、八幡神に対する「信」と自身の「難行苦行」によって「一心」を砕くという精神の極限状態に至り、八幡神の言葉を得て御体としての薦枕を顕現させた。それは、田麻呂が「難行苦行」による神秘体験によって、薦枕の御体への成長を感得する神話言説だということができるだろう。御体の顕現は八幡神の顕現でもあり、その成長は八幡神の成長でもある。それは薦枕に胚胎する三角池の水の功徳、煩悩と罪業を洗い落とす衆生救済の力の発現であった。

つまり、田麻呂の「難行苦行」によってこそ「薦枕」は「御体」となるのであり、八幡神はその権能の十全な行使が可能となるのである。

このような様相は、田麻呂の記事を見るだけではなく、遡って諸男の記事と比較することで、よりその意味が明瞭となる。

「養老三年記事」Ⓕには、「諸男弥致信。殊抽誠祈申行幸御験」、いよいよ「信」を致し、誠の「祈」を捧げて行幸の御験を願った、とあって、これにより八幡神が隼人征討の御験としての薦枕をあらわした。すなわち、諸男の宗教行為、誠の信心の祈りに八幡神は応えたのである。

両者に共通するのは祭祀者の八幡神への「信」という心的態度であるが、相違点として、田麻呂の場合には、諸男には見られなかった「難行苦行」という修行的所作があらわれている。祭祀者でありながら修行者のような様相を見せる田麻呂。それは、修行者の神となる八幡神と共鳴し変貌する祭祀者の姿を示すものではないか。さらにいえば、『託宣集』の神吽の段階へと向かって、大神氏の祭祀職掌の変化をあらわしているのではないだろうか。

（四）大神比義と八幡神の出現

大神氏と八幡神、その祭祀における関係という事象は、さらに『託宣集』における八幡神の顕現という根本的な問題に通じている。すなわち、宇佐宮祭祀氏族としての大神氏の始祖であり、八幡神の顕現をはじめて導いたとされる大神比義《ひぎ》の問題である。比義による八幡神の顕現は、たとえば次のような形で記されている。

筑紫豊前国宇佐郡菱形池辺。小倉山之麓。有鍛冶之翁。帯奇異之瑞。為一身現八頭。人聞之為実見行時。五人行。即三人死。十人行。即五人死。故成恐怖。無行人。於是大神比義見之。更無人。但金色鷹在林上。致丹祈之誠。問根本云。誰之成変乎。君之所為歟。忽化金色鳩。飛来居袂上。爰知神変可利人中。然間比義断五穀。経三年之後。同天皇三十二年辛卯二月十日癸卯。捧幣傾首申。若於為神者。可顕我前。即現三歳小児於竹葉上宣。
辛国乃城尓始天天降八流之幡天。吾者日本神土成礼利。一切衆生左毛右毛任心多利。釈迦菩薩之化身。一切衆生遠度牟土念天神道止現也。我者是礼日本人皇第十六代誉田天皇広幡八幡麻呂也。我名於波曰護国霊験威力神通大自在王菩薩布。国々所々仁垂跡於神道留者。

これは、『託宣集』巻五冒頭にある八幡神の顕現記事で、前章第三節に取り上げ論じたものである。

この記事には、比義が「然間比義断五穀。経三年之後」、五穀を断って三年を経た後、とある。比義が八幡神の顕現を導くために、五穀を断つという木食行の修行者のような姿をあらわしていることが読み取れる。これにより八幡神は顕現し、自身が「日本の神」としてあらわれたことなどを示している。

そして、この記事には、「一云」とする記事が二つと「日本書紀云」という記事が一つ、別伝を示す注釈の形で付されている。順に挙げておこう。

㈠　一云。大菩薩於菱形池縁現七貌鍛冶而御座。大神比義奉顕之矣。

㈡　一云。豊前国宇佐郡大尾山麓。有為鍛冶之翁。其相貌甚奇異也。依之大神比義断五穀已三年之間給仕。即捧御幣祈請云。我迄三年断五穀。籠居令給仕之者。其相貌非直人也之故也。若為神者。我前可現給。即顕三歳少児立竹葉宣。
我者是礼日本人皇第十六代誉田天皇也。我名於波曰護国霊験威力神通大自在王菩薩也。国々所々仁垂跡於神道留者。

㊂　日本書紀云。

欽明天皇三十二年辛卯。八幡大明神顕於筑紫矣。豊前国宇佐郡厩峰菱形池之間。有鍛冶之翁。首甚奇異也。因之大神比義絶穀三年。籠居精進。即捧幣帛祈言。若汝神者我前可顕。即現三歳少児立竹葉宣。我是日本人皇第十六代誉田天皇広幡八幡麻呂也。我名護国霊験威力神通大自在王菩薩。国々所々垂跡於神道初顕耳。

これらは連続した記事としてあり、どれもが大神比義による八幡神の顕現を語っている。それぞれ、今問題とするべき宗教者の営為として、比義の行ないを中心に見てみよう。

㊀は、シンプルな記事で、八幡神である七貌の鍛冶の翁が菱形池の縁におり、比義がこれを顕現させたという。

㊁は、相貌が奇異である鍛冶の翁に対し、比義が五穀を断って三年の間籠居《ろうご》給仕し、御幣を捧げて祈り、もし神であれば我が前にあらわれ給え、と請うことで、八幡神を顕現させている。

㊂は、首（相貌）が奇異である鍛冶の翁に対し、比義が穀を絶って三年の間籠居精進し、幣帛《へいはく》を捧げて祈り、もし神であれば我が前にあらわれるべし、と発言することで、八幡神を顕現させている。

なお㊂は「日本書紀云」としているが、当然このような記述は本来の『日本書紀』には存在せず、中世日本紀論の観点から捉えられるべき対象である。この問題については後述するとして、まずは比義について論じたい。

これらの記事は、筋書きがほぼ同じであり、比義の行ないも同様であるが、その表現にはどのような意味があるのだろうか。

まずは、㈠の要約的記述から読み取れるように、この連続する八幡神顕現神話の別伝集のような記事において重要であるのは、比義が八幡神を顕現させた、ということである。

次に、それぞれの記事における比義の行ないに着目しなければならない。記述が簡略な㈠を除き、巻五冒頭記事と㈡㈢における比義の姿は、三年の穀断ちと幣を捧げることが共通している。相違する点は、顕現を願う言葉を発するまでの振る舞いの意義づけで、巻五冒頭記事と㈠ではとくに指示する語はないが、㈡では八幡神の顕現を願う言葉に「我迄三年断五穀。籠居令給仕之者。其相貌非直人也之故也」とあって、三年の五穀断ちとともに「籠居」「給仕」、近くに侍り籠り「給仕」したことが示されている。また、㈢では「因之大神比義絶穀三年。籠居精進。即捧幣帛祈言」とあり、三年の穀絶ちとともに「籠居精進」、近くに侍り籠り「精進」したことが示されている。

すなわち、巻五冒頭記事および㈠と、㈡、さらに㈢の違いとして、比義の行ないを示す「給仕」と「精進」が浮かび上がってくる。㈡における「給仕」は、異貌の鍛冶の翁としてあった八幡神に対峙する比義が、寺院の雑務などを勤める行人のような振る舞い方で向き合ったことを示している。一方、㈢における「精進」は、行ないを謹み身を清める、もしくは仏道修行に専心するという二つの意味に取れる。いずれにせよ、仏教における修行者の在り方を示しており、そこでは「給仕」に認められる雑務奉仕的な意味合いが薄れ、修行者的な性質が強くなっている。(10)

さて、まとめてみよう。『託宣集』の本文である巻五冒頭記事に対し、㈠は、異貌の鍛冶の翁から比義が八幡神を導き出したという簡略化された記事であり、㈡と㈢ではそこからの展開を次のように見ることができる。八幡神の顕現を導くに際して、穀断ちと幣を捧げるという共通点を保ちつつ、㈡給仕として八幡神に奉仕する立場から、㈢精進という自身もまた修行する立場へ、というステップアップの段階を比義は踏んでいるのである。それが、巻五冒頭に置かれた八幡神顕現神話の別伝、その記述内容と配列によってあらわされる意味なのではないかと考えられる。

すなわち、前節からの論点となる祭祀者―奉仕者から修行者―同行者という宗教者の変貌が、八幡神顕現にまつわる比義の神話においてあらわれているのである。

（五）「大神比義」という神学

このように八幡神の顕現に比義の営為の強調を読み取ることについては、今見た巻五冒頭からの一連の記事の後に続く記述として、

㊃ 斯後者。大御神与比義常物語。非余人之所聞。依大敬之実。以比義任祝職。

㊄ 始夫比義者不知何国之人。不弁誰家之子。来自然長生之道衝天山高。出霊威神妙之底気宇淵深。其形似仙翁。其首戴霊帽。莫人以測之。莫世以名之。大含玄冥之神。只比凡聖之義。［或作岐字。借声。不可直喚之故也。］故以大神早為姓。以比義可為名之由。有勅定。非私計也。

㊅ 又大菩薩昔三国霊行之間。表五百余歳之齢。常随給仕。不奉相離之。今不詳出没前後。不弁冥顕去来。何測寿命長短。争知凡聖同異。只依方便之義。暫表各別之事。

㈣　その後、八幡神と比義は常に物語をし、それは余人の聞き得るところではなかった。その大いに敬うべき実績によって、比義を祝《はふり》の職に任じた。

㈤　尋ねてみるに、比義はどこの国の人か知らず、また誰の家の子であるかもわからない。自然長生の道を来たることは、天を衝《つ》く山より高く、霊威神妙の底から出でることは、気宇の淵より深い。その姿は仙翁に似て、その頭には霊帽を戴いている。人がこれを測ることはできず、世間がこれを名づけることはない。「大」いに玄冥の「神」を含み、ただ凡聖の「義」を「比」べる。［「義」の字は、あるいは音を借りて「岐」に作る。そのようにするのは、直接に呼ぶべきではないからである。］ゆえに、「大神」を早く姓とし、「比義」を名とするのであり、それは、勅定のあることで、私の作為ではない。

㈥　また、比義は、八幡神が昔三国に霊行する間、五百余歳の年齢をあらわし、常に給仕して付き従って、離れ申し上げることはなかった。比義の今の出生死没の前後は不詳である。冥顕の存在の去来は論じられない。どうしてその寿命の長短を測ることができるだろうか。どうしてその凡聖の同異を知ることができるだろうか。比義は、ただ方便の義によって、暫《しばら》くの間、それぞれ別の事をあらわすのである。

などとあることによっても支持されるだろう。

巻五冒頭記事、およびこれに付された㈠㈡㈢別伝注釈において、何がもっとも重要なことであるのか。もちろん八幡神の顕現を語ることの重要性は当然のこととしてある。しかし、㈣㈤㈥における比義の実績や、人知の及ばないその「仙翁」のような在り方、「大神比義」の名義由来、八幡神の三国霊行に付き従い齢五百余歳である、などの記述から考えれば、この一連の記事の重点は、大神比義によって顕現した「八幡神」ではなく、八幡神を顕現させた「大神比義」にあると見るべきである。

このような比義について述べる㊃㊄㊅のうち、もっとも興味深い記述はやはり㊄の「大神比義」の名義についての解釈であろう。なぜならそれは、比義の神話的事跡や神秘性を述べる記述の中で立ち上がる神学的論理だからである。

「大神比義」という名を分解的に理解し、「「大」いに玄冥の「神」を含み、ただ凡聖の「義」を「比」べる」として、その由来を示す記述は、まったく物語とは呼び難い。それはストーリーが無いということでもあるし、文字解釈という在り方が、言語の「口語」の語りに対する「文字」の意味の優越をうかがわせるということでもある。

そして、この理解が、比義の神秘性の一つの根拠とされていることは間違いない。ここには、比義が八幡神の顕現を導いたという出来事の理由が、「大神比義」という名称＝文字記述の解釈によって提示されているのである。

こうした解釈の正しさが、記述の内部では「勅定」のあることだとする権威性によって確保されているのは、見たままの通りである。ただし、ことさらに「非私計」（私の計に非ず）として、私の作為であることを否定する様は、そのような解釈が特殊なものであることを裏返しに示している。

この「勅定」が実在したかどうか、それはわからない。しかし、「勅定」本文の引用が無いことを踏まえつつ、言語行為における神話的創造、いや神学的創造を捉えようとする本論の視角からは、「大神比義」の字義解釈は、神叶が作り出したものと見るべきだろう。

このような営為を目の当たりにした時、山本ひろ子が『異神』(11)において取り上げる、次のような記述との共通性のあることに気づかされる。

宝珠変ジテ成ル二宇賀ト一。故ニ人コトニ不レ地《タヾチ》ニセレ蔵《クラ》ヲレ。虚《ムナ》二‐空《シク》セバ蔵ヲ一其レ豈釈《トク》ニコト尊カランヤ乎。

これは、十三世紀半ば頃に鎌倉と比叡山で活躍したという山王堂謙忠の作とされる『大修儀』の一節である。山本は、この記述について、「「地蔵」「虚空蔵」「釈尊」三尊の名を動詞的に用い、宇賀神《うがじん》の化益が広大であることを讃嘆する一文といえよう。弁才天の三昧耶形《さんまやぎょう》である宝珠が宇賀神となり、また「地蔵」「虚空蔵」「釈尊」と顕現していくのだ」としている。このほか、同種の営為として「妙音」「観音」「弁財」の三語の分解的な訓読も触れられている。

こうした「レトリカルな弁才天讃仰の辞」からは、「謙忠なる人物が、言語の技術（＝呪術）としてのレトリックにたけていたことが知られよう」ともされ、『大修儀』と謙忠の分析として最終的に、

言語の師匠というべき謙忠が織りなした宇賀神をめぐる言説のポリフォニー。その絢爛たる言語宇宙は、言語が呪術であり、また技術であることのラディカリズムを示すものにほかならない。

と評価されている。

言語が神存在の顕現を導く呪術であり、それは技術としての記述の問題でもある。そうした山本による謙忠の『大修儀』への分析は、神吽の『託宣集』についても、同様になされるべきである。少なくとも、今取り上げたと

ころの「大神比義」の名の訓読は、そうした言語技術による神秘の実証なのである。

文字解釈という言語操作によって神秘を証明する記述は、一つの宗教的営為である。「大神比義」の字義による論理は、まさに神吽が自身の属する大神氏の始祖である比義を神秘化する一様態なのであり、論理性の優越とともに物語性を必要としないその記述は、口語に比して物質性の強い文字を基盤にした神学的な跳躍なのである。それはまた、特異な一個存在の名称に対して起こった、普遍的な意味の世界の覚醒でもある。

八幡神の顕現やそれを導く比義の神話は、『託宣集』の記述の文脈において、中世神話の観点から新たな光が当てられなければならない。しかし、『託宣集』にはその次の段階として、中世神学が構築されている。

中世神話が、その神話という問題において古代からの展開という意義を強く持つものであるとするなら、神話の物語性を超出し、論理性へと突入する中世神学の成立は、古代との対比において中世の特質を色濃く見せるものである。

「大神比義」の字義解釈による神秘化は、比義の神学化という視点から捉えられるべきことが、以上の議論から理解できるだろう。そして比義という人物の重要性や神吽の記述の性質から、それは比義という特殊の人物に関するだけではなく、『託宣集』そのものをどのように読み、どのように位置づけるのか、という大きな問題へと直に繋がっているとしなければならない。

すなわち、神吽が『託宣集』というテキストを作り成したこと自体が、単に書を記したということではなく、記述による神秘の証明という、言語技術を駆使した営為として受け取られるべきなのである。そして、そのような位置づけは、これから先、本論の議論においても大きな意味を持つことになる。

また、先に巻五冒頭記事における注釈別伝の配列が比義のステップアップの段階ではないか、と述べたが、それは前の段階が否定されるのではなく、最終的にそれらが全体として統合されるものとしてある。

㈥に「只依方便之義。暫表各別之事」、ただ方便の義によって、暫くの間、それぞれ別の事をあらわす、というのは、比義が、状況に応じてそれぞれ出来事毎にあらわれるということを示している。比義の本質は不可知的であり、状況毎に「各別」のことを一時的にあらわすのだというのは、八幡神が「国々所々」に垂迹をあらわすということと対応する。これは、比義自身がほとんど神のような性質を持つ存在であって、八幡神と一体化している様相を示している。

比義は、八幡神が八幡神として顕現するよりも前の三国霊行の時から付き従っていたのであり、『託宣集』巻五冒頭記事にはじまる一連の注釈は、八幡神と比義が相即不可分の存在としてあることを、宗教者の側から描き出しているのである。

(六)「日本紀」としての顕現神話

このように比義の営為が強調される記事中、㈢のみ単なる別伝ではなく「日本書紀云」としていた。このことにはどのような意味があるのだろうか。すでに述べたように、中世日本紀論の視点から、考えてみることにしたい。

中世日本紀とは、中世において「日本紀に云く」とする多くの記述が、しかし実際には『日本書紀』原典には存在しない、という状況について、誤りや捏造と捉えるのではなく、そのように示される「日本紀」が中世における「知」の根拠となっているのだということを積極的に意義づけるための方法概念である。そしてまた、無数の新たな「日本紀」が作り出される状況を中世における言説の生成、神話の創造として読み解く視座でもある(12)。

では、『託宣集』巻五「日本書紀云」とする記述はどのように理解できるだろうか。

実は、この㊂の記述は、細かな違いが数か所あるものの、『扶桑略記』欽明天皇三十二年正月の「又同比、八幡大明神顕㆓於筑紫㆒矣」とする記事とほぼ同文となっている。また、『託宣集』巻十六冒頭には、「欽明天皇御宇」とする同様の内容を示す記事があり、そこには「日本記〔付扶桑略記。〕云」と記されていて、『扶桑略記』が「日本記」とされていることがわかる。

『託宣集』において、『扶桑略記』は、「日本書紀」「日本記」と呼称されるテキストとしてあった。中世日本紀論を受けて、このことを積極的に評価するなら、次のようにいうことができるだろう。

本来の『日本書紀』には存在しない、比義による八幡神の顕現という出来事について、このことが記されている『扶桑略記』を「日本書紀」「日本記」とすることで、「日本」における神話のはじまりに接続することを、『託宣集』は可能としている。それは、八幡神とその顕現の神話的な根源化であると同時に、「日本紀」の『託宣集』における拡大であって、注釈において新たに作られる「日本紀」という神話言説の運動の顕著なあらわれなのである。

とくに、強調される八幡神の顕現を導く比義の営為が「日本紀」に接続されることは、宇佐宮における大神氏の八幡神への祭祀の根本を「日本紀」に見出すということでもあり、本論の分析にとっては大きな意味を持つ。それは、大神氏の八幡神祭祀が、大神比義という特異な人物による特殊な出来事であるというだけではなく、「日本紀」としての正統性が認められるのだという主張となっているのである。

そして、巻五の冒頭記事は、『託宣集』の巻五から巻十二に至る編年風の歴史叙述の開始にあたり、まさに『託宣集』の中に「日本紀」を位置づけるにふさわしい箇所といえるだろう。

しかし、問題はそれだけに留まらない。今、『託宣集』巻五の「日本書紀」と巻十六の「日本記」について、『扶桑略記』を「日本紀」として位置づけるものだと述べたが、本節において論じてきた宗教者の営為、比義の「精進」ということに注目すると、どうやら『託宣集』は、ただ単純に『扶桑略記』を「日本紀」としているのではないことがわかる。

確認のため、すでに挙げた『託宣集』巻五の「日本書紀云」の記事を再掲しつつ、『託宣集』巻十六冒頭の「日本記」記事と『扶桑略記』[13]、そして『東大寺要録』[14]の該当する部分を挙げておこう（引用記事には、比較しやすくするために改行を加えている）。

『託宣集』巻五
日本書紀云。

欽明天皇三十二年辛卯。八幡大明神顕於筑紫矣。

豊前国宇佐郡厩峰菱形池之間。有鍛冶之翁。首甚奇異也。因之大神比義絶穀三年。籠居精進。即捧幣帛祈言。

若汝神者我前可顕。

『託宣集』巻十六
一。欽明天皇御宇。治三十二年。

日本記［付扶桑略記。］云。

豊前国宇佐郡厩峰菱形池之間。有鍛冶翁。首甚奇異也。因之大神比義絶穀三年籠居。即奉幣祈言。若汝神者。

我前可顕。

『扶桑略記』

（卅二年辛卯）又同比。八幡大明神顕二於筑紫一矣。

豊前国宇佐郡厩峰菱瀉池之間。有二鍛冶翁一。甚奇異也。因レ之大神。比義絶レ穀。三年籠居。即捧二御幣一祈言。

若汝神者。我前可レ顕。

『東大寺要録』

筑紫豊前国宇佐郡。厩峰菱瀉池之間。有二鍛冶翁一。甚奇異也。因レ之大神比義。絶レ穀三年籠居精進。即捧二御幣一祈言。若汝神者我前可レ顕。

これらを比較してみると、その一致からはほとんど同文のように見える。ただし、傍線によって示したように、記述の意味が変わってしまう違いが二つある。

一つは鍛冶翁を「甚奇異也」とする際に、『託宣集』巻五・巻十六の記事が『扶桑略記』『東大寺要録』にはない一字「首」を付け加え「首甚奇異也」とすること。これは、巻五冒頭記事の「一身八頭」や、別伝記事の㊀「七貌」、㊁「其相貌甚奇異也」という頭部の異貌の強調に準じるものであろう。鍛冶翁、すなわち八幡神の異貌の具体化ともいえるが、そのような表現の具体化は、「豊前国宇佐郡」という現地の側の、そして八幡神を祭る宗教者の側の、より詳しく八幡神を知るという自己主張のあらわれと考えることができる。

もう一つの違いが、今注目するところの、『託宣集』巻五にある「精進」の語である。

『託宣集』巻五にある「籠居」に付された「精進」という語は、巻十六および『扶桑略記』の記事には無く、『東大寺要録』にだけ認められる。このことは何を意味するのだろうか。

さきには、『託宣集』巻十六の「日本記」に「付扶桑略記」と注記されていることや、記述内容がほぼ一致することから、巻五「日本書紀」も含めて、『扶桑略記』を「日本紀」としたものだと述べたが、それはどうやら早計だったようである。すなわち、『託宣集』巻五の㊂「日本書紀」は、『扶桑略記』ではなかったのである。

『扶桑略記』は、成立は十一世紀末から十二世紀初頭にかけての間、比叡山の僧皇円によって編纂されたもので、仏教関連記事に力点を置いた編年体の史書とされている。また、そこに八幡神の顕現記事を載せる点を踏まえれば、『託宣集』において「日本紀」と呼称されるにふさわしい体裁と内容を持つともいえる。

しかし、比義の宗教者としての営為ということを考えれば、この㊂「日本書紀」は、単に『扶桑略記』を「日本紀」として呼び変えただけのものではない。『扶桑略記』『東大寺要録』の記事は、八幡神顕現の古伝を示すものとされており、少なくとも『託宣集』より先行するテキストである。そのような古伝である『扶桑略記』と『東大寺要録』の記事を参照し統合化することで、『託宣集』巻五の「日本書紀」があらわれているのである。

このような神話の変化は、『東大寺要録』にあった「精進」という語を採り「籠居」の後に置いたというだけのことではある。しかしそのわずかな違いによって、すでに論じたように、『託宣集』巻五冒頭記事に付された別伝注釈の配列が作り出す文脈、比義が「給仕」―奉仕者から「精進」―修行者へと進むという展開がはじめて成立する。「精進」の語の採用こそが、比義の宗教者としての成長の神話を作り出しているのである。

『託宣集』巻五の「日本書紀云」とする「日本紀」は、単なる宇佐宮祭祀氏族としての大神氏の起源神話ではない。それは、「給仕」から「精進」へと変化する宗教者の神話であり、八幡神自身が修行者でもあることを考えれば、比義が八幡神へとより接近し同一化する神話言説だと位置づけられなければならない。

そして、修行者としての在り方を打ち出すことは、『託宣集』における八幡神にとって、新たな神として出現する中世的な変貌であった。すなわち、大神比義が五穀を断つということ以上に修行者へとその姿を傾斜させている「日本紀」は、まさに宗教者の修行者としての中世神話だと理解されるのである。

（七）比義・諸男・田麻呂

さて、大神氏の始祖、比義をめぐる神話／神学を読み解いたが、ここで本節の主題である御体としての薦枕に議論を戻そう。

比義は、八幡神顕現伝承の別伝注釈において作られた神話に、「給仕」の奉仕者から「精進」の修行者となる姿が認められた。それは、巻五冒頭の八幡神顕現記事本文には無かったものであり、別伝注釈における神話の創造という中世日本紀論の視点から、神吽によって『託宣集』に作られた比義の新たな姿であるといえる。そこには、隼人征討の罪障によって山岳の修行者となる、中世の新たな八幡神の姿と共通する性質を読み取ることができる。つまり、比義もまた中世的に変貌しているのである。

そして、そのような八幡神と比義の姿を見た時、御体としての薦枕を顕現させた田麻呂について、次のような論点が付け加えられるだろう。

すなわち、田麻呂は、薦枕を顕現させるという相では諸男に倣うものであるが、八幡神の顕現を導くという意味では、その様相所作は比義に近くある、ということである。

まず、薦枕を宇佐宮の恒常祭祀の御体として顕現させたということは、その八幡神の顕現と祭祀の起源性という点で比義の営為に近しい。

そして、田麻呂は、祭祀の御体を希求し、異界的性質を強く持つ聖域である野仲の林の中、八幡神が修行時代に涌き出ださせた三角池に参り入って百日の「難行苦行」を成した。これに対し、八幡神は薦枕を恒常的祭祀の「験」とするべきことを告げる。そこには、八幡神が田麻呂を導き、田麻呂が八幡神を導くという、神と宗教者の相即不可分的な様相があらわれている。

田麻呂は宇佐宮の祭祀者でありつつ、八幡神の御体を求める「難行苦行」という修行によって八幡神の言葉を得たのであり、その祭祀者から修行者へという展開から、田麻呂は比義の再来であると位置づけられているといってもよいかもしれない。それはまた、祭祀から修行へ、というステップを踏みつつ根源者である比義に近づいていくという、諸男から田麻呂へ進む大神氏の宗教者としての成長の姿でもある。

このように見てみれば、田麻呂によって導き出される薦枕の神話には、薦枕の顕現、八幡神との相即、宇佐宮の祭祀、大神氏の職掌、山岳修験、祭祀者から修行者へ、という要素が混然一体のものとして示されていることがわかる。

大神氏の田麻呂によって、八幡神の祭祀と仏道の修行が融合される。それは八幡神と向かい合いつつともにあるという、新たな宗教者の姿といえるだろう。

大神氏という八幡神の祭祀を担う氏族の側から見た場合、宇佐宮の恒常的な祭祀の対象となる御体の薦枕に込められた意義とは、そのような祭祀者と修行者が重なる位置に自らが立つことを示すことにあったのではないか、ということになる。

以上の分析によってようやく、前節で課題として残した、八幡神と修行者の問題に見通しがついた。

前節に論じたように、『託宣集』において、八幡神が鎮護国家から衆生救済へとその力を振り向け直す時、必要であるのはその罪業からの転換を可能とする「修行」であり、これを媒介し得る宗教者は、修行を担う者でしかあり得ない。御体としての薦枕についていえば、それは、とくに田麻呂の「難行苦行」としてあらわれている。八幡神は、自らを修行者とするのと同時に、祭祀者による修行、あるいは祭祀者の修行者への変貌によってこそ、中世の新たなる神として生まれ直すことが可能となるのである(15)。

おわりに

では、本章の締め括りとして、あらためて薦枕の神話の状況を整理しつつ、次章の問題へと繋げるために議論をまとめておきたい。

八幡神の神威の象徴である薦枕は、はじめ、諸男によって隼人征討の御験として顕現する。それは八幡神の「我礼昔此薦為枕。発百王守護之誓幾。百王守護者可降伏凶賊也者」という託宣によって根拠づけられるものであり、薦枕の第一の起源はここにある。すなわち、薦枕は百王守護、鎮護国家の御験である。

しかし、これと同時に、薦枕は、そのもととなる薦の生育する三角池が煩悩罪業を消除する聖なる水を湛えていたことにより、隼人征討における殺生罪業を打ち消し反転させ得る力を内在させていた。そのような水の力をもとにした転換によって、八幡神は隼人征討—放生会という神話—儀礼の中で、衆生救済の力を帯びることになる。

また、衆生救済の強調と同時進行的に、隼人征討における殺生罪業を原因として山岳に修行する八幡神の姿が確認される。それは、八幡神の周囲に浮上する宗教者として、宇佐宮の祭祀者のほかに、山岳修験の徒があらわれることと不可分の姿である。八幡神は自らの殺生を悔い、その罪業を払い落とすために、山岳において露霜に打たれるという。この場合には、殺生罪業を得た八幡神の姿は、山岳の修行者そのものであり、八幡神は罪業消除を介して山岳の修行者と接近する。

次に、薦枕の第二の起源、御体としての顕現は、御験としての薦枕の神話的状況を踏まえたものとしてある。すなわち、薦枕が隼人征討の御験から恒常祭祀の御体へと成長する神話である。この成長は、祭祀者でありながら「難行苦行」という修行を行なった田麻呂によって導かれる。

こうした御体としての薦枕自体には、御験としての薦枕が担った鎮護国家による罪業とその消除という問題は、一見すると無関係であるように見える。実際、御体としての薦枕の神話には、鎮護国家と衆生救済という八幡神の権能は兼ね備えられてはいるものの、罪業に関しては記述されていない。薦枕が御体となった時点で、八幡神は罪業やその消除が問題となる段階を乗り越えたといえるだろう。

しかし、それは表面上のことに過ぎない。前章に見たように、九旬御入堂の儀式を年毎に繰り返さなければならない、というほどに、『託宣集』の八幡神は根本的な部分で罪業を抱え込んでいる。その罪業によって修行者そのものとなる八幡神と一体であるかのように、祭祀を担う大神氏は、修行者の在り方へと接近していく。つまり、この場合、罪業は八幡神と相即する宗教者の修行という営為に吸収され展開しているのである。

薦枕という祭祀対象を顕現させた田麻呂は「難行苦行」という修行者然とした行ないを示していた。そのことは、田麻呂が薦枕を顕現させるという点で諸男に倣うものであると同時に、八幡神の顕現を導いた比義の姿への接近の相を見せている。諸男の営為には認められない修行者としての様相が、比義と田麻呂を近似させる。

そして、このような田麻呂の姿に、大神氏の出身であり、自身も参籠し八幡神の示現を得たという神秘体験を持つ修行者、弥勒寺の僧である神吽は、強く共感し共振するのである。

八幡神の顕現、そして八幡神への祭祀。そうした宗教的営為における修行の重要性は、実はなによりも神吽の意識として、直接に記述されている。

詳しくは第九章に取り上げ論じるが、『託宣集』巻十二に文永十一年のこととして示される神吽の神秘体験の記事には、示現した八幡神が発した「汝可発無上道心志。吾毛亦可発幾奈利。又発無上道心佐牟人乎波。可守護幾也」、お前は無上の道心を起こすべきである。私もまた起こすべきである。また無上の道心を起こそうとする人をこそ、私は守護するだろう、という言葉が記されている。これは神吽には「心中思惟。即大菩薩御教言葉」、心中に思惟するに、すなわち八幡神の御教言である、と受け取られている。

修行者とともに八幡神もまた道心を起こし、道心を起こす者をこそ、八幡神は守護する。それは修行者と八幡神とが重ねられる境位を示すものであり、とくに編述者である神吽自身の経験思惟として記述されることから、『託宣集』における宗教行為、修行によって八幡神と交感する宗教者の体験を大きく根拠づけている。

田麻呂の「難行苦行」によって導き出された、御体としての薦枕。それが薦枕の第二の起源であった。田麻呂の営為によって、薦枕は、八幡神の神体＝本体と同様に崇められるべきもの、御体となったのである。

『託宣集』が示す薦枕の二つの起源は、薦枕が御験から御体へと成長することをめぐって、八幡神と宗教者もまた変貌、成長していく中世神話であったといえるだろう。

そして、その薦枕を含め、より拡大的・普遍的な八幡神の御体、ということに関する神吽の注釈が「天平五年記事」の直後に続けられている。その注釈こそ、八幡神が本地幽玄であることをあらわす神学となる。

注

（1）逵日出典『八幡宮寺成立史の研究』（続群書類従完成会、二〇〇三年）。
（2）逵日出典、前掲書（前注1参照）。
（3）逵日出典、前掲書（前注1参照）。
（4）中野幡能『八幡信仰史の研究（増補版）下巻』（吉川弘文館、一九七五年）。
（5）中野幡能、前掲書（前注4参照）。
（6）『宇佐宮斎会式』の参照は中野幡能校注『神道大系　神社編四十七　宇佐』（神道大系編纂会、一九八九年）による。
（7）桜井好朗「八幡縁起の展開――『八幡宇佐宮御託宣集』を読む――」（『中世日本文化の形成――神話と歴史叙述――』東京大学出版会、一九八一年。初出は『思想』六五三、一九七八年一一月）。
（8）桜井好朗「宇佐放生会について――『八幡宇佐宮御託宣集』再読――」（前掲書、前注7参照。初出は『年報中世史研究』四、一九七九年五月）。
（9）桜井好朗、前掲論文（前注8参照）。
（10）なお、この三者にも共通してあらわれている「鍛冶」の問題については、そこに「鍛冶の翁」という八幡神の古態を認め探り出そうとする議論があり、さらに、それに対して八幡神が「鍛冶」の形質を得るのは東大寺盧遮那仏造立という歴史的な出来事による、という批判があるが、本論ではこの問題に詳しくは立ち入らない。ただ、付言しておけば、本論の方法論は、歴史的に作られるものとして神話を捉えるものであり、後者を支持する立場である。
（11）山本ひろ子『異神――中世日本の秘教的世界――』下〈ちくま学芸文庫〉筑摩書房、二〇〇三年。初出は一九九八年）。
（12）伊藤正義「中世日本紀の輪郭――太平記におけるト部兼員説をめぐって――」（『文学』四〇、一九七二年十月）。
（13）『扶桑略記』の引用は〈国史大系〉（吉川弘文館）による。
（14）『東大寺要録』の引用は筒井英俊校訂『東大寺要録』（国書刊行会、一九四四年）による。
（15）宗教者の営為によって神が修行し、より高度な神へと変成していくこと。また、それが「難行苦行」という表現によってあらわされ、あるいは山岳修行の様相を帯びていること。こうした様相は、民間宗教者の世界にも認めることができる。斎藤英喜『いざなぎ流　祭文と儀礼』（法藏館、二〇〇二年）は、「巫神」に関する「塚起こし」と「取り上げ神楽」という連続する儀礼の分析において、死者霊の「修行」というテーマが見出されるとし、「あの世」「冥界」にいる期間が、死者霊にとって「巫神へと変成するための、「難行・苦行」の過程＝イニシエーションであった」という見方を立てている。そこには、『託宣集』とはまた別の世界としての、宗教者の営為によって自らを成長させる神、しかもそのことを望む神があらわれている。『託宣集』の八幡神の問題は、そうした民間宗教者の世界にも広げられる可能性を秘めているのである。

第八章　本地幽玄の八幡神

——御体と祭祀の神話／神学Ⅱ——

はじめに

神吽《じんうん》が八幡神の本地に言及するものとして、『託宣集』に二つの記事を認めることができる。一つは巻三にある序文であり、もう一つは巻六の御体《ぎょたい》に関する注釈である。そこには、八幡神は「本地幽玄」だという印象的な言葉が綴られている。すなわち、『託宣集』では、八幡神は釈迦や阿弥陀といった特定の存在を本地としないばかりか、「幽玄」と名指される不可知的なものなのである。これらは、どちらの記事の場合も神吽の認識を明確に示す記述であり、まさに神吽が見出し導き出す八幡神の究極の姿であるといってよい。このうち、本章に論じるのは、巻六の御体に関する記事である。巻三の序文については次章に取り上げる。

本章では、八幡神が「本地幽玄」である、ということを目掛けて、神吽が『託宣集』において、八幡神という神の本源をどのようなものとしてあらわしているのか、そしてその認識がどのような神話言説としてあるのか、ということを論じる。

その際に注目されるべきは、「本地幽玄」という言葉が、八幡神の御体への注釈においてあらわれるということ、その注釈が御体を拡大的に解釈し、八幡神の存在態の神学を構成するということ、そしてそのように構成される神学が中世という時代においてどのように位置づけられるのか、ということである。

なお本論では、神吽による御体への注釈記事が、薦枕《こもまくら》だけに留まらず、八幡神の存在態という神学的なテーマにおいて高度な論理的抽象性を示しつつ、しかもそれが祭祀の現場へと導かれ、宗廟としての宇佐宮社殿という問題へと展開することに応じて、本章から次章へと、議論の転換を試みている。それは、神吽による御体の注釈について、中世神話から中世神学への展開を読み解いた上で、その神学の歴史的な前提状況、いわば神学前夜の問題に目を向けるという転換である。具体的には、神吽が神学へと繋がる真理を体得したと考えられる、八幡神の姿を実見する神秘体験の記事へと論を展開するため、御体への注釈の記事の分析の途上で、章をあらためるという形になっている。

本章の課題である本地幽玄の八幡神から、次章の課題である宗教実践者としての神吽へ、その転換点を御体への注釈の中に置くという、いささか複雑な議論の構成になるが、そうした分析の質的な転換が必要であることは、本章から次章へと議論を辿る中で自ずと理解されることになるだろう。

第一節　巻六「御体注釈記事」——本迹御体の注釈——

前章では、「御体としての薦枕」について、巻六「天平五年記事」の記述を取り上げ論じた。そこに示されていたのは、一時的な隼人征討の御験《みしるし》から、恒常的な祭祀対象へとステージアップする薦枕の神話である。

しかも巻五「養老三年記事」「隼人征討記事」から巻六「天平五年記事」にかけて、薦枕の周囲には、修行者の姿があらわれていた。宗教行為の根幹を山岳の修行に置く彦山・六郷山の修験者たちである。

彼らは、鎮護国家と衆生救済の権能を獲得する八幡神の成長の神話においてあらわれる修行者であった。また、その彼らと共振するように、自身も修行者となる八幡神は、鎮護国家と衆生救済という、歴史的な蓄積によって構成されてきた二項対応的構造から逃れ出る異態をあらわす。すなわち、『託宣集』において、八幡神は修行者の神となる。

そのような八幡神の中世的な変貌は、諸男《もろお》から田麻呂《たまろ》へ、という宇佐宮に祭祀を担う大神《おおが》氏の成長としても語られていた。八幡神の変貌とともに大神氏もまた、祭祀者から修行者へと姿を変えていく。まさに、神と宗教者が変貌していく中世神話が、薦枕という祭祀対象を軸に形成されていたのである。

本章では、このような薦枕の「御体」としての神話に対して付された注釈を取り上げ論じる。そこに繰り広げられる論理では、八幡神の「体」は「本地幽玄の神体」であり、さらに「真空冥寂《みようじやく》の霊神」「虚空同体の妙身」だと価値づけられている。そうした『託宣集』の言説、神学の論理にはどのような意義があるのか。この問題を中世神学の視座から論じることが、本章の課題である。

その課題は、また次のような論点に直結する。すなわち、『託宣集』は、独り特殊の言説を作り出すものではなく、中世における信仰・宗教との広く深い共通性を持つのであり、単に独自性の強調から孤立を想定するのは間違っている。歴史における固有性は、同時に共通性とともに測られなければならない。

そして、それは既存の神仏習合論などで行なわれてきた本地垂迹説の構造的把握などでは決して届かない問題である。そういった観点からは、むしろ「本地」が「幽玄」であるという突出的特徴が強調されるのみで終わってしまうだろう。『託宣集』の中世的性質は、本地を探求し、神の本源を新たに神典において作り出すという、神話的・神学的営為の所作に求められるべきものなのである。

それでは、具体的な分析に入ろう。

巻六「天平五年記事」に続いて記されているのが、「私云」（私にいう）とされる神叶の注釈である。内容は基本的に「御体の注釈」だといってよいが、この場合の「御体」は、祭祀対象としての薦枕のみを指すのではなく、また神の神体＝本体だけを指すのでもなく、それらを含みこんだ総体的なものとしてある点に注意したい。このことは、さきの「天平五年記事」の(a)「大御神只暫時化現之御体也」「今我可祈申長御験」に対応している。

つまり、この御体への注釈は、薦枕が八幡神の「暫時化現の御体」に代わる「長御験」として意義づけられるに至ったということを受けるものとしてあって、後述のように、さらに御体に新たな意義を作り出し論理を展開するものなのである。

その注釈の記述は次のようになっている。

ⓐ　私云。伊勢大神宮。宇佐八幡宮。以本迹御体之幽。為宗廟荘厳之本也。

ⓑ　毛詩第十九云。清廟謂祭文王也。廟之言貌也。死者精神不可得見。但以生時之居立宮室象貌之耳。〔已上。〕
孝経云。宗者尊也。廟者貌也。父母既死シヌル時ハ宅兆其霊。於之祭礼。謂之尊貌。〔已上。〕故百王以当宮為宗廟。八幡以当社為御体也。

ⓒ　又神託云。
我体者有也。空也。以正道為体。〔已上。〕

ⓓ　有者垂迹示現令奉拝之廟社也。空者本地幽玄不奉見之神体也。又有者衆生利益之応体。十界暫時之形声也。
又空者真空冥寂之霊神。虚空同体之妙身。皆是正道也。

ⓔ　而今以奉顕御安置丹枕之心也。枕之屋号鵜羽屋也。

ⓕ　御枕者御体之料。不可徒設也。准望之而申御体歟。以無御体敬信御体故。被致如在之祭。僉蒙如意之益。

ⓖ　神服者奉慕昔帝位之調進也。御枕者奉仰今霊託之御験也。

ⓗ　爰以或以微密為御体。或以宗廟為御貌也。

ⓘ　文治三年仗議之時。越前権守定申云。案春秋之説。大廟之室壊必更作之。〔云々。〕早為臨時之勤。可終不日之功。〔已上。〕昔依破壊而修理。今定年限而更作。是乃先人孝道之所通。八幡尊貌之可全之故也。

ⓐ　私にいう。伊勢大神宮と宇佐八幡宮は、本地と垂迹の御体が幽かで計りがたくあることを以て、宗廟が荘厳であり霊威あることの根源としているのである。

ⓑ　「毛詩第十九」にいう。「清廟とは文王を祭ることについていうのである。廟というのは形のことである。死者の精神（霊魂）は見ることができない。ただ生前の住居に倣って宮室（霊魂を祭る廟）を立て、その形を象りあらわすのみである」。

「孝経」にいう。「宗とは尊ぶということである。廟とは形のことである。父母が死した後には、その霊魂を墓所に納め祭礼を行なう。これを「尊貌」という」。

ゆえに百王（歴代天皇）は宇佐宮を「宗廟」とし、八幡神は宇佐宮の社殿を「御体」とするのである。

ⓒ　また神託にいう。

「私の体は有であり、空である。正道を以て体とする」。

ⓓ　「有」とは垂迹示現して拝み申し上げさせるための「廟社」である。「空」とは本地幽玄であり見申し上げ

ることのない「神体」である。

また「有」は衆生利益のためにあらわれる応体であり、十界暫時である姿と声である。また「空」は真空冥寂《みょうじゃく》の霊神であり、虚空同体の妙身である。すべてこれらのことは「正道」である。

ⓔ　こうして今、御安置する「丹枕《にまくら》」（薦枕《こもまくら》）の要をあらわし申し上げた。御枕を安置する舎屋を「鵜羽屋《うのはや》」と名づける。

ⓕ　「御枕」は「御体」として用いるものである。いたずらに設けてはならない。この「御枕」を神体に准え崇め仰ぐことで「御体」と申し上げるのか。いやそうではない。「御体」がない状態で「御体」を敬うからこそ、そこに八幡神が存在するかのように祭りがなされ、みなそれぞれに願うところの利益を受ける。

ⓖ　「神服」は昔の帝位を慕い申し上げて調進するものである。「御枕」は今の霊託を受け仰ぎ申し上げる御験である。

ⓗ　以上から、あるいは「微密《みみつ》」（微妙秘密、言語化できず奥深く隠されたもの）を「御体」とし、あるいは「宗廟」を「御貌」とするのである。

ⓘ　文治三年の仗議《じょうぎ》の時、越前権守が定め申し上げていう。

「「春秋」の説を考えるに、「大廟」の建物が壊れれば必ず改め作る。早く臨時の勤めを行ない、日数を経ずすぐに作業を終えなければならない」。

このように、昔は壊れるのに従って修理していた。今は年を定め限って作り直す。これはすなわち先人の孝道に通じるものである。八幡神の「尊貌」である宗廟、宇佐宮社殿を完全な形にするべき理由である。

ⓐからⓘまでの記述を「御体注釈記事」と呼称する。この「御体注釈記事」ⓐ以下は、前章で分析した田麻呂による御体薦枕の顕現を語る「天平五年記事」（A）から（C）に連続したものとしてある。

なお、あらかじめ述べておくと、本章の分析は、「御体注釈記事」中のⓐからⓓまでを対象としている。記事の全体像の把握のため、全文を掲載しているが、ⓔからⓘまでの記述は、次章に取り上げ分析する。

それでは、対象箇所の記述を確認しながら順を追って読み解いていくことにしたい。

第二節　宇佐宮社殿と御体——読み替えられる宗廟——

本節では、「御体注釈記事」ⓐⓑにおいて示される宗廟の観念を中心に論じる。そこには、儒家経典である「毛詩」「孝経」の説を用いて、宇佐宮社殿を八幡神の御体として新たに意味づける独特の宗廟観が作り出されている。この記述ⓐⓑは「御体注釈記事」の開始であり、「本迹御体」という主題の開陳とともに、「宗廟」の説は、「御体注釈記事」の後続の記述に対して強く連関する文脈を成している。ゆえに、その意義について、確実に押さえておく必要がある。

（一）　御体と宗廟

まず、「御体注釈記事」冒頭ⓐについてである。

ⓐ　私云。伊勢大神宮。宇佐八幡宮。以本迹御体之幽。為宗廟荘厳之本也。

はじめには「私云」とあって、一連の「御体注釈記事」が、『託宣集』編述者の神吽《じんうん》による注釈であることが示されている。

すなわち、記事単位で考えた場合、神吽自身が登場しているわけではないものの、御体における新たな意義を作り出して行く宗教者という意味で、「養老三年記事」の諸男《もろお》や「天平五年記事」の田麻呂《たまろ》のように、「御体注釈記事」では神吽がその主体的位置にある。田麻呂の段階では、御体は薦枕としてあらわされたものであったが、それが神吽によってどのように注釈され、どのように拡大するのか、ということに意識を向けていかなければならない。

さて、注釈のはじまりとして、ⓐでは、「伊勢大神宮」と「宇佐八幡宮」は、「本迹御体」の「幽」であることが「宗廟荘厳」の「本」である、としている。

ここで、「本迹御体」、本地・垂迹・御体という三つがセットになった言葉が示されている。この神の三つの在り方の関係、およびそれらにおいて八幡神がどのようにあらわれるのかが「御体注釈記事」の枢要であり、そのことがここに予告されているのである。

さらに、「宇佐八幡宮」は、天皇家の宗廟であるということにおいて、皇祖神天照大神を祭る「伊勢大神宮」と同格であることが示されている。その共通性は、「本迹御体」が「幽」であり、これが「宗廟荘厳」の「本」だという点にある、ということになる。

神吽はここで、伊勢と宇佐が同格であることを前面に立てつつ、八幡神が宗廟の神であることを提示している。そして、その「本迹御体」が「幽」であること、すなわち奥深く定めがたいことが、宗廟としての伊勢宇佐両宮の霊験威徳の根源なのだという。

「天平五年記事」に付された注釈、という意味では、薦枕からいきなり文脈が逸れており、その語り始めの力点はむしろ「宗廟」というところに置かれている。これは、さらに続くⓑにおいても同様である。

（二）　宗廟の注釈

ⓑでは、「伊勢大神宮」と「宇佐八幡宮」という祭祀崇拝の対象でもあり、またその場所でもある社殿に関連して、「毛詩」「孝経」が引かれつつ「宗廟」の解釈が示されている。

ⓑ　毛詩第十九云。清廟謂祭文王也。廟之言貌也。死者精神不可得見。但以生時之居立宮室象貌之耳。［已上。］孝経云。宗者尊也。廟者貌也。父母既死シヌル時ハ宅兆其霊。於之祭礼。謂之尊貌。［已上。］故百王以当宮為宗廟。八幡以当社為御体也。

「毛詩」は一般に『詩経』のことを指すが、「第十九」という指示と内容から、ここで引かれているのは『詩経』の注釈書『毛詩正義』(1)であることがわかる。

「孝経」はいわゆる『古文孝経孔伝』(2)である。『古文孝経孔伝』は、前漢の武帝の頃、紀元前一四一年に孔子の旧宅の壁から発掘された『古文孝経』（古い字体で書かれていたため、当時すでにあった『孝経』を『今文孝経』、発掘された『孝経』を『古文孝経』という）に、孔子の子孫とされる孔安国が注釈を付したもので、ゆえに「孔伝」という。そして、ⓑの「孝経」は、孔安国が付した注釈部分からの引文となっている。ただし、この『古文孝経孔伝』は、梁代に散逸、後に隋代の劉炫《りゅうげん》が偽作し、それが日本に伝わったものという。つまり『古文孝経孔伝』は、劉炫の作ということになる。なお、この劉炫のテキストも唐代には散逸したらしく、中国では受け継がれなかったが、日本では儒学の家を中心に書写され流通していたようである。

これら注釈からの引文が、それぞれ『毛詩』『孝経』という原典の名で示されているのは、当時のテキストに対する理解、「日本紀」に代表されるような中世の教養の在り方を示すものであろう。

注釈によって原典の記述から増幅・拡大・逸脱する言説が作られながら、その変化は起源としての原典という価値によって位置づけられる。それは言説を創出する注釈というものの価値を最大限に認めていく歴史上の一つの手立てだったのである。そのことが虚偽や錯誤としてではなく、当然のこととして肯定的に捉えられる世界が中世には広がっている。

では、それらの注釈における「宗廟」の言説は、どのように「御体注釈記事」に組み込まれ、御体の論理を作り上げているのだろうか。

「毛詩」の引文は、清廟とは文王を祭ることだとしつつ、「廟」というのがどういうことであるのかを述べている。「廟」という語は「貌」＝形のことであり、見ることができない死者の精神を、生前の住居を象った廟によってあらわすのだ、とする。

「孝経」の引文は、「廟」だけではなく「宗」についても言及している。「宗」とは尊ぶということであり、「廟」は「毛詩」と同様に「貌」＝形のことだとする。父母が死した後に霊魂を墓所に納め祭礼を行なうが、これを「尊貌」というのだ、とする。

端的にいえば、「毛詩」と「孝経」は、「宗廟」の由来を示すために動員されている。それは単に「宗廟」の説明ということだけではなく、「御体注釈記事」において作り出される「宗廟」の起源なのである。

このような両書の理解、とくに「孝経」の「尊貌」は、「御体注釈記事」末尾のⓘ「八幡尊貌之可全故也」に繫がっているが、ともかく、まずは「宗廟」についての意義づけがここで確認されているといえるだろう。それはⓑ末尾に、「ゆえに百王（歴代天皇）は宇佐宮を「宗廟」とし、八幡神は宇佐宮の社殿を「御体」とするのである」という記述に取りまとめられる。

宇佐宮の形ある社殿について、天皇家にとってそれは「宗廟」であり、八幡神にとっては「御体」である、という認識は、薦枕の神話であった「天平五年記事」にはまったく見られなかったものであり、さらには「御体」と「神宝」の問題、「宗廟の霊宝」である宇佐宮の神宝「黄金」の紛失と社殿の倒壊の回復を課題としていた九条兼実《かねざね》『玉葉』（第一部第四章に論じた）からも大きく飛躍するものといえるだろう。

これは、神吽による「宗廟」と「御体」の拡大なのである。神吽はⓐⓑで、「毛詩」「孝経」を参照することによって、「御体」について、「宗廟」と重ね合わせるように読み替えているのである。

この際、押さえておくべき要点は、宗廟が、明確に目に見えるものだということにある。しかも、それはただ目に見えるというだけではなく、本来は目に見えない存在に形貌を与えるものとしてある。

「毛詩」では「死者の精神」が、「孝経」では「父母の霊」が、それぞれ形ある「廟」に対する目に見えないものだが、それが天皇家の宗廟としての宇佐宮についていわれるのであれば、そこには、八幡神が応神天皇であったこと、天皇家の祖先神であることが強調される文脈が立ち上がることになる。

ただし、「御体注釈記事」における、形ある見えるものと形なく見えないもの、という関係は、天皇家祖先祭祀の問題に限定されるものではなく、「有」「空」という、より広く深い八幡神の存在論へと繫がっている。御体という問題は、天皇家の守護神としての八幡神から大きく踏み出し、あるいはそれを突き放してしまっているともいえる。神吽は、宗廟のことを語りながら、しかし同時に「宗廟の神」という枠を超え出る八幡神をあらわそうとしているのである。

第三節　有空正道の神託——御体の論理へ——

さて、ひとまず、ⓐでは「本迹御体《ぎょたい》」を「幽」だとしていた。これにⓑの宗廟観を加えて、御体に絞っていえば、それには目に見えない「幽」なるものと、目に見える「尊貌」としての「宗廟」の二つの面がある、ということになる。

「御体注釈記事」の論理は、こうしたⓑの宗廟観を受けた上で、ⓒの有空正道の神託を引き、さらにその注釈として本地・垂迹が主題となるⓓへ、複雑さを増しつつさらに展開していく。

本節では、ⓒの八幡神の「体」を「有」「空」「正道」とする神託を取り上げ、そこにどのような問題があるのかを論じることにしたい。

（一）　仏法と御体

次に確認するのはⓒの神託である。ⓒでは、「又神託云」として、八幡神の「体」を「有」「空」「正道」とする言葉を引く。

ⓒ　又神託云。

我体者有也。空也。以正道為体。[已上。]

ⓒの神託は、八幡神の「体」を主題とするもので、「御体注釈記事」においては、論理の基盤となるものである。それは次のようにいう。「私の体は、有であり空である。正道を以て体とする」と。

このⓒの神託は、巻六「御体注釈記事」の記述を見る限り、年期を記さず歴史的な文脈も不明であるが、実際には、第五章で取り上げた、巻十一に載せる延暦二年の八幡神の加号の託宣から抜き出された文言である。

それでは、内容について確認してみよう。

この神託にいう「体」とは、「御体注釈記事」の文脈を考えれば、当然八幡神の御体を指すはずである。「有」「空」は仏教の教理概念である。有は実体を指し、空は実体がなくすべての存在は相互関係―縁起によって現象することを指す。また有は仮のものであり空は真理である。さしあたり、仏教教理の語彙としてはそのように理解することができる。

また「正道」は、仏教の正しい教え、あるいは悟りへの正しい道―修行のことを指す。大きくいって、「正道」は仏法そのものを指すと見てよい。

そして、「正道」を「体」とすることは、この神託では、具体的に「有」「空」を受けている。「正道」と名指された内容は、この場合は仏法の「有」「空」の論理だと受け取るべきであろう。

そうすると、この神託の主張するところは、八幡神は有空という仏法の真理そのものを御体とする、となる。

これはあまりに壮大な、捉えどころの無い言辞だろう。とくに、今問題とする御体に関していえば、大きな疑問が立ち上がる。『託宣集』においては「天平五年記事」や「御体注釈記事」に見られたように、八幡神は薦枕や宗廟社殿を御体とするのではなかったか。

しかし、その問題については、続くⓓの読解にかかわるので後述することとし、今はまず、この神託自体が持つ意義を論じることにしたい。

（二）　変化・伸長する託宣

ⓒの神託について考えるためには、その引用元の巻十一「延暦二年託宣」を見る必要がある。ⓒの神託の言葉は、そもそもどういった文脈を背負ったものだったのか。

第五章において詳しく取り上げたが、「延暦二年託宣」には、注釈の文言が取り込まれ、新たな託宣として作り出されたと思われる部分があった。その付加部分にⓒの神託の文言も含まれている。重要な問題であるので、『託宣集』巻十一の当該託宣記事を再掲し、あらためて分析を示しておきたい。

『託宣集』巻十一

一。桓武天皇二年。延暦二年癸亥五月四日。託宣。

㈠　神吾波無量劫中化生三界。修善方便導済衆生。吾名是大自在王菩薩。

㈡　宜今加号曰護国霊験威力神通大自在王菩薩。

㈢　古仏乃垂跡也。大悲乃菩薩乃御身奈利。

㈣　仏位号尓志弖説於波経教土奉仰利。神道仁志弖宣於波称託宣須。

㈤　真実者也。不虚妄者也。不誑語者也。

㈥　任誓願弖神道於示志手朝家乎奉守留者。吾波以慈悲天為本誓須。
㈦　寺務社務乃司尓有非法之時者。可皈寂光土志。
㈧　吾体波有毛也空也。只以正道天為体湏者。

まず確認しておきたいのは、注釈から転じて託宣本文となった部分である。第五章での議論を大まかにまとめておこう。

『託宣集』巻十一「延暦二年託宣」との比較として、『東大寺要録』と『宇佐八幡宮弥勒寺建立縁起』（以下『建立縁起』）の延暦二年の加号の託宣を取り上げた。そこには、㈢「古仏乃垂跡也。大悲乃菩薩乃御身奈利」以下が存在しなかった。

また、『宮寺縁事抄』（以下『縁事抄』）「御託宣」の「宝亀八年」とする出家の託宣に付された「右仏垂跡大悲菩薩御身ナリ、仏位ニシテ説給ヲハ経教ト奉仰、神道以宣ルヲハ称託宣、真実者也、不虚者也」という記述を取り上げ、「右」以下が託宣への注釈としてあることを確認した。

その上で、『縁事抄』「御託宣」宝亀八年の託宣への注釈が、加号の託宣の文言に取り入れられ、新たな託宣へ変化するということを託宣における成長の問題として論じた。

一字一句すべてが一致するわけではないが、『託宣集』巻十一「延暦二年託宣」の記述の中、文意から見て、㈢「古仏乃垂跡也」から㈤「不誑語者也」までが、この注釈から取り入れられた部分だと判断される。

この「御託宣」の注釈自体の成立は不明だが、『縁事抄』が成立したとされる嘉禎三年（一二三七）までには存在したことになる。すなわち、『託宣集』「延暦二年託宣」の形に注釈が取り込まれたのは、その「御託宣」の成立から『託宣集』成立の正和二年（一三一三）までの間である。そして、記述内容の状況や順序から考えれば、続く㈥から㈧の部分は、この期間中、注釈の取り込みのさらにあとに加えられ作られたものであろう。

　これは非常に興味深い事実である。普通、神の言葉である託宣は、人為によってその内容が左右されてはならないはずである。しかし実際には、かつて示された一つの託宣が、歴史的に変化・伸張し、しかもそれが注釈との関係において起こるということを、延暦二年の加号の託宣は、はっきりと示しているのである。まさに中世神話、変貌する神話として読み解かれるべき託宣、という様相を如実に示す事例である。

（三）　八幡神の成長

　では、第五章で託宣における成長という視点から取り上げた巻十一「延暦二年託宣」について、「体」を「有」「空」「正道」とする末尾の文言に焦点を当てて読み解いた場合にはどうなるであろうか。

　第五章の議論と重複する部分もあるが、これまで論じてきたことを踏まえつつあらためて分析を加えてみたい。

㈠、最初に、八幡神は「神吾」として神の身を第一に提示しつつ、無量劫の間に三界にあらわれ衆生を救済するという「大自在王菩薩」の名号を明かす。

㈡、次に、「護国霊験威力神通」の加号による鎮護国家の霊威の獲得を示す。

㈢、古仏の垂迹、大悲の菩薩の御身であるというのは、㈡の加号による鎮護国家の霊威とともに、衆生救済の「大自在王菩薩」であることを強調するものであろう。

㈣、さらに、仏位において説くものは経教であり、神道において宣うものは託宣であるとする。これによって、八幡神が、自身の言葉である託宣について、仏法を説く経教と同等と価値づけることが示される（第五章では、この「仏位では経教、神道では託宣」という認識の問題を中心に論じた)。

(五)、こうした理解は、通常の神仏理解の範疇を超えているからであろう、続けて、真実であり虚妄《こもう》や誑語《きょうご》では
ないと述べられている。

このことを逆に見れば、八幡神の言葉について、仏位では経教、神道では託宣、とする認識が、取り立てて虚偽
ではないのだと否定しなければならないほどに特異なものだということを示している。それは、釈迦や阿弥陀等の
仏の垂迹として八幡神がある、とするような広く共有された本地垂迹の関係を示すものではなく、むしろ、八幡神
はそのまま仏でもあった、というような、八幡神を仏教的根源に位置づける神話なのである。八幡神の言葉は、仏
位では経教となり、神道では託宣となる。つまり、「延暦二年託宣」において、八幡神は神として、経教＝仏教の
根源神ともいうべき境位に立つことになる。いわば究極の仏教神としての八幡神である。

この際、「延暦二年託宣」の冒頭(一)に「神吾」という神を主体に置く言葉があったことを想起したい。この託宣
で、八幡神は繰り返し「仏位」の「大自在王菩薩」としての在り様を述べるが、その発言主体はあくまで「神吾」
とされるように「神道」の側にある。すなわち、八幡神は、仏教の根源に位置するのに際してさえ、「仏位」では
なく「神道」としてある、ということが、この託宣の趣旨の一つなのではないかと考えられるのである。

もともとは、この「神吾」の「神」という語もまた歴史的に付加されたものであった。

第五章で論じたように、延暦二年の加号の託宣の変化について、託宣における成長という観点から見た場合、
「神吾」という八幡神の自称は、『東大寺要録』『建立縁起』には見られず、『縁事抄』においてあらわれ、『託宣集』
にもそれが引き継がれている、という流れを確認できる。

このような「神」の語の付加には、前章に確認した大神比義《おおがのひぎ》の神話における『扶桑略記』と「日本書紀」――「日

本紀」の問題（「給仕」から「精進」へ）と同様の性質を見ることができる。こうした場合には、作られた神話として、一字一語の変化や有無が文脈全体にかかわっているのである。

あるいは、「大神比義」の字義解釈の問題を思い浮かべてもよい。神話的創造や神学的解釈には、文字の一つ一つへのこだわりが強く打ち出されている場合があり、とくに神存在についての表現には敏感に反応しなければならない。そうでなければ、大きな問題が見落とされてしまうことになるだろう。

㈥、誓願によって神道にあらわれ朝廷を守護すること、および慈悲を本誓《ほんぜい》（仏菩薩の誓い）とすることが示されている。鎮護国家と衆生救済という重要な、しかし殺生罪業を焦点として相反する権能が、誓願・本誓として八幡神の根源に位置づけられている。

㈦、宇佐宮の祭祀者であり運営者でもある「寺務・社務の司」が仏法に背くことのあった場合には、宇佐宮を離れて「寂光土《じゃっこうど》」（仏が在住する永遠の浄土・仏教の根源の世界）へ去る、と語っている。すなわち、神でありながらも「大自在王菩薩」であることを強調しつつ、八幡神は、自身が宗教者の仏教的な勤仕によってこそ、この世界に存在し宇佐宮に鎮座し得るのだと語っているのである。

「寺務」に留まらず「社務」にまで仏法の順守の求めることには、八幡神が「大自在王菩薩」である、ということだけではなく、八幡神に近侍する宗教者の側に通じる問題が見え隠れする。この託宣には、直接的に修行のことが示されているわけではないが、前節に論じた修行者と共鳴する八幡神、および修行者へと変貌する祭祀者の姿を、「社務」に対して仏法順守を求めているということにうかがうことができる。

㈧、そして「吾体波有毛也空也。只以正道天為体須」（私の体は有もまた空である。ただ正道を以て体とする）という文言は、この記事の締め括りにあらわれるものであった。

『託宣集』巻十一「延暦二年託宣」は、神道の託宣が仏位の経教と並べられるという、託宣の価値の上昇を示すとともに、「加号の託宣」の変容・伸長でもあり、八幡神の成長、中世的変貌でもある。そのような中世神話そのものといえる託宣の末尾に置かれているのが、八幡神が自らの「体」を「有」「空」「正道」とする文言なのである。

（四）「体」における統合の論理

こうした「延暦二年託宣」において、八幡神が最終的に「体」を「有」「空」「正道」だとすることには、どのような意味があるのだろうか。

「延暦二年託宣」では、「体」が何を指すのかについては、具体的には不明である。「御体注釈記事」のように、文脈上に祭祀対象としての御体があらわれているわけではないので、こちらでは文字通り、八幡神の、神としての身体のことと考えるべきだろう。

そして、「延暦二年託宣」の文脈からすると、「有」「空」の二項対応的関係に該当するのは、八幡神の属性―言葉としては〈仏位―経教／神道―託宣〉、権能としては〈鎮護国家／衆生救済〉、在所としては〈宇佐宮／寂光土〉、近侍する宗教者としては〈寺務／社務〉であるように見える。どちらがどちらに当てはまるのか、記述からは明瞭ではない。

そこに推論を重ね、文脈上に仏教の教理概念としての有空の関係が想定されていると考えれば、おそらく構造的には「有」が〈神道―託宣〉を代表とする現世―神道の側（鎮護国家・宇佐宮・社務）であり、「空」が〈仏位―経教〉を代表とする浄土―仏教の側（衆生救済・寂光土・寺務）であろうか、とも思われる。

ただし、こうした強引な構造的把握は、「延暦二年託宣」の記述の微妙な差異を捨象するものであって、文脈を歪めてしまう部分も少なくない。なにより、それらそれぞれの二項対応を統合し、対抗的関係を止揚するように、「正道」（仏法）を体とする、と「延暦二年託宣」は閉じられている。この統合が、おそらくもっとも重要なポイントなのである。

忘れてはならないのは、「延暦二年託宣」は、その記述㈠から㈦の中で、「神吾」として神に主体性を置き、神道の託宣を仏位の経教と同等のものとして価値上昇を図りつつ、八幡神が仏教の根源神となる神話として語られたものだった、ということである。

これまでの議論を踏まえれば、「延暦二年託宣」の主旨は、仏位と神道の二項対応的関係の提示ではなく、それらの統合にあることが理解できるだろう。

そうすると、「有」「空」の提示は、「正道」という落着点によって、その二面性よりは相即性が重視されているものと考えられる。薦枕をめぐる神話と同様に、二項の対応・対立の構造を超え逃れる八幡神の姿が、ここにもあらわれている。

このような流れにおける問題の中心は、仏位—経教と神道—託宣というそれぞれの二項対応の諸要素について、「有」「空」としてカテゴリ化することにではなく、「有」「空」を統合する「正道」の論理によって、二項の対応・対立を解消し一致させるということにあったのである。それは、神でありながら大菩薩でもある八幡神を、仏教において根源神化するための論理といえるだろう。

（五）　加号の託宣から御体の注釈へ

以上の分析を踏まえつつ、加えて、この「延暦二年託宣」の末尾㈧の文言が、「御体注釈記事」にⓒ神託として引文されたものだった、という関係を意識し、その記述に注視すると、重要な問題が見えてくる。

今、本論では、巻六「御体注釈記事」ⓒ神託については「私の体は有であり、空である。正道を以て体とする」と読み、巻十一「延暦二年託宣」(八)については「私の体は有もまた空である。ただ正道を以て体とする」と読んでいる。

この違いは、「御体注釈記事」には

我体者有也。空也。以正道為体。

とあり、「延暦二年託宣」には

吾体波有毛也空也。只以正道天為体須。

とあるのによる。

「有」「空」の部分について、「延暦二年託宣」(八)は、送り仮名「毛（も）」があることから「吾が体は有もまた空なり」と訓じるのがふさわしく、対して「御体注釈記事」ⓒには、その送り仮名が無い。さらに、後者には前者に無い「只」の字があって、「有」「空」の「体」は―「ただそのままに」―「正道」である、というような意味を与えている。この違いはどのように考えることができるだろうか。

まずは、これが書写において生じた違いかどうか、本論が参照する重松明久校注『託宣集』の対校に基づき校異を確認してみよう。

巻六「御体注釈記事」ⓒの記述には校異はなく、諸本すべて同じである。

巻十一「延暦二年託宣」(八)の記述は、重松が対校した諸本十三本中、三つの本（尊経閣《そんけいかく》文庫・穂久邇《ほのくに》文庫・宮内庁書陵部）で送り仮名「毛」を欠く校異があるが、底本とされた奈多宮本をはじめ、他の諸本は同じ形となっている。また、「只」には校異はない。つまり、この巻六「御体注釈記事」と巻十一「延暦二年託宣」の違いは、多くの諸本で共通であり、書写段階に生じたのではなく、成立当初からあったと見るのが妥当である。

そうすると、問題はこうした「只」や送り仮名「毛」の有無が『託宣集』の記述としてどのような意味を持つのか、ということになるだろう。それは単に省略されただけなのか、それとも何がしかを企図した神吽《じんうん》による変更なのか。

両記述は、煎じ詰めれば「体」が「有」「空」の性質を兼ね備えるとする記述となり、ほとんど同じことを指している。しかし、詳細を検討してみると、そこには微妙な違いが認められる。

巻六「御体注釈記事」のⓒ「私の体は有であり、空である。正道を以て体とする」は、八幡神の「体」における「有」「空」の二面性を強調するものであり、対して巻十一「延暦二年託宣」(八)「私の体は有もまた空である。ただ正道を以て体とする」というは、八幡神の「体」における「有」「空」の相即性の強調としてある。このように送り仮名「毛」と「只」によって「有」「空」の関係に相即性を見ることは、これまで分析してきた「延暦二年託宣」の文脈にも合致する。

すなわち、この違いについて、巻六「御体注釈記事」ⓒは、取意文として便宜によって送り仮名を省いただけのものだ、と見ることはできない。このような文意の変化が「毛」と「只」の有無によって生じることについて、神吽が無自覚であったはずはない。

　なぜなら、前章に見たように、神吽は「大神比義」の訓読という、文字の表記に思慮を及ぼす営為として、その神秘を書きあらわしていたからである。また、『扶桑略記』『東大寺要録』と『託宣集』の「日本書紀」に見られた「給仕」と「精進」の変化のように、神話の創造という営為は、大規模な変容やまったく新たに全体を作り出すことだけではなく、たったの一語の変化によってもなされるからである。

　さらにいえば、送り仮名であったとしても、原理的には託宣という八幡神の聖なる言葉の一部である。その引文の際に不用意であるというのでは、そもそも『託宣集』というテキストの本意に反する。

　ゆえに、神吽はこの神託の引文に際して、単に省略したのではなく、意図的に文字の操作によってその意味を変えてみせていると考えなければならない。しかも、有空の二分は、これから論じていくように「御体注釈記事」をはじめとする神吽自身の八幡神への認識に一貫するものであり、ⓒ神託の送り仮名の排除について躊躇していたようには見えない。そうすることが、八幡神の意志に適うのだと、八幡神の本源を明らかにする正当な手段なのだと、神吽は確信しているのである。

　神吽によるこのような託宣の引用、巻十一「延暦二年託宣」から巻六「御体注釈記事」へと引文された神託の変化について、具体的にはどのように考えることができるだろうか。

「御体注釈記事」の神託ⓒにおける「只〻」と「毛」の排除は、引用元の託宣の文脈からの切り離しや年期の不記と合わさって、独特の貫徹する意味を持つ。すなわち、文言の省略、とくに送り仮名の排除は文から語への解体であり、文脈からの切り離しは物語から論理への転換であり、年期の不記は歴史的な個別性から根源的な普遍性への跳躍である。

これは、文字の記述において示された神話から神学への変化なのである。「御体注釈記事《ぎょたい》」の©神託の引文は、神吽《じんうん》によってなされた、加号の託宣という神話の解体と、御体の論理という神学の構築、その瞬間の様相ということができるだろう。すなわち、「御体注釈記事」©の託宣の引文は、『託宣集』における中世神話から中世神学への転換点の一つなのである。

以上、「御体注釈記事」において引用された©神託の意義について論じた。次の問題は、この©神託に付された神吽の解釈、注釈である。

第四節　本地幽玄の神学──有空正道の御体──

本節では、「御体注釈記事」ⓓに示された、八幡神の本地と垂迹に関する記述について論じる。そこでは、これまでの「御体注釈記事」の記述を踏まえた、八幡神の「本地幽玄の神体」を頂点とする本地幽玄の神学が展開される。それは、「垂迹示現の廟社」として、ⓑの宇佐宮社殿についての「宗廟」と「御体」という読み替えを受け、©の「体」を「有」「空」「正道」とする神託への注釈として形作られる、八幡神の御体の論理である。

（一）　本地垂迹と有空と正道

では、「本地幽玄」を含む神吽の神学論理の中枢、ⓓの記述の読解へと議論を進めることにしよう。

ⓓ　有者垂迹示現令奉拝之廟社也。空者本地幽玄不奉見之神体也。又有者衆生利益之応体。十界暫時之形声也。
又空者真空冥寂之霊神。虚空同体之妙身。皆是正道也。

一見してわかるように、ⓓの記述は、基本的にⓒ神託の内容に対応した注釈であり、対句を用いた表現となっている。その表現は「有」「空」の二項対応に基づいており、「延暦二年託宣」とは異なって、その分類内容は明確である。

ひとまず、有空の分類を構造的に把握しておけば、次のようになる。

見ることができる
有――垂迹示現の廟社――衆生利益の応体――十界暫時の形声

見ることができない
空――本地幽玄の神体――真空冥寂の霊神――虚空同体の妙身

「有」は「垂迹示現」の拝み申し上げさせる「廟社」である。また「衆生利益の応体」であり、「十界暫時の形声」である。

「空」は「本地幽玄」の見申し上げることのない「神体」である。また「真空冥寂《みょうじゃく》の霊神」であり、「虚空同体の妙身」である。

そしてこれらはすべて「正道」である、として、神託ⓒへの注釈ⓓは締め括られる。ⓒ神託中の「体」について言及がないのは、このⓓ注釈が、「御体注釈記事」の一部として、八幡神の「体」＝御体についてのものであることを示している。すべて、八幡神の「体」＝御体に関しての認識を示すものと見なければならない。

「延暦二年託宣」からの引文であるⓒ神託への注釈、ということを踏まえてみると、ⓓ注釈では、やはり有空の二面性が強調されているように見える。「有」「空」に関しては、言葉を重ねてその内実を示しているが、「正道」に関しては「皆是正道也」とするのみであり、ⓒの神託の文言「以正道為体」と同じような繰り返しとなっていて、注釈としてほとんど意味をなしていない。

もちろん、末尾に付された「正道」は、「延暦二年託宣」の分析において述べたように、有空の論理を統合する位置にある。そのことは、「御体注釈記事」のⓒ神託からⓓ注釈でも変わっていない。八幡神の「体」は「有」にしろ「空」にしろ、すべて「正道」なのである、ということは重要な価値づけである。

しかし、重点の置き方という意味では、明らかにⓓ注釈は「正道」ではなく「有」「空」の解釈に偏っている。「有」「空」について、相即性ではなく二面性を採るべく、ⓒ神託の文言が省略、排除されていることはすでに指摘した。それは、このⓓ注釈における比重の在り方、「有」「空」二分の重視へと直接的に繋がっている。

（二）　垂迹示現・衆生利益・十界暫時

「御体注釈記事」のここまでの流れを一旦整理しておくと、ⓐⓑにおいて、御体としての宗廟が問題となり、ⓒで八幡神が「体」を「有」「空」「正道」とする神託が引かれる。その意味は、「有」「空」という教理概念を呼び出しつつ、その二面性を強調することにあった。

それでは、「体」を「有」「空」とすることは、ⓓの注釈において、それぞれどのように意義づけられているのだろうか。まずは「有」について見てみよう。

このⓓ注釈において、「有」は、「垂迹示現の廟社」「十界暫時の形声」「衆生利益の応体」だと説明されている。「有」の第一に挙げられるのは「垂迹示現の廟社」であって、御体としての薦枕についてはいまだ言及がなく、ここでもⓐⓑに提示された「宗廟」が引き続き主題となっていることが、まずは理解されるだろう。

とくに「垂迹示現の拝み奉らしむる廟社なり」とするのは、ⓑ「毛詩」「孝経」の記述において確認されていた宗廟の目に見える形あるものという性質と、八幡神の言葉であるⓒ神託の「有」が重ね合わせられた解釈である。「御体注釈記事」の記述は、順当にその論理を前進させつつある。

そして垂迹示現の廟社である「有」は、「衆生利益の応体」であり「十界暫時の形声」であるとされている。「十界」は、仏教世界における存在の境地、知覚可能な現象世界のすべてを指し、地獄界・餓鬼界・畜生界・修羅界・人間界・天上界・声聞《しょうもん》界・縁覚《えんがく》界・菩薩界・仏界がその十の界である。

八幡神が、これらの十界に暫時、一時的な形声としてあらわれるのが「有」としての「体」であり、それは衆生を利益するための応化である、ということになる。

「御体注釈記事」の文脈から、とくに重要であるのは、「垂迹示現の廟社」、つまり宗廟としての御体である宇佐宮社殿が、「有」なる「体」だということである。それは末法辺土における八幡神の具体的なあらわれの代表が宇佐宮の社殿であることを示している。

しかし、「延暦二年託宣」㈧から「御体注釈記事」ⓒ神託への引文における託宣の神学化を踏まえれば、この

「有」について、「衆生利益の応体」「十界暫時の形声」という表現には見落とされてはならない問題が含まれていることがわかる。

「衆生利益」ということは、わざわざ説明するまでもなく、衆生を利益し救済するということであるが、その救済が「有」というカテゴリにおいて「十界暫時」のものとして示されていることは、注目に値する。

なぜなら、十界とは、さきにも述べたように仏教世界の境地すべてを指すのであり、仏としてある仏界もその中に置かれるからである。ⓒ神託の引文元の「延暦二年託宣」でいえば、「仏位」もまた十界のうちの一つということになる。十界に暫時のものとして形声をあらわすというからには、八幡神という存在は、仏としてでさえも一時的な現出なのである。

このような理解は、一見すると奇妙でもあるし、驚くべきものでもある。仏という境地・存在は、仏教一般において輪廻を離れた永遠不滅のものとしてある。

しかし、このⓓ注釈における「有」の「垂迹示現」ということを考えれば、八幡神という存在は垂迹という一時的なあらわれの側に仏位を置くことになる。前章に論じたように、『託宣集』の八幡神は現世の救済者として釈迦を超える存在だと位置づけられていたが、そうした衆生救済という現象世界の問題は、もはや仏位か神道かという違いにかかわらず、すべて「十界暫時」の「有」の範疇に収められているのである。

これは、八幡神はあらゆる世界のあらゆる状況で衆生救済のために応化するということであり、かつ、その本源が仏には置かれないということを論理として述べるものなのである。『託宣集』において、八幡神の本地は仏ではない。そのことを神吽はこのⓓ注釈の「有」の記述において示しているのである。

ならば、『託宣集』において、八幡神の本地はいったいどのようにあるのか。それが次の問題となる。

（三）　本地幽玄

i　幽玄の広がり

空は、本地幽玄の見奉らざる神体なり――。

八幡神の御体の「有」の論理を一通り見た時、この「空」に関する記述は、まさに文字通りの「有」に対する「空」、「垂迹」に対する「本地」であることは疑いない。

八幡神の御体における空の面を取り上げ、その第一義として、奥深く計り知ることもできない本地、見ることができない幽玄なる神体なのだという。現象世界のすべてを超越する八幡神の本源を指示する言辞である。

こうした記述は、八幡神の本源として本地を語るという意味では神話的だといえるが、物語性がまったく無く論理によって構成されたものだという意味では神学的である。神学化された究極の八幡神の姿が、ここにあらわれているというべきだろう。

『託宣集』の本地幽玄説は、八幡神への突出した認識として重要性が強調されるべきである。しかしまた、同時に考慮されなければならないのは、その言辞として「幽玄」の語が用いられていることである。

『託宣集』の八幡神の本地はなぜ幽玄なのか。そして、それにはどのような意味が込められているのだろうか。

一般的にいって、幽玄という言葉は歌論や能楽論において注目されるが、そもそもは中国の老荘思想や仏教の表現において、奥深く人知が及ばない、との義を示す言葉であった。日本での用語においてもその基本的性質は了解されていたが、芸術方面、とくに歌論において重要な働きを示したことは、語義の特殊な読み替えであり、歌論という文脈での展開として位置づけられる。またそれゆえに、日本中世文化の性質を理解する上でのキーワードの一つともされているのである。

たとえば、能勢《のせ》朝次《あさじ》『幽玄論』(3)においては、歌論と能楽論が中心に論じられ、仏典その他の幽玄の用語については、一般典籍上のものとして括られている。

しかし、芸術的、美学的語彙として用いられる以外の幽玄を一般典籍上のものとして一括するのは妥当であろうか。とくに今取り上げる『託宣集』の「本地幽玄」という用語は一般的といって済ませてしまえるのだろうか。

これについて考えるため、能勢が「難知不明」をあらわし、かつ「神秘的気分を含む幽玄」として取り上げた二つの用例を見てみよう。

「和歌所一品経」

動二天地一感二鬼神一、化二人倫一和二夫婦一、莫レ過二和歌一。是以、神道之幽玄、猶残二此和歌一、権化之高徳、莫レ不レ因二此風俗一。

『古事談』巻五

六波羅太政入道、安芸国司之時、重任之功ニ、被レ造二高野大塔一之間、材木ヲ手自ラ被レ持ケリ。其時著二香染一之僧出来云、日本国之大日如来ハ、伊勢大神宮ト安芸厳島也。大神宮ハアマリ幽玄也。汝適為二国司一、早可レ奉二仕厳島一云々。

前者は澄憲《ちようけん》の永万二年（一一六五）作とされる「和歌所一品経」(4)、後者は源顕兼《あきかね》編、建暦から建保の頃（一二一二

〜一二一五）成立とされる『古事談』(5)巻五の記述である。これらは能勢が取り上げた「幽玄」の中でも、とくに神存在について述べると思われる数少ない用例となっている。それぞれの文脈も興味深いが、今は「幽玄」の語に着目したい。

能勢は、「和歌所一品経」の「神道之幽玄」について、神道は「常凡には窺ひ知る事の出来ない神秘」であることをあらわし、『古事談』については「伊勢神宮はあまりに神秘である」との意としている。単に語義を辿ったものとしてなら頷けなくもない読みであるが、はたして神存在について用いられる「幽玄」という表現の意味を適切に取り得ているか、疑問が残る。

「和歌所一品経」には、「動二天地一感二鬼神一、化二人倫一和二夫婦一、莫レ過二和歌一」とあって、『古今和歌集』「真名序」の「動天地、感鬼神、化人倫、和夫婦、莫宜於和歌」(6)を受けるものである。ここから、「和歌所一品経」は、「是を以て、神道の幽玄、猶ほ此れ和歌に残れり」とし、古来伝わる神道なるものの不可知の力能が和歌にこそ残されている、との見解を示している。

こうした「神道の幽玄」が「和歌に残る」とする理解は、当然、『古今和歌集』「仮名序」に、「この歌、天地の開け始まりける時よりいできにけり」や、「すさのをの命よりぞ三十文字あまり一文字はよみける」（「真名序」には「逮于素戔烏尊、到出雲国、始有三十一字之詠」）という、天地開闢《かいびやく》やスサノヲという和歌の起源神話を前提にしているだろう。

すなわち、「和歌所一品経」の「神道の幽玄」という説は、「和歌」への注釈であり『古今和歌集』序への注釈である。そうした和歌の人知の及ばない性質、天地のはじまりや神々の世界の通じる価値が、「神道の幽玄」として「和歌所一品経」において作られているのである。

『古事談』巻五の記事は、六波羅太政入道、平清盛が安芸国司の時、国司重任の功として高野山大塔の修理を行ない、自ら材木を運んでいると、香染の衣を着た僧があらわれ、「日本国の大日如来」は伊勢大神宮と安芸厳島であるとし、伊勢大神宮はあまりに「幽玄」であって、あなたは国司として早く安芸厳島に仕えるべきだ、と述べたというものである。

この記事における「幽玄」は、伊勢と厳島を比較し、伊勢は神秘不可知という点で、あまりに偉大で畏れ多いとするものであろう。対して、厳島は神として一段低く評価されていることになるが、それは逆に、清盛にとってより近しくある、との認識をあらわすものでもある。「日本国の大日如来」であるという共通性があり、その共通性はすでに両社の格を高く位置づけるものであって、厳島の劣位はあくまで伊勢に対した場合にのみいわれているとするべきだろう。

「日本国の大日如来」という言辞といい、それが伊勢・厳島という神とされることといい、そこには一筋縄では行かない中世の神仏信仰の世界を窺わせる。とくに「日本国の大日如来」という言辞は、第一章の研究史に取り上げたような、佐藤弘夫が中世のコスモロジーを明らかにするべく注目した此土《しど》、末法辺土の「日本の仏」という観念のあらわれともいえる。そうした興味深い記事であるが、しかし、「幽玄」の問題を考えるためには、コスモロジーへと還元するのではなく、記述そのものに注目する必要がある。

「日本国の大日如来」という記述は、仏教世界においてすべての根源とされる大日如来に「日本国」という限定が掛かっているわけだが、実はそれは、仏教の普遍性を「日本国」という三国世界の辺境へと一息に導き入れるという劇的な価値創造なのである。

そして、そこには二つの方向性を持つ「大日如来」があらわれていると見なければならない。一つは、清盛が仕え奉るべき「安芸厳島」としての、いわば清盛個人のための大日如来である。もう一つは、日本国における天皇の治世を保証する皇祖神アマテラス、「伊勢大神宮」という日本国の根源としての大日如来である。「幽玄」とされるのはこのような後者の「大日如来」でもある「伊勢大神宮」であった。

そのように見た上で、「伊勢大神宮」に対する「幽玄」、奥深く計り知れないという価値づけにこだわってみると、記述上ですでに明らかにされている「日本国の大日如来」という以上の神秘性が、そこに示されていることが理解できる。「伊勢大神宮」は「日本国の大日如来」という明示を超えた不可知の「幽玄」なるものとして、ここにはあらわれているのである。

では、「和歌所一品経」と『古事談』、これらの「幽玄」ということの奥深さは、どのように捉えるべきだろうか。読み取らなければならないのは、神存在や「神道」について「幽玄」だというのは、神の姿や本体、神話上の出来事、神の行ないや物事の起源に関して、直接見ることができず、また矛盾するような状況にあり、あるいは確かな情報がなく不明である事物について、そのように人知の及ばないことこそが、神としての不可知の霊威や神秘をあらわしている、という肯定的な価値をあらわす言葉だということである。

このことは、当然ながら、『託宣集』の「本地幽玄」についても同様に考えるべきで、神や神道についての「幽玄」は、見えないということ、わからないということへのポジティブな価値づけを示しており、そうした神秘性という宗教的な意義を強く有するものとしなければならない。

また、すでに見たように、『託宣集』「御体注釈記事」の記述ⓐでは、伊勢大神宮と宇佐八幡宮を並べ、これらの「本迹御体」を「幽」であるとしており、『古事談』の記述を考えれば、伊勢大神宮については、あるいは「幽」「幽玄」とする共通理解があったかとも思わせる。

以上のことから、神のあり方について幽玄とする認識は、例数は多くなくともある程度には広く用いられた可能性があると推測され、歌論等の芸術的観念に限定されない幽玄という語の、中世における広がりを認めることができるだろう。

しかし、それは幽玄という語を一般性へと解消してよいことを示すものではない。それぞれの文脈において形作られる固有の価値を認め探っていくことにこそ、奥深さという価値を示す「幽玄」を論じることの意義がある。『託宣集』の「本地幽玄」という用語の意味には、まずはそうした価値を作り出していくという背景があるとしなければならない。

ii　八幡信仰における幽玄

ここで、能勢に従い確認した二例から時代を下り、『託宣集』の成立とほぼ同時代、十四世紀に入って成立した『八幡《はちまん》愚童訓《ぐどうくん》』（乙本、以下『愚童訓』）の記述を取り上げたい。

『愚童訓』の「御体事」とする章段の冒頭には、次のように記されている。

右垂迹の実体におきては、神道幽玄にして、凡夫不浄の眼にて奉レ見事なければ、伝書に不レ及。延喜二年四月御託宣に、「若は枕、若蠅払、余の物を体とはせよ。形を奈見そ」と云也。されば所々の御体面々不同也。或は御枕、或は御脇息等也。最初に顕現し給し御許山馬城の峰には、三の石にてあらはれ給へり。

『愚童訓』「御体事」は、このように八幡神の御体について解説し、その記述をはじめているが、まず、垂迹した神としての姿は、「神道幽玄」であって、見ることはできない、としている。そして、垂迹の姿は見ることが出来ない八幡神だが、「蠅払《はいはらい》」（払子）「脇息《きょうそく》」「枕」など、身近にあって身体に接する器物が、諸所において御体とされていることを託宣による形で記している。また、最初の御体の顕現は御許山の三つの石であるともいう。これは、第五章に論じた「三柱の霊石」を指している。

『愚童訓』「御体事」には、石清水宮に安置される剣璽をめぐって、『託宣集』の本地幽玄説に匹敵する御体の論理が展開されており、しかもそこでは『託宣集』「御体注釈記事」のⓒ神託と同様の託宣が注釈対象となっている。それは八幡神が三諦宛然《さんたいえんねん》の存在だという神学を構築するもので、様々な意味で『託宣集』と比較するべき対象といえるが、そうした諸問題については後考の課題とし、今は「幽玄」の問題に絞って取り上げたい。

『愚童訓』「御体事」の「神道幽玄」は、八幡神の垂迹の実体についていうものだが、それは「凡夫不浄の眼」では見ることはできない、とされている。逆にいえば、清浄なる聖なる者の目によってなら見ることができる、ということである。

この場合の「幽玄」は、単に奥深く知りがたいというだけではなく、それを察知する側の資格が問題とされているのである。茫洋として捉えどころのない「幽玄」が、神秘性を強調しつつ、いくらかの具体性を帯びたといえるだろう。

『古事談』や「和歌所一品経」では、「幽玄」は知り得ないことの価値化であったが、『愚童訓』では、「幽玄」に接近する側を凡夫不浄とそうではない者に分類し、八幡神の垂迹の実体の聖性を強調するものとなっている。

このような『愚童訓』の「神道幽玄」は、同時代性という意味でも『託宣集』の「本地幽玄」と何らかの関係があるか、とも思わせる。少なくとも、「幽玄」が「目に見ることのできない」八幡神の実体・神体をあらわすという点で、両者は共通する。それは神存在について「幽玄」とすることの、一つの歴史的展開を示すものと考えることができる。

ただし、こうした「幽玄」の具体化、とくに『託宣集』の「本地幽玄」は、「幽玄」の歴史的展開というよりも、八幡信仰の展開において達成されたものという文脈が想定される。どういうことか。『託宣集』は広く用いられる不見不可知の性質を示す語彙として「本地幽玄」を用いたのかといえば、そうではない。

確かに、幽玄の用語は、神仏信仰にあって八幡神と特権的に結びつくとはいえない。しかし、それは『託宣集』において脈絡なく一般的なものとして用いられているのでもない。八幡信仰における「本地幽玄」には、ある歴史的な文脈を想定することができる。おそらく、その用語のはじまりは永承元年（一〇四六）の年号を有する「源頼《より》信告文《のぶこうもん》」である。(7) 確認してみよう。

維永承元年歳次丙戌某月某日、従四位上行河内守源朝臣頼信、研身潔白、凝心丹誠、跪白、八幡権現三所法体言、大菩薩者、本朝大日本国人帝第十六代之武皇矣、本覚幽玄、叵計尊位、若三覚如来歟、亦十地薩埵歟、利生之道垂跡、慈悲之門現身、彼釈尊応化歟、是観音之分身歟、

これは「源頼信告文」の冒頭部分であるが、そこには、八幡神が、「本朝大日本国人帝第十六代之武皇」すなわち応神天皇であること、その「本覚」が「幽玄」であり尊位が計りがたいこと、「本覚」が釈迦であるか観音であるかという可能性が示されている。

テキストの末尾には「頼信奉　八幡大菩薩祭文」とあり、その叙述は八幡大菩薩への祈願という性格を持つ。ゆえに、八幡神を仏教世界における最高位の存在である釈迦や観音と結びつけるのは、その霊威や利益の大なることを示すためであり、本覚は幽玄であり尊位は計りがたい、とあるのは、人智を超えた存在としての偉大さを述べるためである。

また、ここに用いられる「本覚」は、いわゆる「本地」を示す言葉としてもっとも早い段階のものであるとの指摘があり(8)、神仏信仰、本地垂迹説を考える上でも重要なものといえるが、とくに「本覚幽玄」という認識が本地説の初期段階で示されていることは重要である。

本地を確定し述べることは、神の本源を探求する行為の実践である。ここでの「本覚」の計り知れなさを示す「幽玄」は、神の本源の探究という方向性の中で意味を持たされる語彙であり、本地説の基本的な性質の一つが認められる。以後、「本覚幽玄」という言説は、八幡神の起源もしくは本質を示す言葉として、ほぼ同文のまま継承されていることが『縁事抄』の「大菩薩顕現始称誉田天皇給事」にも確認できる(9)。

八幡信仰の歴史においては、八幡神の本覚・本地を「幽玄」とする認識があったのであり、本地の観念と「幽玄」とが結びつく記述は、八幡信仰にあらわれる固有性ということができるだろう。「源頼信告文」に「本覚幽玄」として本地の観念と結びついてあらわれた「幽玄」。それは、八幡信仰の中世的展開の中、『託宣集』において、八幡神の見ることのできない神体を作り出す「本地幽玄」として、新たに意義づけられたのである。

以上、八幡信仰における「幽玄」について、三つのテキストを代表とする局面を確認することができた。それらを取りまとめておこう。「源頼信告文」では、八幡神の「本覚」が何ものであるかの問いかけるもの、『愚童訓』では、八幡神の「垂迹の実体」は「神道」として凡夫不浄の目では見ることはできないとするもの、『託宣集』では八幡神の「本地」は奥深く計り知れず見ることができない「神体」だとするもの、ということになる。

このような三つの局面としてそれぞれの言説を並べてみると、時代的な関係は十一世紀院政期における「源頼信告文」が大きく先行するものとしてあり、『愚童訓』『託宣集』が十四世紀鎌倉後期の同時的なものとしてあるものの、「幽玄」という語が指し示す意義の深化する段階として認めることができるように思われる。

「源頼信告文」では、八幡神の「本覚」が「幽玄」であるということは、それが何ものかわからないがゆえに「三覚の如来」か「十地の薩埵」か、「釈尊の応化」か「観音の分身」か、と繰り返し確定するための問いがなされている。すなわち「幽玄」という不明の状態を解消するための思考が立ち上がっている。

対して『愚童訓』『託宣集』では、「幽玄」であることはそれがそのまま価値として認められており、「神道幽玄」「本地幽玄」は、わからないこと、知覚し得ないことが八幡神の存在の神秘性とともに聖性を指示する語句として用いられている。しかもそれは具体的に、目で見ることができない、という形で述べられており、「和歌所一品経」や『古事談』にあった「幽玄」のような曖昧な形での不可知性からの展開としても認められるだろう。

つまり、「幽玄」は、茫漠とした不可知性や、問われるべき不明のことという意義から、それ自体が目に見えない神存在の状態を積極的に位置づけるものへと変化しているということになる。こうした変化は、院政期から鎌倉後期への「幽玄」の語の歴史的展開である。

また、『愚童訓』と『託宣集』を比較した場合、『愚童訓』が「垂迹の実体」について「神道幽玄」とし、『託宣集』が「神体」を「本地幽玄」とするのには、「幽玄」の意味が掛かる対象である「実体」「神体」が、「垂迹」と「本地」という関係において互いに反転するものとなっている。

第六章にも論じたように、『愚童訓』は、八幡神の本地について、「本地事」の章段で主として釈迦か阿弥陀かと問うており、本地は確定するべき存在として記述される。対して、その垂迹の実体は幽玄として不可知とされるのであって、そこに「幽玄」は「神道」という「神としてのあらわれ」の側を指示する語として用いられている。

『託宣集』では、幽玄であるのは本地であり、示現した垂迹は、まずは廟社として宇佐宮があげられており、幽玄は本地という「神としての本源」の側に掛かっている。

幽玄が意味する不可知性を基点に、両書の本地と垂迹を対置してみると、『託宣集』の論理は『愚童訓』の論理とはほとんど逆を向く姿勢を見せていることがわかる。

『愚童訓』と『託宣集』のどちらがより一般的か、と問うことはほとんど意味がなく、重要であるのは、そうした形で作られる八幡神が『託宣集』と『愚童訓』に認められる、という事実である。それは中世八幡信仰の広がりそのものであって、「幽玄」という語において認められる宇佐宮と石清水宮の八幡信仰の展開なのである。

以上によって、『託宣集』の「本地幽玄」が八幡信仰においてどのような位置にあるかが理解されただろう。それは「源頼信告文」の明かされるべき「本覚幽玄」とも、『愚童訓』の顕現体としての「神道幽玄」とも異なる、八幡神の本源の「神体」を「本地幽玄」とする価値の創造だったのである。

（四）　真空冥寂

あらためて、御体に関して引文されたⓒ神託の「有」「空」は、八幡神の「体」の目に見える側と目に見えない側の二つの面をあらわすものであった。その目に見えない「空」としての「本地幽玄の神体」に並べて、神吽は「真空冥寂の霊神」「虚空同体の妙身」と書き連ねている。

これらのうち、まずは「真空冥寂」について考えたい。

真空冥寂とは、言語化不可能な絶対の真理を指す言葉である。その用語の意義を問うべく、『託宣集』のほかにこれを用いるテキストを探ってみると、『天台法華宗牛頭《ごず》法門要纂』[10]（以下『法門要纂』）『修禅寺決』[11]『雑談集《ぞうたんしゅう》』[12]『渓嵐拾葉集』[13]（以下『拾葉集』）に確認することができる。

『法門要纂』は、最澄の著述であると記されているが、偽撰書であり、十二世紀末には成立していたと推定されている。[14]『修禅寺決』は、十三世紀半ば頃の成立かと推定されている。[15]『雑談集』は無住の作であり、成立は嘉元三年（一三〇五）。『拾葉集』は、光宗が叡山天台の行事・作法や口伝法門などを収録したもので、文保二年（一三一八）成立とされる。これらから『法門要纂』と『雑談集』を参照し、「真空冥寂」がどういった意義を担って用いられる語彙であるのかを見てみることにしよう。

『法門要纂』には、以下のような記述がある。

> 謂《いわ》く、衆生の心を指して、直ちに妙法の理なりと説き、心性《しんしょう》の本覚を以て、無作《むさ》の実仏となす。いはゆる心性とは、真空冥寂の理なり。諸の形色《ぎょうしき》を遠離し、無相にして名言《みょうごん》を絶し、常楽の法位に住して、畢竟して本より動くことなし。（しかも）心よく妙用《みょうゆう》を有す、本有の照了の覚なり。故に本覚の理と名づく。

難解であるが、「真空冥寂」に着目すると、次のようにまとめられる。

衆生の「心性の本覚」とは「無作の実仏」であり、「心性」とは「真空冥寂の理」である。この「心性」が「本覚の理」であるのは、「諸の形色を遠離し、無相にして名言を絶し、常楽の法位に住して、畢竟して本より動くことなし」、すなわち、形なく、言語化することも不可能な、常住普遍の真理である、ということによる。

つまり、「真空冥寂」は、本覚の理である衆生の心性についての、形なく言語化できない不変の真理を示すもの、という説明と重なっている。それは衆生の心は妙法の理だと説くために、心性をそのままに本覚だとする本覚思想の言葉である。

『雑談集』第二巻「妄語得失事」には、以下のようにある。

仏法ノ中ニ、権《ごん》実ノ二教此有り。権教は一向妄語也。実教猶自證ノ真空冥寂ノ処に望レバ妄語也。無言説《ごんせつ》之処ニ言説スル故也。

その述べるところは、次のようになる。

仏法に権実の二教があり、権教は妄語だとする。これは衆生を導くための方便としての仮の教えのことである。では実教はどうか。実教もまた妄語である、という。その理由は、真実の教えである実教にしても「真空冥寂」の言語化不可能な真理を言語によって説こうとするものだからだ、とされる。

この両者では、その「真空冥寂」の用いられ方は両極となっている。『法門要纂』では、衆生の心を本覚として肯定する際に用いられている。『雑談集』では、権教はいうにおよばず、実教でさえ真理を言語化するという意味では妄語なのだ、という否定のための言葉となっている。

ただし、どちらであっても、「真空冥寂」は、仏法の真理は言葉でいいあらわすことができない、という理解がなされていることは共通する。

また、『法門要纂』では「形色」を離れた「無相」を指し、『雑談集』では「言説」し得ない「無言説」を指す。

知覚認識や言語化が不可能な領域が真空冥寂とされていることになる。

　こうした共通性は「有」に対する「空」として「真空冥寂」を示す『託宣集』でも同様である。しかし、『託宣集』「御体注釈記事」は、八幡神の御体、空である「本地幽玄の神体」に付随して、「真空冥寂の霊神」だと価値づけるものであり、その意味で『法門要纂』『雑談集』のいずれとも異なる。『託宣集』の「真空冥寂」は、ただ真理や教えを指すのではなく、そういった意義にも引き寄せられつつ、「霊神」としての八幡神の存在態をあらわしているのである。

　八幡神の霊神としての境位は、有である仏位を超出しており、言語化できない。神叶はそのように、本地幽玄の神体、八幡神の御体を理解しているのである。

　また、「真空冥寂」の用例を確認できるテキストとして挙げた中の『法門要纂』『修禅寺決』『拾葉集』は、いわゆる天台本覚思想をあらわすものとされている（『雑談集』の編述者無住は、諸宗兼学・禅密兼修の僧とされる）。このことは『託宣集』に示された思考の性質を理解する上で、大きなヒントとなるだろう。真空冥寂という言葉によって示されるこのような『託宣集』の言説は、その思考と語彙において天台の密教やそれが作り出す本覚思想と深い関係を持つことを予測させる。

　ともあれ、八幡神の本地、幽玄の神体がいかなるものであるのか、少しずつ明らかになってきた。

『託宣集』「御体注釈記事」においては、八幡神に関して、知覚可能な境位はすべて「有」という現象世界に置かれる。最終的にはいずれも御体であって、理論的には「正道」として統合されるものの、そうした「有」に対して相即的であると同時に峻厳な断絶を持つ「空」の神体は、目に見える形を持たず、言語化不可能なのだと記述されている。

次に、「真空冥寂」に続く「虚空同体」について考えてみたい。

（五）虚空同体

i　伊勢神道との同期性

八幡神の空である体は、虚空と同体である、という。

虚空とは、大空・天空であり、果てしなく広がる無限の空間、一切すべてのものが存在する場所としての空間、また、色も形もなく思考や言語で捉えられないものを指す。そして、有空の論理の中、空に関するものとしていわれるのであるなら、時空間を超えて普遍である本源的な世界の真実相である。これと同体だというのが、「虚空同体」の意味である。

虚空同体は、「空」であって見ることのできないものではあるが、言語化不可能な真理、という意味を示す真空冥寂に比べ、具体的なイメージを与えてくれる言葉であろう。八幡神は世界の空間そのものと同体であり、あらゆる現象世界に遍在する。すなわち、八幡神が世界そのものと一体であることを示す言辞である。

虚空と同体である、体を虚空とする、ということでいえば、「御体注釈記事」冒頭ⓐの「伊勢大神宮」への言及も相まって、伊勢神道における天照大神に関する言説が想起される。

奈良時代以前の成立と記されつつ、その実、中世鎌倉時代前期から中期にかけて述作された神道書群、「神宮三部書」あるいは「神代秘書十二巻」とも称され、近世に至って「神道五部書」とされるようになる書の一つ、『伊勢二所皇太神御鎮座伝記』(16)（以下『御鎮座伝記』）には、次のようにある。

天照坐皇太神、則大日孁貴。故号二日天子一。以二虚空一為二正体一焉。故曰二天照太神一。

天照坐皇太神《あまてらしますすめおおかみ》は、大日孁貴《おおひるめのむち》であり、ゆえに日天子という。虚空を以て正体とし、ゆえに天照太神という。

『御鎮座伝記』の天照大神に関するこの記述は、「興玉神《おきたまのかみ》託宣久」として示されており、併せて止由気皇神《とゆけのすめがみ》は月《がつ》天子《てんし》・金剛神・天御中主神《あめのみなかぬしのかみ》であり、水徳の御饌都神《みけつかみ》であるとの説を示している。

この興玉神の託宣は豊受大神（止由気皇神）の変貌という興味深い問題を含むものであるが[17]、今注目したいのは、天照大神に関して、その「正体」を「虚空」としていることである。

この『御鎮座伝記』の天照大神の虚空正体説は、度会家行の『神道簡要』[18]に「上代本紀曰、［大田命訓伝　号興玉神］」として、同『類聚神祇本源』[19]に「神記曰」として、それぞれ引かれており、伊勢神道における天照大神に対する理解として大きな意味を持ったようである。

そして、『託宣集』「御体注釈記事」冒頭ⓐには、伊勢大神宮と宇佐八幡宮は、本地と垂迹の御体が幽かで計りがたくあることを以て、宗廟が荘厳であり霊威あることの根源としている、とあった。

これは伊勢宇佐両宮が宗廟であるということだけで並べられているのではなく、両宮は「本迹御体」を「幽」とすることが、とりわけ重要視されているのである。ここから「体」の問題として考えれば、『託宣集』「御体注釈記事」ⓓに、八幡神の空なる体に関して虚空と同体であるとされることと、『御鎮座伝記』等に天照大神が虚空を正体とするとされることとの間に、共通性が意識されていたのではないかと考えられる。少なくとも、その言辞の同質性・類似性は明らかであろう。

とはいえ、『神道簡要』は文保二年（一三一八）、『類聚神祇本源』は元応二年（一三二〇）の成立であり、正和二年（一三一三）成立の『託宣集』がこれらを参照することはあり得ない。かといって『御鎮座伝記』が神吽の披見に及んだものとするのも無理がある。「神宮三部書」「神代秘書十二巻」とされる伊勢神道書は、「秘記」とされ秘蔵されていたのであり、ことにその中、『豊受皇太神御鎮座本紀』と『御鎮座伝記』の二書は、六十歳未満の者は読むことが禁じられていた[20]。

しかし、こうした天照大神と八幡神の虚空正体と虚空同体の説、そして『託宣集』がその両宮の御体を幽であるとすること、これらは偶然に一致したものとも思えない。そこには何かしら言説のネットワークがあったものと考えられる。伊勢から遠く宇佐の地まで、伝聞か文書か、どういった経路を通ったものか、虚空を神体とする天照大神は『託宣集』において主役たる八幡神と同格の神として、その姿をあらわしているのである。

ii　『拾葉集』と『託宣集』

さて『託宣集』「御体注釈記事」の虚空同体に関しては、さらに言及しておくべきことがある。

さきにも触れた叡山の光宗によって編述された『拾葉集』、その巻第六十六の「仏菩薩供養事」とする章段に「仏供養時三身ノ方如何」との問いから始まる一連の記述がある[21]。そこでは、「三身」に関して蔵・通・別・円の四教における「意」を説く形で釈義が進むが、その「円教」（他の三教に対して、すべてを含む完全円満なる真実の教え）の記述には、次のようにある。

次ニ円教ノ意ハ。以法身如来ヲ為教主ト。虚空同体ノ理身法界周遍ノ体ヲ以為教主ト也。已前ノ別教ノ意ハ。周円無際ノ衆宝荘厳等ト云ヘトモ。尚是能遍所遍在之。次ニ円教ノ意ハ。万法ノ当体即是法身如来全体也。能遍所遍ノ木同無之。依報ヲ云ヘハ即是正報也。云云ハ即是依報也。依正一如因果不二也。以之為ス法身如来ノ色体ト。

難解だが、大意を取っておこう。

仏の三身について、円教の意では、法身如来を以て教主とし、虚空同体の理身（永遠不変の身体）、法界周遍（全宇宙に隅々まで行きわたる）の体を教主とするのである。さきの別教の意では、周円無際衆宝荘厳（遍く限りなく七宝で飾る―仏が他者に教えや利益を享受させる）であると述べたが、それには、なお能遍計・所遍計（作用・対象）という誤った分別がある。今述べる円教の意では、万法（一切の事物）の当体（そのもの自体その本体）はすなわち法身如来全体である。能遍計・所遍計の誤った分別は無い。依報（正報がよりどころとする世界）はすなわち正報（存在する身）であり、正報はすなわち依報である。依報正報は一如であり因果は不二である。これを以て、法身如来の色体（身体本体）とする。

ここに「虚空同体の理身」という言葉が見えている。それは仏、教主たる法身如来の色体、本体としての身体を指すものである。虚空同体という語の意味においても、法界周遍・万法の当体・依正一如因果不二などの語から作られる文意においても、世界の存在すべてに渡る真理そのものを法身如来の身体とするということを示している。

このような『拾葉集』の「虚空同体之理身」は、伊勢神道書の「以虚空為正体」よりも、表現として『託宣集』の「虚空同体之妙身」に近く、ほとんど重なるといってよい。とすれば、『託宣集』は『拾葉集』を参照したものなのであろうか。しかし、『拾葉集』の成立は『託宣集』とほぼ同時進行であったと考えられ、伊勢神道の虚空正体説と同様、やはりテキストの参照関係を想定することは難しい。

ただし、第六章に論じたように、『託宣集』と『拾葉集』は、その密教儀礼や中世神話の世界を共有するものと思われ、かつ、さきに取り上げた「真空冥寂」の用例もまた、『拾葉集』「仏菩薩供養事」の中にある「三智五眼配立如何」という問いにはじまる一連の記述の中に見られるのである。

それはたとえば、「仏眼種智真空冥寂」（一切の存在の平等と差別の相を知る仏の目は絶対の真理そのものであって言語によって説くことはできない）や「真空冥寂者。不変真如理也」（真空冥寂とは、永遠不変の真理である）という形であらわれている。これらのことから、『託宣集』『拾葉集』の二書における言説の共有性は相当に深くあったと考えられる。ゆえに、光宗が『拾葉集』のもととしたような教理教説を記したテキストが、神吽にも共有されていたと見るのが妥当だろう。

薗田香融は、「『託宣集』に引かれた仏教関係の聖教」が「法華経序品・法華文句・観普賢教・菩薩戒広釈などであって、いずれも天台系のものである」とし、神吽が「天台系の僧徒であった」と論じている(22)。今、この位置づけは、より具体化した形で更新されるべきであろう。

ここまで論じてきたように、神吽が八幡神の「本地幽玄の神体」である本源を書きあらわそうとする時、すなわち『託宣集』においてもっとも重要な問題に取り組んだ時に、「真空冥寂」や「虚空同体」といった言葉が、その表現と志向において大きな意味を持っている。それは「天台系」といった曖昧な括りとしてではなく、具体的に『拾葉集』と共有される密教的世界があり、『託宣集』はそうした世界の一端を担いつつ作り出していくものと評価しなければならない。

それらテキストにおける直接の参照関係という問題は措いたとしても、ここからはより大きな視野へと議論を進めるべきだろう。

『託宣集』においては、真空冥寂――言語化不可能な絶対の真理という否定神学、虚空同体――世界の存在空間のすべてと同体だという存在論、そうした神学論理によって八幡神の本地幽玄の神体を価値づけている。神仏という祭祀礼拝し信仰すべき対象の本体本源が何ものであるのか。そのような問いに対してあらわれるであろう、これら言説の様相は、神仏や世界の根源の探求が行き着く一つの究極の形であって、中世神学として捉えられるべきものである。

八幡神の「空」なる「体」としての「真空冥寂」「虚空同体」を探ることで、ほぼ同時代に成立したといえるテキスト、叡山天台の『拾葉集』や、伊勢の神道書『神道簡要』『類聚神祇本源』などから、『託宣集』が中世において孤立するものではなく、広く共有される言説の方向性を持つことが明らかとなった。次はさらに、そのことが何を意味するのかを考えなければならない。

（六）　中世神学／中世の言語そのものから考える

以上のような問題に取り組む時、小川豊生《とよお》の「日本中世神学の誕生——『天地霊覚秘書』を読む——[23]」は、それらを広く見渡し位置づけるための視界を提供してくれる。

小川は、この論考で中世の「伊勢の神学と禅思想との深い交渉」について考証し、「霊覚」「霊知」などの語彙を中心として、「伊勢の神学」と「禅思想」の関係をテキストによって論証しているが、本節の議論からとくに重要だと思われるのは、次のような言明である。

ともあれ、「霊性」や「霊知」は、近代の神智学や霊学といったフィルターを通して見るのではなく、まず中世の言語そのものに即して考えてみることが必要であり、そもそも本章のねらいもその点にあった。ここでは伊勢の神学と禅との交渉の問題に限ったが、より広い地平——密教・念仏・法相等この時期のあらゆる宗教言説や、説話テキスト（なかんずく無住の『沙石集』その他に現われる「霊性」「霊知」「霊覚」「霊光」の問題）あるいは和歌領域（明恵に典型的な華厳禅と和歌史への投影）が、それぞれの領域特有の方法をとおして希求する普遍知・絶対知ともいうべきもの、それを〈霊性〉という言葉で統括することができるのではないかと思っている。

十三世紀は、この〈霊性〉を求める壮大な運動体としてとらえなおすことが可能ではないか。「壮大な」というのは、この課題が、禅の来歴に端的に窺えるように、まぎれもなく東アジア的規模にわたっての模索を要求してくるからである。

ここに述べられているのは、「霊性」「霊知」「霊覚」などの「霊」を冠する語を「中世の言語そのもの」として捉え、そのような言語から中世という時代の思想の運動を価値づけることが可能なのではないか、という議論の提起である。その運動とは、「霊性」としてあらわされる「普遍知・絶対知」を目掛け、領域を超えていく中世における知の希求である。

またその分析の中、伊勢の神体に関して、次のように触れられている。

事を「無相」や「虚空」に求めれば、最初期の両部神道書とされる『瑞柏伝記』にすでに、「神は道化の一気、乃ち無中の有なり。尺氏虚神を以て実相と謂へり。其の壊れざるを義と為す。肆則、伊勢両宮の水火の元神、天地の大宗なり。故に照皇天と曰へり。無相を以て体と為し、無住を以て本と為す」といった記述が現われている。

また『仙宮院秘文』には「皇とは則ち大空無相の名号」と見え、ほぼ同時期に成った『麗気記』(「二所大神宮麗気記」)も、「普門法界の昔、空劫の先に空劫を興し、所化の間無相を以て神体と為す」という。さらに行忠が書写したことが確実な『伊勢二所皇御大神御鎮座伝記』では、「まさにこれ(「宝鏡」のこと)を受くるに清浄を以てし、これを求むるに神心を以てし、これを視るに無相無住を以てすべし。因て以て神明の正体と為すなり」「虚空を以て正体と為す。故に天照太神といふ」等々とするように、実体なきいわば〈無の場所〉としての神への名指しとして、〈無相〉〈無住〉や〈虚空〉が神学を成り立たせる鍵語として多用される状況が現出している。神道言説は、十三世紀において徹底的に〈無〉の教説によって鍛えぬかれている。その語誌的な動向は、ほとんど時代そのものを転回させていく新しい神学的な潮流を感じさせるものだ。

このように指摘した上で、「無相」や「虚空」は、禅に限らず「密教や儒教や道教をも含んだ、それ以前のあらゆる知を綜合する運動のキーワードとして使用された」という。「中世神学」という言説運動、地域やジャンルという区分を越えた中世の思想や思考の新たな問題へと、小川は切り込んでいる。

ここまで本章に追究してきた『託宣集』の「本地幽玄」「真空冥寂」「虚空同体」といった語彙が、それ自体の意義においても、使用された文脈においても、小川のいう「神学的な潮流」の中に位置づけられるのは間違いない。とくに「虚空」に関しては、伊勢神道とともに叡山台密の『拾葉集』との関係が強く見られるものとしてあった。『託宣集』を中心に置いた追跡から、「虚空同体」という語彙は、伊勢ではなく宇佐における、禅ではなく台密との交流を示しているが、こうした状況は、小川のいうように「この時期のあらゆる宗教言説」が「それぞれの領域特有の方法をとおして希求する普遍知・絶対知」を明かそうとする営為そのものである。『託宣集』に則してみれば、それは、八幡信仰から離れた普遍性、中世神学の一般性ではなく、八幡神への信仰において普遍性が希求され達成される、というように言い換えることができる。

『託宣集』は十三世紀から十四世紀にかけて成立したテキストであり、小川が提起する十三世紀の「〈霊性〉を求める壮大な運動体」の営為の一つの結実といえるだろう。そして、本節に取り上げた同時代に相次いで成立するテキスト、比叡山の『拾葉集』、伊勢の『類聚神祇本源』など、また問題の存在の指摘に留まった石清水宮の『愚童訓』も含め、同様の結実の書と見るべきである。

さらに、小川が論じたように、伊勢の神道説には、神官と禅僧との交流が確認されるのであり、天照大神が虚空を正体とする、という説は、禅僧あるいはそれを含む僧のネットワークにおいて宇佐宮にもたらされていたものだったのかもしれない。

『託宣集』は、そして本地幽玄説は、中世にあって決して孤立したものではなく、当然のことながら八幡信仰の歴史的展開を受けて成り立つものであり、しかも中世神学の世界において、その「神学的な潮流」を積極的に担い、「普遍知・絶対知」を求める運動の中、そうした流れや動きを作り出すものだったことが理解できるだろう。

「中世の言語そのもの」に寄り添うこと。小川は伊勢神道と禅の関係を探究するべく「霊性」という言葉を代表的な対象として、これに取り組んだ。『託宣集』においては、それは「幽玄」という言葉を中心に構成された論理として対象化されるべきものであるが、「中世の言語そのもの」という視座は、この論理を読み解くほとんど唯一の方法である。「幽玄」という語は、歌論や能楽論における中心的課題なのだという一方的な見方によるのではなく、また、その淵源が道教や仏教にあるという認識に留まらず、中世における「幽玄」の思想的な、あるいは信仰的な、さらには神話的・神学的な価値は、その言語そのものにおいて問われなければならない。

そして、『託宣集』の「本地幽玄の神体」という問題は、これだけで終わるものではない。「中世の言語そのもの」、すなわち『託宣集』「御体注釈記事」の記述に寄り添うという方法に徹した時、八幡神の本地幽玄の神体が、神吽の注釈によって祭祀の具体的な現場へと顕現するという、次なる問題が見えてくるのである。

おわりに

本章では、『託宣集』における八幡神の御体の神学、「御体注釈記事」に示された本地幽玄の神学について論じてきた。その中で明らかになったこと、また前章から本章への展開をあらためて述べ、次章に繋がる残された課題について提示しておきたい。

本論のこれまでの分析によって、『託宣集』における八幡神の御体は、三つの相としてあらわれていることが明らかとなっている。八幡神の本地本体としての神体、隼人征討の御験《みしるし》でもある薦枕、宗廟として崇められる宇佐宮社殿である。これらのうち、前章でまず着目したのは薦枕であった。

前章で論じたように、『託宣集』における薦枕は、八幡神の隼人征討の御験として起源づけられている。「養老三年記事」に確認したように、薦枕は、聖なる境域である三角池《みすみ》において大神諸男《おおがのもろお》によって求め出だされた八幡神の霊威の象徴物であった。同時に、薦枕の顕現と隼人の征討に宇佐氏と辛嶋氏《からしま》がかかわることから、御験としての薦枕の神話には、宇佐宮の祭祀が大神氏・宇佐氏・辛嶋氏の三氏によって担われるという祭祀職掌の起源を語る性質も認められる。

また、この御験としての薦枕が隼人征討に出御する時、その周囲には修験の神と行者が行き合い、さらに、後には八幡神が隼人征討の殺生の罪により出家して修行者そのものになるという姿を見せている。隼人征討の神話における八幡神の仏教との関係が、国家の鎮護から宇佐宮周辺の山岳の修行へと傾斜しているのである。

こうした祭祀と修行の神話の起点となっている薦枕は、前章で「天平五年記事」に確認したように、大神田麻呂《たまろ》によって、隼人征討の御験という限定が解除され、衆生救済の霊験を示す常時の祭祀の対象、八幡神の「御体」と等しい「長御験」として、再び三角池に求め出だされることになる。

その際には、薦枕にかかわる宗教者は田麻呂しかあらわれておらず、御体としての薦枕の祭祀は大神氏によってこそ担われる、という大神氏の祭祀職掌の神話となっている。

ただし、そこには大神氏の田麻呂という祭祀者が「難行苦行」という修行者の行ないを為すことで八幡神の言葉を得るという様相が認められた。それは、大神氏の祭祀者が、氏族の始祖である大神比義《ひぎ》へと接近していくという宗教者としての成長であり、祭祀者が修行者へと変貌する神話でもあった。

以上のような展開の中、田麻呂の記事に注釈する形で、神吽は御体の神学を構築している。ただし、本章に取り上げた「御体注釈記事」の前半では、八幡神が田麻呂に対して崇めるべきものとして示した薦枕は差し置かれ、「宗廟」がクローズアップされている。

これは、神吽による御体の拡大であり、読み替えであった。田麻呂の神話の段階では、御体とは八幡神の神体そのものであり、これと同等の祭祀対象は薦枕であって、「宗廟」は含まれていなかった。すなわち、「宗廟」を御体とすることは、八幡神の御体に関する神吽の創出としてある。

そして、「御体注釈記事」では、「本迹御体」として、本地と垂迹が御体と密接するものとしてあらわれる。この時、さらなる注釈の対象として、八幡神が「体」を「有」「空」「正道」とする神託が引かれている。その意味としては、八幡神の「体」は「有」についても「空」についても「正道」、すなわち正しい真理である、ということを示している。これについて、本章では「有空の論理」の展開として読み解いた。

ここから、「体」は御体、「有」は垂迹、「空」は本地に該当するものとして、本地幽玄の神学が展開される。注釈の中心になっているのは、八幡神の幽玄である本地としての神体と、示現である垂迹としての廟社である。神吽による御体の拡大、宗廟への読み替えは、「空」の「本地幽玄の神体」に対応する「有」の「垂迹示現の廟社」を導くものであり、この段階では、本地と垂迹の見えないものと見えるもの、という対応関係の構造が構築されている。

八幡神において、垂迹示現はあらゆる世界すべてにおける救済者としてあり、本地幽玄はその本体とされる。この「本地幽玄」、および連ねられた「真空冥寂」「虚空同体」は、まさに中世神学の世界を作る語彙であり、八幡神の神体が、人知の及ばない根源的な真理と一致することを示している。これは、中世における伊勢神道や叡山天台の言説、とくに『渓嵐拾葉集』と同期するものであった。

薦枕の御験から御体への成長、大神氏の祭祀者から修行者への成長、そうした神話の展開を経て、八幡神の本体としての御体は、不可知的・不可言語的なものを希求する神学において、世界の根源と同一のものとして明かし立てられたのである。

「本地幽玄」に代表される八幡神の御体に関する神話言説は、『託宣集』における神学理論の到達点である。本章では、最終的に八幡神の本地幽玄の神学をどのように位置づけるべきか、という問題に向かい、これを八幡信仰の歴史的展開と中世という時代における神学的動向という点において結論している。

しかし、前章に辿った薦枕の神話と本章に論じた御体の神学の間には、埋められなければならない欠落が残されている。その欠落とは、「御体注釈記事」の神学において薦枕が御体としてどのように位置づけられているのか、という問題である。

本章に取り上げた「御体注釈記事」の前半部分には、薦枕への言及はなかった。ゆえに、大神氏の祭祀の神話を引き受ける神吽にとって、薦枕がどのようなものとしてあるのか、言い換えれば、神吽が比義・諸男・田麻呂に続く大神氏の宗教者として、薦枕、および八幡神とどのように向き合っているのか、という課題を、本章では残すことになった。このことについては、「御体注釈記事」の後半部分に、本章の議論の展開として読み解くべき問題が示されている。次章では、まずは御体の神学における薦枕の位置づけを論じることになるだろう。

ただし、それは単なる薦枕の変貌を示すものではない。神吽を取り巻く当時の宇佐宮の歴史状況に根差した、祭祀の神話とそれを支える神学の発生、つまり『託宣集』の成り立つ宗教実践者神吽の現場へと深まり通じるものなのである。

さしあたって、次章に向け、本章に論じたことから繋ぎをつけておこう。「御体注釈記事」の文脈においては、御体と宗廟を重ね合わせることによって、本地幽玄の神学が構築される形となっていた。ゆえに、神吽による八幡神と御体の神学化の具体的様相を読み解くためには、この「宗廟」ということに意識を向ける必要がある。そして、宗廟とは「廟社」ともされていたように、宇佐宮の社殿を指す。この場合の社殿とは、礼拝の対象であると同時に、祭祀儀礼の行なわれる場でもある。そして、祭祀の場に顕現する宇佐宮に崇めるべき八幡神の御体とは、薦枕なのである。

すなわち、本章の議論を受けた時、『託宣集』の神吽における祭祀と神学の現場を見据えようとする次章においては、まずは薦枕と宗廟という二つの御体がいかなるものとしてあらわれるのか、ということが、その議論の入り口となる。それは、神吽にとっての中世、いわば宇佐宮の歴史の現在を問題とする、ということでもある。
本地幽玄の神学は、八幡神の神体本体をあらわすと同時に、具体的な礼拝祭祀の対象である御体への注釈としてあることから、祭祀の際の敬信の態度、宗教者の心の在り方の問題へと展開していく。

注

（1）『毛詩正義』には「清廟者、祭有清明之徳者之宮也、謂祭文王也。天徳清明、文王象焉、故祭之而歌此詩也。廟之言貌也。死者精神不可得而見、但以生時之居、立宮室象貌為之耳」とある。十三経注疏整理委員会『毛詩正義（十三経注疏）』（北京大学出版社、二〇〇〇年）を参照。
（2）『古文孝経』には「宗者尊也、廟者貌也、父母既没、宅兆其霊、於之祭礼謂之尊貌」とある。東洋文庫「岩崎文庫　善本　全文画像データベース」〈http://www.toyo-bunko.or.jp/〉を参照。
（3）歌論に関する「幽玄」について主な先行研究は以下の通り。岡崎義恵「有心と幽玄——歌論史の一考察——」（同『日本文芸学』岩波書店、一九三五年）、小西甚一「幽玄の原意義」（『国語と国文学』二二一九、一九四三年六月）、能勢朝次『幽玄論』（河出書房、一九四三年）、谷山茂『幽玄』〈谷山茂著作集〉一、角川書店、一九八二年）、梅野きみ子「「幽玄」の源流」（名古屋大学国語国文学会編『国語国文学論集』名古屋大学出版会、一九八四年）、久保田淳「幽玄とその周辺」（同『中世和歌史の研究』明治書院、一九九三年）、武田元治「「幽玄」の変遷」（『大妻国文』二五、一九九四年三月）、山本一「幽玄——和歌的なものの周縁——」（『日本文学』四三－七、一九九四年七月）等。
（4）「和歌所一品経」の引用は能勢朝次『幽玄論』（前注3参照）の記述によった。「和歌所一品経」は、つぶさには「和歌政所一品経供養表白」もしくは「和歌政所一品経」といい、前者の表題のものは『澄憲作文集』（大曾根章介

「翻刻『澄憲作文集』」、秋山虔編『中世文学の研究』東京大学出版会、一九七二年）、後者のものは『拾珠抄』（天台宗典刊行会『天台宗全書』二〇、第一書房、一九七四年）に収められている。ただし、「神道之幽玄」との語が見られるのは『拾珠抄』の方だけであり、『澄憲作文集』にはない。永万二年の年号も同様である。『幽玄論』には明記されていないが、能勢が参照したものはおそらく『拾珠抄』であろうと思われる。これらについて、『澄憲作文集』は澄憲の編著であろうかとも推測されているが（多賀宗隼「「澄憲作文集」について」『日本歴史』一四九、一九六〇年一一月）、『拾珠抄』は延宝二年（一六七四）に実俊が蒐集書写したものとされており（天台宗典刊行会『「天台宗全書」全二十五巻　解説』第一書房、一九七四年）、「和歌政所一品経（供養表白）」が澄憲の作であるか、また当時において「神道之幽玄」という文言が用られたかどうかについては問題がある。

（5）『古事談』の引用は能勢朝次『幽玄論』（前注4参照）によったが、川端善明、荒木浩校注『古事談　続古事談』〈新日本古典文学大系〉岩波書店、二〇〇五年）も参照した。

（6）『古今和歌集』の参照は〈新日本古典文学大系〉（岩波書店）による。

（7）源頼信は安和元年（九六八）に生まれ、永承三年（一〇四八）に没したとされる人物で、河内源氏の祖とされている。また鶴岡八幡宮に発展する鎌倉由比郷の八幡宮や壺井八幡宮を創建した源頼義の父、石清水八幡宮で元服したことから八幡太郎と称した源義家の祖父である。このような頼信晩年に作られた「源頼信告文」は、源氏と八幡信仰を考える上でも重要であるといえる。本論の主題から外れるため詳しくは触れないが、「源頼信告文」の記述について、源経基の出自をめぐり、いわゆる清和源氏は陽成源氏ではないかという議論がある。この問題については、赤坂恒明「世ノ所謂清和源氏ハ陽成源氏ニ非サル考――源朝臣経基の出自をめぐって――」（『聖学院大学総合研究所紀要』二五、二〇〇三年一月）が先行研究等をよくまとめて論じている。また同様に、源頼信の八幡信仰について近年の論考としては、義江彰夫「源氏の東国支配と八幡・天神信仰」（『日本史研究』三九四、一九九五年六月）、田中文英「河内源氏と八幡信仰――源頼信告文の歴史的背景をめぐって――」（『女子大文学（国文篇）』四七、一九九六年三月）等がある。

（8）吉田一彦「日本における神仏習合思想の受容と展開――神仏習合外来説（序説）――」（『仏教史学研究』四七－二、二〇〇五年一月）。

(9)「本覚幽玄」という用語と観念が受け継がれていたことを示すものとして『宮寺縁事抄』第一本に載る「大菩薩顕現始称誉田天皇給事」（村田正志校注『神道大系　神社編七　石清水』〈神道大系編纂会、一九八八年〉）がある。『宮寺縁事抄』は建保二年（一二一四）頃から嘉禎三年（一二三七）までの間に成立したと考えられており、本テキストはこれ以前に成立していたことになる。その前半部は「源頼信告文」冒頭とほぼ同様であるが、参考のため該当部分を載せておく。

大菩薩顕現始称誉田天皇給事

大菩薩者本朝大日本国人帝第十六代之武皇矣、本覚幽玄匪計、尊位若三覚如来歟、亦十地薩埵歟、利生之道、垂跡慈悲之門、現身彼釈尊応化歟、是観音分身歟、……

(10)『天台法華宗牛頭法門要纂』の参照は多田厚隆、大久保良順、田村芳朗、浅井円道校注『天台本覚論』（〈日本思想大系〉岩波書店、一九七三年）による。

(11)『修禅寺決』の参照は前掲書（前注10参照）による。

(12)『雑談集』の参照は山田昭全、三木紀人編校『雑談集』（〈中世の文学〉三弥井書店、一九七三年）による。

(13)『渓嵐拾葉集』の参照は『大正新脩大蔵経』（第七六巻、大正新脩大蔵経刊行会）による。

(14)田村芳朗「天台本覚思想概説」（前掲書、前注10参照）、浅井円道「本理大綱集・牛頭法門要纂・修禅寺決」（同前）。

(15)浅井円道「本理大綱集・牛頭法門要纂・修禅寺決」（前注10参照）。

(16)『伊勢二所皇太神御鎮座伝記』の引用は田中卓・伴五十嗣郎・藤田英孝・平泉隆房校注『神道大系　論説編五　伊勢神道上』（神道大系編纂会、一九九三年）。

(17)山本ひろ子『中世神話』（〈岩波新書〉岩波書店、一九九八年）。

(18)『神道簡要』の参照は阿部泰郎・山崎誠編『真福寺善本叢刊』八（臨川書店、二〇〇五年）。

(19)『類聚神祇本源』の参照は前掲書（前注16参照）による。

(20)山本ひろ子「神道五部書の世界」（斎藤英喜編『日本神話　その構造と生成』有精堂、一九九五年。初出は『国文学　解釈と鑑賞』一九八七年九月）。

(21)　『渓嵐拾葉集』の引用は前掲書（前注13参照）による。

(22)　薗田香融「託宣集の成立――思想史的試論――」（『平安仏教の研究』法藏館、一九八一年。初出は『仏教史学』一一－三・四合刊号、一九六四年八月）。

(23)　小川豊生「日本中世神学の誕生――『天地霊覚秘書』を読む――」（『中世日本の神話・文字・神体』森話社、二〇一四年）。

第九章　『託宣集』の神吽
――宗教実践者の複合的位相――

はじめに

第二部の最終章となる本章では、『託宣集』を神話言説として読み解く締め括りとして、宗教実践者としての神《じん》吽《うん》を論じる。

ここにいう宗教実践とは、薦枕《こもまくら》の中世神話や本地幽玄の中世神学などの神話言説として、新たな宇佐八幡信仰を作り出していく営為そのものを指している。つまり、本章に問われるのは、『託宣集』というテキストを作り成す宗教実践においてあらわれる神吽である。

まずは本章の構成を述べておこう。

本章では、とくに本地幽玄の神学が発生する様相と状況を問うために、また前章からの展開として、第一節において新たな視点を導入する。これは、前章に述べた分析の質的な転換を示すものでもある。

第二節では、前章の議論を引き継ぎ、巻六「御体《ぎょたい》注釈記事」の分析を行なう。そこでは、祭祀対象の薦枕が、八幡神の本地幽玄の神体が祭祀の場へと顕現する、というその在り方によって、祭祀者の敬信の態度を規定していることを論じる。また、八幡神祭祀の枢要が宇佐宮社殿という宗廟へと振り向けられ、しかも宗廟の意味を更新する様相が認められる。それは、『託宣集』の神吽における歴史意識のあらわれでもある。

第三節では、神吽が八幡神の姿を見たという巻十二の文永十一年と建治二年の記事を取り上げ、これを本地幽玄の神学を導く神秘体験として位置づけ論じる。この二つの記事における神吽の認識は、『託宣集』全体の論理に通じるものであり、かつ、より具体的には八幡神の神学化へと直通するものである。本章における最大の論点は、神秘体験から無相の形象と論理の神学が立ち上がるその様相ということになる。

そして、第二部および本論全体の結論として、第四節では、巻三に載せられる『託宣集』の序文を取り上げる。『託宣集』全体を俯瞰し、その初発の動機や起源、さらには神学的到達点である八幡神の本地幽玄説を語る序文が、八幡神、神吽、そして『託宣集』をどのようなものとしてあらわしているのかを確認し、宇佐八幡神話言説の中世の到達点をそこに見る。

本章の議論の展開の道筋は、本地幽玄の神学から薦枕と宗廟の祭祀へ、祭祀から神吽の個人的な神秘体験とその歴史的状況へ、そして神吽による『託宣集』の編述へ、という形になる。これによって、『託宣集』の中世を論じる本論を終えることになる。

第一節　神学の発生する場所へ——視座の拡大——

本章の議論の中心は、『託宣集』における御体の神学が、単なる机上の論理ではなく、祭祀や修行の現場と交差する様相を捉えることにある。そのためには、普遍性を希求し達成する神学が結果として作り示される、その基盤であり根拠である認識の発生をどのように捉え得るのか、ということが考えられなければならない。

このような議論を展開するため、本節では前章の議論の展開を受けつつ、視点の転換、方法論の拡大を試みる。

本章では、第二節に巻六「御体注釈記事」を取り上げ、祭祀における御体としての薦枕と宗廟の問題を論じ、続く第三節では、巻十二の文永十一年と建治二年の神吽《じんうん》の神秘体験の記事を取り上げるが、ここに、視点の転換が要請される。

その転換とは、『託宣集』の記述において作られる八幡信仰というだけではなく、その記述を通すことで見える、八幡神と神吽が交差する歴史的な意味を持つ現場へと焦点を振り向ける、ということである。注意したいのは、それが単なる歴史的事実を明らかにするものではなく、『託宣集』における祭祀・修行・御体の神話と神学を通してしか見ることのできない、『託宣集』の神話言説が作り出す歴史だということである。

（一）「御体注釈記事」の展開

神吽は、様々の神話群を収集して『託宣集』へと構築した。また言語の技術を駆使し、託宣や注釈という形式において新たな神話や神学を作り出した。その内実は、第二部に明らかにしてきた通りであり、必要に応じて本章でも取り上げるが、さしあたり直交する問題として、前章に論じたことを確認しておきたい。

前章では、本地幽玄の神学を極点に置き、御験《みしるし》から御体へ、という薦枕の成長や、宇佐宮大神《おおが》氏の祭祀と修行の中世神話の展開、また「本地幽玄」の語彙の広がり、「真空冥寂《みょうじゃく》」や「虚空同体」の中世神学としての性質や同期性について論じた。それらは、八幡神の神威を象徴する薦枕や宗廟という祭祀礼拝の対象をめぐってあらわれるものであった。また同時に、本地幽玄の神学に関する言説の構築の追跡の中で、叡山天台や伊勢神道と直接・間接に接続するものであったことがわかった。

こうした分析から、『託宣集』において神吽が見出し作り出した八幡神の御体とは、御験でもあった薦枕であり、宗廟としての宇佐宮社殿であり、八幡神の本体実体であることが理解できる。これらのうち、宗廟である宇佐宮の社殿は目に見える形あるもの、八幡神の本体である神体は目に見えない形なきもの、ということはすでに確認した。そして、前章の最終的な論点は、八幡神の幽玄なる形象なき本体、という言説がどのように位置づけられるのか、という問題に向けたものであり、これを中世の神仏信仰、中世神道においてあらわれる中世神学としてあったことを結論としている。

以上の議論は、テキストの記述がどのように作り成されているのか、という視点から導かれたものである。そこで残された問題は、「御体注釈記事」の展開上、まだ触れられておらず、垂迹の側にも本地の側にも積極的には位置づけられていない御体としての薦枕の分析である。

本章第二節に論じるように、「御体注釈記事」を順当に読み進めた時、かつて隼人征討の御験であり恒常的祭祀の対象となった薦枕は、本地と垂迹、目に見えない幽玄と目に見える示現の中間項としてあらわれる。それは、八幡神と衆生の間に立つ宗教者の位置にも該当し、二項の対応関係を媒介するものである。このことは、薦枕とこれを奉じる宗教者の神話的な意義づけを示している。

ただし、薦枕について、そのように構造的配置を明らかにした上で問われるべきなのは、本地幽玄の神学が八幡神の存在態をあらわしていたこととパラレルに、宗教者のあるべき存在態、祭祀の現場の敬信の態度へとその言説が繋がっていることである。これは、薦枕について、構造的把握によって中間項的な性質を指摘するのみでは零れ落ちる問題である。

八幡神が鎮護国家と衆生救済を媒介する殺生罪業によって、修行の神へと二項対応から逸脱していたように、本地と垂迹の中間項である薦枕、および八幡神と衆生の仲立ちとなる宗教者は、そうした二項対応から逸脱する相を見せる。

『託宣集』の全体構造を考えた時、八幡神の権能は鎮護国家と衆生救済に集約され、またその中間項としては罪業消除という要素があらわれている。ただし、殺生罪業は八幡神の修行へと展開し、それは薦枕の神話をめぐってあらわれる修行者たちに結びつく。そして、八幡神の御体である薦枕は祭祀の場に顕現し、これに奉仕する宗教者は、自らも修行者となることで、修行の神となった八幡神と一体化していく。ここにおいて、八幡神は国家や衆生の守護者であり救済者である相から離れ、宗教者の神、修行者の神となるのであり、祭祀から修行へと展開する宗教者の成長は、こうした八幡神の出現と不可分の相即するものとしてある。

『託宣集』において中世神話の論が辿りつくのは、こうした二項対応の限界を超えた逸脱であり、あらためていえば、その逸脱の具体的様相こそが、中世神学として読み解かれなければならない。神学とは神の単なる論理的な解を示すものではなく、神との合一という神秘の言語化を志向するものなのである。

こうして、分析の対象に浮上してくるのが、文永十一年と建治二年、八幡神の姿を見て声を聞いたという神吽の二度の神秘体験である。すでに述べているように、御体の神学における分析の質的な転換、前章から本章への展開は、この論点へと向かうものである。

（二）　神秘体験と儀礼的思考、山本ひろ子「霊的曼荼羅の現象学」から

i　中世神話・中世神学の発生へ

八幡神の姿と声を見聞した神吽の体験は、先行研究でも取り上げられてきた(1)。それらの議論では、おおむね、八幡神を見たという神秘の体験が、神吽の信仰上の契機であるとともに『託宣集』編述の契機であると位置づけられ

てきた。それはそれで間違いのない事実であろう。宇佐八幡信仰の中世における集大成、『託宣集』の編述という大きな仕事を神吽が成し得たのは、託宣などの記録からだけに留まらず、自身の体験として直接に八幡神の示現や意思を受け取る能力が備わっていたからである。

しかし、前章に論じたように、『託宣集』における八幡神の核心は本地幽玄の神学にある。先行研究ではこの点にまったく触れられておらず、八幡神を見た神吽の二度の体験は、すぐさま『託宣集』全体へと関係づけられ、あるいは「託宣の復興」という問題に回収されてきた(2)。はたしてそれでよいのだろうか。本論のこれまでの議論を踏まえれば、否である。

『託宣集』において神吽は、薦枕という神秘の器物をめぐって、八幡神と宗教者の修行の問題を掲げていたのであり、そこでは八幡神と宗教者が修行という営為において重なるものとして描かれていた。とくに、薦枕を見出す際に八幡神の声を聞いた大神氏の二人の宗教者、諸男《もろお》から田麻呂《たまろ》への展開において修行の重要性は高まっており、これに続く神吽は宇佐宮神宮寺である弥勒寺の僧として、まさに仏道の修行者であった。

となれば、何よりも問われなければならないのは、神吽が八幡神と合一する神秘体験が、八幡神の御体となる薦枕へとどのように繋がるのか、ということであり、御体の神学、八幡神の本地幽玄の神体へと論理が覚醒するその様相である。それはまた、『託宣集』における薦枕や修行者の中世神話と中世神学の発生を考える、ということでもある。

こうした問題意識に分析の方向性を与えてくれるのが、山本ひろ子の「霊的曼荼羅の現象学――中世神道の「発生」をめぐって(3)――」である。

ii　「霊的曼荼羅の現象学」

すでに第一章において、山本の議論を参照し、(4)中世神話と中世神学が『託宣集』の読解のための視座を提供してくれるものであることは述べた。また、前章末尾では、『託宣集』の本地幽玄の神学をめぐる分析の結論を得るために、小川豊生《とよお》の議論を参照している。(5)

山本の中世神話と中世神学の議論の参照によって、本論は八幡神と宗教者の神話を読み解き、本地幽玄の論理を神学として位置づける視座を得ている。そして、小川の中世神学に関する「中世の言語そのもの」の側から考えるという観点は、中世神学の論理的な性質、抽象性と普遍性を志向するその論理を、具体的な中世における言説空間の中に置き直すべきことを提示していた。

以上のような先行研究によって、本論は薦枕と本地幽玄の神学を論じてきたが、ここでさらに山本の議論を参照し、視界の拡張を試みよう。

山本の「霊的曼荼羅の現象学」は、分析対象である中世神道のテキストの複雑さもあって難解な議論となっているが、本論の立場からこれをまとめつつ、参考となる点を抽出したい。

山本は、まず中世神道における霊夢や霊示という神との交感の回路の力を確認し、そこにあらわれる形象、「ヴィジュアルな対象」を曼荼羅に通じるものとして分析を展開する。その際、「空中に示現した曼荼羅、すなわち霊的なヴィジョンこそが曼荼羅の真実相だったのだ」として「曼荼羅の本質」を掲げ、曼荼羅は、その霊的な形象を「感得する者なくしては発現しえない、潜在体」と位置づけられる。そして、「空中に描かれた現図曼荼羅と、それを感受した霊覚者」という構図が「中世神道の発生を考える上で、有効な視座となるにちがいない」と論の方向性を定め、中世神道の「発生の「場所」」へ切り込んでいく。

その議論は、伊勢内外両宮やとくに天照大神に関わる『宝志和尚口伝《ほうしおしょうくでん》』『麗気記《れいきき》』『天照大神御託宣記《てんしょうだいじんごたくせんき》』という三つのテキストにおいて顕現する曼荼羅を取り上げげつつ進行する。

iii　『宝志和尚口伝』

『宝志和尚口伝』からは、伊勢の内宮・外宮・二所別宮をそれぞれ胎蔵界五百余尊・金剛界七百余尊・七十二星とする曼荼羅が見出される。この確認の上で、広く知られる伊勢内宮外宮の金胎両部曼荼羅観は「おどろくほど多彩な中世の神宮観のひとつに過ぎなかった」とし、「『宝志和尚口伝』は、両部曼荼羅観が一般的になる以前の、神宮の「御体」を、「私」の神秘体験による霊示として記したものではなかろうか」と読み解く。

こうした『宝志和尚口伝』について「宝志和尚はすでに伝説化された存在で聖者であり、その宝志和尚に仮託して、霊示の書を書き留めた人物（たち）が存在したという事実」を、「仮託された書」の可能性において位置づける。そうした仮託は「権威付けや喧伝のためだけだったのかどうか」という疑問を掲げ、「これらの仮託書を偽書として一蹴してしまったら、宗教思想史の領野はきわめて貧しいものになってしまう。そればかりではない。このような霊示の書の否定は、宗教思想史から霊性の問題を排除することに等しい」とし、「教理史的なアプローチ」だけでは捉えられない宗教的事象の分析における「霊性」、神秘体験へのまなざしの重要性を述べている。

そして、ここから「中世神道、中世における新しい神祇信仰の出発は、こうした私的な神秘体験、霊的曼荼羅の発現にあったのではなかろうか」という分析の方向性の集中化がなされる。

また、『宝志和尚口伝』が「「神祇灌頂」秘決の書とみなされていた」こと、また「別名『天照大神儀軌』、すなわち「天照大神を本尊とする灌頂のための規則書」とも呼ばれていた」ことから、「理念の体系として神道論が独立に成立したのではなく、神道書は儀軌思想として自己を発展、成熟させていった。神道書は、神祇灌頂という宗教実践のためのテクストという性格を濃厚に帯びていたことになる」と述べ、中世の神道書の性質の核心部分を儀礼的思考に見る視点を導いている。

ⅳ　『麗気記』

次に、『麗気記』については、その十四巻中の「神形注《しんぎょうちゅう》麗気記」「三界表《さんがいひょう》麗気記」「現図《げんず》麗気記」の三巻を、円輪などの図像が主で言説が従となるという、他の巻とは異なる特徴を持つものとして取り上げている。そうした内容と、「神形を注す」「三界を表す」「現に図す」という表題から、「この三巻は、すべてが「現図」の「麗気記」なのだ」と位置づけ、あらわされた図へと注意を向けつつ分析に入っていく。

「神形注麗気記」は、二種の円輪の図を載せており、それらが胎蔵界と金剛界を象徴する形であり、かつそれぞれ伊勢の内宮と外宮をあらわすものであることを確認し、「「神形注麗気記」は、流布していた両宮＝両部曼荼羅観の上に、両宮の「神の形」を円輪中に「注した」もの」だとする。

「三界表麗気記」は、「天札の巻」とも呼ばれ、すなわち「天より雨降る文」であり、「天上の神がもたらした霊託の書」、「灌頂の聖典」として特別視されたとし、そこに載せる三つの円輪が「金剛界の外宮の座」「胎蔵界の内宮の座」「師資和合したる時の不二・重の座」であることを確認する。

そして「灌頂の極意というべき「天札」（『宝志和尚口伝』の場合は曼荼羅）とは、神秘体験の物証であり、また記録にほかならない。灌頂の秘儀を、直接に天照大神から与えられていること、これが決定的に重要である」とする。

「現図麗気記」で着目しているのは、示された「「三種の神器」の奥義」である。古代の神話の鏡・剣・玉に対し、

「現図麗気記」で示されるのは玉・剣・矛であり、それは仏教世界と結びつく形で構想された中世神話の言説として位置づけられる。これらのうち、山本がとくに注目するのが「第六天の魔王が受持する「三戟の利剣」」であった剣で、『麗気記』のうちの「仏法神道麗気記」に見える魔王から譲られた「神璽」の問題と合わせ、「神宝は魔王に帰属しており、神へと譲渡されている点が見逃せない。とすればこの場合、神が欲したのは日本国ではなく、神宝に孕まれた呪能、すなわち「外道」「魔」であるがゆえの威力ではなかったか。神宝をなかだちに、神は、已れのパワーアップを目論んだのだと。呪能の継受、もしくは収奪が、記文の裏に隠されたモチーフにちがいない」とする。

そして、中世神道―『麗気記』における「呪物とその神話作用への執拗なまでの関心と想像力は、呪宝を象徴的に図絵した曼荼羅を発生させ、また神の形像をあしらった円輪中にもその姿を刻印せしめた」とし、この「『〈現図〉麗気記』の成立は、中世神道にとって特筆すべき〝事件〟のようにも思われる」と述べる。

その意味は、「円輪中に幾何学的に配された、梵字・羯磨・金剛杵・月輪。その統合は、デザインされた神霊・呪物にほかならない。かかる曼荼羅的形象は、古代的な神〈観念〉からの決定的な離陸を告げてはいないか。神々の非・人格的像容、本来みえないものにヴィジュアルな形と秩序を与えたこれらの「現図」は、これまたひとつの霊的曼荼羅といってよいかもしれない」とまとめられる。

さらに、それらが「麗気灌頂で相伝された」ことを踏まえ、「『麗気記』の伝本に様々な形態がある」ことの意味を「「天札の巻」や「現図」の相伝という灌頂のそれぞれの場において、所与の聖典『麗気記』が再びテクスト化される。その意味で『麗気記』〈のような儀軌的書物〉は、儀礼的思考の所産、一個の運動体であり、不断に改訂されていく未完の書物なのである」と位置づけている。

v 『天照大神御託宣記』

最後に『天照大神御託宣記』が、「ところで先にみたように、「曼荼羅」の真実相は、「現図」曼荼羅として神が顕現させたものであった。とすれば神祇灌頂も、師資相承ではなく、神から与えられたという形が本来的であったのではないか」という観点から取り上げられている。この『天照大神御託宣記』は、「神が授けた「灌頂の印明」と「法文」を記すもので、浄尊という僧侶が自己の神秘体験を記述したという体裁になっている」という。『天照大神御託宣記』の「法文」の内容は「この種のテキストにありがちの難解さと錯綜ぶりで、統一的な理解は不可能に近い」とされ、「いくつかのポイントに絞りその内実に迫」る試みがなされる。その帰結点は、「曼荼羅とは、一切衆生の色身実相の羯磨《かつま》曼荼羅である」というフレーズへの着目によって導かれる。山本は、この「曼荼羅」とは「羯磨曼荼羅」であるという言明を受け、羯磨曼荼羅から羯磨杵《しょ》へ、さらにその形状から人形杵へ、という連想を立てる。そして、人形杵が男女の交会をあらわすことから、『天照大神御託宣記』の曼荼羅―羯磨曼荼羅説が、衆生のあるがままの振舞を指すものだ、ということにおいて、男女和合の形そのものを指すセクシャルな秘説が封入されたものではないか、と推測している。

そうした議論の取りまとめとして、『天照大神御託宣記』は「天照大神が託宣を通じて、性的和合を眼目とする灌頂の秘印明を宗教者（浄尊）に与えたと綴」り、「付随していた法文は、衆生の振舞、あるがままの姿こそ曼荼羅的真理の具象とし、独特の文言を連ねて本覚思想を開陳していた」と述べられている。

そして「中世の神道界における天照大神の変貌ぶり」に着目し、「皇祖神としての神格は表層にすぎず、霊的な多様体と呼べるほどの展開を遂げていく」ものであり、『天照大神御託宣記』では、「霊託の主体であり、灌頂の授与者として定立されている」とする。このことは、「中世における儀礼的思考の生起と、そこからの要請なくしては誕生しうるはずもなかった、新しい神のダイナミックな様態ということができよう」と位置づけられている。

vi　霊覚から儀礼的思考へ

山本は、以上のように、神の霊示によってあらわされた曼荼羅の意義を論じたが、それらの具体相から導かれる結論は、「エピローグ」として次のように述べられている。

『宝志和尚口伝』と『〔現図〕麗気記』、そして『天照大神御託宣記』という三つのテクストは、わたしたちに、趣を異にする三つの異風な曼荼羅を示した。

第一は宝志和尚に現前した天象、星ぼしの曼荼羅であり、第二は、円輪中に表象された神々の現図曼荼羅であり、第三は、一切衆生の心身の羯磨曼荼羅であった。第一の霊覚者は、禅定・瞑想によって霊示を受け、星ぼしの座とそのエネルギーの秘密を曼荼羅として感受した。第二の霊覚者は、円輪に神々を尊像としてとりこみ、儀礼の舞台に神との合一を図った。第三の霊覚者は、神より灌頂を受け、一切衆生のあるがままの実存、ふるまいの姿に本覚の理を覚知した。

『宝志和尚口伝』と『天照大神御託宣記』では、天空のヴィジョンと託宣という形式の違いはあれ、ともに真実相は、「私」の霊的な体験という形においてもたらされている。おそらくは一回的にしか与えられない霊示として。ここに神秘の現象学が幕を開ける。中世神道という新しい学知と宗教実践の運動は、神の顕現をまのあたりにした、このような降霊の体験に始まったにちがいない。

しかしいかに鮮烈な啓示を受けたとしても、聖なる像は溶暗し、心象のキャンバスから消えていく。示現のありようを「かたち」にしえなくては、祈禱の対象としてはもちろん、神の本体をイニシエーションにおいて「相伝」するという作法は成り立つべくもない。

おそらくここに、神々を形象化した現図曼荼羅の発生する土壌があった。『麗気記』にちりばめられた、いくつもの円輪（現図曼荼羅）。それは、狡知と敬虔を擦りあわせながら、みえざる神をひとつの宗教表象として結実させようとした芸術的な営みにも思われる。わたしたちは、梵字・法具などの既知の図形を組み合わせた平面的な曼荼羅に、霊的な体験の「奥行き」を幻視する必要があろう。

霊覚から儀礼的思考へ――。そこには、霊示や神託が、儀軌思想をなかだちに、灌頂－イニシエーションへと昇華・成熟を遂げていく、中世神道の運動史が脈搏っている。

「エピローグ」では、『宝志和尚口伝』『〔現図〕麗気記』『天照大神御託宣記』から三様の曼荼羅を取り出し、それらの様相を綴り合わせ、曼荼羅が成り立つ霊的な体験の場所を捉えるべきであることが、あらためて述べられている。

「「私」の霊的な体験」であり「おそらく一回的にしか与えられない霊示」によってもたらされる曼荼羅という真実相。それが「神秘の現象学」として目指される中世神道の「発生の「場所」」である。

それはまた、霊覚として知覚された神の本体の「示現のありよう」を形象化し、祈禱や相伝が為され得る宗教表象として立ち上げる「場所」でもある。

儀礼的思考に要請され喚起されることで、神秘の発現体ははじめて形を取り、祈禱祭祀や相伝授受の対象となる。

これには、二つの相即する側面が認められるだろう。曼荼羅的真実相―神秘の示現は、それを感得する者無くしてはあり得ない。しかし同時に、その神秘の真実相を形とし証明することなくして、感得者は感得者たり得ない。証明される形象は様々に相違するが、この二面の性質は、他者に示すことのできる形を持つことによって、宗教的な強度と関係性を獲得する。それが、「霊覚から儀礼的思考へ」の展開を想定する「神秘の現象学」ということの意味であろう。

そして、中世の神道書の筆記自体が、宗教的な霊性の証明のための儀礼的思考の結実なのである。

（三）　儀礼的思考における『託宣集』

i　多様性の発現

さて、こうした山本の議論から、どういった観点を受け取るべきだろうか。

まずは『宝志和尚口伝』の分析による、伊勢内外両宮が金胎両部曼荼羅であるとする観念が、中世の多彩な神宮観の一つに過ぎない、ということ。また、『天照大神御託宣記』の分析で、「皇祖神としての神格は表層にすぎず、霊的な多様体と呼べるほどの展開を遂げていく」と指摘される天照大神の変貌の問題について。そして、それら神宮観や天照大神の変貌の始発が個人の神秘体験から導き出されている、ということについても合わせて取り上げてみよう。

これは、ほぼそのまま『託宣集』の八幡神に当てはまる。

中世における八幡神は、国家第二の宗廟とされ、鎮護国家と衆生救済がその権能の代表であり、あるいは本地垂迹として阿弥陀や釈迦と関係することが広く知られている。しかし、こうした一般的理解は、『託宣集』という形に集約された八幡神の中世神話を見ただけでも、ほとんど表層に過ぎないことがわかる。『託宣集』には、鎮護国家と衆生救済の間にある殺生罪業と罪業や煩悩の消除や、釈迦を超えていく八幡神が描かれているのである。

しかも、そうした様々な八幡神の在り方は、祭祀者や修行者たちの個人的な体験の記録を編成したものとして成り立っている。それらにおいては、『託宣集』の論理としての繋がりは認められるにしても、一言では到底いいあらわすことのできない多彩な、あるいは重層する八幡神の変貌する姿があらわれている。中世神道の一隅として『託宣集』の中世を論じる本論は、安易な統合的理解を許さない様々な八幡神の姿を明らかにすることが、一つの目的である。そうしたことが、ここでより明確に示し得るだろう。

次に、『宝志和尚口伝』は「仮託」の書であるが、これを「偽書」として片づけるのではなく、その「仮託」が、「霊示」を記した書であることを示している、ということについて考えたい。

『託宣集』は神吽が編述したものであり、これに関しては「仮託」ではない。あるいは、神吽は記事引用の際、基本的にそのことを明示しており、「仮託」の霊性的性質とは一見離れているように見える。

しかし、神吽は、前章第三節に論じたように、かつて歴史的に示された託宣を、引用に際して書き換えている。ここに、山本の議論が提出する「仮託」の問題が繋がっている。

この託宣の書き換えは、誤りでもなければ偽りでもない、神吽における八幡神の神意の感得そのものといえるのであって、そのように捉えるのでなければ、神吽はただ自身の都合によって、後から「偽託」を為したというだけの評価になってしまうだろう。そうした「偽託」という捉え方が、『託宣集』全体の論理に適合しないことは、本論でこれまでに確認してきた通りである。そこでは、神吽は、記録には直接にあらわれてはいないものの神との一体化を果たした、無数無名の神託者と同じ位相に立ち、さらに彼らを超えていくことにおいて、宗教実践者となっているのである。

託宣の書き換えを否定的・消極的な「偽託」ではなく、肯定的・積極的な神意の感得と創造として読み解くべきことを、山本の「仮託」に対する「霊示の書」という評価は照らし出している。

また、山本は、『宝志和尚口伝』などの神道書の儀軌的性質から、「理念の体系として神道論が独立に成立したのではなく、神道書は儀軌思想として自己を発展、成熟させていった」としている。これはさらに、『麗気記』に関して述べられている、「儀軌的書物」は「儀礼的思考の所産」であり「不断に改訂されていく未完の書物」であるという見解と通じている。

儀礼的思考に要請されることによって、変化し続ける儀軌的書物。こうした見方は、中世の神道書に認められた「仮託」における偽書的な価値づけを覆す「霊示」の書という見方と響き合うものである。

ただし、儀礼的思考の要請による変化、ということについては、何も「儀軌的書物」に限定される問題ではない。この問題は、本論がそもそも立脚する神話言説という方法の根本にかかわっている。

神話的テキスト、つまり神話的思考のもっとも顕著なあらわれであるテキストが、そのテキストを必要とし作り出した人々の要請によって、彼らの職能を保証するべく新たな神話を作り出していく。そうした様相を捉えるのが神話言説という見方の本義である。それは、神に仕える人々にとっての祭祀職能の起源神話という形で示される。その時、神話言説は、祭祀という儀礼の一つの様態、すなわち儀礼的思考の要請によって、様々な異体をあらわし出していくのである。

それは、山本が指摘するように、「儀軌思想」においてもっとも多彩な変異体を生み出すものといえるが、『託宣集』を中心に宇佐八幡神話言説を見た場合、一つの託宣に複数の異伝があり、それらが同時並行する様相が確認されるのであり、また、すでに述べたように、神吽自身が託宣を作り変えた事例まで指摘できる。それらは、八幡神と宗教者の祭祀と修行の問題をめぐってあらわれる神話の変異体として見なければならない。

さらに、ことは託宣を代表として限るものではなく、神話言説は、儀軌的であるか否かにかかわらず、儀礼的思考が導き出す運動体という性質を持っている。山本は中世神道の分析として、儀礼的思考によるテキストの「不断の改訂」を論じたが、その集中的な出現は、中世という時代の宗教的言説の特質ともいえるだろう。そして、『託宣集』がこうした神話創造の構造を共有していることは、儀礼的思考においてもまた、『託宣集』の神吽が、中世という時代、あるいは中世神道の中に位置づけられるべきことを示しているのである。

また、この問題は、『託宣集』というテキストそのものについても同様にいうことができる。『託宣集』は記述内容から「儀軌的書物」といえるわけではないが、本章第四節に見るように、神吽は、『託宣集』が後世における改訂を受け入れるべきものとしてあることを序文に述べており、実際、当初十四巻だった『託宣集』は、後に巻一と巻二が追補され十六巻となっている。この事実は、「不断の改訂」と呼べるほどの頻度を示すわけではないが、注目されるのは、神吽が『託宣集』をそうした改訂を受け入れるべきものとして記述していることである。詳しくは本章第四節に論じるが、そこには『託宣集』の神吽が、『託宣集』というテキストを他者に対してどのようなものとして提示しようとしていたのか、という論点が考えられる。

この神吽の言葉は、額面通りに受け取ることはできないが、少なくとも、『託宣集』の記述が他者からの接続を受ける可能性を開いている。そこに書き換えの蓋然性があるかどうか、ということとは別に、論理の記述としては、その可能性は否定されず、むしろ奨励されている。そうした意味でなら、神吽の『託宣集』は、いわば儀礼的思考の潜在的な可能態として他者に開かれているのだと読み得るのである。

ii　御体の形象

次に、『麗気記』を分析する中で述べられた「中世神道にとって特筆すべき〝事件〟」だとされる円輪図に関する問題を考えてみたい。

これは、「円輪中に幾何学的に配された、梵字・羯磨・金剛杵・月輪」について、「デザインされた神霊・呪物」と捉え、その「曼荼羅的形象は、古代的な神（観念）からの決定的な離陸を告げてはいないか」として、古代とは異なる中世的な神観念の展開を見るものである。その中世的特質は、曼荼羅が「神々の非・人格的像容」として、「本来みえないものにヴィジュアルな形と秩序を与えた」点にある、ということになる。

『託宣集』には、八幡神の形象としての曼荼羅や円輪図は描かれてはいない。しかし、「非・人格的像容」として「本来みえないもの」に形を与えることに、中世における神観念の特質を見るという視点は共有できる。ポイントは「非・人格的像容」にある。この変化は『託宣集』の薦枕の変貌という、前章の論点の中心であり本章に引き継いだ課題においてあらわれている。

薦枕は、第七章に確認したように、八幡神が、かつてこの薦を枕として百王守護の誓願を立てたことによって、その霊威の象徴となったものであった。すなわち、八幡神は薦を枕とした、薦を枕として用いた、ということである。薦枕が枕であるということは、八幡神が枕を用いる人格的存在であることを示している。薦枕について、山本の円輪図に対する「非・人格的像容」という言い方に倣えば、それは「属・人格的器物」となるだろうか。

薦枕は、八幡神の身体に触れるものであったがゆえに、その霊威を象徴するものとなった。大神諸男が隼人征討の御験を求めた際には、この点から、薦枕があらわされたのである。ところが、大神田麻呂の場合には、八幡神の御体―神体に代わる同等のものとして、薦枕はあらわされる。薦枕はあくまで枕ではあったが、八幡神の神体―身体そのものに限りなく近いものとして変貌したのである。薦枕を神体―身体に準ずる御体とすることは、薦枕が持つ「属・人格的」性質を薄れさせ、同時に八幡神を「非・人格的」性質を持つものへと変成させる。なぜなら、枕が神体である、というのは神であるから認められるのであって、人としてはあり得ないからである。

こうして、薦枕は、「人格」の範疇には収められないものとなった。薦枕における諸男と田麻呂の二つの神話は、第七章に論じたように、八幡神をめぐってあらわれる宗教者たちの神話であり、大神氏の宗教者としての成長を描くものであった。しかし、それだけではなく、薦枕が「属・人格的」御験から、「非・人格的」御体へと、つまり八幡神の神体そのものを示すべく成長していく段階を示すものでもあったのである。

その薦枕の成長の最終段階が、「御体注釈記事」において御体の神学としてあらわされることになる。具体的には本章第二節に論じるが、諸男から田麻呂へと「非・人格的」性質を強めた薦枕は、ついに「属・人格的」性質を示す器物としての形象を拒否するものとなる。

「御体注釈記事」における薦枕は、設営されることが禁じられ、その場には無いにもかかわらず、不在において在るかのように祭祀が行なわれるべきものとして位置づけられる。薦枕は、本地幽玄の神学の論理を体現するものとして、祭祀の場に八幡神の御体―神体を顕現させるものとなるのである。

また、薦枕と同様に、前章から本章にかけての課題の一つとしてある宗廟に関しても、御体であるということにおいて相互に呼応する関係が想定される。八幡神の形無き本地幽玄の神体に対応する、形有る垂迹示現の廟社は、礼拝祭祀の対象として記述されている。「御体注釈記事」において、その宗廟が新たに取り上げられ、しかも御体として強調されているのは、それまで祭祀の対象であった薦枕が「属・人格的」性質を喪失するのに伴って、神秘的抽象性を高め過ぎたことに対応するためだと考えられるのである。

薦枕は「属・人格的」性質の基盤である形象を捨て、本地幽玄の神学を体現する「非・人格的」な御体となった。それは、八幡神の神体そのものであって、見ることが禁じられた神秘の対象であった。諸男や田麻呂の段階では形有る御験や御体としてあった薦枕が、「御体注釈記事」において、不在において祭祀されるべきものとなる。こうした状況における、目に見えないものに形を与えるという宗廟の性質の強調は、祭祀の場での薦枕の不在化が要請されたことに対して出された、神吽の解答であり対応策であり、八幡神の御体の創造だったのである。

iii　修行者の神

御体の神話言説は、宗教者が作り出すものであるが、それはまた同時に、当然のことながら神の神話言説でもあった。その時、神話は、宗教者の成長や職掌の起源を語るのみではなく、神の権能の拡大や成長をも語り出す。

山本は、『麗気記』という儀軌的書物にあらわれる神宝、「三種の神器」に関する分析において、第六天魔王が受持したという「利剣」に着目し、それが譲渡されることが神自身のパワーアップを目論んだものであり、「呪能の継受、もしくは収奪」が、そのモチーフであったとしている。

このモチーフが、実は『託宣集』にも認められる。本章第三節では、神吽の二度の神秘体験について論じているが、その一度目、文永十一年の記事には、法蓮という僧が登場している。法蓮は弥勒寺初代別当とされる人物だが、巻五には、法蓮が彦山に籠った末に手に入れた如意宝珠を、八幡神が求め奪おうとする様を描く記事がある。結局、八幡神は如意宝珠を奪うことができず、法蓮を宇佐宮神宮寺である弥勒寺の初代別当とするという交渉によってこれを手にする。

この時、語られているのは、弥勒寺の起源だけではない。核心は、彦山に修行した法蓮が持つ如意宝珠を八幡神が欲し、そして法蓮を弥勒寺の別当とするという営為において、八幡神が修験の呪能を身に着けたことにある。八幡神は修験の呪能を欲し求めており、しかもそれを如意宝珠という神宝の授受によって手にしたのである。

八幡神の修験神話ともいうべき如意宝珠の言説が、法蓮という人物を介して神吽の神秘体験に繋がっている。この繋がりが意味していることは、本論のこれまでの議論に照らせば明瞭であろう。なぜなら、八幡神は自らも修行する神であり、その御験であり御体である薦枕の周囲には修験者があらわれ、祭祀者である大神氏もまた修行者へと接近していたからである。

すなわち、神吽においても、修行者の神としての八幡神が、薦枕についてだけではなく神吽個人の問題としても主題化しているということが、そこには見て取れるのである。いや、これはむしろ逆である。神吽にとって、まず修行者としての八幡神こそが問題であったがゆえに、『託宣集』の八幡神は、様々に修行者の神としての姿をあらわしているのである。

八幡神が神としての権能を拡張する時、その姿は自身に仕える宗教者、修行者の姿に近づく。八幡神は修行者そのものとなる。しかし一方で、前章に論じた本地幽玄の神学においては、そうした八幡神の本体実体は、「本地幽玄」「真空冥寂」「虚空同体」とされる真理の体現態であった。

つまり、八幡神は本地幽玄の神体でありつつ修行を実践する神だったのである。ここに、『託宣集』の神吽において、修行と神学の交錯という問題が注目される理由がある。そして、八幡神にとっての修行は、もともとは殺生罪業の消除として行なわれるものだった。八幡神は、まるで一人の衆生であるかのように、殺生罪業の消除を願う。

このように考えてみた時、山本が『天照大神御託宣記』の「曼荼羅とは、一切衆生の色身実相の羯磨曼荼羅である」という言明から展開した、男女和合という衆生のあるがままの振舞が曼荼羅—世界の真実相であった、という議論は、やはり大きな道標となるだろう。

『託宣集』には、男女和合という問題はあらわれていないが、八幡神の国家神としての在り方から、殺生罪業という衆生と同等の行ない—振舞が主題化されていた。もちろん、殺生がそのまま真理である、などということは一切述べられていない。ただし、殺生から修行へと進むこと、それらが衆生と修行者の振舞を写したものであることは疑いない。そして、それらはすべて、真理を体現する本地幽玄の八幡神の振舞なのである。

あるいは、「振舞」という言葉が山本の議論に引き寄せられ過ぎたものだとすれば、次のように言い換えよう。その八幡神の姿は、衆生のように罪を犯し、懺悔して修行するという、修行者そのものである。第七章に確認したように、桜井好朗は、『託宣集』の八幡神が修行者そのものになりきっている、と論じた(6)。その卓越した見解の射程は、本章に論じるような、本地幽玄の神学の発生の場所にまで届いている。

（四）　神秘の現象学

以上のように、山本の「霊的曼荼羅の現象学」の分析は、本論が対象とする『託宣集』の諸問題について、多くの論点が共有でき、議論の指針とすることができる。また、こうした伊勢神道と『託宣集』の個別事例の照らし合わせは、中世の宗教的想像力の広がりや展開を考えるために有効であろう。しかし、新たな神話言説の創造を考える時、山本の議論の中でより共有されるべき重要な問題は、やはりその根本的な視座である。

「エピローグ」にまとめられていたことも含め、あらためて確認しておこう。山本の議論の中でもっとも大切なことは、中世神道の多様な在り方に「霊示」という観点から接近していることである。その観点は、取り上げられた三つの中世神道書の分析において、次のようにあった。

『宝志和尚口伝』については、「中世神道、中世における新しい神祇信仰の出発は、こうした私的な神秘体験、霊的曼荼羅の発現にあったのではなかろうか」とされ、中世神道のはじまりに「私的な神秘体験」のあったことが想定されている。

『麗気記』については、「三界表麗気記」が「天札の巻」とも呼ばれる「天上の神がもたらした霊託の書」としてあり、それは「神秘体験の物証であり、また記録にほかならない。灌頂の秘儀を、直接に天照大神から与えられていること、これが決定的に重要である」とされ、神道書そのものが神から直接に与えられた「神秘体験の物証」となる場合のあったことが示され、そして、その重要性が強調されている。

『天照大神御託宣記』については、天照大神が「霊託の主体であり、灌頂の授与者」であったとされ、やはり神が儀礼の秘儀を宗教者に対して与える神秘体験が核心的なものとして述べられている。

「霊示」とは、神が与えた神秘の体験である。あるいは、神の深奥を究めようとする宗教者が至る神秘の体験である。『宝志和尚口伝』『麗気記』『天照大神御託宣記』のそれぞれの分析からは、そうした神秘体験こそが中世神道のはじまりであった、ということが提示されている。また、それらのテキストは、宗教者の神秘体験の記録であり証明であった。

霊示―神秘体験。その中世の神道書における重要な位置は、中世神道が単なる教理教学的な言説の蓄積のみによって成ったものではなく、神との交感を起点とする宗教的な運動であった、ということを示している。

これは、『託宣集』というテキストの成り立ち、また『託宣集』における宗教実践者、神吽を考えるために取り入れられるべき視座である。

すでに幾度か述べてきたように、そして本章第三節に具体的に論じるように、『託宣集』の神吽における本地幽玄の神学の構築の契機もまた、八幡神の姿を見て声を聞くという神秘体験にあった。これを論じることは、山本が中世神道に対して行なったのと同じように、『託宣集』を通して八幡信仰の中世の「発生の「場所」」を見るということである。

ここで、視座の基軸を導くものとして、「プロローグ」に示された山本の言明を二か所、引いてみよう。

　さて、中世神道は、これまでは、古神道―中世神道―近世神道（復古神道）―国家神道という神道史の流れに位置付けられてきた。しかし、古代的な神祇信仰の延長線上に中世神道を位置付けてみても、中世神道は、なんら己が秘密を語り出してくれるようには思われない。

……神道界なるものが確固として存在したわけではない。理論も儀礼も異にした、さまざまな宗派が並存していたのが実状であった。したがって一括りに扱うことはできず、宗派ごとの研究は必須であるにしても、それを起点にしてしまったら、中世神道誕生の産声を聞きつけ、発生の「場所」を見出すことは不可能だろう。宗派をつらぬく宗教的エネルギーを捕捉すること、さらには宗派成立前夜の暗闇にテレポートし、そこから、かつてない曙光が差した瞬間の光景を現前させること。

本稿は、教理史的なアプローチではなく、言説の外にある魂の光芒を捕捉しようという無謀な試みであることを告白しておく。

この刺激的な言明は、また示唆的でもある。中世神道をいわゆる神道史の中に置いてみたとしても、古代から中世へと転換するその瞬間に何が起こったのか、わかりはしない。『託宣集』もまた、古代の八幡信仰の延長線上に置いてみただけでは、その中世的・革新的な意義は見えず、託宣や古伝の集積と評価されるほかはない。すなわち、八幡信仰の中世として『託宣集』の意義を考えるためには、宗派史や教理史、あるいは一般的な信仰史としての理解では摑み取ることのできない、中世の宗教世界がはじまる「発生の「場所」」が目指されなければならない。そして、そこに立ち上がる「神秘の現象学」が、問題とされなければならないのである。

「神秘の現象学」は、それが個人の体験であると同時に普遍性を志向するものであるがゆえに、構造論的な側面を持つ。すなわち、宗教思想史上の霊性の問題として対象化される。神の霊示と儀礼の相関という霊性的現象は、時代や地域の差異を超えた共通する宗教的構造の課題なのである。

しかし一方で、いや根本的に、時代としての中世が冠されるべき神道思想の発生の様相という具体において、個別の私的な神秘体験としてあらわれる「神秘の現象学」は、構造化を拒むものである。ゆえに、山本の議論は、中世神道の流れの総体的なはじまりの場所を目指すものでありつつ、それを個々の中世神道書成立の契機である「霊示」から導き出すものであった。

前章にも参照した小川が述べるように、それはやはり「中世の言語そのもの」に即して考えられるべきものなのである。中世に固有の「霊性」としての「普遍知・絶対知」を希求する「中世神学」が、「神秘の現象学」の論理を捉える方法として要請される所以である。

もちろん、山本は、「霊的曼荼羅の現象学」においても、「本論が考察の対象とするのは、伊勢神宮とその神々である。なぜなら、古代末期から中世にかけての神祇信仰は、神学的な位相において神宮を一大結集軸として展開されていったからだ」として、神学という視点を基幹に置いている。

つまり、そもそも中世神道の「発生の「場所」」を目指し「神秘の現象学」を論じることの前提に、「神学的な位相」における「結集軸」としての伊勢神宮―伊勢神道があった、ということである。

さて、ここからは、次節以下の本章の議論へと視点を導くために、『託宣集』へと焦点を絞ろう。

これまでの議論の確認や本章の分析の先取りとして本節に示してきたように、『託宣集』は、中世神道として位置づけられるべき神話言説の集合体としてある。その中核であり到達点が、薦枕の中世神話への注釈としてあらわされる「御体注釈記事」の御体の神学である。

御体の神学は、まず八幡神の本地・垂迹・御体を見出す神学であった。本地としての御体は幽玄の神体であり、垂迹としての御体は示現の廟社である。それは八幡神の神託に示された「有空の体」を論理化したものとして位置づけられる。

そして、この論理化が薦枕にもたらす変貌を捉えることが次節の議論の第一の課題となる。次いで第二の課題は、垂迹示現の廟社、すなわち宗廟としての宇佐宮社殿の意義を明らかにすることである。これらが課題となるのは、次節に取り上げる「御体注釈記事」の後半部分の記述が薦枕と宗廟をめぐる思考をあらわしているからである。

そして、それらの思考は、祭祀の場における敬信、また礼拝すべき社殿の運営を主題とすることから、実際的な祭祀を基盤とし、かつ交差し合う儀礼の実践の言説である。すなわちこの課題は、中世神学における儀礼的思考の問題でもある。

こうした儀礼的思考の端緒はどこにあるのか。御体の神学が『託宣集』の神吽によって作られたものであるなら、やはりその「発生の「場所」」は、神吽個人の神秘体験、八幡神が与えた霊示に求められるべきだろう。

以上のように整理してみれば、『託宣集』の神吽における神秘体験と八幡神の御体を結びつけて論じることの、なぜ、どのように、という問いに、「神秘の現象学」は、明確な指針を与えてくれる。

今、本章の議論の枠組みと方向性は明確に定められた。八幡神の神学化、その本地幽玄の神学、および儀礼的思考を示す御体としての薦枕と宗廟。これらの始発として、神吽の神秘体験はどのように位置づけられるのか。そして中世神学と神秘体験を記す『託宣集』は、神吽自身によってどのようなテキストとして記されたのか。「神秘の現象学」という問題意識を導きに、直接に示された記述のみを辿るのではなく、記述の向こう側にあらわれる事象を巻き取りながら、『託宣集』の神吽が宗教実践者となる具体的様相に迫っていきたい。

第二節　薦枕と宗廟――祭祀における「微密」と「尊貌」――

本節では、前章の議論を引き継ぎ、巻六「御体《ぎょたい》注釈記事」を分析する。前章では、「御体注釈記事」に作られる本地幽玄の神学を論じた。本節では、そのような神学が実際的な祭祀の場において、どのように顕現するものであるのかを明らかにする。

（一）　巻六「御体注釈記事」再掲、状況の確認

本論は現在、「御体注釈記事」の文脈を辿る形で議論を進めている。前章に取り上げた範囲での結論は、八幡神の神託を基盤とした有空の論理によって導き出される本地幽玄説について、中世という時代に共有される神学的な志向と言説の繋がりにおいて位置づけられる、ということだった。

本節では、後続の記述を読み解く中で、神学化した八幡神の神体の顕現体を、「薦枕《こもまくら》」と「宗廟」の祭祀の問題の中に見出すことになる。

こうした論の構成は、基本的には「御体注釈記事」の記述の展開に従うものであるが、前節に詳しく述べたように、その分析の射程を次節に論じる神吽の神秘体験にまで届かせるために、視座を拡大し問題意識の転換を図った。ここで、あらためて巻六「御体注釈記事」の原文を掲げ、議論の状況を確認しておこう。

なお、記事再掲にあたっては、混乱を避けるため、前章と同じ記号を付してある。ⓐからⓓまでが前章に扱った範囲であり、本節に論じるのはⓔからⓘまでである。

ⓐ　私云。伊勢大神宮。宇佐八幡宮。以本迹御体之幽。為宗廟荘厳之本也。

ⓑ　毛詩第十九云。清廟謂祭文王也。廟之言貌也。死者精神不可得見。但以生時之居立宮室象貌之耳。［已上。］孝経云。宗者尊也。廟者貌也。父母既死シヌル時ハ宅兆其霊。於之祭礼。謂之尊貌。［已上。］故百王以当宮為宗廟。八幡以当社為御体也。

ⓒ　又神託云。
我体者有也。空也。以正道為体。［已上。］

ⓓ　有者垂迹示現令奉拝之廟社也。空者本地幽玄不奉見之神体也。又有者衆生利益之応体。十界暫時之形声也。又空者真空冥寂之霊神。虚空同体之妙身。皆是正道也。

ⓔ　而今以奉顕御安置丹枕之心也。枕之屋号鵜羽屋也。

ⓕ　御枕者御体之料。不可徒設也。准望之而申御体歟。以無御体敬信御体故。被致如在之祭。僉蒙如意之益。

ⓖ神服者奉慕昔帝位之調進也。御枕者奉仰今霊託之御験也。
ⓗ爰以或以微密為御体。或以宗廟為御貌也。
ⓘ文治三年仗議之時。越前権守定申云。案春秋之説。大廟之室壊必更作之。［云々。］早為臨時之勤。可終不日之功。［已上。］昔依破壊而修理。今定年限而更作。是乃先人孝道之所通。八幡尊貌之可全之故也。

ⓐ私にいう。伊勢大神宮と宇佐八幡宮は、本地と垂迹の御体が幽かで計りがたくあることを以て、宗廟が荘厳であり霊威あることの根源としているのである。

ⓑ「毛詩第十九」にいう。「清廟とは文王を祭ることについていうのである。廟というのは形のことである。死者の精神（霊魂）は見ることができない。ただ生前の住居に倣って宮室（霊魂を祭る廟）を立て、その形を象りあらわすのみである」。

「孝経」にいう。「宗とは尊ぶということである。廟とは形のことである。父母が死した後には、その霊魂を墓所に納め祭礼を行なう。これを「尊貌」という」。

ゆえに百王（歴代天皇）は宇佐宮を「宗廟」とし、八幡神は宇佐宮の社殿を「御体」とするのである。

ⓒまた神託にいう。

「私の体は有であり、空である。正道を以て体とする」。

ⓓ「有」とは垂迹示現して拝み申し上げさせるための「廟社」である。「空」とは本地幽玄であり見申し上げることのない「神体」である。

また「有」は衆生利益のためにあらわれる応体であり、十界暫時である姿と声である。また「空」は真空冥寂《みようじやく》の霊神であり、虚空同体の妙身である。すべてこれらのことは「正道」である。

ⓔこうして今、御安置する「丹枕《にまくら》」（薦枕）の要をあらわし申し上げた。御枕を安置する舎屋を「鵜羽屋《うのはや》」と名づける。

ⓕⓖ「御枕」は「御体」として用いるものである。いたずらに設けてはならない。この「御枕」を神体に准え崇め仰ぐことで「御体」と申し上げるのか。いやそうではない。「御体」がない状態で「御体」を敬うからこそ、そこに八幡神が存在するかのように祭りがなされ、みなそれぞれに願うところの利益を受ける。

ⓗ「神服」は昔の帝位を慕い申し上げて調進するものである。「御枕」は今の霊託を受け仰ぎ申し上げる御験《みしるし》である。

ⓘ以上から、あるいは「微密《みみつ》」（微妙秘密、言語化できず奥深く隠されたもの）を「御体」とし、あるいは「宗廟」を「御貌」とするのである。

文治三年の仗議《じようぎ》の時、越前権守が定め申し上げていう。

「「春秋」の説を考えるに、「大廟」の建物が壊れれば必ず改め作る。早く臨時の勤めを行ない、日数を経ずすぐに作業を終えなければならない」。

このように、昔は壊れるのに従って修理していた。今は年を定め限って作り直す。これはすなわち先人の孝道に通じるものである。八幡神の「尊貌」である宗廟、宇佐宮社殿を完全な形にするべき理由である。

まず、前章に論じた範囲であるⓐからⓓまでの内容を簡単に確認しておこう。

ⓐでは、「伊勢大神宮」と「宇佐八幡宮」を並べ、「本迹御体」が「幽」であることが「宗廟荘厳」の根拠である

とする。ここでは、「伊勢大神宮」と「宇佐八幡宮」は天皇家の「宗廟」として同等の位置にあることが示されると同時に、問題の中心が「本迹御体」、本地・垂迹・御体にあること、そして価値の根源が「幽」であること、すなわち、計りがたい奥深さにあることが述べられている。

ⓑでは、「宗廟」の語義が「毛詩」「孝経」を引用する形で説明されている。これらをまとめると、宗廟とは目に見えない死者の精神に代わって祭祀礼拝の対象となる建築物、ということになる。ここから、天皇家は宇佐宮を宗廟とし、また八幡神は宇佐宮を御体とする、という認識が導き出されている。この言明は、「宇佐八幡宮」に特化した「宗廟」の読み替えであり、八幡神という存在において宗廟と御体が重ねられるという重要な転換点となっている。

ⓒでは、八幡神が自らの「体」を「有」「空」「正道」とする神託が引用されている。「体」は八幡神の神体―御体であり、「有」と「空」は仮の現象と真の実体である。すなわち、この神託は、「有」であっても「空」であっても、八幡神の神体―御体は「正道」、すなわち仏法の真理そのものである、と主張するものということになる。

ⓓでは、ⓒの神託への注釈として、有空の論理に基づく御体の神学が示されている。「有」は「垂迹示現」の礼拝するべき「廟社」であり、「空」は「本地幽玄」の目に見えない「神体」であると述べられており、さらに言葉が連ねられ、「有」は「衆生利益の応体」「十界暫時の形声」であり、「空」は「真空冥寂の霊神」「虚空同体の妙身」である、とされている。そして、それらはすべて「正道」である、と締め括られる。

これは、ⓒの神託に基づき、八幡神の御体を「有」と「空」に二分する理解である。「有」は、「垂迹示現」の「廟社」という現世的なあらわれとしての拝礼の対象であり、あらゆる世界に現じて衆生を利益するものであるとされる。対して、「空」は、「本地幽玄」の「神体」という目に見えない不可知の本体であり、「真空冥寂」や「虚空同体」、すなわち、時空間を超えて普遍的である言語化不可能な真理と一体のものである、と価値づけられる。こうした有空の論理の総体を、本論では八幡神の御体における本地幽玄の神学として捉えている。

以上が、「御体注釈記事」の前半ⓐからⓓまでの大まかな内容である。

八幡神の御体ということについて、「御体注釈記事」および、その注釈対象である「天平五年記事」の記述を総合すると、それは、本体実体である神体、御験である薦枕、宗廟としての宇佐宮社殿＝廟社、ということになる。これらのうち、ⓐからⓓまでの間で述べられているのは、「宗廟」と「神体」が八幡神とそれへの信仰においてどのようなものとしてあるのか、ということである。そして、この範囲では、「薦枕」は登場しておらず、御体の神学にはいまだ組み入れられていなかった。

「御体注釈記事」では、このような前半部分ⓐからⓓの記述を受ける形で、後半部分ⓔからⓘの記述が作られている。

薦枕については、ⓕでは「如在」としてその場には無いにもかかわらず存在するかのように祭祀が行なわれるべきことが記され、ⓖでは「霊託の御験」とされ、ⓗでは「微密」の御体に通じる価値が与えられることになる。

宇佐宮社殿＝廟社については、ⓗで「微密の御体」に対応する「宗廟の御貌」とされ、ⓘには宗廟としての宇佐宮社殿は八幡神の「尊貌」だとされ、年限を定めて修理すること、すなわち式年造営の重要性が強調されている。

「御体注釈記事」は、全体として、八幡神の三つの御体、「神体」「薦枕」「廟社」について述べている。八幡神の本体としての「本地幽玄の神体」に対し、「廟社」と「薦枕」は、とくに祭祀の場における御体だとされていることが重要である。

こうした状況から、本節では、薦枕と廟社が「御体注釈記事」にどのようなものとしてあらわれているのか、そして、御体としての神体・薦枕・廟社の三者がどのような関係にあるのかを問うべく、分析を進めることにしたい。

（二）　祭祀と神学

i　丹枕の心

それでは、具体的な分析に入ろう。前章に論じたように、「御体注釈記事」ⓓの記述は、ⓒの八幡神の神託に対する注釈として、有空の論理を展開しつつ本地幽玄の神学をあらわすものだった。

そのⓓに続いて示されているのが、ⓔの薦枕に関する記述である。

ⓔ　而今以奉顕御安置丹枕之心也。枕之屋号鵜羽屋也。

而して今以て御安置する丹枕の心を顕し奉るなり。

ⓔの記述は、まずこのように記している。今、あらわした八幡神の有空正道の御体の論理、本地幽玄の神学は、「安置する丹枕」の「心」、すなわち中心であり要である、という。

「丹枕」は神霊の依りつく枕との意であり、薦枕のことである。その枕を置く舎屋を「鵜羽屋」とするのは、第七章に論じた巻六「天平五年記事」をそのまま受けるものだが、この記述ⓔには注意しておくべきことがある。

本論は『託宣集』の原文参照にあたって、奈多八幡宮本を底本とした重松明久校注の本を用いている。その注記によると、奈多八幡宮本では「安置丹枕之心也」は朱書きであり、しかもこの七字は、同書対校によると校異があり、参照の諸本中、宇佐神宮本・尊経閣文庫本・宮内庁書陵部本・無窮会神習文庫本には記されていないという。

これは『託宣集』「御体注釈記事」の読解として、そして何よりそれを受容した人々の認識を示すものとして、重要な意味を持っている。

このように「御」が残されつつ続く七字が欠落するのは、奈多八幡宮本における朱書きや、文脈の不自然さ、あるいは諸本の系統から考えるに、意図的に書かれなかったものと見るべきであろう。

重松によれば、『託宣集』現存諸本の系統は、おおむね奈多八幡宮本と宇佐神宮本をそれぞれ祖本とするものに分かれ、その分類に従えば、「安置丹枕之心也」の七字が欠落するものは、すべて宇佐神宮本系統の側に属している。

そして、辿り得る中で書写年代がもっとも古い本が奈多八幡宮本とされているが、その奈多八幡宮本の祖本は、最終的に応永十一年（一四〇四）に大神氏の出身の僧である快位が、「上野国群馬郡板鼻八幡宮」に伝わった本を清書したものとされる。(7)すなわち、判明するものとしては、板鼻八幡宮本―快位書写本―奈多八幡宮本という書写段階が想定されることになる。

はたして「安置丹枕之心也」の朱書きが神吽によるものか、快位によるものか、その他の書写者によるのかはわからない。ただし、『託宣集』を受容した人々が「御安置丹枕之心也」という記述を秘儀的に認識していたであろうことは、その文言七字が朱書きされ、また書かれずに秘された場合がある、ということからもうかがうことができるだろう。

つまり、ここまで前章に分析した御体の有空の論理が、薦枕の要をあらわすものである、ということは、単に重要だというだけではなく、書き記すことが憚れることもあるほどの秘説なのである。

重松も解題に取り上げているように、快位の奥書によれば、『託宣集』は「即御神体也。輙不可開之。況於他散外見哉」(『託宣集』巻十六、奈多八幡宮本奥書)、すなわち御神体であって、軽々しくこれを開いてはならず、ましてや他所の者に見せてはならないのは当然である、とされたもので、それ自体が秘書として「御神体」の扱いを受けるものであった。こうした秘書的な価値づけと扱いは、『託宣集』の裏書きの記述から、新間水緒《しんまみお》によっても指摘されている。(8) つまり、秘書的な『託宣集』の中でも、有空の論理を薦枕の心要として結びつけるということは、とくに秘説とされるものだったのである。

ともあれ、ここで、しばらく遠ざかっていた薦枕に主題が返ってきている。ⓔの記述は、「御体注釈記事」において神吽が書き連ねた有空の論理、その内実が薦枕の要である、とするものであった。それはいったいどういうことなのか。さらに続く記述を辿ってみたい。

ii　如在の祭祀

ⓔに続き、ⓕもまた薦枕を主題とする記述である。というより、「御体注釈記事」における薦枕のもっとも重要な問題が、ⓕには記されている。

ⓕ　御枕者御体之料。不可徒設也。准望之而申御体歟。以無御体敬信御体故。被致如在之祭。僉蒙如意之益。

ⓕにはまず、「御枕」＝薦枕は、御体として用いられるものであり、いたずらに設けてはならない、という。これは素直に納得できるであろう。八幡神の象徴物たる薦枕は、たとえ礼拝のためであったとしても、みだりに設営することは許されない。ところが、続く記述では、その設けてはならない、ということがよりラディカルに、祭祀

の場へと延長されていく。

ただ神体に准え崇め仰ぐことのみによって薦枕が御体とされるのではない。むしろ大事なのは、御体＝薦枕が無い状態でこれを敬い信じることである。これによって、八幡神が臨在するかのように祭祀が営まれ、皆が願い通りの利益を得る――。

神吽はそのように記している。祭祀の場にあらわれる、御体としての薦枕の記述である。

注目されるのは、薦枕が、ただ御体として崇められるだけのものではなく、「その場に無い」不在の状態が重視されている、ということである。

薦枕によって、八幡神がその場に在るかのように祭祀が行なわれ、それによって利益が得られるのだとするのは、薦枕が、祭祀者にとって八幡神との適切な関係を促し、かつ保証するものであるということをあらわしている。そうした関係の調整は、祭祀の対象としての御体が担う基本的な役割だと考えられるが、『託宣集』「御体注釈記事」の文脈において特徴を成しているのは、その御体についての不在―如在の性質である。

八幡神の御体は、有としては垂迹示現の形ある廟社であり、空としては本地幽玄の形なき神体である。構造的に見た場合、この有と空の間に、祭祀対象としての不在―如在の薦枕があらわれる。

本地幽玄の神体は、空の御体として不可知であって、原理的には直接に礼拝することはできない。利益されるべき衆生にとって、それはあまりに遠くある。ゆえに、垂迹示現の廟社は、有の御体として誰の目にも明らかな礼拝の対象であり、八幡神の衆生利益の働きはこれに集約される。神体と廟社は、本地垂迹として利益の関係の両極であり、構造的に、八幡神と衆生という二項に対応する。こうした利益の関係を媒介し支えるものが、不在―如在として有と空の間にあらわれる中間項の薦枕なのである。

このような、在るのではなく、無いものであり、在るかのように、という認識が有空二分の論理を直接に受けるということが、ⓔにおける「御安置丹枕の心」からⓕの記述に展開する、薦枕の祭祀の核心である。

すなわち、「御体注釈記事」は、田麻呂《たまろ》が薦枕を「長御験」としてあらわした事績を語る「天平五年記事」に付された注釈であり、これまでの、とくに有空二分の論理の記述は、薦枕の祭祀の在り方を作り出すものでもあったのである。

有空の論理、形ある目に見えるもの、形なく目に見えないもの、その両方を兼ね備える八幡神の御体として、薦枕はある。有空の論理が薦枕の要であり中心であるということの意味は、ここに明かされた。

薦枕は、現実に形を持つものでありながら、しかし設営することが禁じられ、不在―如在の御体とされる。それは、本地幽玄と垂迹示現という有空の御体、神学論理の神秘そのもののマテリアライズとして、祭祀の場に顕現する。ⓕの記述によって、薦枕は神学化された八幡神の御体となったのである。

そして、ここに設営の可否、すなわち祭祀の在り方が述べられるからには、薦枕は、「天平五年記事」において田麻呂が求めたように、祭祀者が求め奉仕するべき御体であった。関係構造を図式的に配置してみれば、「神体―薦枕―廟社／八幡神―祭祀者―衆生」という形になる。中間的な媒介項として、薦枕は位置づけられるだろう。

しかし、本当の問題は、このような構造化の向こう側にある。

薦枕は宗教者のための御体である。ただ利益を願うだけの衆生とは異なり、八幡神に仕え祭祀を営む宗教者にとっては、単に八幡神が利益をもたらすということだけではなく、むしろ、その偉大な権能を祭祀においていかに維持するのか、ということこそが語られるべき真の問題なのである。

その時、御体が無い状態で「敬信」するが故に、として、祭祀者の八幡神への信心の在り様を規定していることは見逃せない。論理としての御体だけではなく、具体的な祭祀における御体をも形無きものへと転換させているという意味で、それは祭祀自体の神学化であり、さらに祭祀者の「敬信」を組み込んでいるのは、祭祀者の心的態度の神学化である。

神吽は、有空に二分された御体が統合されるものとして薦枕を価値づけるのみならず、八幡神への祭祀とそれを担う祭祀者の信心についても、一貫した神学を構築しているのである。

iii　神服と薦枕

続くⓖの記述では、薦枕とともに神服（御装束）のことが示されている。

ⓖ　神服者奉慕昔帝位之調進也。御枕者奉仰今霊託之御験也。

神服は、昔の帝位を慕って調進するものであり、薦枕は、今の霊託を仰ぐ御験である、という。

神服が昔の帝位を慕って調進するものである、というのは、八幡神が、八幡神として顕現する以前の応神天皇としての姿が意識されている。これまで触れられてこなかった神宝である神服は、それが昔の帝位―応神天皇に結びつくものとして、「有」の宗廟と重なるものといえるだろう。

そして、このⓖの記述は、直前のⓕの記述を受けるものであるから、薦枕は、有空を備えて如在祭祀の対象となる八幡神の御体である。「有」である神服と「有空」兼帯の薦枕の対比が、ここでの主眼だと考えられる。

この対比において、薦枕は、神服の「調進」ということに対し、「御験」であることが示されている。この場合の御験であるということは、ⓕで主題となった薦枕のいたずらに設けてはならないという不在―如在の性質を受けて、調進―作り奉られるということにも対峙しているのである。

薦枕は、それ自体の意義、八幡神の「霊託の御験」であるという神秘性が掲げられている。この「霊託」は、八幡神としてあらわれて以降の「霊託」―神託―託宣、ほか、すべての意志表示としての顕現を指すものと読める。ただし、本章第一節に確認した中世神道における「霊示」―「霊託」についての山本の議論を受け取るならば、「御体注釈記事」にあらわれる「霊託」へのこうした構造的な理解を踏まえた上で、そこから逸脱する問題が読み出されなければならない。

すなわち、薦枕が「霊託の御験」であるというのは、八幡神の霊託を受け取ってきた宗教者たちの神秘体験を保証する証なのである。『託宣集』における託宣―霊託の歴史の物証といってよい。この意味でも、薦枕はまさに八幡神の神秘がマテリアライズされたものとして位置づけられているのである。

しかし、さらに重要であるのは、薦枕についていわれる「今」が、『託宣集』の神吽を含んでいる、ということである。それは、次節に取り上げる、神吽が八幡神の姿を実見しその言葉を聞いたという神秘体験と繋がるものとしてある。すなわち、薦枕は、神吽にとっては、自身が神秘体験を得ることのできた証でもある。いや、この「霊託の御験」としての薦枕は、むしろ神吽自身の宗教者としての営為を証し立てるものとして、あらわされた可能性が高い。薦枕―霊託―神吽という文脈が、そこには隠されている。

問題は徐々に神秘の現象学の現場へと接近している、といえようか。

iv　微密の御体・宗廟の御貌

ⓗの記述では、これまでの御体の論理が臨界点まで達した後、収縮凝結するかのような認識が示されている。

ⓗ　爰以或以微密為御体。或以宗廟為御貌也。

これによって、あるいは「微密」を「御体」とし、あるいは「宗廟」を「御貌」とするのである――。

「微密」・「御体」と「宗廟」・「御貌」の関係は、ここまで記されてきた「御体注釈記事」の論理的な決着である。宗廟を御貌とする、ということについては、前章において「御体注釈記事」冒頭ⓐⓑに確認した通りである。それは、目に見えない存在を形あるものとしてあらわす、礼拝祭祀の対象とされるものであった。御体の有空の論理に沿わせれば、天皇家の宗廟である宇佐宮社殿は、垂迹示現の「有」の御体、廟社ということになる。

では、微密を御体とする、というのはどういうことだろうか。「微密」は微妙秘密の略語で、計り知れないほどすぐれていて、言葉では語り尽くせず、隠されていて凡夫には知り得ないもの、その教え、という意味である。

「微密」は、ⓗのはじめに「爰《ここ》を以て」とあるように、御体に関して展開された有空の論理を受けており、同時に宗廟の御貌である「有」に対応しているものであるから、「空」の御体ということになる。

その内実が、「本地幽玄の神体」であり、「真空冥寂の霊神」であり、「虚空同体の妙身」であったことは、ⓓの記述に示されている通りである。しかし、そうした壮大かつ難解な論理―神学は、ここで「微密」という一語に集約される。

ただし、この集約は錯綜的・仮定的であり、一概に「有」と対応する「空」の面のみを示しているといいきることはできない。

錯綜的だというのは、ⓒ神託にあるように八幡神の「体」が「有」「空」の二面性を持ち、ⓔⓕの記述に確認したように、そうした二面性が薦枕によって体現されるということによる。八幡神の御体は「有」「空」両面のものであるとすれば、たとえ記述上対句的に「宗廟」との対応関係を取るとしても、ⓗの微密の御体が「空」一面に限定されるとは限らない。なんとなれば、微密としての御体が薦枕そのもののことだと考えると、有空の二面性を兼ね備えることこそが微密、秘されるべき教えだということになる。宗廟と微密の関係において、有と空がここで入り交っている。

仮定的だというのは、「或は」という状況に依存する選択であり、かつどちらでもあり得るものとして、「微密の御体」と「宗廟の御貌」を示していることによる。すなわち、八幡神は、場合によって微密の御体とも宗廟の御貌ともあらわれるものだ、そして、どちらも等しく御体なのだ、ということである。ⓗの記述は、一見すると二項対応の構造のようでありながら、論理的に既定のものとして済ませることはできず、構造としての境界が曖昧なのである。不確定であるといってもよい。

論理のみでの読解を幻惑し混乱させるこのような記述は、やはり、言語を技術として操る神吽の意図的な表現として考えなければならない。

つまり、このⓗの記述は、その記述自体が不確定なものとしてあらわされており、それによって八幡神の本源の神体としての御体が、有空のどちらかに偏って理解されることを拒んでいるのである。そういう意味では、ⓗにおける微密の御体は、「御体注釈記事」に明かされてきた有空正道の御体の論理の総体、その神学の一貫した主張をなすものとしてある。

ただし、一方が深甚にして秘されるべき微密の御体であるのに対し、一方の宗廟の御貌は、明確で顕露なるものとしてある。本地幽玄、微密の神体は安易な理解によって定めることはできないが、衆生利益のために形をあらわす宗廟、宇佐宮社殿こそは、常在する礼拝の対象として価値づけられるのである。

v　尊貌を全くするべき故Ⅰ――式年造営の起源

「御体注釈記事」の最後の記述ⓘは、確実な礼拝の対象となる「宗廟」――宇佐宮社殿に関して述べるものである。

ⓘ　文治三年仗議之時。越前権守定申云。案春秋之説。大廟之室壊必更作之。〔云々。〕早為臨時之勤。可終不日之功。〔已上。〕昔依破壊而修理。今定年限而更作。是乃先人孝道之所通。八幡尊貌之可全之故也。

おおまかに要点を押さえておこう。

ⓘではまず、文治三年（一一八七）の仗議の時に、越前権守（持明院基家か）(9)が、「春秋の説」によって、「大廟」＝宗廟が壊れた場合には速やかに修理するべきである、と主張したとの記事を引く。これに対し神吽は、昔は壊れるのに従って修理していたが、今は年限を定めて定期的に作り直す。それは「孝道」に通じるものであって、八幡神の「尊貌」――宗廟――宇佐宮社殿を完全な形で維持するべき理由である、という。

ここにいわれる「春秋の説」は、おそらく「御体注釈記事」ⓑに用いられた「毛詩」「孝経」と同様、注釈書を参照したものであろうと思われるが、確認できていない。その主張は、直接の引用や取意ではなく解釈によるものであろうか。また、そもそも「文治三年仗議之時」以下、「可終不日之功」までの記事がどこから引用されたものか、残念ながら不明である。

さて、ⓘの記述でポイントとなっているのは、宗廟である宇佐宮社殿の造営である。

ここに「今は年限を定めて更《あらた》め作る」とあるのは、宇佐宮の式年造営を指すものであろう。宇佐宮の式年造営は、三十三年一度の制となっており、その初例は長徳四年（九九八）とされている(10)。平安時代中期頃には、宇佐宮の三十三年式年造営は成立していたと見てよい。

文治三年という時期は、すでに宇佐宮式年造営は行なわれていたはずで、そもそもこの仗議の議題や文脈が明らかではなく、引用された記事中の「大廟」が宇佐宮を指すかどうかも、これだけでは不明である。

あるいは、この「大廟」を宇佐宮のことだとすれば、次のように考えることができる。文治四年（一一八八）には、治承・寿永の乱の中、元暦元年・寿永三年（一一八四）に緒方惟栄《これよし》らによって破壊された宇佐宮の再建造営が行なわれている。しかもその造営は、料物を負担するべき国司らの対捍《たいかん》等によって予定の計画から遅れており(11)、そうした流れの中、文治三年の仗議で「不日の功」、宇佐宮社殿を速やかに造営するべきことが言い出されたのかもしれない。この文治四年の造営は、惟栄らの襲撃による臨時のものであって式年の造営ではなく、記事中に「臨時の勤」とあることとも合致する。

いずれにせよ、この文治三年の仗議だという記述だけを取り出して史実の関係を想定するのは間違っており、『託宣集』と「御体注釈記事」の読解としては、あくまで神吽が引用したその意図と、それによって作られる意義という視点から考えなければならない。

「御体注釈記事」の文脈としては、「大廟」は明らかに宇佐宮のことを指すものである。では、神吽は宇佐宮の式年造営についてどのように捉えていたのだろうか。『託宣集』巻十一の巻末部には、元慶三年（八七九）の託宣記事として次のようにある。

一。陽成天皇三年。元慶三年己亥。託宣。
以吾社旧材木天慈尊道場乎為令修理。三十三年尓可改造也者。
又留棟仁波可用芝志。若後代仁取慈尊伽藍之瓦天。令葺吾社女牟之事有良牟歟者。
我朝波神国也。末代衆生雖信神毛。不信仏志弖。造営之時取用我寺瓦歟。仍永為絶其事尓。如此令定置牟流也者。
因斯。同四年十二月廿五日官符云。
宇佐宮三十三年為限。可改造。云々。

これによれば、八幡神は、宇佐宮社殿の古い材木を用いて「慈尊の道場」、すなわち弥勒寺を修理するために、三十三年毎に社殿を造り替えよ、と託宣したということになる。

また、託宣中には、後代に至って弥勒寺の瓦を取って宇佐宮社殿に用いることへの懸念を示されている。そこでは、「我朝」は「神国」であって、末代の衆生は神を信じるが、仏を信じないで、もしかしたら宇佐宮社殿造営の時に「我寺」である弥勒寺の瓦を取り用いることがあるかもしれず、そのようなことを行なわないように今定め置かせる、とする。

この託宣を受け、翌四年の官符に、宇佐宮は三十三年毎に造営することとされたという。

元慶三年の託宣記事から読み取れることは、三十三年毎の式年造営が、この元慶三年の託宣によるとされること、それが弥勒寺の造営とも関係づけられ、「我寺」として弥勒寺の重要性を示しつつ、仏への信心が無い末代の衆生に対して、間接的に功徳を積ませ仏法へと導く一種の化儀としてある、ということである。

宇佐宮の式年造営の起源はこのように語られているわけであるが、その記述を踏まえると、「御体注釈記事」ⓘの記述はどのように理解できるだろうか。

『託宣集』の作る歴史の中では、宇佐宮の式年造営の開始は元慶三年の託宣によるのであり、文治三年の段階ではすでになされていた。ゆえに、ⓘの記述にいう、破壊によって修理する「昔」と年限を定めて造営する「今」は、文治三年の頃と神吽の生きた時代の対比ではない、ということになる。年代に限定して考えれば、それは八幡神が式年造営を願った元慶三年の前後を分けると見ることになる。

vi　尊貌を全くするべき故Ⅱ——宗廟の更新

しかし、「御体注釈記事」の文脈としては、こうした具体的な年代を想定した「昔」「今」の区分はふさわしくない。それは年代の区分というよりは対句による二項対応の象徴的な言辞である。そして、「春秋」という古代中国のテキストを根拠とする主張が引き合いに出されていることを踏まえれば、この「昔」「今」は、日本における宇佐宮の存立そのものを基準としたものと受け取るべきだと考えられる。すなわち、ⓘの記述の「昔」「今」は、さきにⓖの記述に確認した神服と薦枕に対応する応神天皇と八幡神の関係、八幡神として顕現する前後という認識を根本の基点とするものだろう。

さらに、「春秋」に加えて、「御体注釈記事」全体として、ⓑに見られた「毛詩」「孝経」まで視野を広げてみよう。それら三つのテキストは、儒学の経書として重んじられる七経に数えられるものである。ⓑにおいては、そのような儒学の説によって「宗廟」というものを解釈しながら、ⓘにおいては、それを「昔」のものだとして否定的に捉えている。すなわち、「今」における宗廟としての宇佐宮への崇拝が、「昔」の儒学の宗廟説に対して、より進んだ高次のものだと位置づけようとする意志があったのではないか。それは、単に古説を参照するものではなく、宗廟への崇拝ということの意味を、宇佐宮の社殿造営という主題において新たに作り出すものだと考えられるのである。

『託宣集』において、八幡神は、本地幽玄の神体として歴史を超越する存在であるが、宇佐宮の祭神だと見れば、明確に年号によって歴史上の顕現が語られる、垂迹示現の存在である。八幡神を祀る宗廟たる宇佐宮は、歴史の中にあって、人々に近しく崇拝される八幡神の尊貌であった。

つまり、垂迹示現した八幡神とともに今の時代にある人々は、国家の宗廟である宇佐宮社殿を式年の造営として完全な形で維持しなければならないのであり、そうした宗廟の維持運営は、過去になされてきた破壊によって修理するというような宗廟への態度営為よりも優れたものである。しかも、その行ないは先人の示した孝道にも適うものであって、背くものではない——。神吽はそのように語っているのである。

こうした主張は、当時の宇佐宮式年造営の状況と強くかかわるものだろう。鎌倉時代の式年造営は、建久四年（一一九三）、嘉禄元年（一二二五）、正嘉元年（一二五七）、正応二年（一二八九）、元亨元年（一三二一）が当たるが、期年通りに造営されたのは建久四年と正嘉元年の二度であり、嘉禄元年の予定は嘉禄三年（一二二七）に、正応二年の予定は十八年後の徳治仁年（一三〇七）にそれぞれ遅れることとなった。これらの式年造営においては、基本的にその料物の確保に苦慮する状況があったようである。

また、正応二年予定の造営の大幅な遅れには、宇佐宮年分僧が太宰府観世音寺で殺害されるという事件が起こり、神事が停止されたためという要因があった。そして、『託宣集』成立の正和二年（一三一三）以後のことではあるが、元亨元年予定の造営は、宇佐宮造営を主導するようになっていた鎌倉幕府の倒壊によって結局行なわれず、これ以後、応永二十年代（一四一三〜）に大内盛見《もりはる》の主導で再興されるまで、式年造営は途絶する。(12)
とくに正応二年予定の式年造営が十八年も遅延したこと、その要因が宇佐宮年分僧の殺害に端を発する神事の停止にあったことは、大神《おおが》氏の出身であり宇佐宮弥勒寺の僧であった神吽には、当事者として相応に思うところがあったはずである。

さらに、『託宣集』成立時期近くの状況としては、正応造営の終了した徳治二年の二年後の延慶二年（一三〇九）、宇佐宮は大火に見舞われ、宇佐宮・弥勒寺がほぼ全焼し、臨時の造営が行なわれている。(13)この火災もまた宗廟宇佐宮の危機といえるが、延慶二年の段階で、『託宣集』はすでにほぼ仕上がっていたか、稿本が存在したと考えられており、(14)その内容や編述への影響があったかどうか、どのように見るべきかは難しいところである。

『託宣集』には、これら式年造営の遅延や宇佐宮・弥勒寺の焼亡の状況について直接に記されることはなかったが、「御体注釈記事」において、宇佐宮社殿を八幡神の宗廟・御体とし、それへの崇拝と維持運営の必要性を強調したのは、当時に至る宇佐宮造営の状況が念頭にあったがゆえであろう。

以上のような流れを前提として「御体注釈記事」を末尾にあって締め括ることが、記述ⓘの意味となるだろう。その主張においては、何よりも宗廟である宇佐宮の存続、維持運営が中心として提示されているのである。ならば、文治三年の仗議の記事を参照したことの意味は何だったのか。ただ「春秋の説」を引くためだけのものだったのだろうか。そうあらためて考えた時、この「御体注釈記事」末尾ⓘの記述に示された、文治三年の仗議、宇佐宮の存続、社殿造営ということが、『託宣集』編述の動機にもかかわる問題としてあることに気づく。

すでに述べたように、文治四年の臨時の造営は、治承・寿永の乱の際に惟栄らが宇佐宮を襲撃し社殿を破壊したことによる。その襲撃によって、神宝神体が収奪され紛失し、また多くの文書が失われ、宇佐宮に大きな爪痕を残した。

第一部第四章で『玉葉』の記事を取り上げ論じたように、それは宇佐宮にとって未曾有の危機だった。また、その際には、失われた神宝である黄金が「宗廟の霊宝」と価値づけられるなど、宇佐宮に対する宗廟としての意識が活性化する。治承・寿永の乱における宇佐宮の破壊は、宗廟の神としての八幡神にとって、間違いなく画期の一つとなるものであった。

そうした宗廟の危機および活性化の記憶は、神吽と『託宣集』にも受け継がれており、本章第四節に論じる『託宣集』巻三の序文にも明確に触れられるように、それは特筆されるべき宇佐宮の存亡の出来事だったのである。『託宣集』には各所に惟栄らによる狼藉のことが触れられており、この危機が、神吽が意識する宇佐宮の歴史の中に強く刻みこまれていたことがうかがえる。

文治三年の仗議の記事が、おそらくはそうした惟栄らの宇佐宮襲撃や、そこからの再建となる文治四年臨時造営という歴史意識を背負っていること、そうした最中にある文治三年の仗議の記事をⓘの記述が取り立てて引用すること、この一連の流れを踏まえた時、神吽が宗廟社殿の造営ということにおいて、臨時に対して式年を称揚するのは、実は破壊の禁止を主張するものだったことがわかる。

最終的に、そのいわんとするところは、式年造営によって宇佐宮社殿を全うせよ、式年の遅延も許されるべきことではないが、それ以外の臨時の造営が必要となるような事態を招いてはならない、なにより惟栄らの襲撃のようなことはもってのほかである、ということであろう。宇佐宮社殿の維持運営は当然のことであり、その破壊の禁止をこそ、神吽は意図していたのではないかと考えられる。

治承・寿永の乱における宇佐宮破壊、鎌倉期における式年造営の遅れ、そうした歴史的状況を背景に、神吽は八幡神の御体の真実を求め、思考した。その一つの結実が、宇佐宮社殿それ自体を八幡神の御体・宗廟・尊貌として位置づける神学としてあらわされたのである。

中世神学は、決して地に足のつかない理論のみの思索ではない。それは、過去に作られてきた無数の神話・託宣・歴史・言説などを基盤としながら、中世における歴史と現実を意味づけ、新たな世界として変えていくべくあらわされる。「御体注釈記事」における「宗廟」の問題は、そのことを如実に示すものだといえるだろう。

（三）　御体の変貌

本節の結論として、八幡神の御体の変貌という視点から、「御体注釈記事」の展開について前章に論じたことも含めてまとめておこう。

「天平五年記事」において田麻呂によって感得された御体は薦枕であった。それが神吽による「御体注釈記事」において、大きく変貌する。

神吽は、はじめに、「伊勢大神宮」と「宇佐八幡宮」の併記において「宗廟」および「本迹御体」（本地・垂迹・御体）という観念を導き出す。

その上で、「毛詩」「孝経」を引き、宗廟が形ある礼拝祭祀の対象であるという解釈を示し、宇佐宮を宗廟として位置づけつつ、同時に宗廟である社殿は八幡神の御体であるとする。「天平五年記事」を受けるのであれば、御体として掲げられるべきは薦枕であるはずだが、まずは宗廟を御体として読み替えていくのである。

次に、「我が体は有であり、空である。正道を以て体とする」という八幡神の神託を引き、注釈の形で有空の論理を展開する。さきの本地・垂迹・御体への言及は、この有空の論理に繋がるものとしてある。

「有」を垂迹示現の廟社、「空」を本地幽玄の神体とし、八幡神の御体に、目に見える「有」と、目に見えない「空」の二つの面が見出される。そして、「有」は現象世界のすべての領域で衆生を利益する応体の廟社、「空」は言語化不可能で時空間に限定されず普遍である本源の神体と位置づける。ここであらわれているのは、神体と廟社という「有空の御体」である。

この有空の論理は、いわば八幡神の顕現体と本源体の関係を示すものだが、そこでは物語性が無く、神話と呼ぶべき性質はほとんど認められない。一方で、その論理性や言辞の在り方には、否定神学的、存在論的な性質が認められる。また、言説内容において伊勢神道、叡山台密との同質性、中世的というべき同時代性があり、神の本源を神話物語としてではなく神学論理として構築する営為は、中世神学として読み解かれるべきものである。

さらに、目に見えない八幡神の本源である「空」を「本地幽玄の神体」という言葉で代表させることは、八幡信仰、神仏信仰、中世神学などの観点から注目に値するものであり、重ねられた「真空冥寂の霊神」「虚空同体の妙身」という文言とともに、八幡神の有空正道の御体の論理を、本論では本地幽玄の神学として評価している。

さて、薦枕については、それが祭祀の中で御体として用いられるものであったことから、八幡神への祭祀における敬信の態度を規定するものとして記述されている。

薦枕は、設営することが禁じられ、不在の状態において如在に、その場に八幡神がいるかのように敬うべきだとされている。それはすなわち、祭祀者の心的態度を象徴するものということになる。こうした記述は、薦枕はそれ自体として八幡神の有空の御体を体現すること、祭祀における心的態度によって有空の論理が達成されること、この二つの問題が不可分だと示すものになっている。御体の神学は、薦枕という神秘の結晶体によって祭祀の場に顕現する。薦枕は、八幡神の本体である神体と衆生のために示現する廟社の中間項として、両者を媒介する宗教者に応じる御体なのである。

また、薦枕は今の霊託を保証する御験として、昔の帝位を慕って調進する神服との対応関係を取る。八幡神の帝位を象徴する神服は、「有」の宗廟に通じており、衆生利益の御体の一部だといえる。対して「霊託の御験」である薦枕は、「有」「空」兼帯の御体として八幡神が示す霊託を保証するものであり、八幡神の霊託―託宣を受け取ってきた宗教者、それを記録する『託宣集』の神秘性および正当性の物証となる。

薦枕が、宗教者の奉じる御体であること。これは『託宣集』の神吽において、重大な意味を持つ。なぜなら、神吽は霊託―託宣の歴史を『託宣集』としてあらわしただけではなく、自身もまた八幡神の霊示―霊託を受け取っていたからである。この神吽の神秘体験については、本章の論点の中心であり、次節に詳しく論じる。

そして、八幡神は微密を御体とし、宗廟を御貌とすると記される。微密は有空の論理の体現である薦枕と通じるものとしてある。有空の論理、本地幽玄の神学は、「微密」という表現によって集約され、そうした真理そのものを八幡神は御体とするのだとされる。対して、「御貌」という「有」としての御体は、宗廟として明確に定位されることになる。

このように、薦枕に象徴される微密の御体とは区別された宗廟は、「御体注釈記事」に記されていたように、垂迹示現の廟社、宇佐宮社殿を指すものであった。

最後に、「御体注釈記事」の締め括りとして、「春秋」の説を引く文治三年の仗議の記事を参照し、宗廟をどのように維持運営するべきかが述べられる。

そこでは、宗廟について、昔は破壊によって臨時に造営されたとし、今は式年によって造営されるとしている。

これは、「毛詩」「孝経」「春秋」の説を過去のものとし、八幡神を祀る宗廟、宇佐宮社殿の存続という現在において、宗廟観を更新するものとしてある。

また、このような臨時造営に対する式年造営の称揚は、文治三年仗議の記事を引くことから、治承・寿永の乱における惟栄らの宇佐宮破壊によって行なわれた文治四年の臨時造営を意識したものではないかと考えられる。すなわち、ここで式年造営を強調するのは、式年造営の制が徐々に衰退するという鎌倉期の宇佐宮を取り巻く現実への対応是正の主張であると同時に、臨時の造営が必要となるような破壊行為を禁止することが主眼にあったと見ることができる。

薦枕は、田麻呂が感得した恒常的な祭祀の対象としての「御験」から、有空の論理そのもののマテリアライズとして敬信の態度を規定する「如在の御体」となり、現実的な祭祀礼拝の対象としての御体は、式年造営によって姿を保つ宗廟としての宇佐宮社殿となる。そしてこれらの根源に位置する御体が、八幡神の本体である「本地幽玄の神体」であった。以上が、「天平五年記事」から「御体注釈記事」へと展開する御体の変貌である。

こうした変貌は、注釈という形を取りつつ、神話から神学へ、中世神話から中世神学への展開を示している。とくに薦枕は、本地幽玄の神学を受けて、有空・本迹の論理を体現する微密の御体として練り上げられており、その論理性は、もはやかつての神話、「養老三年記事」「隼人征討記事」から隔絶している。祭祀の現場に顕現するこのような薦枕の神学は、神典作成の中核をなすロゴスの覚醒運動そのものというべきであろう。

では、こうした八幡神の御体の神学、有空の論理、本地幽玄の神体、薦枕の如在の儀といった言説は、どのように作られ、あらわされたのか。

宗廟に関しては、治承・寿永の乱における宗廟観の活性化や鎌倉期の式年造営の衰退をその背景として想定することができ、また神学論理による神の本源の探求と構築は、同時代的な中世神学との関係を想定することができる。(15)『託宣集』と本地幽玄の神学は、まさに中世の唯中においてあらわれる宇佐八幡信仰の歴史そのものなのである。

しかし、そうした外的な要素は、『託宣集』編述の要因としては背景や構成要素に留まるものだろう。では、『託宣集』を編述し、その中核としての御体の論理を構築した神吽《じんうん》自身の内的な始発点はどこにあるのか。そもそも神吽は何を求めて『託宣集』という神典を作り出したのだろうか。次節以下では、『託宣集』における神吽へと視点の集中化を図りつつ、『託宣集』の発生の現場という問題へと論を進めることにしたい。

第三節　神学者としての神吽——歴史・神話・神秘体験——

本節では、神吽による本地幽玄の神学の始発点として二つの記事を取り上げる。巻十二末尾の神吽の神秘体験を記した文永十一年（一二七四）と建治二年（一二七六）の一連の記事である。

第七章、第八章、そして本章へと、本論はこれまで『託宣集』における八幡神の御体の意味を問うべく、薦枕に関する問題を中心に議論を展開してきた。

隼人征討の御験としてあらわされた「養老三年記事」、恒常的祭祀の対象として求められた「天平三年記事」、これらにおける主体的な宗教者は、八幡神の顕現を導いた大神比義《おおがのひぎ》の子孫、諸男《もろお》と田麻呂《たまろ》であった。そして、彼らは、八幡神の声を聞くという神秘体験によって、それぞれの薦枕を感得している。

では、「御体注釈記事」において、薦枕は八幡神における有空の論理を体現する不在―如在の御体である、と記した神吽についてはどうだろうか。神吽は「御体注釈記事」に見られるような論理的な思索だけによって、その神学を構築したのだろうか。いや、そうではない。神吽は、八幡神に仕え、その御体である薦枕の真実を開示し得る大神氏の一人として、諸男や田麻呂に続く宗教者であることを自認していた。神吽が注釈において顕現させた御体としての薦枕は、やはり八幡神の姿を見て声を聞くという神秘体験に支えられたものだったのである。

このように見た時、「御体注釈記事」において薦枕に見出されたもう一つの価値、「霊託の御験」という言明は、重要な導きとなる。そこでは、薦枕は、宗教者の求めに応じて示された祭祀対象の器物という意味を超え、八幡神と宗教者とが交感する霊託の証とされていた。

本章第一節に参照した山本ひろ子の議論によれば、中世神道の特質の一つである神学が発生する「場所」は、霊示―霊託の現場であった。そうした霊示が儀礼的思考の要請によって構造化され記述されることで、中世の神道書は形を成していったのである。おそらく、これは、中世神道―中世神学の飛躍的な論理の構築、ロゴスの覚醒によって成され得る神典作成という運動の意味に接近するほぼ唯一の方法であろう。

本論は、『託宣集』の本地幽玄の神学が神吽においてどのように作られたのかという問題に接近するため、その内実を問うことから、立ち上がりの瞬間を問うことへと視点の転換を図った。その転換は、『託宣集』の分析に即していえば、大神氏の宗教者たち、諸男と田麻呂における薦枕の神話から神吽における薦枕の神学へ、さらに有空の論理の兼帯から「霊託の御験」へ、という二重の展開に応じるものとしてある。これは、『託宣集』における薦枕の神話言説という文脈を摑むことで、ようやくに可能となった設題である。そして、この転換に基づき、本節では、神吽がどのような契機において、本地幽玄の神学を構築するに至ったのか、ということが課題となる。

その様相を記しているのが、『託宣集』巻十二の末尾の記事である。神吽が八幡神の姿を実見したとする神秘体験と本地幽玄の神学の間には、どのような繋がりがあるのか。これは、中世神学がどのようにあらわれるのか、ということを明かしてくれる重要な課題でもある。

そこには八幡信仰の中世として、どのような価値があったのか。宇佐八幡信仰において比類の無い『託宣集』というテキストの読解の成否は、『託宣集』の宗教実践者、神吽による神学的創造の光景を捉え得るかどうかにかかっている。

（一）　巻十二「文永十一年記事」と「建治二年記事」、神吽の神秘体験

巻十二の末尾には、巻五から続く編年風の歴史叙述の最後にあたる記事が、次のようにある。

一。亀山院元年。文永十一年甲戌。
神吽法師。俗姓大神氏。宮寺勅願僧也。年来之間。祈道心仰仏神。自三月八日参籠弥勒寺期示現。同十三年殊常坐念誦寅剋。依神力而眠。非夢非覚。奉拝聞之様。自正面大虚。白雲入内陣仏前。其雲広一丈余。高十丈計。法蓮和尚［当寺最初別当。大菩薩御出家受戒師。］仏前御座。虚空之間。白雲之中相好円満之高僧。放金色光。々与雲映徹。言語道断心行処滅。勅和尚言。
汝可発無上道心志。吾毛亦可発幾奈利。又発無上道心佐牟人乎波。可守護幾也者。
心中思惟。即大菩薩御教言。

一。亀山院三年。建治二年［丙子。］
閏三月十七日夜。神吽法師於神前。或凝止観々道。或唱秘密真言之刻。第一神殿高欄之間。高僧令現前。我開

目之時者不奉見。閉目之時者現坐。宣言。

境静奈流土幾波智毛亦静加也者。

私云。普賢経文云。

閉眼則直為正見。開眼時敢不出現。


亀山院元年。文永十一年、甲戌。

神吽法師は、俗姓大神氏、宮寺勅願の僧である。年来、道心を祈り仏神を仰ぐ。三月八日より弥勒寺に参籠して八幡神の示現を願う。同十三日にことに常坐を組み念誦して寅の刻に至って、神力によって眠り入るも、夢見るのでもなく目覚めるのでもない状態となる。拝聞し申し上げる様子、正面の大空から白雲が内陣の仏前に入る。その雲の広さは一丈余り、高さは十丈ほど。法蓮［弥勒寺の初代別当で八幡神の出家受戒師である］が仏前にお座りになっている。大空の間、白雲の中に相好円満《そうごうえんまん》の高僧が金色の光を放ち、その光は雲と互いに照らし合い透き通っている。こうした様子は、言語道断、心行処滅の、言語や思慮の領域を超えたものである。法蓮にその高僧が勅していう。

「お前は無上の道心を起こすべきである。私もまた起こすべきである。また無上の道心を起こそうとする者をこそ、私は守護するだろう」と。

心中に思惟するに、これはすなわち八幡神の御教言である。


亀山院三年。建治二年、丙子。

閏三月十七日の夜、神吽法師は神前において、雑念を止め一心に集中する止観の観道を凝らし、秘密の真言を唱える時、八幡神の鎮座する第一の神殿の高欄の内に、高僧が現前した。私の目を開く時は見申し上げず、目を閉じる時にあらわれくださる。その高僧が仰せていう。

「境静かなる時は、智もまた静かである」と。

私にいう。「普賢経」（『観普賢菩薩行法経』）の文にいう。

「眼を閉じればすなわち直ちに正見であり、眼を開く時は敢えて出現せず」と。

神吽は自らの意志で、八幡神を見た。それは、神力や瞑想によって実見された、高僧の姿をした八幡大菩薩である。その記録が文永十一年と建治二年の一連の記事ということになる。

神吽が、このような自身の神秘体験の記事を『託宣集』に採録したことの意味はどこにあるのか。そして前節に論じた本地幽玄の神学とはどのように繋がっているのだろうか。いくつかの確認すべきことについて論じつつ、そうした本質的な問題へと接近していくことにしたい。

（二）　文永十一年と道心

まずは「文永十一年」と「建治二年」という時期の問題について触れておこう。なぜ、この二つの時期に神吽は八幡神の示現を願うべく、弥勒寺に参籠し、また神前に止観の観道を凝らしたのか。

吉田修作は、文永十一年という時期を取り上げ、「それが元寇の年であるのは偶然とは思えない。これは、その編纂意識をそのような時代に遡らせて設定したのではないか。このような個人的な神秘体験と記されているものが、実は時代状況と密接に関わっていることは、たとえば、平安朝の天神の託宣などにおいても用例がある」とする。(16)確かに、そのように考えることもできる。時代状況と神秘体験が密接に関係するという主張はその通りであるし、文永十一年という元寇─文永の役─異国襲来の年にぴたりと神吽が神秘体験を得たということには、実際にそうであったかどうか、留保が必要であろう。

しかし、吉田の議論では、「偶然とは思えない」元寇の年との一致を示す文永十一年という問題は、何ら解決がなされていない。「個人的な神秘体験」が「時代状況と密接に関わっている」と述べるのみで、そこにどのような意味があったのかは問われないままとなっている。また、吉田は、文永十一年にはとくに触れておきながら、建治二年については論点としておらず、このような分析の不均衡は論の精度を著しく下げるものであろう。なにより、『託宣集』を読むということは『託宣集』が作り出す歴史を読むということでもあり、安直に史実的問題へと結びつけられてはならない。

建治二年については後に回すこととし、ここでは文永十一年について考えてみることにしよう。

さて、この問題を考えるためには、そもそも「文永十一年記事」において、どのような意識があって神吽が参籠し、その神秘体験がどのような内実を語るものだったのかを的確に読み解く必要がある。

「文永十一年記事」では、神吽は宮寺勅願の僧として、年来、道心を祈り仏神を仰ぐ中、弥勒寺に八幡神の示現を期して参籠したのであった。

注意点は、「道心」である。なぜなら、示現した八幡神が法蓮に勅言したという内容が、道心の重要性を語るものだったからである。

神吽が求めた「道心」と八幡神が語る「道心」が対応関係にあることは、記事の展開上疑いない。また、八幡神からの「御教言」だと心中に受け取っていることから、神吽が意識的に「道心」を記していることは明らかである。道心とは、仏の教えを信奉し悟りを求める心、修行への専心、衆生を救済しようとする菩提心などを意味する。「文永十一年記事」のはじめに、「道心を祈り仏神を仰ぐ」とあるのは、神吽が八幡神を仰いで大菩薩としての慈悲救済の心を祈っていた、ということであろう。神吽は八幡神に救済されることを求めていたのである。

しかし、示現した八幡神が法蓮に向けた言葉は、「お前は無上の道心を起こすべきである。私もまた起こすべきである。また無上の道心を起こそうとする者をこそ、私は守護するだろう」というものであった。御教言と理解されたこの八幡神の言葉は、一方的に八幡神に道心—慈悲救済の心を求めるのは間違っている、八幡神が守護し救済するのは、自らも道心を起こす者である、ということを示している。

つまり、「文永十一年記事」は、「道心」を祈ること、加えて「仏神」を仰ぐこと、一方的に救済を求めるそうした行ないが、実は八幡神の心に適うものではなく、自身もまた道心を起こさなければならないという真実を、八幡神が示す神秘として神吽が感得したことを語っているのである。

では、あらためて考えてみよう。なぜ、こうした「道心」を明かす神秘が文永十一年に体験されたのか。文永十一年ということの意義はどこにあるのか。

(三)　文永十一年という歴史

文永十一年の蒙古襲来は、突然に起こったわけではない。文永五年（一二六八）には第一回の使者が太宰府に到着し、モンゴル帝国—蒙古からの国書が幕府・朝廷に届けられている。この国書に対し、朝廷は返牒しないことを決定した。これにより蒙古軍の襲来に備えて、朝廷からは諸大社への祈請が行なわれ、また、幕府からは西国の御

家人に対蒙古戦へ向けての体制を整えるように指令が出されている。(17)

とくに宇佐宮は、異国征討、朝敵降伏の鎮護国家を担う八幡神を祀るものであり、また鎮西筑紫の豊前という立地からも、朝廷の頼みとするところは大きかったであろう。それは蒙古という異国と戦う、中世における「神国日本」の「神々の戦争」の開始を告げるものであった。(18)

以後、蒙古は数度の使者を日本に派遣しつつ、日本攻撃のための軍勢を調え、日本の側でも緊張が高まる中、ついに対馬、壱岐を経て九州へと蒙古軍が攻め寄せる。それが文永十一年十月の出来事である。

こうした緊迫する情勢の中、神吽は八幡神の姿を見た。であれば、そこには蒙古襲来を意識した鎮護国家、異国降伏の意図があったのだろうか。

ところが、「文永十一年記事」には、蒙古襲来はおろか、鎮護国家に関する何ものも記されてはいない。視野を『託宣集』全体に広げても、対蒙古戦について一切触れておらず、とくに「異国降伏事」との内題を記す巻十五・十六においてさえそれが見られないことは、蒙古合戦の具体的な様相を記す『八幡愚童訓《はちまんぐどうくん》』（甲本）との対照的な相違として強調されるところである。

「文永十一年記事」について、あえていえば、八幡神の御教言とされるうち、「無上の道心を発さむ人をば、守護すべきなり」というところに、あるいは鎮護国家の意識のあらわれを指摘できるか、といった程度のものである。それですら、守護の対象となるのは「無上の道心を起こす者」に限定されている。蒙古襲来のあった文永十一年のこととしておきながら、よほど、その蒙古襲来ということを意図的に排除したとしか思えない記述である。そう、排除である。これは、逆説的に考えなければならない。

『託宣集』における神吽は、蒙古が襲来するからといって、常にない祈請を行ない、盛んに八幡神へ鎮護国家を祈願するという状況を、おそらくは冷ややかに見ていたのであろう。

大事なのは、日頃から八幡神にその道心、救済や守護を祈ることである。実際に、文永十一年の蒙古襲来は撃退され、日本という国は守られたが、それは個別の祈請によるのではなく、そもそも八幡神が誓願として示した鎮護国家の誓いによるのである――。

こうした認識が「文永十一年」という歴史によって『託宣集』に作られているのではないかと思われる。それが、八幡神を実見する体験を文永十一年に得たとしながら、蒙古襲来に一切触れていないことの意味であろう。

そしてそのような常時の祭祀や信心こそが必要だという認識は、宗廟である宇佐宮社殿は式年の造営によって全くすべきという、本地幽玄の神学における現実的な問題、「御体注釈記事」末尾ⓘの記述に繋がっている。

しかし、「文永十一年記事」の意味は、それだけで終わるものではない。こうした蒙古襲来との関係から想定される問題は、「文永十一年記事」では背景としてしか認められないのであって、主題ではない。その神秘体験のもっとも重要な意義は、八幡神が、道心を祈る神吽に対して、同じく道心を起こすべきという啓示―霊示を与えたことにある。

道心ということにおいて八幡神と同じ位置に立つ。そしてその道心が無上のものとなった時、八幡神の守護が得られる。すなわち、八幡神と一体化するものとなる。そうした修行の道筋、神秘の階梯が、ここには示されている。『託宣集』の神吽における神人合一の中世神学のはじまりというべき境位の記述である。

（四）　法蓮と修行者

次に、「文永十一年記事」に登場する法蓮について取り上げたい。

記事中、八幡神を実見する体験の進行において、まず出現したのは法蓮であった。そして、神吽が自身への御教言だと思惟によって理解した八幡神の言葉は、もとは法蓮に向けられたものである。すなわち、「文永十一年記事」では、神吽は八幡神と法蓮の対話のビジョンを第三者的に見ていたということになる。

この法蓮について、注記として弥勒寺の最初の別当であり、八幡神の出家に際して受戒師を務めたことが示されている。「文永十一年記事」においてとくに注記されているという点は、神吽の神秘体験の方向性を示すものとして重要である。

『託宣集』で、法蓮が弥勒寺初代別当となったことが記されているのは、第七章第一節に論じた隼人征討記事より前、巻五に記された「文武天皇七年。大宝三年癸卯」のことという「小倉山霊行事」と題した一連の記事である。この記事は、八幡神の顕現を導いた大神比義に次ぐ箇所に配置されており、そうしたところからも、法蓮という人物の『託宣集』における位置づけ、比義に次いで八幡神と関係する宗教者だという重要性がうかがえるだろう。

そこでは、如意宝珠を求めて彦山に「修法」―修行をし、ついに手に入れる法蓮の姿が描かれている。そして、八幡神は「仙翁」としてあらわれて法蓮に仕えており、如意宝珠を手にした法蓮からこれを奪おうとして果たせず、交渉により譲り受けることを願った。曲折の末、法蓮は、弥勒寺の初代別当となることが約束され、如意宝珠は八幡神の手に渡る。八幡神はこれにより、「自今我山仁波修験人者不可有須」、「今より我が山には修験人は有るべからず」などと言葉を発し、自身が修験の力を獲得したことを宣言している。

そして、最終的に八幡神が法蓮に対して示した言葉は、次のようなものであった。

我者八幡也。賜此宝珠天。可利益一切有情志。宇佐垂迹之時。神宮寺別当土奉仰天同心仁天下乎可静護也者。

私は八幡である。この宝珠を賜わって、一切有情を利益するだろう。宇佐宮に垂迹する時、神宮寺の別当と仰いで、同心して天下を静め護るであろう。

こうして、八幡神は彦山権現や法蓮と出会い、八幡神の誘いによって、彼らは一味同心を成した、と記事は閉じられている。これは、八幡神に彦山権現や法蓮などが同心し隼人征討に随行する由来、起源を語るものとしてもある。すなわち、「同心に天下を静め護るべきなり」というのは、広く国家を鎮護することも意味してはいるが、直接には隼人を征討することを指していると考えられる。

また「一云」として記されるほぼ同内容の別伝では、法蓮に示された八幡神の言葉として、次のようにある。

日本不静須。我成鎮守天護我朝良牟。吾於波号八幡須。於此玉者只与我江給江。我為令結縁于慈尊出世仁。建立弥勒寺志天擬為神宮寺須。法蓮於奉成彼寺別当天。当報此玉恩志者。

日本は静かならず。私は鎮守となって我が朝を護るだろう。私は八幡という。この宝珠をただ私に与えてほしい。私は弥勒慈尊の出世に結縁するために、弥勒寺を建立し神宮寺としようと思う。法蓮をこの寺の別当として迎えることで、必ずこの宝珠の恩に報いるであろう。

これら巻五の記事、とくに法蓮に向けられた言葉は、巻十二の「文永十一年記事」「建治二年記事」の読解において、大きな意味を持っている。

法蓮は彦山の修験者の代表者として弥勒寺初代別当に任じられた、というのが『託宣集』における弥勒寺の一つの起源となっている。また同時に、その山岳修行の営為は、「文永十一年記事」において、修行者と八幡神とが一体化するという「道心」の一つのモデルケースといえるだろう。八幡神と対話する法蓮の姿に、そのことが明かされている。そこでは、八幡神が自身に仕える宗教者に求めることは、いわゆる祭祀ではなく、互いに修行に専心するということであった。

また、法蓮が八幡神出家の受戒師であるということについては、巻十と巻十四に「光仁天皇八年、宝亀八年丁巳」の時のこととする記事があって、そこに詳しく記されている。法蓮が八幡神の受戒師となるという関係は、まさに修験者が八幡神の出家を導く師となるということを示しており、修行者と八幡神との交錯し即融する様相をあらわしている。八幡神と宗教者、その一方が別の一方を導くというよりは、互いに導き合う関係がそこに明確なものとして示されている。

以上のような関係は、祭祀者が修行者へと変貌するという展開においても示されていたのであり、前章第二節に、大神氏の宗教者としての変貌の問題として論じている。そうした観点から見れば、大神氏の出身であると同時に出家した僧である神吽は、大神氏における祭祀者から修行者への変貌という神話の最終局面に立つ人物だといえるだろう。神吽は諸男や田麻呂を超えて、修行者として八幡神と同一化するところにまで、その接近を果たしているということになる。

これらの分析によって、「文永十一年記事」の主要な意義は理解することができる。「文永十一年記事」において、「道心」が八幡神と宗教者とに等しく求められているのは、八幡神が修行の神であることを神吽に告げ、神吽もまた修行者として、その神秘の真実を受け取ったことの記録だったのである。

ところで、巻五の法蓮に向けられた八幡神の言葉のうち、おおむね弥勒寺関連のことを省くと、そこには鎮護国家のことがいわれていた。

「天下を静め護るべし」、そして「日本は静かならず。我鎮守と成りて我朝を護らむ」。これらの言葉は、「静」という語において「建治二年記事」の「境静なる時は智も亦静かなり」と通じているようにも思われるが、そこにはどのような問題があるのだろうか。このことは、神吽が構築した本地幽玄の神学にも直接に繋がる本質的な問いであり、その議論に入る前に、「建治二年記事」の神秘体験における建治二年という時期について考えておく必要がある。

（五）　建治二年の意味

建治二年、さきの文永十一年から三年後に、神吽は再び八幡神の姿を見て声を聞いている。今度は、法蓮という媒介者の存在を必要とせず、神吽に対して八幡神の声が直接に向けられている。すなわち、この三年の間に、神吽は「文永十一年記事」に示された無上の道心を起こすことを成し得たのであり、その達成が「建治二年記事」において証明される、という関係になるだろう。それは、かつての法蓮と同じ境位に立つという、神吽の成長を証し立てるものとしてある。

しかし、その道心を無上のものとするまでにかかった時間が三年であった、ということよりも、建治二年という時期にはより重い意味がある。

建治二年。西暦にして一二七六年。この年は、蒙古―モンゴル帝国―元では至元十三年、南宋では徳祐二年であって、すなわち、事実上南宋が滅んだ年である。

このあたりの事情を簡単に辿っておこう。南宋とモンゴル帝国は、それ以前の状況を引き継ぐ中で、一二五七年、モンゴル帝国の南宋遠征の形で交戦していた。その途中、皇帝モンケが陣中で病没して停戦、モンゴル軍は撤退する。一二六〇年、クビライが皇帝に即位し、一二六一年には南宋征討を宣言するもこの時は沙汰やみとなる。そして、モンゴル帝国側の準備が万全に整った一二六八年、南宋の滅亡に繋がる進軍が開始される。また、クビライは一二七一年に国号を大元（大元ウルス・大元大蒙古国）としている。この戦いで、要害の都市、襄陽《じょうよう》・樊城《はんじょう》をめぐる攻防戦が実に六年も続いたが、一二七三年、元軍はこれを陥落させた。そして一二七四年、南宋への総攻撃が開始され、大勢は決する。なお、この総攻撃開始は文永十一年にあたり、この年の日本への侵攻、すなわち文永の役、およびそれに繋がる一連の行動は、南宋攻略戦の一環として、日本が南宋と連携することを防ぐという牽制の意図によるものとされている。一二七六年、元軍はついに南宋の首都、臨安《りんあん》へと兵を進めて開城させ、南宋王朝は降伏し滅亡することになった。実際には、これ以後に南宋の遺臣が幼帝を奉じて転戦を繰り返し、完全に滅ぼされるまでの二年ほどの間は元軍に抵抗したが、ともかく、建治二年の時、南宋は元の大軍を前に、臨安の開城をもって国家としての体を失ったと見てよい(19)。

はたして、神吽がリアルタイムに南宋の滅亡を察知していたかどうか、確たることはわからない。ただし、元による南宋の滅亡、臨安の開城の情報は、すでに同年中に日本商船によってもたらされていたらしく、また、元と日本は準戦時状態であるにもかかわらず、臨安陥落の翌年には、来航する日本商人との通商について元当局からの公認があったとされている(20)。南宋から元へと趨勢が動く中でも、民間貿易においては、日本と大陸との交流は絶えていたわけではなかったようである。九州豊前という立地を考えれば、大陸の情報は手に入り易かったはずで、蒙古襲来の危機感もあって、神吽を含めた九州の人々などが、そうした情勢に敏感になっていたと想定することは十分可能であろう。

とはいえ、神吽が実際に神秘体験を得た年が建治二年であったかどうかについては、文永十一年の場合と同様、やはり留保が必要であろう。

「文永十一年記事」「建治二年記事」に記されたような出来事が、神吽にとって実際に体験されたものであろうことは、間違いないと思われる。ただ、それが蒙古襲来の文永十一年、南宋滅亡の建治二年のことであるとするのは、そうした象徴的な出来事に、おそらくは意図的に、後から記憶を結び合わせたものと見た方が妥当だろう。それは、神吽が自身の神秘体験を歴史の動向に照らし合わせ、その中に配置した結果だったのだと読んでおきたい。

（六）　神吽の神秘体験における東アジア世界の危機

では、神吽が、八幡神を見たというその体験を、蒙古襲来や南宋滅亡という歴史に掛けることによってあらわそうとした意味とは何であろうか。

文永十一年は、日本の危機であり、建治二年は、南宋の危機であった。どちらも同じく蒙古という異国の軍事的侵攻を前にした国家存亡の危機であり、しかし、一方はこれを退け、一方は滅亡した。その違いはどこにあったのか。神吽はそのように考えたはずである。そしてそれは、神吽にとって八幡神の存在の相違だと受け取られたに違いない。

さきに述べたような史実、南宋滅亡の詳細な状況を知り得たかについてはともかくとしても、神吽の現実として、蒙古の脅威にさらされた日本が、南宋と同様に滅んでしまう可能性は十分に意識されていたはずである。

日本の滅亡、それが現実のものとならなかったのは、八幡神が日本を守護する宗廟の神であったからだ——。

そこには、「御体注釈記事」ⓘに見られた、宗廟の造営における臨時と式年の違いの意義や、宗廟社殿を全くするべきことなどの認識も密接なものとしてあるだろう。ここに至って、偶然とは思われない文永十一年と建治二年という二つの神秘体験の時期の必然性が理解できるようになる。

文永十一年と建治二年という二つのタイミングは、『託宣集』の神吽の認識における東アジア文化圏、とくに日本と中国、本朝と震旦という関係、宗廟祭祀における儒学的世界の歴史の変わり目を象徴する事件が発生した時だったのである。「文永十一年記事」「建治二年記事」には、そうした巨視によって捉えられる歴史的な出来事と、神吽自身の神秘体験とが、符合するように描かれているわけである。

そこでは、「文永十一年記事」の裏側にあったと思われる問題、蒙古襲来に脅威を感じ常になく鎮護国家を祈請することへの否定的評価と、「御体注釈記事」末尾ⓘに示された宗廟造営の「昔」と「今」の差異に基づく式年称揚という主張は、見事にかみ合うものとなる。そのもっとも深刻で決定的な証明が、明示的ではなくとも重い意味を投げ掛ける建治二年の南宋の滅亡ということになるだろう。

ただし、こうした八幡神の存在、蒙古の軍事侵攻、宗廟観の展開において対比される日本と南宋という意識は、あくまで文永十一年と建治二年両記事の後景、陰影の部分となっている。それは「文永十一年記事」にも「建治二年記事」にも直接には記されなかったものであり、文永十一年と建治二年という時期に掛けられた神秘体験という視点において、その記されなかったということに着目することではじめて浮かび上がり繋がり合う陰画的な歴史なのである。

ゆえに、文永十一年と建治二年という歴史の中に神吽が自身の神秘体験を置くことの意図は、宗廟の神、鎮護国家の神としての八幡神の在り方を、そこに直接にあらわれる問題の後景に置くことにあったのではないかと考えられる。

これらを後景とすることは、神吽が体験した八幡神の出現という出来事に、東アジア世界の歴史、儒学世界の変容という広大な深みを与えている。それは単に同時代の横への繋がりの広さを示すものではなく、神吽が捉えた歴史であり、『託宣集』が記されることによって作り出される歴史なのである。

しかし、本論の問題意識から、より注目するべきなのは、そこでは、明示的には八幡神が鎮護国家の構造から離脱しているということである。「文永十一年記事」「建治二年記事」には、鎮護国家の歴史は描かれていない。そのような排除の意義はどこにあるのか。

以上のように考えた上で、神吽の神秘体験の核心部分へと議論を進めよう。東アジア世界という深みを懐に抱え込む神秘体験の究極的な意味はどのようなものであるのか。この問いについて考えることで、『託宣集』の神吽が示す神学の結論へと導かれることになるはずである。

（七）　神吽と本地幽玄の神学

i　境静かなるときは智も亦静かなり

さて、「文永十一年記事」においては「道心」を起こすことが強調されていたが、「建治二年記事」においては、感得され体得された認識は二つある。一つは、八幡神が発した言葉、「境静かなる時は智も亦静かなり」であり、もう一つは、神吽が「我が目を開く時は見奉らず、目を閉づる時は現れ坐す」という自身の体験から理論化し「普賢経」に見出した「眼を閉づれば則ち直ちに正見たり。眼を開く時は敢て出現せず」である。

この二つの認識が、「建治二年記事」の意味そのものとなるだろう。

それでは順を追い、「境静かなるときは智も亦静かなり」について考えることにしたい。「境」「智」「静」という象徴的な言辞は、どのような意義をあらわすものなのだろうか。ポイントとなるのは、「静」の意義である。それは「境」にも「智」にもかけられており、二者を結びつける位置にあると思われるからである。

「静」については、さきに確認した、巻五の大宝三年の記事において法蓮に示された八幡神の言葉、「天下を静め護るべし」「日本は静かならず。我鎮守と成りて我朝を護らむ」と関連性があるのではないかと述べたが、どうであろうか。まずはそのあたりから検討してみよう。

文永十一年と建治二年の二度の神秘体験において、神吽は法蓮を媒介にし、同等の境地に至ったという成長が見られることは、すでに述べた通りである。そのように考えれば、八幡神から得られた言葉双方にあらわれている「静」という文言は、やはり重なるようにも思われる。

この法蓮に示された「静」が作っていた鎮護国家という文脈を考えれば、「建治二年記事」の「静」についても、その後景、蒙古襲来という国家存亡の認識と通じ合うものと受け取ることができるが、同時にそのことが直接的な記述としてあらわれていない、ということにも考慮しなければならない。

すなわち、この「建治二年記事」の「静」においては、巻五の大宝三年の記事の法蓮への言葉にあった鎮護国家に繋がるはずの歴史認識、蒙古襲来とそれに対処する異国降伏の祈請という問題は、神吽の神秘体験の文脈において、明らかに掻き消されているのである。大宝三年の「静」は、「建治二年記事」の文脈としては、その陰影としてしか描かれなかった歴史へと繋がっているものであって、明示的な「境静かなる時は智も亦静かなり」の裏側の問題ということになる。

そして、この「静」が鎮護国家ならざるもの、ということになれば、「境」ということについても、その意味は絞られてくる。「境」とは、境界や場所、境地を指す語であるが、「建治二年記事」においては、法蓮に示された鎮護国家の領域である「天下」「日本」を指すとは見なしがたい。もし「文永十一年記事」「建治二年記事」に一言でも直接的に鎮護国家にかかわることがいわれていたならば、この「境」は、八幡神が守護する領域として「我朝」である「日本」の「天下」を指すことにもなっただろう。だが、実際にはそのような言葉は一切あらわれていない。

神吽はそうした理解が誤りだと示すように、「文永十一年記事」「建治二年記事」の記述すべて、その明暗、ポジティブとネガティブを操り切っているのである。歴史の背景を影にし、主題である八幡神の神秘に光を当てる記述表現。『託宣集』の神吽は、まさに言語という技術において、八幡神の神秘を十全に制御するという神学者の完成の域に達している。

ここから、『託宣集』の神吽、その神秘体験と「御体注釈記事」に代表される神学的営為が、一つの文脈を作っているのだと想定してみると、「境」には二通りの見方を立てることができるだろう。一つは道心を求める修行者としての階梯である境地。もう一つは八幡神が鎮座する場所、宗廟である宇佐宮社殿。このような二つの「境」の意味するところについては、どのように考えることができるだろうか。

「文永十一年記事」で明かされたのは、八幡神が道心を起こし、また自身に従う宗教者にもそれを求める修行の神、修行者の神だということだった。そして、八幡神が現実世界において鎮座するのは宇佐宮である。宇佐宮社殿こそは、「御体注釈記事」において、宗廟―尊貌としての御体と価値づけられた八幡神の現世でのあらわれであり、であれば、それはそのままに修行者としての八幡神の座だということになる。「境」の二つの意味は、八幡神が修行者の神であるということにおいて、一致を見せる。

そうすると、「境静かなる時」と繋げられた場合は何をあらわすことになるだろうか。「静」の解釈を中心に、まずは「境」の修行者の階梯と宇佐宮社殿という二つの意味に従って分析してみよう。

「静」とは、寂静、すなわち煩悩の惑乱の無いことをいう。

「境」を修行者の階梯境地と見た場合、これはわかりやすい。八幡神にせよ宗教者にせよ、修行の中での煩悩を滅却する段階、というのが「境静かなる時」の意味となる。

一方、「境」を宇佐宮と見た場合には、どうか。宇佐宮社殿を八幡神が存在する座と見れば、それが「静」であるということは、修行者でもある八幡神が煩悩に惑乱されないことだと理解されるが、ここはもう一歩踏み込んで考えてみるべきだろう。

「静」であるべき宇佐宮社殿は八幡神の宗廟であり、礼拝祭祀、祈願の対象である。そう見た時、「文永十一年記事」「建治二年記事」では掻き消されているとした問題、鎮護国家の祈請の問題が浮かび上がってくる。それも間違いなく否定的な意味を伴ってである。

蒙古襲来に対する宇佐宮八幡神への鎮護国家の祈請のことは、文永十一年および建治二年という年時に掛けられ暗黙のうちに示されるものだった。それは神忤にとって、粛々と宇佐宮祭祀を営むべきだという認識から、排除されるべきネガティブな行ないであった。「境静かなる時」を、宗廟宇佐宮が静かなる時だと考えれば、時勢とはいえ、いや時勢としてこそ、そうした鎮護国家の祈請は、静かなることとは正反対の騒がしさそのものであろう。ことさらに異国降伏を求めることは、祈りを捧げる宗教者やそれを期待する人々にとっての煩悩であると同時に、八幡神にとっても静かなることを乱すものとして位置づけられているのである。

　このように分析してみると、結局のところ「境静かなる時」の「境」は、基本的に、宗廟としての宇佐宮社殿や修行における階梯境地のどちらかを指すものではなく、その両方を含む言明だということが理解できる。それは、修行と祭祀、教理と現実、八幡神と宗教者、などといった対応関係にあるもの同士が重なり合い一致する場となるのである。すなわち、「境静かなる時」は、八幡神の座の在り方と、八幡神を祀り祈る者の敬信の態度を規定する言辞だということができるだろう。

　ならば、このような「境静かなる時」を受ける「智も亦静かなり」は何をあらわすだろうか。

「智」とは、智慧でもあり、対象を正しく捉えて真実を見極め、適確な判断を行なって迷いを断つ心の働きをいう。すなわち、「智」が「静」であるということは、教理概念として見れば、真実を知り煩悩を断つ心の働きが、寂静のそれとして正しく作用する、ということを示すものとしてある。

　では、『託宣集』の神吽、宇佐宮の八幡神、神秘体験と神学という具体的な観点からは、どのように考えられるだろうか。

「文永十一年記事」「建治二年記事」の神秘体験において考えるなら、それは当然、法蓮を媒介にして八幡神から神吽に示された道心、それも完成としての無上の道心を意味すると考えられる。すると、宇佐宮八幡神への祭祀が静かなる時、無上の道心の境地に至るということになり、祭祀と修行とが一致することを指し示すものとなる。「智」が「静」であるというのは、そうした祭祀において得られる無上の道心という極点なのである。

　そして、この文言を、八幡神が語る一種の神話だと考えるなら、「境」が静かであることが、「智」が静かであること、寂静の真理の起源を示すものとなる。そこに宗教者による真理の探求という視点を当てはめるなら、真理である寂静の「智」を得るためには、「境」が静かであることが必要なのだという修行の道筋を指し示す導となる。

この場合、「宗廟（宇佐宮社殿）の静かなること」と「静かなる（寂静の真理を知る）智の働き」が、相互に読み替えられる関係を作っていると見なければならない。それはまた、八幡神と宗教者神吽が修行において即融する神人合一の境地を示してもいる。神吽が宗教実践者となる現場はここにある。

境静かなる時は智も亦静かなり——。

宗廟宇佐宮の祭祀を騒がさないことが、寂静の智の境位と繋がっている。これは、八幡神が神吽に示した言葉である。しかし、同時に、神吽が自身で獲得した認識でもある。なぜなら、無上の道心を起こせとの啓示を受けた神吽が、三年の時を経て得るところの神秘体験の中に示されたそれは、八幡神と一体化する境地に至っていることをも示しているからである。八幡神の言葉は、神吽の悟った真理そのものであり、そのいずれかの意志だと画することのできない神秘そのものなのである。

さらに、そうした読み替えの可能性、示された真理の可能態は、八幡神の発話が、そのものにおいて神学化するという相を示すものでもある。なぜなら「静」を起点として「境」「智」が一致することは、八幡神と神吽が重なる境位、修行者—宗教者の位置から言われる論理であり、宇佐宮の祭祀と修行の意味を更新する宗教実践としてあらわれているからである。

こうした「境」である宇佐宮は、「文永十一年記事」「建治二年記事」では、その年時に象徴されるという東アジア世界の歴史を抱え込む場となるのであり、儒学文化圏の国家の存亡を後景として示していた。

しかし、神秘体験の神学化においては、そうした現実の危機は「静かなること」を乱す騒がしさとして否定される。これは、八幡神が鎮護国家の神であることの否定ではなく、むしろ八幡神が日本国を守護することの原理論的な証明でもある。鎮護国家のための祭祀は必要ない。必要なのは八幡神の鎮護国家の誓いを信じて、日々その道心を祈ることである。

ただし、八幡神の本源へと至ろうとする宗教実践者となる神吽にとっては、その限りではない。八幡神は、自身と共感する者が道心を起こすこと、ともに修行することこそを要求しているのだから。

「静」ということにおける「境」「智」の一致こそが、無上の道心を求める修行者の辿り着くべき八幡神の究極の教えなのである。

ii　眼を閉づれば則ち直ちに正見たり

「境静かなる時は、智も亦静かなり」が、八幡神が教示し神吽が獲得した真理であるとすれば、「眼を閉づれば則ち直ちに正見たり」は、その神秘に臨むものの方法を提示する言葉である。

この文言の意義については、吉原浩人の議論で基本的なところは明らかにされているので、まずはそれを参照しておこう。[21]

> 神吽は、（中略）「普賢経文云」として、
>
> 閉レ眼則直為二正見一、開レ眼時敢不二出現一。
>
> という文を引く。これは『法華経』の結経として天台智顗が判じた『観普賢経』の、以下の一節に拠るものである。
>
> 因二大乗一故、得レ見二大士一。因二大士力一故、得レ見二諸仏一。雖レ見二諸仏一猶未二了了一。閉レ目則見、開レ目則失。
>
> 行者が心に大乗を念じて昼夜に捨てなければ、睡眠のうちにも普賢菩薩が法を説いて下さるという文脈の中

にある部分で、かえって眼を閉じれば、諸仏にまみえることができると明かすところである。神吽は、神秘体験の根拠を、『法華経』の結経たる『観普賢経』に求めた。しかし、その経文には、正見・出現などの語が加えられて敷衍された形となっている。ここでいう正見とは、理想の境地に達するための徳目たる、八正道の第一である。八幡大菩薩は、そもそも八正道を体現した名と解されていた。「八正道を示し、権迹を垂る。皆苦の衆生を解脱するを得、故に八幡大菩薩と号く」との神託は、前述の通り『八幡宇佐宮御託宣集』巻四・八・十二に繰り返し引用されるところである。

八幡大菩薩は、八正道を示し、苦の衆生を導くために、姿をかえてこの世に垂跡されたという共通理解があった。その実践態度を保っていればこそ、神吽は八幡大菩薩に直にまみえることができたのである。この「眼を閉づれば直ちに正見たり」の句は、神吽が正見の行者であることの経証となるものであり、自負のあかしでもあったのだ。

宗教者としての神吽が八幡神を実見したという「建治二年記事」を読み解く当を得た分析である。吉原は、「法華思想の影響」について、『託宣集』を全体的に確認し、「神吽が、『八幡宇佐宮御託宣集』の主要な構成原理の一つとして、『法華経』を捉えていたことは、紛れもない事実である」としている。

また、こうした問題は、吉原も注で挙げているように、すでに伊藤勇人によっても論じられており、(22)神吽とその『託宣集』の編述における宗教的根源の一つとして法華経があったことが指摘されている。

伊藤は議論の中で、実際の『普賢経』と神吽の引文の違いを取り上げ、その意義について次のように論じている。

思うに、凡僧や学僧は、経文どおりに読誦し解説するであろうが、神吽は経文の底に潜む仏意を悟り、その仏智見を記載したものと解される。つまり、文上の筆写・記録に満足するのではなく、仏眼によって文底を悟りこれを解説し記述したのである。この仏智見を得た者こそ行者といえるのであって、彼はまことに法華経を読誦し解説書写し、かつ如説修行を重ね、その功徳によって高僧＝大菩薩＝八幡神を直に見、その託宣を聞き得たのである。この行学二統（道）の功力によって曩祖（先祖）大神比義と同体化することが可能となったのであろう。

伊藤、吉原の議論は、神吽の神秘体験を論じた先行研究として優れた分析であるといえる。今、本論がなすべきことは、こうした神吽への評価をさらに展開させ、中世神学という視座からあらためて位置づけることであろう。伊藤は、法華経の持経者としての神吽という観点で、その神秘体験を読み解いており、とくに「普賢経」の引文が単なる参照に留まらない点を、「経文の底に潜む仏意を悟り、その仏智見を記載したもの」と位置づける。宗教者としての神吽が、経文を押し戴きそれに従うだけではなく、自ら実践的に経文の言葉に取り組み新たな理解を作り出す人物であったという指摘である。

その中にいう「大神比義との同体化」ということについては、「八幡神を顕現せしめた大神比義と一体化なり得る霊能者」、「神吽の宗教的根源は法華経にあり、彼は大神比義二一代の家に生まれた自負と、仏門に入り二八代にあたる自らの因縁と、行者としての使命・役割などを遺憾なく発揮し」などと述べられているが、その根拠としては、神吽の神秘体験のほかには辿ることができない。論述の上では、神吽が比義の子孫として八幡神の姿と声を見聞する神秘体験を得たということを論拠とする価値づけであって、『託宣集』における比義についての分析は残念ながら見当たらない。

本論の立場からこれを補足すれば、『託宣集』全体の中で、比義が神吽にとって自氏の始祖として、八幡神に仕える宗教者、修行者の理想像をなすものであることは間違いない。それはとくに、第七章第二節に取り上げた比義における神的性質の強調や「精進」―修行の問題、さらに「大神比義」の字義の神秘を神学的に構築することからうかがい得るものである。なにより、八幡神と同一の境地に至ることを記す神吽は、『託宣集』において八幡神と不可分の存在である比義とも重なる境地に立ってもいるのである。

次いで、吉原は、『託宣集』における「法華思想の影響」を辿るという論旨の中で神吽の神秘体験に言及している。それは伊藤の議論をより詳細に具体化するもので、とくにもとの『普賢経』にはなく、「建治二年記事」で加えられた「正見」の文言について、「理想の境地に達するための徳目たる、八正道の第一である」ことから、これを神吽の宗教的な実践態度に結び合わせているのは重要である。中世当時においては、「八幡大菩薩は、そもそも八正道を体現した名と解されていた」のであり、このことを踏まえ、神吽が八幡神の教えを実践する「正見の行者」であり、その証明が『普賢経』を敷衍した「眼を閉づれば直ちに正見たり」の句である、という分析には、その限りにおいて異論の余地はない。こうした修行者としての営為が、まさに、さきの「文永十一年記事」に示されていた無上の道心の具体的な内実なのである。

ただし、本論の問題意識においては、「法華思想」に足場を置くともいうその認識が、「御体注釈記事」に構築される本地幽玄の神学とどのような関係性を持つものか、あらためて問われなければならない。すなわち、『託宣集』と神吽における「法華思想」の重要性は、伊藤と吉原によって指摘される通りであるが、吉原の言葉にあるように、それは「主要な構成原理の一つ」であって、中心というわけではない。本章に論じてきたように、『託宣集』の中枢は、御体をめぐってあらわれる本地幽玄の神学にあると見るべきである。

『託宣集』の神吽における中心的意義を問う時に必要となるのは、中世の時代の意義、そして『託宣集』の言説、それらを同時に捉え得る中世神学という視座である。『託宣集』の神吽にとって、八幡神の本体は本地幽玄の神体にほかならず、それを支える思考の運動は、祭祀と修行、八幡神と宗教者が交錯する神学論理の実践であった。

それでは、あらためて考えてみよう。

神吽が、自身の神秘体験に基づき「普賢経」に託す形で作り出した「眼を閉づれば則ち直ちに正見たり。眼を開く時は敢て出現せず」という論理。それは、中世神話と中世神学という視座から見た時、何を意味するのか。そして、『託宣集』の中枢に据えられた本地幽玄の神学とどのように関係するのだろうか。

iii　宗教者と八幡神の成長の神話

神吽が神秘体験において八幡神の姿を知覚し、その知覚の様相を真理として記述したものが「眼を閉づれば則ち直ちに正見たり。眼を開く時は敢て出現せず」との文言であるなら、それは八幡神の姿を見るということに力点を置く神との交感の論理ということになる。しかも、それが『託宣集』における八幡神顕現の歴史叙述の最終局面に位置するのだから、その歴史叙述の中で同様の相を示す出来事、すなわち八幡神の姿を実見した人物について辿った上で、文言の意味を読み解く必要がある。

『託宣集』において、神吽のほかに八幡神とコミュニケーションを取り、その姿を目の当たりにしたとされる人物は、大神比義、法蓮、和気清麻呂と辛嶋《からしまのよ》与曾女《そめ》（与曾売）、弘法大師空海である。彼らがどのように八幡神と出会ったのか、その実見された姿という点を中心に確認してみよう。
　比義の場合には、第七章第二節にも見たように、八幡神は異貌の鍛冶翁としてあらわれていた。法蓮については、「文永十一年記事」の中で高僧としての八幡神と対面している。しかし、本節（四）にも触れた如意宝珠をめぐってのやりとり、すなわち法蓮がはじめて出会った際の八幡神の姿形は、「仙翁」とされている。清麻呂と与曾女については、巻八に八幡神の示現を請う場面が描かれている。これは、著名な道鏡事件の一幕となる記事であり、また、巻三の序文に『託宣集』の前身とも位置づけられ、巻八に再現される「八幡大神託宣奏記」の由来を語るものでもある。
「称徳天皇神護景雲三年己酉」、清麻呂が勅使として宇佐宮に参宮し、宝物を捧げ宣命を読もうとした時のことで、八幡神は、宝物は受け取るが宣命は聞かない、との託宣を示した。清麻呂は、この託宣の言葉を発した禰宜が「女身」の与曾女であることを理由に疑義を立て、対する与曾女は八幡神の示現を願う。そしてその願いに応えた八幡神の出現は、次のように記されている。

　于時御宝殿動揺一時許也。御殿之上紫雲忽聳出矣。如満月輪而出御。和光満宮中。爰清麻呂傾頭合掌奉拝見之。顕現御体即無止僧形。御高三丈許也。

　八幡神の鎮座する宝殿の動揺、紫雲のたなびき、月輪が満ちるかのように出現する八幡神、宮中に満ちる和光。こうした奇瑞の中、合掌し首を垂れ、拝見し申し上げた八幡神の「御体」は、「止んごと無き僧形」、この上なく尊い僧の姿をしていた。

すなわち、与曾女の示現の願いに応えてあらわれ、清麻呂が実見した八幡神は「止んごと無き僧形」、高僧の姿を取っていたということになる。

空海と八幡神の対面する様子は、巻十二に描かれている。弘法大師空海は、いわずと知れた真言宗の開祖、中国から真言密教を招来した人物である。その空海が入唐を願望した時のこととして、『託宣集』巻十二には次のようにある。

一。弘法大師。桓武天皇御宇。延暦廿三年。［甲申。］遥渡蒼海万里之波濤。起伝青龍上乗之思。願望入唐之期。於高尾之寺。為仰玄応。令致丹誠。修甚深行法。念本誓悲願。大菩薩納受彼心。示現其前。御居長三尺三寸矣。以尓時奇異。為末代効験。互延利生御手。被写護国御形。忝哉。神筆之功已以勝生身妙体。奇哉。能筆之徳永奉留入空御影。

弘法大師空海は、延暦二十三年、渡海して密教の教えを欲する思いを起こして入唐することを願う時、高尾寺で冥助玄応《みょうじょげんおう》を仰ぐべく、丹誠を心に込め、甚深の行法を修して、本誓の悲願を念じた。八幡神はその心を納受し、その前に示現した。身の丈は三尺三寸であった。この時の奇異を以て、末代までの霊験の証とする。八幡神と空海は互いに利生利益の手を伸べ、鎮護国家の形として御影を描き写した。八幡神の筆になるという功徳は、すでにそれだけで空海の即身成仏の生身妙体より勝れる。空海の筆になるという功徳は、永く八幡神の「入空」の姿を描き留めている。

大意としてはこのようになる。空海と八幡神は互いの姿を描き写し合い、空海の「御尊像」は高尾寺に奉納され、八幡神の「御形像」は、空海が入唐するのに守持したとされている。後、空海は願のごとくに求法を達成して帰朝。ゆえに、「真言密蔵之流布。五畿七道之安全。大菩薩神変御影像之神力也」、「真言密蔵」の流布と「五畿七道」の安全は、八幡神の神変である御影像の神力によるのだと『託宣集』は記している。

空海が実見した八幡神の姿がどのようなものであったかについて、直接その場面は記述されていないが、空海が写し取った八幡神の姿は「入空の御影」を留めるものとされている。

「入空」とは、真理である「空」に悟入すること、「空」を悟り「空」の境地に進み入ること、またその境地を指す。教理的には、より具体的に、欲界・色界・無色界の三界の中、涅槃の領域である無色界に入ることが「入空」であるともされている(23)。

ここではさしあたり、八幡神が単に出家した僧形であるとか、徳を積んだ高僧だということではなく、「空」の領域に至った「大菩薩」であることを示す表現として理解しておく。

また、その入空とされる姿が僧形であることは当然であるが、直後に「抑大菩薩御影像事」とする記事があり、ここでは確認を省くが、描かれた八幡神の僧形の画像について子細に記述されている。

さて、八幡神の筆になる空海の影像は、その生身の妙体よりも優れるとあることや、真言密教の流布や五畿七道の安全の根拠に八幡神の守護があるとすることなど、興味深いことも多く示されているが、今は措く。

押さえておきたいのは、空海の描いた八幡神の「御形像」が「入空」の姿であったこと、すなわち、空海が出会った八幡神の姿が「入空」の相を示すものであったということである。

さて、これらの記事を一括して概観した時、八幡神が宗教者との関係の中で、自身をより高次のものに変質させ、変貌していることが理解できるだろう。

八幡神は、比義には異貌の鍛冶翁としてあらわれ、法蓮には仙翁としてあらわれる。清麻呂と与曾女には、示現の願いに応え僧形の姿をあらわし、空海には、加護を求めた行法に応え入空の姿をあらわす。こうした八幡神の示現の姿の展開は、『託宣集』に作られた八幡神の成長の歴史であり神話なのである。

さらに、この展開を宗教者と八幡神の相互関係から展開する中世神話として見てみれば、もう一歩踏み込んだ、八幡神と宗教者との合一的状況を指摘することができるだろう。

第七章第二節に論じたように、八幡神の顕現を導いた比義は、「仙翁」とされており、法蓮は本節にも触れたように修験の徒、山林の修行者、すなわち僧である。とくに法蓮は「聖人」と記述されており、「高僧」であるといってよい。

そして、清麻呂と与曾女の場合、八幡神の託宣の言葉を発し、また八幡神の示現を請う与曾女は、「受職灌頂」の位にある者とされている。確認しておこう。

清麻呂は、与曾女に対して「龍女成仏之後。未聞乍為女身。直奉仏神之教勅」、龍女成仏の後に、女身でありながら直接に仏神の教勅を受けるということは聞いたことがない、という疑問を立てている。示現した八幡神はこれに答えて「女禰宜者諧受職灌頂之位布者乎撰任奈利」、女禰宜が奉仕する根本の資格として、「受職灌頂」の位に適う者を選任するのである、といい、清麻呂に女禰宜与曾女を通した託宣を信じるべきことを説いている。

受職灌頂とは、菩薩の位階として妙覚・等覚に次ぐ十地の最後、法雲地（菩薩の五十二位中、上から数えて三位、下から数えて五十位）に入る際に授けられる灌頂である。また、続く記述では「受職灌頂之位者。中何位哉」、受職灌頂の位とはどのような位であるのか、と清麻呂が問うと、八幡神は「謂彼位者相諧妙覚朗然之位布。弥陀変化乃御身奈利」、この女禰宜の位は、菩薩の妙覚朗然の位に適うものであり、阿弥陀が応化した御身でもある、と答えている。

八幡神の言葉を託宣として発する女禰宜は、菩薩五十二位中の第五十位、十地第十の法雲地にあるものであり、すでにして菩薩の最高位で仏の悟りを得た妙覚と同等の位にある、ということであり、まさに、「大菩薩」である八幡神と一体化する宗教者としてふさわしい存在として記述されているのである。

空海の場合には、重視したいのは八幡神が神筆により写したとして価値づける「神筆之功已以勝生身妙体」という記述である。八幡神の筆になる画像は、即身成仏の空海自身の身体そのものよりも優れた功徳を示すとされており、そこには八幡神の権能利益を強調する意図があるわけだが、ここでは、その画像のもととなった空海の「生身妙体」が、八幡神と交感する宗教者の身体の在り方として注目される。

「生身妙体」は、空海が即身にして成仏することを指しているとともに、仏・菩薩が身体を伴って衆生を救済するために応化する「生身の仏」のことでもある。すなわち、それは生身として妙覚を得ている現世の仏である。

ここまでで、八幡神とその顕現を導いた宗教者とを並べてみると次のようになる。

異貌の鍛冶翁　——　仙翁（比義）
仙翁　——　聖人（法蓮）
止んごと無き僧形　——　受職灌頂の位（与曾女）
入空の御影　——　生身の妙体（空海）

こうして見れば、八幡神が宗教者の姿を受け取るように次々に顕現していることが理解できるだろう。八幡神は、自らを顕現させた宗教者の姿と権能を獲得しているようでもある。荒ぶる異貌の鍛冶翁から、比義の姿を写すように仙翁となり、そして法蓮の姿を経て高僧へと転じ、与曾女の受職灌頂の位を踏まえてついに入空の菩薩となる。八幡神の変貌が宗教者の営為や在り方を経つつ、仏教における高位存在へと成長しているのである。

その最終に行き着くところは、神吽による神秘体験ということになる。すなわち、神吽が実見したのは、生身の妙体、末法である現世にあらわれる救済者としての八幡神である。このような認識は、第六章に論じた問題、現世の聖域に浄土を作り出し、釈迦をも超える末法の仏としての八幡神ということにも繋がっている。神吽が見出した救済者としての八幡神である。

しかし、その神秘体験の意義について問う今は、そうした救済者としての八幡神へと議論を回収せず、神吽が「眼を閉づれば則ち直ちに正見たり」としたことへと分析を進めるべきだろう。

iv　神体の実見と神学の論理

この問題を考えるにあたっては、空海と八幡神の関係の「入空」ということが重要な意味を持っている。「入空」という言葉について、さきには、無色界に入り、「空」の境地に悟入することとしたが、宗教者の実見による八幡神の変貌と成長を論じた上であれば、本論の視点からは、『託宣集』の「御体注釈記事」に構築された神学、そこで示された八幡神という存在の最奥を論理化した「空は本地幽玄、見奉らざる神体なり」という認識が想起されよう。

八幡神の空なる御体は、本地幽玄の神体であって見ることはできない。しかし、空海、そして神吽は、その神体を知覚し、実見した。神吽は、おそらく自身の見た八幡神が、空海の見た八幡神と同一相のものだと理解している。

神吽は、二度の神秘体験を得た後、弘安三年（一二八〇）に、空海の描いたとされる八幡神の御影が相承され写されたものを確認し、これに基づいて自身も奉写するべく画仏師に依頼、正応四年（一二九一）にはその写された御影を宇佐宮の西脇殿に奉納したことを記している。

すなわち、空海の描いた画像が「入空の御影」を留めるとする記述は、そこから相承された画像を実際に確認し、神吽が実見した八幡神の姿と適うものだったということであり、そこに、本来は目に見えない八幡神の姿が描き出されていることを認め評価した、ということなのである。

空海は、八幡神の「入空」の御影の画像を描き、神吽は、本地幽玄の神学としてその存在を言語化した。いうなれば、八幡神を介して神吽は空海と同じレベルにある。神吽が八幡神の姿を実見したという神秘体験を記すことの意味の一つはここにある。それは、神吽が空海と同様に八幡神の「入空」の姿を実見したということを示しており、八幡神の「空」の領域にある本地幽玄の神体を、御体の神学として論理化する資格があることを証明するためのものだったと考えられるのである。

以上から、「空は本地幽玄、見奉らざる神体なり」「入空の御影」「眼を閉づれば則ち直ちに正見たり。眼を開く時は敢て出現せず」という言説が、神の姿の論理、一貫する神学として繋がり合うものであることが理解できるだろう。

その最重要のポイントは、「入空」の姿が、「見奉らざる神体」だということである。神吽が導いた真理、「眼を閉づれば則ち直ちに正見たり。眼を開く時は敢て出現せず」は、目に見えるのか、見えないのかが主題であり、肉眼では見えないということに八幡神の神秘の根源があるとする論理である。

それは、前節に本地幽玄の神学として位置づけた「御体注釈記事」の記述からも明らかだろう。

神学的思考においては、見えないということが、基本的な神の本源の奥深さの条件なのである。逆にいえば、神のあらわれとして見えるものよりも、見えない神の神体の方が、神の本源そのものに近いということである。そして、そのことを理解し、見ることのできない神の姿を知覚し得るということは、宗教者としてのレベルの高さをあらわしている。

事実、記述を辿るなら、「文永十一年記事」「建治二年記事」においては、神吽は八幡神の姿をその目で見たわけではない。八幡神の姿や声の知覚という現象は、「文永十一年記事」の場合では、「夢みるにあらず覚むるにあらず」という覚醒と非覚醒の境界線上でのことであり、「建治二年記事」の場合では、「我目を開く時は見奉らず、目を閉づる時は現れ坐す」という肉眼での可視性が否定される状態でのことであった。

神吽は八幡神の姿を知覚した。それは肉眼においてではない。同時に、妄想でも夢幻でもない。確たる事実としての体験である。しかし、それでは一体、何ものが、何ごとが、その時に体験されたのか。

神は見えず、しかし知覚される。

これは、神なるものを知覚し、そのことを語ろうとする時に問題となる、まさに神学的な命題である。神の姿を見るという体験や、それを言語として論理化する時に生じる極限的な矛盾である。

神の姿を見た。それは本当に神の姿なのか。そもそもその姿は神の本質を示すのか。神の本質とは知覚し言語化し得るものなのか。

神なるものを体験する、ということがそうした性質を持つのは、神という存在がそのままに意味を持つ神話においてではなく、神の根源が論理的に探求され、その探求自体が論理化し言語化する神学においてである。

見えざるものこそが神の本質だという論理。これを神話と神学の相違および展開として見れば、大きくは古代から中世へと深まりを見せる神存在への知覚の歴史である。そして、『託宣集』は神話と神学を同居させ、その展開を歴史叙述として見せてくれる希有なテキストである。

『託宣集』の記述において作られるそうした違いは、たとえば、さきほどに確認した比義、法蓮、清麻呂・与曾女、空海といった宗教者と八幡神の顕現の歴史叙述—中世神話が示している。

そして、知覚され得るにもかかわらず見ることができない八幡神の姿を感得しようとすること。それが神吽の宗教実践の現場だとすれば、その現場は、「御体注釈記事」において祭祀の場にあらわされた本地幽玄の神学の顕現体、微密の御体、薦枕に直結する。

薦枕は、現実の祭祀対象となる八幡神の御体でありながら、いや御体であるからこそ、不在において敬信されるべきものと価値づけられ、それによって八幡神への如在の祭祀、見えない神体を在るかのごとく祀るものとして完成されるのである。それが有空の論理を体現する八幡神の、もっとも重要な祭祀の場への顕現であった。

『託宣集』の神吽は、八幡神にかかわるもの、宗教者と変貌の神話、自身の神秘体験、薦枕の如在の祭祀、本地幽玄の神学、これらすべての記述において一貫した論理を構築している。それは、顕現の歴史、個人の体験、集団による祭祀、神の本源の論理という、一見して多岐に渡る八幡神へのアプローチが、すべてロゴスとして統合化され神学化する境位である。それを象徴しているのが、神学の最奥に位置する本地幽玄の神体であり、「眼を閉づれば則ち直ちに正見たり。眼を開く時は敢て出現せず」という文言は、その神体を実見するという神秘への接近の論理化なのである。

（八）　神学発生の現場

本節では、神秘の現象学という視座から、神吽の神秘体験を読み解いてきた。それは、「神—八幡神」と「宗教者—神吽」が互いを互いに前提と証明としつつ、神秘の階梯を昇る成長の神話であり、その成長の至高の段階が、神と宗教者、また祭祀と修行が即融する神人合一の神学だったのである。『託宣集』における神秘の現象学の現場とは、八幡神の姿を実見した神秘体験から、その究極の神体をあらわす本地幽玄の神学が創造され、現出し、達成される瞬間であった。

神吽は、東アジアの動乱の歴史の中で、八幡神の霊示を受け取り、これを言語化して神学の論理にまで高め、宗廟という御体を作り出し、薦枕を有空兼帯と御体とし、本地幽玄の神体を見出した。いずれもが『託宣集』の八幡神にとって欠くことのできない要素として組み立てられている。とはいえ、論点としてもっとも注目されるのは、やはり薦枕であろう。なぜなら、すでに前節に述べたように、薦枕は「霊託の御験」として、神吽にもたらされた八幡神の霊示を保証する、宗教者の御体だからである。

『託宣集』の神吽において、神学が発生する現場には、薦枕が直接あらわれているわけではない。しかし、薦枕は、霊託—霊示を証明するものとして「御体注釈記事」に記述されていたのであり、その意味では、神秘と神学を媒介するものであった。それはただ神学論理によって位置づけられるだけではなく、祭祀の場において宗教者が感受するべき神体であり、八幡神が与える霊示の物証となるものだったのである。そして、それはなによりも神吽にとっての八幡神との交感の証だったというべきだろう。

さて、あらためて「文永十一年記事」「建治二年記事」として神吽が自身の神秘体験を『託宣集』に記したことの意味をまとめておこう。

この両記事は、大きくは二つの事柄を証し立てる意味があった。

一つは、八幡神の霊威の証明である。それはさらに二つの意味に分かれる。第一に、八幡神が仏教の神として道心を求める修行の神であること。第二に、文永十一年と建治二年という国家の危機という歴史によって、逆説的かつ原理的に、八幡神が国家を守護する神であること。

もう一つは、八幡神と呼応する神吽の、宗教者としての能力の証明である。こちらもやはり細かくはいくつかに分かれるが、三つ、あるいは三段階の能力として概括できるだろう。第一に、八幡神の姿を実見し声を聞くという能力。第二に、単に八幡神の姿を実見するだけではなく、その教言に従い無上の道心を起こすという能力。第三に、そうした八幡神の神秘、意志と権能を十全に感得し記し得るという能力。

これらの能力のうち、とくに最後の知覚と記述にかかわる能力の証明は重要である。なぜならそれは、八幡神の顕現やその聖なる言葉である託宣、あるいは残された記録類などを、八幡神の歴史―神話として記述し、その神秘の最奥にある本地幽玄の神学の論理までもを含めて『託宣集』という形にあらわすことができるという証明にほかならないからである。

『託宣集』における神吽の宗教者としての成長は、その終極として『託宣集』を編述し得るということに尽きる。

第四節　神吽と『託宣集』――『託宣集』とは何か――

本論の最後の章節となる本節では、『託宣集』の八幡神と神吽《じんうん》を読み解く仕上げとして、『託宣集』巻三に記された「序」を取り上げる。とはいえ、その読解はさほど難しいものではない。なぜなら、本論の見立てでは、第二部にこれまでに論じてきた諸問題のダイジェストともいうべき記述が、神吽の『託宣集』の「序」には多く含み込まれているからである。逆にいえば、本論に論じてきた『託宣集』の神話言説の理解無くして、神吽が企図した「序」の意義は読み解くことはできない。こうした面からいえば、「序」は『託宣集』の神吽の神話言説の凝縮体なのである。

また、「序」には、特筆するべき論点も認められる。それは、神吽が『託宣集』をどのような書物として書きあらわしたのか、その意図に関する記述である。

神吽は、『託宣集』のような神典をなにゆえに記したのか。そして『託宣集』は、どのような書物としてあるべきだとされているのか。

神秘の現象学、およびその現場をも取り込む『託宣集』の「序」へ向けて、こうした問いを最終的な論点とし、本論を閉じることにしたい。

（一）　巻三「序」、神吽の言語能力

それでは、巻三に記された序文を確認してみよう。

(a)　蓋以。八幡大菩薩者。人皇一十六代聖主也。宝算百十一歳而遷化矣。霊遊印唐。普流慈徳。分形跡。多留瑞。先帝之影。吾神之光。応機而照。遍所而明。草木之標。人畜之変。在智猶惑。於愚争測。

(b)　爰天国排開広庭天皇御宇。有大神比義者。已非直人也。匿跡幽仙。出身化道。無生無滅。齢余五百余。示奇。

如凡如聖。日歴一千兮絶穀。凝懇祈之誠。奉宝号以降。烈聖宗廟。一天憑怙。以守皇帝憐黎民。為其願。以安本朝平異域。為其盟。夫守皇憐民者何也。令漸々顕悟而已。安本平異者何也。令一々遣迷而已。若不然者為在何事。

(c)
本地幽玄。乗時而仏々。法身周遍。即事霊々。帰仏帰神。赴一道以潔。祈現祈当。歩悉地以賽。皆是。見詞花無不信理。実所以密蔵。開不立文字。大義乖奚無慈愍。於仏位兮説名経教。於神道兮説称託宣。矧乎。仏則有形而教。神則無相而宣。色身之法朗重昏。自性之説親群生。空有之宝体。面々令放神光。直託之金言。一々奉驚天聴耳。

(d)
又。和気清麻呂勅使之時。与禰宜辛嶋勝与曾売。於廟壇之前。写新旧之文。一通以献御。一通以留宮。惣而。賞罰之説。朱墨之字。歴代之宝。照胆之鏡。而後鳥羽院時元暦甲辰。源平之氏。雌雄之間。管豊後之国賊。破滅当宮之剋。従是散乱。失拠通会。噫。前軌廃而玆稀。今宣絶而年尚。不被下公家定記者。争得興霊廟道徳乎。

(e)
神吽。生比義二十一代之家。入釈氏二十八代之門。奉事廟庭。歎此陵遅。纔残留之記。自伝得之録。年紀不次。始終不属。孔堂猶在金文寄壁。卞和何去玉石交塵。迷于直曲。雖泥異端。粗付多本。不誤一隅。疲諮詢以廿有年。湿翰墨以幾許載。欲傾耳於昔以入旨帰。亜見於後以進覚照者也。唯握微管窺豹文。猥馳禿筆集神教。官符已下。私令引載。以証之。以法之。又。有伝曰。有私云。共夫非賢。何足為直。憖拾集為一部。以字列定軸数。推故以今。目之八幡宇佐宮御託宣集。

(f)
抑初夢。束帯祠官開宮倉。秋毫三十管廼入両手。復夢。美麗之俗人出斎殿。春木三余賑授諸掌。常憶。出胸中之錦。敷筆前之花。湿廻鸞之跡。飛返鵲之翎。更曚其事。綜括此記。只尊神之所薦挙歟。非凡愚之俾思量乎。

(g)　但字科多雖謬。教言更不乱。不知乎。在忘其文而捨筏。又。不見乎。披露我教而琢珠。大聖大雄之言風。扇性峯焉。不取不捨之法雨。潤心田矣。本迹雖殊。不思議一也。庶神光久耀。共日月矣。皇沢広湛。侔溟海焉哉。

于時正応庚寅二月十日　　神吽謹序

(a)　思いめぐらせてみれば、八幡大菩薩は人皇十六代の聖主、応神天皇である。御年齢百十一歳にしてお隠れになった。インド・中国に霊遊し、普く慈悲の徳を施し、その形跡を示し、奇瑞を残した。先の天皇としての姿や我が神としての姿は、時機に応じて光を放ち、すべての場所を照らす。

しかし、その標は草木や人畜に示されるとはいえ、人は智者であっても惑うものであり、愚者であればどうしてそのあらわれを知ることができるだろうか。

(b)　ここに、欽明天皇の時代、大神比義《おおがのひぎ》という者がいた。すでに普通の人物ではなく、その行ないは幽仙に隠され、その身は仏道教化の道にあった。生きるというのでもなく滅びるというのでもなく、年齢は五百余歳であった。不可思議を示す様は、凡夫のようでもあり聖者のようでもあった。このような比義は一千日の間、穀断ちし、誠の祈りを凝らした。

これによって八幡大菩薩に宝号を奉った後、歴代天皇の宗廟である宇佐宮を、天下の者は頼みとするようになった。天皇を守り人民を憐れむことをその願いとし、本朝を安んじ異国を平らげることをその誓いとする。

そもそも天皇を守り人民を憐れむとはどういうことか。少しずつでも確実に悟りへと近づけさせることである。本朝を安んじ異国を平らげるとはどういうことか。それぞれの迷いを払いやることである。もしそうでないとすれば、一体何事があるというのだろうか。

(c)

八幡大菩薩は、「本地幽玄」であって、時に応じては「仏」なるものとしてあらわれ、「法身周遍」であって、事に応じて「霊」なるものとしてあらわれる。仏に帰依し神に帰依し、煩悩を払い潔斎して仏道へと進む。現世を祈り来世を祈り、祭祀礼拝によって修行の完成の境地へと進む。

これらはすべて、八幡大菩薩の示した言葉に見えるものであって、信じるべき真理である。今ここに、八幡大菩薩の言葉の真実が密かに隠されてきた理由、言語化されてこなかった真実への理解を開く。諸説を立てて解釈を繰り返すことに、どうして八幡大菩薩の慈悲は無いであろうか、いや慈悲はある。

仏位において説くものを経教という。神道において説くものを託宣という。つまり、仏としてはすなわち有形において教え、神としてはすなわち無相において宣う。仏の身によって示す教えは迷いの暗がりを明かし、不変の本性として説くところは衆生に近しくある。

「空有」の神体は、方々に神々しい光を放たせる。託宣の言葉の尊い教えは、その一つ一つがこれを聴く天皇を驚かせ申し上げるのである。

(d)

また、和気清麻呂が勅使であった時、禰宜の辛嶋勝与《からしまのかつよ》曾売《そめ》とともに、廟壇である宇佐宮の前で、新旧の託宣の文を写した。一通は朝廷に献上し、一通は宇佐宮に留め置いた。そのすべての賞罰の説、真託偽託を示す朱墨の文字は、歴代の宝であり、心中の真実を映す鏡である。

ところが、後鳥羽院の時代、元暦の頃、源平の両氏が争った時、豊後の国を管轄する武士の賊が、宇佐宮

(e)

を破滅させた際、これによって清麻呂と与曾売が写した託宣の書が散逸し、教説理解の拠り所を失ってしまった。ああ、古い規範は廃れてしまいほとんど残されていない。今は託宣も絶えて久しい。託宣の真偽を占い奏聞する「公家定記」、すなわち八幡大菩薩の託宣の記録が無ければ、どうして宗廟である宇佐宮を敬う正しい行ないを興すことができるだろうか。

神吽は、大神比義二十一代の家に生まれ、釈氏二十八代の門に入り出家し、宇佐宮に仕える。八幡大菩薩の託宣の書が散逸し、宇佐宮が次第に廃れることを嘆いて、わずかに残留する記録を自身で保持しているが、年紀は続いておらず、始終も繫がらない。

孔子の住まいの壁に古文が隠されていたように、正しい記録は簡単に見つかるものではないが、壁の原石を献上した卞和《べんか》と同じく、どうして価値あるものを塵と一緒にして捨て去ってしまうようなことができるだろうか。正しいか否かに迷い、異端の説をも取ることになろうとも、多くの記録に当たってすべてを間違いなく書き留める。

残された記録を尋ね求め続けて二十数年、筆と墨を湿らせ書き続けたのはどのくらいの年月であろうか。耳を昔の事柄へと向けてその趣旨を理解することにつとめ、後世にこれを見ることができるように継ぎ渡して正しい理解へと進むことを望むものである。

ただ拙い文章しか書けないとしても、美しく優れた文章に倣い、むやみに筆を動かして、八幡大菩薩の教説を集め記した。官符以下、記録を自分の判断によって引用したが、それらは書き換えたりせずそのまま従った。また、口伝の説や私見の説もあったが、互いに賢人ではないので、どうしていずれが正しいと判断することができるだろうか。そのような自身の考えによって諸説を収集し一部の書とし、八幡大菩薩の名号の字列によって巻数を定める。古き時代を尋ねるのに今残されたものによることとなるが、これを八幡宇佐宮御託宣集と名づける。

(f)

そもそもはじめに夢を見るのに、束帯を身に着けた神官が宮の倉を開き、秋毫《しゅうごう》の筆三十管を両手に受け取った。また夢を見るのに、麗しい俗人が斎殿からあらわれ、春木の筆三つほどを両手に授けた。

これらの夢から、常に思うことは、胸中の錦を志としてあらわし、筆前の花を詞として敷き、空をめぐる鸞《らん》の跡として文字を湿らせ、身を翻す鵲《かささぎ》の翼として文章を羽ばたかせよう、と。

しかし、そのことに気づかないまま、この記を総括したが、それらの夢は、八幡大菩薩が推挙を示すものだったのではないか。これは凡愚が理解を及ぼせられるものではない、ということだろうか。

(g)

記した文字の多くを誤っているとしても、八幡大菩薩の教言は乱れるものではない。知らないだろうか、いや知るはずである。教言を忘れてしまうことは、迷いの苦海を渡る筏を捨てることだと。また見ないだろうか、いや見るはずである。私が集め記した教言を披露することで、宝珠を磨くように人々に信心がもたらされることを。

偉大なる仏と神の言葉は、風が峰を扇ぐように心に届く。取捨なく万物に降る雨のような教えは、田に注ぐように心を潤す。本地と垂迹は異なるとしても、言葉にできず人知の及ばない真理は、一つである。どうか、八幡大菩薩の威徳の光が日月と同じく永久に輝き、その恩恵の流れが大海のように広く湛えられることを、切に望む。

時に正応庚寅三年（一二九〇）二月十日。神吽、謹んで序を記す。

以上が『託宣集』巻三冒頭に記された「序」の全文である。

「序」は、全体を通して、表現の修辞、故事の引用、対句を旨とする騈儷《べんれい》文で記されており、筆者神吽の学識教養、あるいは言語を操る能力を証明するかのようである。

しかし、本章に論じてきたように、神吽の『託宣集』編述の能力とは、八幡神の霊示を感得し、それに言語という表現を与える、そうした宗教的な能力、宗教実践者としてあることそのものであった。

このことを踏まえるならば、「序」の騈儷文に示された表現としての言語能力は、単に文筆家として優れているということではなく、八幡神の託宣という聖なる言語を書き記し、さらには八幡神や比義などの神秘的存在について言語として記すことのできる能力だと考えなければならない。

つまり、この「序」は、『託宣集』の記述の内容に先駆けて、神吽が八幡神の聖なる言葉や、御体の神秘を書き記す神典である『託宣集』をあらわすことができるのだという能力の証明なのである。

また、騈儷文は対句を多用するため、多くの記述が二項対応を成す形となっている。しかし、それは騈儷文であるから二項対応的に書かれている、というより、八幡神の神秘を総括的に書き記す際に、二項対応的な騈儷文こそがふさわしいものだとして選び取られたのだと考えるべきであろう。

大切なのは、二項対応的な対句の記述において、どのようなことが示されているのか、ということである。とくに、八幡神の神体については、前章に論じたように、「有」「空」の二項対応的論理が、本地幽玄の神学の中枢に据えられていたのであり、これを先取りして示している「序」においても、とくに八幡神の存在態について記述している(c)の部分に関しては、十分な注意を払いつつその表現を読み解く必要があるだろう。

さて、「序」の内容は、おおよそ口語訳として示した通りだが、文脈から全体を大きく前後に分けることができる。前半(a)(b)(c)は、はじめ「蓋以八幡大菩薩者」と書き出されており、八幡神がどのような存在であるのかを述べることが主眼となっている。後半(d)(e)(f)(g)は「又和気清麻呂勅使之時」以下の記述で、『託宣集』がどのような経緯と意義を持つ書物であるのかを述べるものとなっている。

それでは、順を追い、とくに注目するべきことを取り上げ、本論各章の議論への繋がりを指摘しつつ、要点を摑んでいくことにしたい。

（二）　八幡神と大神比義の神話

(a)では、八幡神が八幡神として顕現するより前の状況が語られている。「人皇一十六代聖主」応神天皇としてこの世を去った後、インド・中国に「霊遊」し「慈徳」を施していた、という。八幡神は、その顕現の以前から衆生を救済するものだった、ということである。また、それは様々な表徴を伴う活動であったとはいえ、人々に知られるものではなかった、とされている。こうした八幡神の顕現以前の在り方については、第六章に取り上げている。

(b)では、欽明天皇の時代に大神比義があらわれ、祈りを捧げることで八幡神が顕現したことが示されている。ただし、(b)の記述は、第七章で、八幡神の顕現と比義の関係として論じたことと同様に、八幡神の顕現よりは、比義の聖人的性質が強く打ち出されている。

八幡神の顕現の出来事自体については記述されず、対して、比義については「已非直人」「幽仙」「化道」「無生無滅」「如凡如聖」などの言葉が連ねられている。通常の人ではなく、仙人的存在であって仏道教化を行ない、生きるのでもなく死するのでもないとされ、さらに、凡夫のようでもあり仏のようでもあるという、凡聖一如の真理の体現者として描かれている。本論に論じてきた、『託宣集』の神吽が語り上げる大神氏の始祖である比義という人物の重要性、あるいは、八幡神に仕える宗教者への注視は、すでに「序」において語り出されているのである。このような比義の問題については、第七章に論じている。

そして、八幡神に宝号を奉ってから後、宗廟である宇佐宮は天下の頼みとするところとなった、とされる。こうした八幡神は、「守皇帝憐黎民」と「安本朝平異域」、天皇人民への利益と国家の守護を誓ったという。これらの権能は、結局のところ、人々を悟りへと向かわせ、煩悩の迷いを払うものだとされる。

ここに示されているのは、宇佐宮八幡神が国家や衆生とどのようにかかわるのか、ということである。天下が頼みとする宇佐宮とは、当然、天皇家の宗廟としての宇佐宮だが、宗廟としての宇佐宮は、単に天皇家の祖廟なのではなく、八幡神の御体としての意義が見出されていた。それはすなわち、釈迦・阿弥陀を超える救済者―八幡神の衆生利益の応体という現世の実体である。救済者としての八幡神については第六章に、宇佐宮社殿を御体とすることについては前章から本章にかけて論じている。

（三）　本地幽玄の神学、祭祀と修行の境地

(c)では、本地幽玄という言葉をはじめ、八幡神や託宣の在り方がどのようなものであるのかを述べている。また、注目されるのは、その中に、八幡神に奉仕する側の態度や、託宣を解釈すること、あるいは『託宣集』を編述することについての意義づけが書き込まれていることである。確認していこう。

まずは、「本地幽玄。乗時而仏々。法身周遍。即事霊々」という特徴的な文言である。これは、前章に論じた巻六「御体注釈記事」の本地幽玄の神学を先取りした記述としてある。

「本地幽玄」―奥深く計り知れない本地、「法身周遍」―周く遍在する法身、すなわち、八幡神の本体実体は、不

可知であり世界そのものと一体であるとする。

「本地幽玄」は、「御体注釈記事」に「本地幽玄の神体」とあったこととそのままに一致することから、八幡神の「本地」を示す言葉として大きな意味を持たされていることがわかる。また、「法身周遍」は、巻六に「虚空同体の妙身」とあったことに通じるものだろう。どちらも、本質的な本体が無限の空間と一体であって遍く広がってあることを示す語である。

「乗時而仏々」「即事霊々」というのは、八幡神が場合に応じて「仏」とも「霊」ともあらわれる、ということを示している。「霊」の用語はいささか唐突な感があるが、後続の記述を見ると、対句的対応から、どうやらこの「霊」は「神」と重なるようである。

まとめると、八幡神の本体実体は、特定の存在ではなく不可知であって名指すことはできない、ということがここには述べられているのであって、「御体注釈記事」の本地幽玄の神学、およびその根幹である八幡神の御体の有空の区分が、この記述にも当てはまるだろう。つまり、ここでの「仏」「霊」は「有」である顕現として、「空」である「本地幽玄」「法身周遍」の本体に対応するものなのである。ただし、「霊」の語は「御体注釈記事」に「空」の御体を示す言葉として用いられた「真空冥寂《みようじやく》の霊神」と通じるものとも見える。この点は留意しておきたい。

次いで示されているのは、八幡神に奉仕する側の態度である。

「帰仏帰神。赴一道以潔。祈現祈当。歩悉地以賽」、神仏に帰依して清浄さによって仏道へと赴き、現世と来世を祈って祭祀奉賽によって悟りの境地へと進む。この記述のポイントは、やはり「賽」―祭祀によって「悉地」―悟りの境地へと進む、とされていることであろう。第七章や本章に論じたように、祭祀と修行が交差する場、宗廟宇佐宮の静かなることを守ることこそが寂静の智へと繋がる、という境地が、奉仕者へと八幡神が求め提示するものであった。

（四）　八幡神の言葉と解釈、秘儀を説き明かすこと

そして、「皆是。見詞花無不信理」、これらのことはすべて、すぐれた言葉にあらわされてあるのであり、これを信じないということはあり得ない、と述べる。「すぐれた美しい言葉」を意味するだろう「詞花」は、当然、八幡神の言葉—託宣である。

「皆是」として指示されているのは、(a)冒頭から(c)の記述までと考えられるから、つまり、八幡神や比義、またその利益や本源について、すべて八幡神の言葉から導かれた理解だと位置づけているのである。

また、こうした理解を立てることについて、「実所以密蔵。開不立文字。大義乖奚無慈愍」とされている。「実所以密蔵。開不立文字」は、文字によっては伝えられてこなかった秘密の教えの理解を明かす、すなわち、託宣の文言には直接にあらわれていない八幡神の神意—言葉の真意を説き明かす、ということであろう。

これ対して「大義乖奚無慈愍」（大義乖《そむ》きて奚《なん》ぞ慈愍無からむ）とある。この場合の「大義乖」は、『漢書』「芸文志」序に「昔仲尼没微言絶、七十子喪大義乖」、昔孔子が没し、さらにその門人七十子も没して、孔子の言葉に秘められた奥深い道理や真理への理解が絶え、「真偽分争、諸子之言、紛然殽乱」、本来の意義が不明となって真偽を争い様々な諸説が乱立した、とあること等を故事として受け取るものだろう。(24)

ゆえに、「大義乖奚無慈愍」は、もはや真意がわからなくなっている八幡神の託宣について、様々な解釈を試みることに慈悲はないものだろうか、いやある、というような意味となる。

すなわち、「実所以密蔵。開不立文字。大義乖奚無慈愍」という記述は、神吽が『託宣集』を編述すること、八

幡神の神意を感受し、秘されてきた教えを開示し、注釈によってこれまでには無かった新たな託宣への理解（中世神話・中世神学）を作り出していくことを示しているのである。

神吽はここで、『託宣集』がどのような性質を持つ書物なのかを告白し、八幡神の加護と慈悲を願い、またそれを確信してもいる、ということになるだろう。

（五）　託宣とは何か

このような、託宣への解釈を行なうことの位置づけを受けたものであろう、続くのは、八幡神の託宣とはそもそもどういうものであるのかを示す記述である。

「於仏位兮説名経教。於神道兮説称託宣」、仏位において説くものは経教と呼び、神道において説くものは託宣と呼ぶ、という。

当然ながら「説く」という行為の主体者は八幡神であって、この記述は、八幡神の言葉として、託宣が経典と同等の価値を持つと価値づける意図があるとともに、八幡神が経教の主体であること、すなわち仏教の根源神であることをも示すものとなっている。そして、この「仏位―経教・神道―託宣」という認識は、もとは八幡神の発した託宣の文言としてあり、さらに遡れば、そもそもは託宣に付された注釈の言葉であった。これらのことについては、第五章に論じている。

それにしても、「仏位―経教・神道―託宣」という言葉は、よほど強い意味を発揮したものといわなければならない。『託宣集』において、それは八幡神という神の性質を説く重要な文言として、記述が厳選される序文に「本地幽玄」等の語句と並んで取り入れられているからである。

そして、「仏位―経教・神道―託宣」の対応関係を受けて展開する形で、次の「仏則有形而教。神則無相而宣」という記述があらわされる。

仏は有形にして教え、神は無相にして宣う、というのは、対句的な二項対応構造であって、「仏―有形―教」と「神―無相―宣」が対応するものとなる。ただし、この「有形」と「無相」は、単なる対句表現として済ませることはできない。なぜなら、前章に小川豊生《とよお》の議論を参照することで確認したように、中世の神道言説において、「無相」こそは、神の本源、本質、本体を指し示す特徴的な語彙だからである。

続いて、「色身之法朗重昏。自性之説親群生」とある。これは、「色身」として説く教えは迷いの暗がりを照らし、「自性」として説く教えは衆生に近しくある、との意味である。「色身」と「自性」について、どちらにも衆生利益の働きが述べられているものの、前者が形ある身体を指し、後者が本質・本体を意味する言葉であることは見逃せない。これはやはり、さきの「有形」と「無相」に重なるものだろう。

この「有―無」の関係が、前章に論じた「御体注釈記事」における「有空の論理」へと繋がっていることは、直後に「空有之宝体。面々令放神光。直託之金言。一々奉驚天聴耳」と記されていることからも明らかである。「空有之宝体」は、「空」「有」の御体、すなわち「本地幽玄の神体」と「垂迹示現の廟社」である。加えて確認しておけば、「空」は「真空冥寂の霊神」「虚空同体の妙身」であり、「有」は「衆生利益の応体」「十界暫時の形声」であった。

こうして見れば、「有形」「色身」と「無相」「自性」は、仏と神の形の「有無」であると同時に、八幡神の存在態である「有空」の「御体」に通じることがわかるだろう。「仏―有形―色身―有―垂迹示現の廟社」は、衆生利益のための形ある仮のあらわれであって、「神―無相―自性―空―本地幽玄の神体」こそが、八幡神の不可知の本質、本体なのである。

また、遡って(c)のはじめに「本地幽玄。乗時而仏々。法身周遍。即事霊々」とあったことも想起しておこう。そこに用いられた「霊」について、さきには疑問を残していたが、その問題はここで解決を見る。すなわち、「仏」と対応させられている「霊」は、やはり「真空冥寂の霊神」ともされる「空」の側の「霊」を指しており、それは単に神仏の関係を説くものではなく、八幡神の本源、本質である本体が「空」にして「霊」なる「神」――「霊神」だということを示す言明だったのである。

以上のような論理的な深みを持つ「空有の宝体」は、「面々令放神光」、それぞれに八幡神の威光を放つとされ、また「直託之金言、一々奉驚天聴耳」、八幡神の託宣は、その一つ一つが天皇の聞くところとなって驚かせるものである、として、八幡神の託宣についての記述は括られている。

託宣が天皇の叡覧に及ぶものだというのは、八幡神の国家神的性格をあらわしている。しかし、ここではそうした国家神としての在り方よりも、国家すら揺るがし動かし得る「託宣」の価値を述べていると見るべきだろう。しかも、これまでの「序」の文脈を踏まえれば、「託宣」が「直託の金言」と言い換えられていることは重要である。それは単なる修辞ではない。「序」の言葉はすべて、言語の技術を駆使する神吽によって選び抜かれたものと思われるが、とくに「直託」の「直」という語の意味は本論にとって深長である。

「直託」とは、おそらく、仏という在り方を超越した、「本地幽玄」にして「法身周遍」、「無相」を「自性」とする「霊」なる「神」である八幡神が、「直」――その本質のそのままに、宗教者へと託き示す言葉に与えられた表現なのである。

これが、「序」において示された、「託宣」の「集」として『託宣集』が収載するところの「託宣」への価値づけの最極といえるだろう。

(一六)　『託宣集』の起源

さて、(d)には、『託宣集』編述の歴史的経緯とでもいうべきことが語られている。まず、和気清麻呂が勅使の時に、禰宜である辛嶋勝与曾売とともに「廟壇」、宇佐宮社殿の前で「新旧之文」を写し、一通は朝廷に献じ一通は宇佐宮に留めたという。そこには「賞罰之説」が「朱墨之字」として、八幡神の託宣が真偽によって朱墨に分けられ記されており、それは歴代の宝であり、心を照らし出す鏡であるとして、重要性が強調されている。巻八には「一通以御献、一通以置神宮」また「以朱為真言、以墨為諷諫注也」等と説明されている「八幡大神託宣奏記」(以下「託宣奏記」)が載せられており、「新旧之文」はこれを指すものと思われる。これらのことについては、第五章に論じている。

ところが、後鳥羽院の時代、源平が争った時に、豊後国を管掌する「賊」が宇佐宮を破壊し、これによって「託宣奏記」は散乱してしまい、託宣教説の相違を理解する根拠が失われてしまったという。この「賊」は、第一部第四章にも論じた緒方惟栄《これよし》等のことである。

たとえば巻四に「一御殿」の神宝のことを述べる際に、「源平両家乱世之時、元暦元年七月六日、豊後国武士惟栄惟隆等、打破神殿、捜取神宝之間」とあって、「序」に記す「賊」が豊後国の武士、惟栄、惟隆《これたか》らであったことがわかる。同様の記述は巻七にもあり、神宝や御体のほか、弥勒寺に安置されていた一切経までが行方不明となっていたことが述べられている。彼らの神殿への侵犯は、神宝を奪うのみならず、八幡神のために収められた経典や、その託宣を記した「託宣奏記」にまで及んだ、ということである。

これにより、昔の規範は廃れてほとんど伝わっておらず、託宣も今は絶えて久しい、との嘆きが記されている。そして、「公家定記」、示された託宣の真偽を占い、これを記して公家に奏聞したもの、すなわち八幡神の託宣を記した書が無ければ、どうして「霊廟道徳」、八幡神の宗廟である宇佐宮を敬って正しい礼拝祭祀を維持することができるだろうか、とする。

以上から、『託宣集』は、かつて存在した託宣の書である「託宣奏記」が失われてしまった、ということを受けて、これに代わるものとして編述された、という経緯がわかるだろう。『託宣集』の起源は、ここでは「託宣奏記」が失われた「源平」の争い、およびその中で起こった惟栄等の宇佐宮の破壊にあったとされているのである。

ただし、そうした経緯が記されつつも、『託宣集』の編述の直接の動機は、「霊廟道徳」、すなわち八幡神の有の体である宗廟、宇佐宮の祭祀を全うするためだと述べられている。やはり『託宣集』というテキストの必要性は、八幡神への祭祀において求められているのである。それは次の(e)の中にも神吽の心情の記述としてあらわれている。

（七）　神吽による『託宣集』の編述とその意味

(e)(f)(g)は、とくに故事の引用が明確にあって修辞が凝らされ、まさに駢儷文としての体裁を持つ記述となっており、その分だけ、逐語的な読解は難しくなっている。ゆえに、これらの記述は、大きく意味をまとめて読み取り、分析を進めることにしたい。

(e)では、神吽の出自が「生比義二十一代之家」として示されており、『託宣集』における比義の事績の記述は、神吽の始祖神話であることがわかる。

また、「入釈氏二十八代之門」は、神吽が出家した僧であることを述べるものだが、これは、神吽が仏道の修行者として八幡神に仕えることをはっきりと主張するものといえるだろう。

この「比義」と「釈氏」の対句的表現は、第七章や本章に論じたように、宇佐宮における八幡神への奉仕の在り方と共鳴する。八幡神の御体となる薦枕への祭祀の起源を語る神話において、大神氏の祭祀者は修行的様相を深め、神吽が感得した本地幽玄の神学において、祭祀と修行の融合する境位が求められたのである。すなわち、「比義」と「釈氏」は、神吽の宗教者としての二つの起源なのである。

こうした神吽は、「廟庭」、宇佐宮に奉仕する身であったが、宇佐宮が次第に衰退する状況を嘆き、残された託宣の記録などを個人的に伝えていた。しかし、それは不完全なものであったという。

宇佐宮の衰退と託宣の記録の保持という関係は、さきに見た(d)末尾の「公家定記」が無ければ「霊廟道徳」は興せない、という認識を受けるものである。すなわち、神吽は、宇佐宮祭祀の衰退をまずは食い止めるために、託宣の記録を保持していたが、それだけでは到底役に足りるものではなかった、ということである。

ゆえに、神吽は託宣の記録の収集に乗り出した。その方針は、正誤を問わず、異端の説や私説、口伝等についても伝えられていたものすべてをそのままに集める、というものであった。

これは、昔に残されていたことの意味を伝え、後世において正しい判断へと進められるようにする、という意図であるとされる。この後世へと繋ぐという意図の記述は、本章の議論にとって大きな意味を持つものであり、詳しくは後述する。

そして、神吽の意思によって集められた記事を一部の書とし、八幡神の宝号「護国霊験威力神通大自在王菩薩」の「字烈」によって巻数を定め、「八幡宇佐宮御託宣集」と名づけたのだという。これが『託宣集』の成立である。
(f)には、二度の夢見で「秋毫」「春木」の筆を授かり受けたことが記されている。それがどういう意味を持つものだったのか、当初はわからなかったが、『託宣集』を編述する中で、八幡神が『託宣集』を成さしめるために推挙したものではないか、と思われるようになったという。

思い返してみれば、『託宣集』の編述は、八幡神からの啓示によってはじめから企図されたものだったのではないか――。

これは、神吽の自覚を示している。「只尊神之所薦挙歟」、「只尊神の薦挙する所か」に続けられた「非凡愚之俾思量乎」、「凡愚の思量せしむるに非ずや」、凡愚の思慮の及ぼせられるものではないのか、という言明は、単に不明であることをいったのではなく、八幡神の企図が神吽の行ないとして『託宣集』という形に結実した事実に、人智を超えた八幡神の神慮の働きを知覚した、ということを意味しているのである。

わかりやすく言い換えるならば、神吽による『託宣集』の編述は、八幡神の神慮に導かれたものとして位置づけられたのである。

神吽の個人的な夢見が、『託宣集』の編述という現実の照射を受けて解釈され、そこに仕組まれた八幡神の神意、『託宣集』編述の神秘を覚醒させる。この記述があらわしているのは、『託宣集』の編述――八幡神の神意を顕現させる神吽の霊示の神話といえるだろう。

(g)では、「序」を締め括るものとして『託宣集』という書の意義が述べられている。

『託宣集』に収載した記事記述にたとえ誤りがあったとしても、八幡神の教言そのものは乱れず伝えられているはずだとする。加えて、これを読む人は、八幡神の教えによって、迷いの苦海を渡り悟りの境地に至ることができるだろうとし、さらには、八幡神の教えは、『託宣集』を読まない人に対しても、風が山に吹きつけ雨が田に降り注ぐように、その心に届くものとする。

そして、本地と垂迹はそれぞれに異なる意味があるが、真理としては一体である、とし、八幡神の威光利益が永久普遍にあることが願われ、「序」が終えられる。

このような(g)の記述は、『託宣集』が、読まれ継がれる書としてあるだけではなく、八幡神の神徳霊験によって世の人々を利益することを支える神典、八幡神の利益の聖なる拠点として設置された神秘の顕現体である、ということを明示するものだろう。本章に論じた神吽の神秘体験、「文永十一年記事」で八幡神が神吽に対して求めた「道心」が、神吽の内的達成のみならず、外的世界の現実において完成された瞬間が、ここには示されている。『託宣集』の編述は、単に八幡神の言葉である託宣を収集することが目的だったのではなく、八幡神の聖なる力、衆生救済の働きを定位し支えることにあったのである。まさに八幡神の「大菩薩」としての在り方、菩薩行としての「道心」の宗教実践の結実である。

とすれば、(g)の記述中に「本迹雖殊、不思議一也」、「本迹殊なりと雖も、不思議は一なり」とされた「迹」は、「御体注釈記事」の本地幽玄の神学の延長上に、「有」たる「垂迹示現」、「衆生利益の応体」の顕現として、『託宣集』というテキストをも想定したものであったことになる。

以上のように記述を辿ってくれば、(e)に示されていた、『託宣集』が各巻に八幡神の宝号「護国霊験威力神通大自在王菩薩」を冠すること、そこに秘められた意味も理解されるだろう。『託宣集』という神典は、「大菩薩」――救済者たる八幡神の顕現の一つの形態、神吽という宗教実践者によって現象した神秘体としてあらわされたものだったのである。

本章第二節に確認したように、『託宣集』を書写した快位は、『託宣集』について「即御神体也。輙不可開之。況於他散外見哉」と奥書に記していた。それは、『託宣集』が単なる神典や秘書ということを超えて、八幡神の顕現そのものである、とする神吽の意図を、「即ち御神体なり」として正しく受け取ったものといえようか。

しかし、その宗教実践は、ただ達成されただけでは一時のものとして消えてしまうだろう。そこには八幡神の神徳霊験を維持し永続化するために、『託宣集』の忘却風化を阻止する仕組みが必要となるはずである。

（八）　開かれる神学の書

以上のような「序」の中で、(e)に「欲傾耳於昔以入旨帰。亜見於後以進覚照者也」、「耳を昔に傾け以て旨帰に入り、見を後に亜ぎ以て覚照を進むるを欲する者なり」とあったことに注目したい。

これは、耳を昔の事柄へと向けてその趣旨を理解することにつとめ、後世にこれを見ることができるように継ぎ渡して正しい理解へと進むことを望むものである、というような意味となるが、さきにも述べたように、ここには本章の議論にとって重要な論点、神吽が仕組んだ『託宣集』の重要な在り方が述べられている。

後世、八幡神の「薦挙」を得て神慮を感受する者があらわれたならば、『託宣集』は、その神慮に叶う限りにおいて、正しい「覚照」の知へと向けて書き換えられるべきものである——。

この記述は、素直に読むなら、諸記録諸説をそのままに集め記すので、後世において正しい判断をしてほしい、という意思表示となる。すなわち、神吽は、八幡神の託宣等の記事、それらへの理解を示した記述について、後世の「覚照」による正否の判断を希望しているのである。

このことが『託宣集』の読解において注目されるのは、同様の記述が巻十六の跋文にも見られることによる。

神吽雖愚人。為後代以管見集記。定有遺失歟。請故実人。為神為代。可有取舎而已。

神吽は愚人であるけれども、後代のために管見によって集め記した。ゆえに『託宣集』には、間違いなく遺失があるだろう。故実の人に、神のため世のため、記事の取捨を願うのみである。

ここで願われているのは、『託宣集』をより正しい形へと修正することである。序と跋、『託宣集』の始めと終わりに重ねて、念を押すように記されたこうした認識には、どのような意味があるのだろうか。

もちろん、それは謙遜の辞ではある。神吽は「序」において自らを「賢」ではない「愚」だと記しているし、跋文にも「愚人」「管見」などとある。また、判断のつかないことや誤りなどが『託宣集』にはある、ともしている。しかし、それは単なる修辞の決まり文句としての謙遜ではなく、より本質的な問題として、『託宣集』が「書き換えられるべきもの」として認識されていたことを示している。こうした神吽の謙遜の言辞は、額面通りに受け取ってはならないが、また同時に、字義通りの開かれたものとして『託宣集』を位置づけるものとしてもあったのである。どういうことか。

宇佐宮の神典として編述された『託宣集』は、そのことだけを意識するなら、添削し書き換えることは禁じられるべきである。ところが、神吽は人々のそうした『託宣集』への関わり方を否定せず、むしろ後世の「覚照」や故実の人による「取捨」を奨励している。それは、そもそも神吽が『託宣集』の編述においてあらわしたこととの意義、その根本的なところに沿うものだと考えられる。

『託宣集』は、託宣の理解や祭祀の意味、それらの根拠、また宇佐宮をめぐる歴史的状況の中で生じる諸矛盾を解消し、あらためて意義づけるものとして作られた。しかし同時に、『託宣集』は、神吽が自身の神秘体験から感得した八幡神の神意、そこから練り上げられた本地幽玄の神学が中核に据えられているものでもあった。それは、単に個人的な営為ではなく、「神秘の現象学」における中世神学の発生という視座によって見えてくる、個人の神秘体験からこそ神の本質が得られ論理化されていくというロゴスの覚醒の運動なのである。

すなわち、ここには、本地幽玄の神学に内包された『託宣集』の編述、ということおいて、互いに不可分である構造と内実という二つの問題が認められることになる。

『託宣集』の本地幽玄の神学は、個人的な神秘体験によって得られた真理が論理化されたものであり、神吽は、自身がそうした宗教的営為を実践したという意味で、他者のそれを否定しない。『託宣集』は、八幡神と宗教者が一体化する神人合一の境位に開かれたものとしてある。ゆえに、神吽以外の人物であっても、『託宣集』への改訂や、あるいは『託宣集』のごときものを作り出すことは許容されなければならない。

これが、神秘体験から中世神学が発生するという、神学的構造の問題である。

しかし、『託宣集』における神吽は、八幡神の霊示を受けるということにおいて競合する位置に立つだろう他の宗教者に対して、自身の作り出した本地幽玄の神学の優位性を確信していた。なぜなら、神吽は自身の知覚能力と論理能力の及ぶすべての領域を想定し、言語技術を駆使して、祭祀と修行が交差する八幡神の真実、本地幽玄の神学を作り上げていたからである。それは、他者がどのような八幡神を見出したとしても、揺らぐことのない八幡神の究極の本源である。

国々所々に垂迹する八幡神とはいえ、その総本宮は宗廟としての宇佐宮であること。いかなる状況であらわれようとも、その本地は幽玄たる神体であること。今後、八幡神がどのようにあらわれるとしても、否定神学的であり存在論的である八幡神の本源、神吽が練り上げ構築した本地幽玄の神学から逸れることは、論理的にあり得ない。

ゆえに、神吽の本地幽玄の神学にとっては、それが正しく八幡神の神意に叶うものでありさえすれば、どのような八幡神の顕現であれ承認される。というよりも、逆説的に、そうした論理として開かれていることこそが、すでにして多元多様の八幡神の姿を記した『託宣集』が、真正なる神秘を開示する書であることの証明となるのである。

これが、神吽の作り出した本地幽玄の神学、その論理の内実の問題である。

そして、この本地幽玄の神学の二つの面は、『託宣集』の序と跋に示された謙遜の辞とも思われる記述、「耳を昔に傾け以て旨帰に入り、見を後に亜ぎ以て覚照を進むるを欲する者なり」と「故実の人に請ふ。神の為、代の為、取舎有るべきのみ」について、あらためて次のように位置づけることを要請する。それは、決して謙虚な態度を示すものではなく、八幡神の神秘真実を体得したという自負に裏づけられた確信的なものでもあり、むしろ競合者への挑発さえ孕んだ言明であったのだ、と。

『託宣集』は、宇佐宮の神典であって、決して広く人々に読み継がれるというものではなかった。しかし、『託宣集』は、あらゆるものを総合化していく中世神学の知としてあり、普遍性を志向するという境位においては、無限に開かれた神学の書だったのである。

神吽は、ただ神典と見なされるテキストを作り出したということに留まるものではなく、このようなロゴスの運動体ともいうべき、神学の論理を体現するものとして『託宣集』をあらわした。これが神秘の現象学という視座から見出される『託宣集』の神吽への評価である。

おわりに

本章では、神秘の現象学という視座を頼りに、『託宣集』の神話言説の中枢である本地幽玄の神学、それが発生する神吽の神秘体験の現場に接近し、そこからさらに「序」の読解を通じて『託宣集』編述の意義を論じてきた。この編述こそが、『託宣集』の神吽における最大の宗教実践であったことはいうまでもない。

その宗教実践とは、決して単なる託宣の収集などではなく、宇佐宮における当時の現実に対応する神典の創造であった。そして、神吽がことさらに八幡神の姿を実見する神秘体験を記したのは、自身が宇佐宮の神典を作り得る証拠を提示するためだったのである。

それはまた、神吽が自身について、薦枕を「有空」兼帯の御体としてあらわしたことに関しては大神諸男・大神田麻呂を超え、八幡神の姿を見るということに関しては空海に比肩する、という事実を語ることで宗教者としてのレベルを証明する、宇佐宮八幡神に仕える宗教者としての職掌の神話言説として位置づけられる。

さらに、こうした神吽の宗教者としての強度は、神典である『託宣集』そのものの在り方にも敷衍されていた。『託宣集』は、本地幽玄の神学の論理において、競合的宗教者との関係が想定され、改訂の可能性すらも織り込まれた、開かれた神学の書として作られていた。

八幡神の神威霊験の拠所、宇佐宮祭祀の神典となるべく編述された『託宣集』は、以上のような宗教実践的諸問題に対して自覚的に取り組まれた結実であり、計算尽くに作られたテキストだったのである。

こうした宗教実践が自覚的に行なえるということが、『託宣集』の神吽の境位であり、それは中世の宗教世界、少なくとも八幡信仰の中世において到達された最高峰にあったといえるだろう。

注

（1）薗田香融「託宣集の成立――思想史的試論――」（『平安仏教の研究』法藏館、一九八一年。初出は『仏教史学』一一―三・四合刊号、一九六四年八月）、伊藤勇人「『託宣集』の史料性」（大分県総務部総務課編『大分県史　古代篇Ⅱ』大分県、一九八四年）、吉原浩人「『八幡宇佐宮御託宣集』と『法華経』」（『国文学　解釈と鑑賞』六二―三、一九九七年三月）、吉田修作「宗教実践の書『八幡宇佐宮御託宣集』」（古代文学会編『祭儀と言説――生成の〈現場〉へ――』森話社、一九九九年）。

（2）薗田香融、前掲論文（前注1参照）、吉田修作、前掲論文（前注1参照）等。

（3）山本ひろ子「霊的曼荼羅の現象学――中世神道の「発生」をめぐって――」（坂口ふみ・小林康夫・西谷修・中沢新一編『「私」の考古学』〈宗教への問い〉岩波書店、二〇〇〇年）。

（4）山本ひろ子「至高者たち――中世神学へ向けて――」（『日本の神Ⅰ　神の始源』一九九五年、平凡社）、「神道五部書の世界」（斎藤英喜編『日本神話　その構造と生成』有精堂、一九九五年。初出は『国文学　解釈と鑑賞』一九八七年九月）。

（5）小川豊生「日本中世神学の誕生――『天地霊覚秘書』を読む――」（『中世日本の神話・文字・神体』森話社、二〇一四年）。

（6）桜井好朗「宇佐放生会について――『八幡宇佐宮御託宣集』再読――」（『中世日本文化の形成――神話と歴史叙述――』東京大学出版会、一九八一年。初出は『年報中世史研究』四、一九七九年五月）。

（7）重松明久校注訓訳『八幡宇佐宮御託宣集』（現代思潮社、一九八六年）。

（8）新間水緒「八幡宇佐宮御託宣集の裏書について」（『神仏説話と説話集の研究』清文堂、二〇〇八年。初出は『大谷学報』六八―四、一九八九年二月）。

（9）『公卿補任』寿永元年の項に、「同（藤）基家」として「右京大夫。三月八日兼越前権守」とある。『公卿補任』の参照は〈国史大系〉（吉川弘文館）による。

（10）波多野晥三「式年造営考序説――その成立について――」（『筑紫史論』三光社出版、一九七三年）。

（11）波多野晥三「宇佐宮式年造営考一――一二世紀までの経過――」（前掲書、前注10参照）。

(12) 波多野晥三「宇佐宮式年造営考二――一二・三世紀における推移――」(前掲書、前注10参照)。
(13) 田中健二「鎌倉幕府の社寺造営――宇佐八幡宮を中心として――」(『九州中世史研究』一、一九七八年)。
(14) 伊藤勇人、前掲論文(前注1参照)。
(15) 『託宣集』において神吽が宇佐宮宗廟説を称揚することの背景には、宇佐宮に対する宗廟意識の後退という問題もあったようである。田村正孝「宇佐使と宗廟」(日本史研究会中世史部会、二〇一五年二月二四日発表)によれば、宇佐宮は、朝廷との関係、とくに恒例の勅使、奉幣使である宇佐使の発遣によって、その宗廟としての認識が維持されていたが、元応三年(一三二一)の即位奉由奉幣を最後に宇佐使の発遣は途絶えてしまう。これ以後、宇佐宮に対する「宗廟」の「冠が次第に消える」こととなり、「二所宗廟」は「伊勢・石清水」とされるようになっていくという。宇佐宮は朝廷と独自の関係を結ぶ宗廟という地位から離れ、豊前国一宮へと変容するのである。こうした変容の展開、宇佐使の退潮は、突如に起こったものではなく、宇佐宮と朝廷の関係の意味の希薄化として、おそらくは徐々に進行したものと思われる。とすれば、『託宣集』の神吽が宇佐宮社殿を宗廟として強調することには、結果的に元応三年までで途絶えてしまう宇佐使、ということに象徴されるような、宇佐宮宗廟観の後退的状況―危機的状況があったのではないか、と考えられる。
(16) 吉田修作、前掲論文(前注1参照)。
(17) 黒田俊雄『日本の歴史8　蒙古襲来』(中央公論社、一九六五年)。
(18) 海津一朗『神風と悪党の世紀――南北朝時代を読み直す――』(〈講談社現代新書〉講談社、一九九五年)。
(19) 周藤吉之・中嶋敏『五代と宋の興亡』(〈講談社学術文庫〉講談社、二〇〇四年)。
(20) 松丸道雄・池田温・斯波義信・神田信夫・濱下武志『中国史三――五代～元――』(〈世界歴史大系〉山川出版社、一九九七年)。
(21) 吉原浩人、前掲論文(前注1参照)。
(22) 伊藤勇人、前掲論文(前注1参照)。
(23) 瀧英寛「空と涅槃――天台智顗の「空」理解――」(『佛教文化学会紀要』一四、二〇〇五年一一月)。
(24) 『漢書』「芸文志」については、鈴木由次郎『漢書芸文志』(〈中国古典新書〉明徳出版社、一九六八年)を参照。

結語

本論は全編を通して『託宣集』の中世を起点とする宇佐八幡神話言説を論じてきた。第一部では、『続日本紀』『玉葉』『宇佐《うさ》八幡《はちまん》弥勒寺《みろくじ》建立《こんりゅう》縁起《えんぎ》』を分析対象として『託宣集』の前史を扱い、『託宣集』に至るまでの八幡神の変貌を明らかにした。そして第二部では、第一部の八幡神の変貌に続く『託宣集』の八幡神について論じた。

『託宣集』において出現する八幡神は、本地幽玄の神学――「本地幽玄の神体」を核心として構成されているが、ただ普遍的な衆生救済神としてあるのではなく、自らの国家守護による殺生を罪業とし、その罪業とともに衆生の煩悩を消除する儀礼を求めるという、現に生きる国家神としての姿をも見せていた。そして、神吽《じんうん》が出会った―創造した八幡神は、仏法の根源神であると同時に、自身の周囲にある宗教者とともに修行することを求める修行者の神、すなわち原理的・究極的な仏教神だったといえる。これらは、いずれか一つだけが『託宣集』の八幡神の特質となるのではない。普遍性を目掛ける神学が核心にあるとはいえ、その他の境位が無意味なのではなく、むしろそうした多元的要素―矛盾的要素を抱え込むことこそが八幡神の唯一無二の普遍性――本地幽玄・真空冥寂・虚空同体――を保証する、という論理が『託宣集』におけるその無数のあらわれを貫いている。宗教性における八幡神―神吽の権能―職能が中世的な普遍性として達成される神話言説。本論が取り組んだ『八幡宇佐宮御託宣集』を読むという試みは、最終的には以上のような、八幡神と神吽、神と宗教者の相補的な宗教実践の様相と軌跡の捕捉を成果として提示するものである。そしてそれらの総体はそのまま宇佐八幡神話言説というこれまでには見られることのなかった宇佐八幡信仰の一つの歴史叙述として位置づけられるだろう。

最後に、本論に論じ得なかった問題についていくつか取り上げ、今後の課題として提示することで、本論を終えることにしたい。

まず、追補されたとされる巻一・二について。本論の視座によれば、巻一・二の追補は、『託宣集』の八幡神を新たに作り直すものと価値づけられる。論中にはほとんど触れることはできなかったが、そこには、龍宮をはじめ、周辺にあらわれる神々やその世界とより強く結びつく八幡神の神話があらわれている。とくに、巻三以下では八幡神は龍女を娶るとされていたが、巻二には八幡神が龍王の血を引く神―龍神であるという記事が載せられている。龍神としての八幡神。これもまた一つの異貌の八幡神といえるものであって、興味深い。『託宣集』というテキストを一つの運動体として見る時、追補は宇佐八幡神とその世界の創造として価値づけられるはずである。

ほか、『託宣集』巻三以下のことについても、八幡神が修験の力を獲得したとして示した「今より我が山には修験人は有るべからず」という言葉については、触れるに留まり詳しくは論じられなかった。数えればきりがないが、さすがに八幡神の言葉―神をめぐる言語表現を収集記載した『託宣集』であり、託宣を含めた八幡神の神意を表示する記事には、細かく分析していけば本論に採り得なかった論点がまだまだあらわれてくるはずである。

次に、『託宣集』と同時代に成った『八幡愚童訓《はちまんぐどうくん》』について。とくに、宇佐宮と石清水宮という対応的・対抗的関係が想定されるだけに、両テキストが作る神話言説、その中枢部の比較や競合関係の問題など、宇佐に限らない八幡信仰の中世の問題へと議論を進めるために、『愚童訓』の分析は必ず成されなければならない。

また、宇佐宮と石清水宮という関係の問題も絡むものとして、第二部第六章に取り上げた「九旬御入堂」の儀式は、さらに追及されるべきものとしてある。寛正七年（一四六六）の日付を持つ『宇佐年中斎会注文』は、「九旬御入堂」の儀式を「秘法」と位置づけている。しかし同時に、その起源が、八幡神を石清水に勧請した行教《ぎょうきょう》にあるともしており、そうしたあたりも含めた分析が必要となるだろう。

『託宣集』の後世への影響、ということも、今後に論じられるべき問題として残されている。たとえば、吉田神道の書の一つとされ、吉田兼倶《かねとも》の時代、十五世紀後期頃に成立したと推定されている『神祇正宗《じんぎせいそう》』というテキストがある。そこには、「石清水八幡宮之事」とする章段に、延暦二年とする託宣「吾者以慈悲為体。有寺務社司不在法。則可還寂光土。吾体者有空。以正直為体」が載せられており、これに対する注釈がある。そして、その注釈には「有者和光垂跡之示現。衆生利益之応体也。空者本地幽玄之報体。虚空無相之妙体也」という明らかに『託宣集』を参照しただろう記述がある。一見しただけで、そこには大きく三つ—三段階の問題を想定することができる。第一に、本来は宇佐宮の『託宣集』、神吽の注釈に独自に作られた「本地幽玄」説が石清水八幡宮の八幡神を説くために用いられていること。第二に、その宇佐宮から石清水宮への言説の移し替えのために、より普遍性を持つように文言が作り替えられていること。第三に、「石清水八幡宮」に集約する形で、しかし宇佐宮・石清水宮という固有の歴史性を抜きにした、より普遍的な八幡神の神話言説を吉田神道が作り出したということ。これらの問題は、吉田神道における八幡神と「本地幽玄」説という、研究史上にも非常に興味深い論点になるものと考えられる。

八幡信仰における中世、あるいはそれ以降の研究は手薄な状況にある。本論の始発点の一つは、この研究史上の課題にあった。本論によって、その空隙はいくらばかりかは埋められたものと信じたいが、論じられるべき問題はなお多く残されている。今はただ、以後の研究をこそ期するべきとして、本論を閉じることにしよう。

初出一覧

「『八幡宇佐宮御託宣集』における「幽玄」の論理――託宣と本地をめぐって――」(『佛教大学大学院紀要』三三、二〇〇五年三月)。全面的に改稿し、第二部、第六章・第七章とした。

「『八幡宇佐宮御託宣集』における「幽玄」について――託宣への注釈と思考――」(『日本文学』五七-四、二〇〇八年四月)。全面的に改稿し、第二部、第七章・第八章とした。

「『八幡宇佐宮御託宣集』における「霊神」の位相」(『日本宗教文化史研究』一三-二、二〇〇九年一一月)。全面的に改稿し、第二部、第八章、第九章とした。

「『八幡宇佐宮御託宣集』における託宣観――託宣にめぐる思考を追って――」(『仏教文学』三四、二〇一〇年三月)。全面的に改稿し、第二部、第五章・第九章とした。

「託宣と八幡神」(『佛教大学大学院紀要』三九、二〇一一年三月)。改稿・加筆し、第一部、第二章とした。

第一部、第三章・第四章については、口頭発表「八幡神の変貌――宇佐宮の「御体」と「神宝」をめぐって――」(日本文学協会研究発表大会、二〇一三年七月)のレジュメを改稿・加筆した。

あとがき

本書は、二〇一五年三月に佛教大学大学院文学研究科仏教文化専攻において提出した博士論文「『八幡宇佐宮御託宣集』の中世――宇佐八幡神話言説の研究」を一部改稿してタイトルをあらため、二〇一五年度の佛教大学研究叢書の助成を受けて法藏館より出版されるものである。

自身の研究成果をこのように世に出せることについて、まずは何よりも父母両親に感謝したい。たとえ芽が出るとしても時間がかかるだろう研究者の道を進む、それが許される環境にあって、かつ実際に選び得たのは、私自身の努力というよりは両親が築いてきたものによる。また、今それが本書という形になったことは、一面では私の長い大学院生としての研究活動の締め括りでもある。これまでをゆるやかに支え見守ってくれた父母には、本書の出版に至ったことについて、感謝の意をあらためて伝えたい。

さて、本書の主題は『八幡宇佐宮御託宣集』という一般にはほとんど認知されていないだろう書物である。私と『託宣集』との出会いは、そうさして意味ある劇的なものではない。大学院に進学した修士課程のはじめの頃、なんとなくぼんやりと『続日本紀』を研究対象にしようと考えていた。けれども、急に何を言い出すのか、と周囲の方には思われたのではないだろうか。修士課程二年目になって、突然、研究対象を『続日本紀』から『託宣集』に変更した。以来、修士論文を含めて十数年、『託宣集』を主要な対象とし、少ないながらいくつかの研究成果を発表してきた。今になって考えてみても、なぜそんな思い切った変更をしたのか、直接の契機はよくわからない。さいわい、当時は中世の神仏信仰を専門とする先輩方もおられ、この転向については、おおむね好意的に受け入れていただいた。おそらく、私がその時に強く意識していたのは、『託宣集』がどうか、というよりも、古代か中世か、ということだったように思う。

この転向には、もちろんそれなりに理由はある。本書に取り上げたように、『続日本紀』は八幡神がはじめて登場するという初出史料であり、卒業論文ではアマテラスを扱った自身の興味関心から、『続日本紀』のなかでは、八幡神にどうしても関心が引き寄せられた。ただ、そのまま『続日本紀』の八幡神を研究対象とせず『託宣集』を選択したことの最大の要因は、本書の中で先行研究として位置づけている、故・桜井好朗先生の影響である。

私が学部三年生の時、はじめて桜井先生の講義を履修した。まだその頃は桜井先生がどれほどすぐれた研究者であるのかよくわかっていなかったけれど、桜井先生の講義は、学問ということについてほとんど何も知らなかった当時の私にとって、まったく新しい世界を教えてくれるもので、単に理屈っぽいだけであっただろう私の資質に一つの方向性を与えてくれるものだった。中世史を専門とされていた桜井先生は、しかし、それに限らず、神話・歴史・文学・宗教などのほか、幅広い見識に基づく講義を行なっておられ、たいへんに興味深く、様々なことを学ぶことができた。私が「研究論文」ということをはじめて意識したのも桜井先生の講義からだった。

以後、学部卒業までの間、桜井先生の講義を履修し、四年生になる頃には大学院の講義にも参加させていただいた。時には課題ではない勝手なレポートを作ってお読みいただくということもあった。そして研究や学問というものにあこがれが強くなり、ついに大学院に進学することを決めた。残念ながら、ちょうどそのタイミングで桜井先生は退職され、大学院生として講義をお聞きすることはできなかったけれど、学部生としてであったとしても、桜井先生の最後の教え子の一人であるというのは、私にとって一つの誇りとなっている。

また、大学院への進学を桜井先生にご報告した時、きみは思考が空回りして論理が上滑りしてしまうようなところがあるので注意しなさい、というような旨のアドバイスをいただいた。たいへん的確なご指摘で、今から思えば、桜井先生はむやみに論理を語りたがる私の性質を、頭ごなしに指摘し否定するのではなく、教員として適切に導いてくださっていたのだと思う。

こうした経緯があって、修士課程二年生の春、桜井先生が論文をお書きになっていたということで、『託宣集』を研究対象に選び直した。けれどもそれは、桜井先生やほかの誰かに勧められたわけでもなく、結局は思いつき程度のことでしかなかったように思う。ただ、個別的な理由やきっかけはともかくとして、本書が桜井先生の研究のあとを受けるものとしてあることは本書の中に論じた通りである。私の『託宣集』の研究は、つまり桜井先生の研究の続きである。もちろん、桜井先生の研究全体を引き継ぐなどという大それたことはいえないわけだけれど、若干の、少なくとも『託宣集』を読むということに関してだけいえば、費やした年月の長さもあって、幾ばくかの自負はある。残念ながら、桜井先生は二〇一四年五月にこの世を去られ、本書をお読みいただく、研究成果をご報告する機会は失われてしまった。すべて私の怠惰の結果であって、霊前に捧げることしかできないことが悔やまれる。もしお読みいただけたら、どんな言葉をお掛けくださっただろうか。

私の研究のはじまりが桜井先生だとすると、研究者として育ててくださったのは、大学院の修士・博士課程でご指導いただいた恩師、斎藤英喜先生である。

斎藤先生は、私が学部四年生の時に佛教大学に来られた。その最初の講義を履修したのは、桜井先生から、面白い先生が今度佛教大学に来る（学部生向けのやわらかい言い方である）、とお知らせいただいたことがきっかけだった。桜井先生と斎藤先生の影響を強く受けた私は、卒業論文のテーマにアマテラスを選び、卒業論文の指導を担当してくださった田中典彦先生に教えを仰ぎつつ、同時に斎藤先生にも何度も相談に乗っていただいた。思えば、私の研究は卒業論文の時からずっと斎藤先生の指導のもとにある。

斎藤先生にご指導いただくことすでに年久しく、その間、いろいろなことを教えていただいた。思い返してみれば、私が研究上に扱う方法論などは、ほとんど斎藤先生が端緒を与えてくださったもので、それを使えるものに鍛え上げる機会も多く同様だった。また、議論の際には反論などご意見申し上げることもあったが、斎藤先生は指導教官であると同時に、対等の研究者であるという立場で反論も認め、真摯にご対応くださった。むしろ議論にならない場合にはお叱りになるほどで、斎藤先生のゼミでは演習・勉強会・研究会での活発な議論は絶えなかった。斎藤先生がお作りになるそうした研究指導の環境があったからこそ、私は博士論文を書くことができたのだと思う。

加えて、斎藤先生のゼミには他大学からの参加者も多く、外へと出る機会をあまり作ってこなかった私が議論の仲間にめぐまれたことは、斎藤先生の開かれたご研究やご指導の在り方によるところが大きい。常々ややこしく難しい話をする私の議論に付き合ってくれる仲間たちにもありがたく思う。

斎藤先生には、こうした全般的な研究指導とともに、やはりそれ以上に博士論文の作成について感謝を申し上げたい。いざ博士論文を書く、という段になっても遅々として筆が進まない私に激励しつつお付き合いくださり、上手く書けた時には共感を、そうでない場合には厳しいご意見とともに適確なアドバイスをお示しくださったことは、博士論文の完成および本書の刊行の実現に直接つながっている。もし本書に至らない点が見あたるとすれば、問題は斎藤先生のご指導ではなく、私の力量不足にこそある。

そして、博士論文を提出する、という最終段階になってまで作業を続けていた私は、提出の手続きに関してさえ斎藤先生のお手を煩わせてしまい、大変なご迷惑をお掛けした。長らくの研究指導ということは当然としても、斎藤先生のご助力がなければ博士論文は完成せず、本書もあり得なかった。とくに記して、感謝の上に感謝の気持ちをお伝えしたい。

また、本書の刊行に際して、慣れない校正に戸惑う私を強くせかすでもなく、作業の遅れを辛抱強くお待ちくださり、本書の編集にご尽力いただいた法藏館の伊藤正明氏、丸山貴久氏に感謝を申し上げる。今後、また出版の機会を得た際には、今回の経験を踏まえて適切な作業を心がけたく思う。

本書は、私の研究活動にとってゴールであると同時にスタートでもある。結語にも触れたように、『託宣集』を中心とした私の研究には、課題がまだまだ残されており、さらなる研鑽とともに研究活動を続けていく所存である。ただ、八幡信仰研究のほか、さらには神仏信仰研究の外側へと「神話論」的な分析を延長するものとして、いずれは、いわゆるテレビゲームの「神話論」とでもいうべきことをやってみたいと考えている。私が神話や宗教に興味をもったはじまりは、根本的にはテレビゲームに作られた表現だった。また、私はテレビゲームとともに育ってきたようなものであり、これを対象化し学問的に分析してみせることは、ある意味で私自身の実存を賭けた課題ともいえる。加えて、私は現代社会の中でもっとも活発に神話的な想像力が働いている表現体はテレビゲームだと考えている。テレビゲーム、ことにＲＰＧと名指される作品（群）の表現や体験をつらぬく神話的・儀礼的思考の地平が、神話言説という視座を拡大することで捉えられるのではないか。それは挫折もあり得る無謀な試みかもしれないが、何より私自身のためにも、折を見てその知的冒険の世界に挑戦していきたい。

二〇一六年一月一〇日

村田真一

索　引

主要なところのみを掲出した

あ行――

か行――

た行——

な行――

は行――

ま行――

や行――

ら行――

わ行――

◎著者略歴◎

村田真一（むらた　しんいち）

1978 年　京都府生まれ。
2001 年　佛教大学文学部卒業。
2003 年　佛教大学大学院文学研究科仏教文化専攻修士課程修了。
2012 年　同博士課程単位取得満期退学。
2015 年　博士（文学）取得。
現在、佛教大学非常勤講師。

〔主要論文〕
「『八幡宇佐宮御託宣集』における「幽玄」について——託宣への注釈と思考——」（『日本文学』57-4、2008 年）
「『八幡宇佐宮御託宣集』における「霊神」の位相」（『日本宗教文化史研究』13-2、2009 年）
「『八幡宇佐宮御託宣集』における託宣観——託宣にめぐる思考を追って——」（『仏教文学』34、2010 年）
「託宣と八幡神」（『佛教大学大学院紀要』39、2011 年）
共著
『神話・伝承学への招待』（思文閣出版、2015 年、第七章担当）

佛教大学研究叢書26

宇佐八幡神話言説の研究
——『八幡宇佐宮御託宣集』を読む

2016（平成28）年 2 月29日発行

定価：本体9,800円（税別）

著　者　村田真一
発行者　佛教大学長　田中典彦
発行所　佛教大学
〒603-8301 京都市北区紫野北花ノ坊町96
電話075-491-2141（代表）
制　作
発　売
株式会社　法 藏 館
〒600-8153　京都市下京区正面通烏丸東入
電話075-343-0030（編集）
075-343-5656（営業）

印　刷
製　本
亜細亜印刷株式会社

 ISBN978-4-8318-5731-6 C3021

『佛教大学研究叢書』の刊行にあたって

二十一世紀をむかえ、高等教育をめぐる課題は様々な様相を呈してきています。科学技術の急速な発展は、社会のグローバル化、情報化を著しく促進し、日本全体が知的基盤の確立に大きく動き出しています。そのような中、高等教育機関である大学に対し、「大学の使命」を明確に社会に発信していくことが求められています。

本学では、こうした状況や課題に対処すべく、本学の建学の理念を高揚し、学術研究の振興に資するため、顕著な業績をあげた本学有縁の研究者に対する助成事業として、平成十五年四月に「佛教大学学術振興資金」の制度を設けました。本『佛教大学研究叢書』の刊行は、「学術賞の贈呈」と並び、学術振興資金制度による事業の大きな柱となっています。

多年にわたる研究の成果は、研究者個人の功績であることは勿論ですが、同時に本学の貴重な知的財産としてこれを蓄積し活用していく必要があります。また、叢書として刊行することにより、研究成果を社会に発信し、二十一世紀の知的基盤社会を豊かに発展させることに貢献するとともに、大学の知を創出していく取り組みとなるよう、今後も継続してまいります。

佛教大学